高等院校保险学专业系列教材



# 人身保险原理和实务

（第四版）

许谨良　编著

上海财经大学出版社

**图书在版编目(CIP)数据**

人身保险原理和实务/许谨良编著. —4版. —上海:上海财经大学出版社,2015.8
(高等院校保险学专业系列教材)
ISBN 978-7-5642-2193-5/F·2193

Ⅰ.①人… Ⅱ.①许… Ⅲ.①人身保险-高等学校-教材 Ⅳ.①F840.62

中国版本图书馆 CIP 数据核字(2015)第 155971 号

□ 责任编辑 刘光本
□ 责编电邮 lgb55@126.com
□ 责编电话 021—65904890
□ 封面设计 张克瑶

RENSHEN BAOXIAN YUANLI HE SHIWU
**人身保险原理和实务**
(第四版)

许谨良 编著

上海财经大学出版社出版发行
(上海市中山北一路 369 号 邮编 200083)
网 址:http://www.sufep.com
电子邮箱:webmaster@sufep.com
全国新华书店经销
启东市人民印刷有限公司印刷装订
2015 年 8 月第 4 版 2019 年 10 月第 4 次印刷

787mm×1092mm 1/16 20.25 印张 518 千字
印数:42 501—44 500 定价:40.00 元

# 前　言

自从《人身保险原理和实务》(第三版)出版以来,已有四年时间,又到了非对该书再做较大修订不可的时候。2014 年 8 月 13 日,国务院正式发布《国务院关于加快发展现代保险服务业的若干意见》(简称“新国十条”)。2014 年,全国保险业保费总收入突破 2 万亿元,总资产突破 10 万亿元,中国保险业进入一个崭新的发展阶段。第四版在保持原书体系结构基本不变的前提下进行修订,删除了一些陈旧内容,更新了相关内容和数据,如新版《万能保险精算规定》、城乡居民大病保险、《中国人身保险业重大疾病经验发生率表(2006～2010)》、互联网保险等。第四版对第十五章我国人身保险主要产品介绍、第二十章寿险资金运用、第二十一章寿险公司会计核算和财务管理做了较大修改,更新了近年涌现的人身保险新产品。第四版还介绍了:寿险资金运用进入实施保险投资新政阶段;保险业实施新会计准则对寿险公司会计核算和财务管理带来的重要变化;“偿二代”建设进程和进入试运行期。第四版反映了国内寿险产品和经营管理发展的新动向,并使本书体系更臻完整。需要说明的是,第四版还对“新国十条”等相关重要法规均有阐述。

**许谨良**

2015 年 7 月

# 目 录

# 第一章　人身保险的基本原理和作用

## 第一节　人身保险的基本原理

### 一、人身保险的性质

保险的基本含义是分摊损失，以缴付确定的保险费来换取对不确定的经济损失的补偿。如果所考虑的损失原因是未老身故，那么对人们所遭受的经济损失可使用人寿保险进行补偿；如果所考虑的损失原因是丧失工作能力，其经济损失可通过健康保险来补偿。从社会角度来看，人寿保险和健康保险是对付因未老身故和丧失工作能力造成不确定损失的资金积累工具，它是通过把许多个人的风险转嫁给保险组织来实现的。从个人角度来看，人寿保险和健康保险是一种合同，根据一个约定的对价(称为保险费)，一方(保险人)同意在发生死亡、丧失工作能力或其他约定事故时给付另一方(被保险人)或受益人一个规定的金额。

为了消除投机因素和减少逐年分摊损失过程中出现剧烈波动的现象，保险经营必须应用大数法则。这个法则的基本含义是：集合到一个组中性质类似的风险单位数目越多，在一定时期内发生损失的相对数额的不确定性就越小。以人寿保险为例，如果在某一年里只向一个人提供一定金额的死亡保险，这显然是一种赌博；如果被保险人的人数增加到 100 人，虽然至少一人死亡的可能性很大，但在很大程度上仍存在不确定性。如果集合了 50 万个身体状况差不多的人，那么死亡率变差的可能只有 1%。因此，保险公司能预先确定死亡保险金给付的大致金额，使保险经营建立在科学的基础上。

各种保险的一个明显区别是，所承保损失的原因的性质不同。人寿保险同其他保险的主要区别是：其他保险所承保的损失事件可能发生，也可能不发生；人寿保险所承保的损失事件(死亡)在某一年内发生是不确定的，但死亡概率会逐年递增，最后变成一个确定事件。因此，如果一份人寿保险单向被保险人提供终身保障，不仅需要对付每年的死亡风险，而且还要积累一笔基金，以便对付最后肯定会提出的死亡保险金给付申请。在健康保险中，并非每个被保险人都会丧失工作能力，但长期均衡保险费的健康保险单所承保的风险也会随着时间的推移而增加，因而也有积累一笔基金的必要。

在积累上述基金时，保险公司必须考虑人寿保险的特点。

首先，参加人寿保险的人的年龄并不相同，一般来说，年龄小的被保险人比年龄大的被保险人生存更长时期。公平原则要求保险费按照保险单出立时被保险人的年龄来分类，年龄大的被保险人应缴付高的保险费。

其次，市场上出售各种各样的人寿保险单，有些只承保有限年数的死亡风险，另一些承保终身的死亡风险；有些规定只缴付一定年数的保险费，另一些则规定在整个保险期缴付保险费；有些承诺以一次性总付方式给付保险金，另一些规定分期给付保险金。因此，公平原则要求费率厘定要考虑保险单的种类。

最后，经验表明，使用缴付相同保险费（年均衡保险费）的方法是合理的。从数学上分析，一份长期的人寿保险单可以看作是由一系列的每年可更新的定期寿险组成，每年的纯保险费恰好抵补每年所提供的保障。然而，由于死亡概率随着年龄增加而增加，每年可更新的定期寿险的保险费也会逐年增加，以致最后变得不堪重负，一些健康的被保险人会终止保险。因此，长期寿险通常使用年均衡保险费方法。如果这两种方法在计算费率时使用相同的利率、死亡率和费用假设，那么它们的费率在数学上是等值的。使用年均衡保险费方法意味着初期收取的保险费大于同时期支付的死亡保险金和费用，这些多余的保险费由保险公司积累，用来弥补后期收取的保险费不足。保险公司所积累的这部分资金称为准备金或保险公司对保险单所有人的负债。把大量保险单的准备金集中在一起，假定发生的死亡率符合生命表上的死亡率的假设，这笔总额加上保险单所有人今后缴付的保险费，再加上投资的利息收入，减去向受益人给付的保险金，将正好等于今后会提出的死亡保险金给付申请的总额。

## 二、提供人寿保险的方法

### （一）每年可更新的定期寿险方法

这是人寿保险的最简单形式，它只提供一年期的保险，但允许保险单所有人到期更新保险单，无须提供可保性证据。这种保险单不会增加保险公司的资产或负债，每年缴付的纯保险费全部用来给付该年的死亡保险金，每年增加的保险费反映随着年龄的增加，死亡率逐渐上升。根据 1958 年美国保险监督官标准普通生命表（CSO），年龄 30 岁的男性死亡率是 2.13‰。假定有 10 万个年龄 30 岁的男人每人投保1 000 美元，保险公司预计将有总计 213 000 美元的 213 次死亡保险金给付申请，保险公司将向每个人收取 2.13 美元的纯保险费。因此，每年可更新的定期寿险又被称为“自然保险费”方法。但在上面的例子中未考虑投资收入、费用开支和意外准备金等因素。

随着年龄增加，死亡率会以递增的速率上升，每年必须缴付的保险费也会以相同的速率增加，导致健康状况好的人终止保险，而那些健康状况差的人会不顾保险费增加继续更新他们的保险单。这种现象被称为“逆选择”，即继续参加保险的人的死亡率超过了正常或预期的死亡率。为了对付这种逆选择，保险公司通常会对更新保险单的年龄或次数加以限制，一般在被保险人达到退休年龄后不准展期，因此，定期寿险不适宜于提供终身保障。

### （二）一次缴清保险费方法

这种方法是以一次缴清保险费方法来取得终身寿险。该终身寿险的纯保费是每年可更新的定期寿险每年纯保费现值的累计数。由于大多数人不愿使用一次缴清高额保险费的方法，故这种终身寿险未得到广泛使用。

**(三)均衡保险费方法**

使用均衡保险费方法可以解决一次缴清保险费方法和每年可更新的定期寿险方法所存在的问题。人寿保险是最先使用分期付款方法推销的产品之一。图1—1说明了用均衡保险费方法替代每年可更新的定期寿险方法的效应。

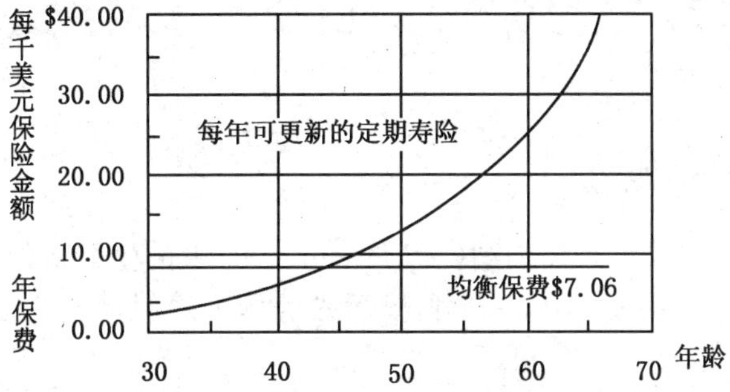


**图1—1 向年龄30岁的男人签发到65岁期满的每年可更新的定期寿险保险费与均衡保险费比较**

这种保险单的年均衡保险费是7.06美元,初期年均衡保险费高于每年可更新的定期寿险的保险费,初期积累的资金加上利息收入能弥补后期保险费收入的不足。年均衡保险费方法可以把一次缴清保险费的终身寿险的保险费分摊到被保险人的终身期,也可以分摊到一个有限时期。

在被保险人死亡时保险公司要履行给付保险金的义务,它承担了准备金少于保险金额的风险。在任何时候,人寿保险的纯粹保障金额是那时保险金额与准备金的差额,该差额称为"风险净额",它随着准备金的增加而减少。图1—2显示了准备金与风险净额的关系。

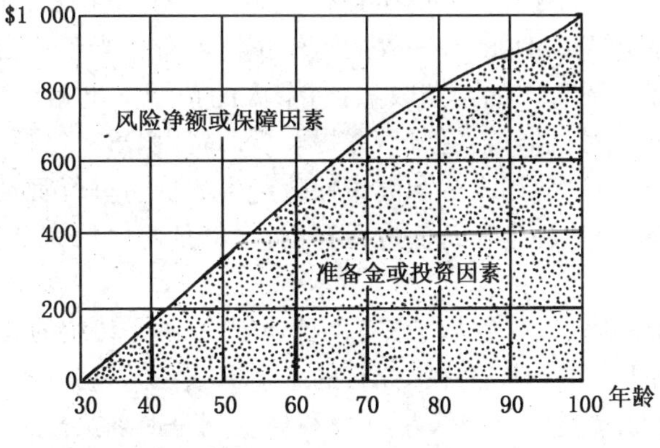


**图1—2 向年龄30岁的男人签发的普通终身保险单中的保障金额(风险净额)与准备金的比例**

该图清晰地表明,准备金逐渐增加,到100岁时等于保险金额,而风险净额逐渐减少,到100岁时为零。

上述分析说明人寿保险可以分为两个部分:金额递减的定期寿险和金额递增的储蓄或投资因素,把两者相加恰好等于保险金额。这种比喻适用于所有种类的均衡保险费方法。虽然这种比喻在鼓励人们把人寿保险作为一种储蓄手段方面是有用的，但从法律观点来看，这是一种不正确的表述，因为终身寿险单是一种保障性合同。

## 第二节 人的生命价值理论

### 一、人的生命价值概念

1924年美国人寿保险大师休伯纳(S.S.Huebner)把人的生命价值这个概念用来分析个人所面临的基本经济风险，并提出了一套理论，后被美国人寿保险学会接受，使人的生命价值理论成为美国人寿保险的经济学基础。[①]

按照休伯纳的解释，人们挣得的钱要比维持自己生活所需的费用多，因此，他们对受抚养者来说具有货币价值，人的生命价值就是一个人扣除自己生活费用后的将来净收入的资本化价值。他认为，一个人拥有两种财产：一种是"已获得财产"，另一种是"潜在财产"。前者是指人们已获得的物质财产；后者是指人们作为经济力量可能存在的货币价值，也就是一个人扣除了自己生活费用后为他人挣钱的能力。在一定时期，这种挣钱能力转化为"已获得财产"。这种能力取决于一个人的品质、健康、勤奋、智力投资的意愿、创造力和判断力、耐心和雄心等。由于个人面临未老身故、丧失工作能力等风险，所以人的生命价值或"潜在财产"有可能遭受损失。休伯纳以此说明对死亡和丧失工作能力的人提供保险保障的人寿和健康保险的必要性。

### 二、生命价值的管理

由于人的生命具有货币价值，人的生命价值理论倡导者主张把财产管理的原理和做法应用到对生命价值的管理。例如，一个人的工作预期寿命相当于一台机器的使用年限，一个人的预期收入相当于物质生产的预期收益，一个人的预期支出相当于物质财产的预期折旧和修理费。生产企业都对机器设备估价，并提取折旧费，积累一笔折旧基金，以便最后置换。在家庭财务管理中，也应该使用人寿和健康保险对生命价值进行管理，在被保险人死亡或丧失工作能力的情况下，对他的生命价值进行补偿，也就是使他的为受抚养者挣钱的能力继续存在。

按照人的生命价值理论，一个人应该有两种遗嘱：一种是传统的处理去世后财产的财产遗嘱；另一种是遗赠他的生命价值(潜在财产)的生命遗嘱，即一份人寿保险单。在该生命遗嘱中，被保险人是遗嘱人，受益人是继承人，人寿保险公司是遗嘱执行人。与财产遗嘱相比，生命遗嘱具有许多优点：它无须遗嘱检验，没有遗产管理费用，不会延迟清算，不必公布遗产，可以避免继承人之间的诉讼，而且税收优惠。

### 三、人的生命价值的估计

要对生命价值进行管理，必须先估计一个人的生命价值，据此来确定保险金额。如前所

---

① 孟朝霞、王翠芳等译：《人寿保险经济学》，中国金融出版社1997年版。

述，人的生命价值在数量上可以定义为一个人的预期净收入的资本化价值。因此，估计一个人的生命价值需要预测其工作预期寿命中的一些收入项目，这些项目取决于职业、年龄、教育等因素。要精确估计一个人的生命价值是非常复杂的，一种简单方法是：

1. 估计某人工作预期寿命期间的年平均收入；

2. 从年平均收入中扣除税收、保险费和本人的生活费用，其余金额可供受抚养人使用；

3. 确定该人离退休年龄的年数；

4. 使用一个合理的贴现率求家庭在上述时期内所分享收入的现值。

举例说明：假定一个25岁已婚的人有两个子女，他的年收入是25 000美元，在65岁时退休。为了简便起见，假设他的年收入不变。再假设他的年收入中的15 000美元可用来供养家庭的其他成员。若使用6%的年贴现率，经查复利现值表，得知在40年间每年支付1美元的现值是15.05美元。因此，该人的生命价值是：

$$\$15\ 000\times\$15.05=\$225\ 750$$

### 四、确定人寿保险金额的方法

确定一个人应该取得多少人寿保险金额有以下三种基本方法：

**(一)生命价值法**

按照上述方法确定一个人的生命价值，尔后取得一份相当于其生命价值的保险金额的人寿保险单。然而，生命价值法也有多种缺陷。首先，生命价值法忽视了社会保险等收入来源；其次，将来收入变化是难以预计的；最后，生命价值法忽视了通货膨胀因素。这些缺陷限制了生命价值法的实用价值。对大多数人来说，按照生命价值法来确定人寿保险金额，既没有必要，也没有缴付保险费的能力。

**(二)收入置换法**

收入置换法类似于生命价值法，但所需要的人寿保险金额是按家庭丧失的收入的一个百分率来计算的，如33.3%、50%或70%，并用年收入的倍数表示，它还考虑了社会保险和通货膨胀因素。美国有些人寿保险公司根据这种方法编制了各种年龄和收入的人所需要的人寿保险金额。

**(三)需要法**

需要法是根据假如被保险人死亡后家庭的各种需要来确定保险金额。家庭需要包括子女的生活费用和教育费用、偿还债务、医疗费和丧葬费等。按照需要法确定的人寿保险金额一般是用来满足家庭最迫切的需要。

## 第三节 人身保险的特点

人身保险是以人的寿命和身体为保险标的的一种保险，一旦被保险人遭受人身伤亡、疾病或生存到保险期满时，由保险人向被保险人或其受益人给付保险金。如同财产保险，人身保险也是由许多面临相同风险的人通过缴付保险费把风险转嫁给保险组织，保险组织利用集中起来的保险基金来分摊损失。但是，人身保险是以人的寿命和身体为保险对象，它具有一些不同于财产保险的特点。

## 一、定额给付性质的保险合同

大多数财产保险是补偿性的合同，当财产遭受损失时，保险人按其实际损失进行补偿。大多数人身保险合同不是补偿性合同，而是定额给付合同，这是因为人死后不能复生，只能按事先约定金额给付保险金。健康保险中有一部分是属于补偿性质的，如医疗保险，被保险人按实际医疗费用报销，但要扣除免赔额(率)，并且最高不能超过保险金额。

各种财产可以根据其重置成本、折旧或市场价格来衡量其价值，以此作为确定财产保险金额的基础。但是，人的生命不能用这种方法来衡量其价值。上一节介绍的人的生命价值理论在说明人寿保险的必要性方面有可取之处，但使用生命价值来确定人寿保险的保险金额缺乏实用性。人寿保险的保险金额一般根据实际需要来确定。例如，确定养老年金保险的保险金额要预计退休后的生活费用和其他收入来源。自然，确定人寿保险的保险金额还要根据投保人缴付保险费的能力。

## 二、长期性保险合同

财产保险的期限一般比较短，一般为一年或一个航程或一个工程期。虽然人身保险的期限长短不一，但以长期为主。投保人身保险的主要目的是为了自己过早死亡后替家庭提供经济保障或为自己年老后提供经济保障，由于死亡和生存都具有不确定性，对这种保障的需要是长期的。此外，人身保险所需要的保险金额较高，一般要在长期内以分期交付保险费方式才能取得。所以，人身保险大多数是长期性合同。正因为人身保险是长期性合同，合同中授予保险单所有人有增减保险金额、变换保险单、恢复失效保单的效力等权利，而保险人一般不能在中途任意变更合同内容或终止保险。

## 三、储蓄性保险

人身保险不仅能提供经济保障，而且大多数人身保险还兼有储蓄性质。由于被保险人总会死亡，死亡保险金给付具有必然性，只是迟早而已，所以纯保险费中的大部分是用来提存准备金，它是保险人的负债。如同储蓄存款一样，这种准备金可以用于投资，取得利息收入。正因为大多数人身保险包含储蓄性质，保险单所有人享有财产保险所没有的储蓄权利，诸如保单质押贷款、退保、选择保险金给付方式等权利。

## 四、不存在超额投保、重复保险和代位求偿权问题

财产保险的保险金额要受到可保利益或财产价值的限制，保险金额超过可保利益或财产价值部分无效，而且财产保险对重复保险要实行分摊赔偿责任。由于人身保险的可保利益无法用货币估量，所以，人身保险不存在超额投保和重复保险问题。保险公司允许被保险人投保几种人身保险或取得几份保险单，也可以根据被保险人的需要和收入水平加以控制，使总计的保险金额不高得过分。例如，某人为自己投保了一生平安保险，单位替他投保了团体人寿保险，外出时又有公路旅客意外伤害保险，如果他在乘车途中因翻车而死亡，其受益人可以分别从三处领取保险金。同样，代位求偿权原则也不适用于人身保险。如果被保险人伤亡是由于第三者造成的，被保险人或其受益人既能从保险公司取得保险金，又能向肇事方提出损害赔偿要求，保险公司不能行使代位求偿权。例如，某人购飞机票时投保了航空旅客意外伤害保险，后因飞机失事而死亡，其受益人除了从保险方取得保险金外，航空承运人还会按规定对该名死

亡旅客支付损害赔偿金。

## 第四节 人身保险的作用

### 一、对个人和家庭的作用

1. 消除忧虑

生活安定是人们的普遍愿望，但人们面临着各种人身风险。例如，在子女未成年之前过早死亡或患上严重疾病，都会使家庭经济发生严重困难。有了适当的人身保险，可以使被保险人消除这方面的忧虑。

2. 鼓励储蓄

人身保险除了为个人和家庭提供经济保障外，还能鼓励人们储蓄。养老费用、子女教育和婚嫁费用都需要经过长期的积蓄而成，银行储蓄也是一种办法，但储蓄计划可能因储户死亡、患病和其他种种原因而中断。参加储蓄性的人身保险的人要受合同条款的约束，投保人要按时缴付保险费。由于分期缴付少量保险费就能取得保险保障，投保人不会轻易退保。人身保险合同保证在被保险人死亡或丧失工作能力的情况下给付保险金，从而使人们的储蓄计划保证实现。

### 二、对社会的作用

人身保险是社会保障制度的必要补充。各国都把建立和健全社会保障制度作为现代化国家的重要标志之一。但是，社会保障制度不能完全解决个人和家庭的经济保障问题，需要由各种人身保险作为重要补充。美国学者把社会保险、企业保险和个人保险比喻为“三条腿的椅子”，如果还有个人储蓄，那就成为“四条腿的椅子”。[①] 我国正在把商业保险建成社会保障体系的重要支柱。商业保险要成为个人和家庭商业保障计划的主要承担者、企业发起的养老健康保障计划的重要提供者、社会保险市场化运作的积极参与者，以完善多层次社会保障体系。

### 三、对国民经济的作用

人身保险的资金运用是金融市场上重要的资金来源。大多数人身保险具有长期储蓄性质，可积聚成巨额准备金，并用于金融市场上投资。例如，美国人寿保险公司自 20 世纪 30 年代以来一直是公司债市场上的头号投资者，在不动产抵押贷款方面仅次于储蓄机构和商业银行。又如，日本的生命保险公司也是金融机构的重要成员，其资金金额占金融市场上资金来源的 10%左右。

目前，我国人身保险可运用资金量已放大到近 10 万亿元规模，寿险公司已经成为资本市场的重要机构投资者和国家重大基础设施建设的重要资金提供者，还把投资范围扩大到养老健康服务产业、新型城镇化、棚户区改造、科技型企业、小微企业、战略性新兴产业等领域。随着人身保险业务的进一步发展，投资环境进一步改善，投资手段进一步多样化，必将发挥其融

① 联合国国际劳工组织编:《社会保障基础》(中译本)，吉林大学出版社 1989 年版，第 239 页。

通资金功能，成为金融市场上资金的重要来源。

## 四、其他作用

除了上述作用外，在人寿保险业发达的国家里，人身保险还具有以下作用：

1. 提供安全又能盈利的投资服务

尽管在20世纪30年代资本主义“大萧条”期间美国有数以千计的银行倒闭，但人寿保险公司的经营还是比较稳定的，这归因于人寿保险公司采用投资多样化（分散）原则，这是一般个人投资者力所不能及的。人寿保险公司的投资相当部分是债券投资，它既保证了投资的安全性，又获得了较高的收益率。

2. 免除被保险人的债权人索债

法律规定，不准用给付受益人的保险金来偿还被保险人的债务。

3. 补偿企业因主管人员和处在重要岗位上的其他雇员死亡或丧失工作能力所遭受的损失

资本主义企业的经营思想是，把个别人的资本、能力、经验、技术看作是企业最有价值的资产，是企业经营成功的关键。这样的人一旦死亡或丧失工作能力会给企业带来经济损失，因而企业要替他们投保人寿保险。这种保险称为“重要雇员保险”（Key Employee Insurance），保险金额可根据他们的死亡或丧失工作能力可能给企业造成的经济损失来确定，由企业缴付保险费，并把企业作为受益人。在大多数情况下，使用分期缴付保险费的长期寿险，保险单中积累的现金价值在企业资产负债表上作为资产反映。如果这种需要是暂时的，可以使用定期寿险。

4. 人寿保险单可以作为贷款的抵押品

具有现金价值的人寿保险单可以抵押转让。倘若借款人在未偿清贷款之前死亡，放款人可以从保险金中扣除借款人所欠债务，把多余金额付给受益人。在借款人不愿或无力偿还贷款的情况下，放款人可以退保或行使保险单中规定的借款权利来收回贷款。在正常情况下，借款人会按期偿还贷款，待偿清后，放款人再把保险单转让给借款人。

5. 保持合伙企业继续经营

美国法律规定，当一个合伙人死亡时，合伙企业应解散。其余合伙人成为清理的受托人，负责解散合伙企业，并按照清理价值把死去的合伙人所占的财产份额支付给其继承人，这样往往要以亏本的价格来出售企业财产。由其余合伙人购买死去合伙人的财产份额，重组合伙企业，可以保持合伙企业继续经营，但其余合伙人可能筹措不到这笔资金，即使筹措到这笔资金，但他们所处的受托人地位也不准他们购买信托资产。死去的合伙人的继承人因经验、能力或其他原因一般也难以成为重组合伙企业的成员。为了避免出现这种困境，合伙企业的成员往往事先订立一个“买卖协议”。该协议规定，当一个合伙人死亡时，由其余合伙人以协议规定的价格购买其财产份额，每个合伙人替自己的财产份额保险，而保险单由合伙企业或其余合伙人拥有。一旦一个合伙人死亡，其余合伙人用给付的人寿保险金购买其在合伙企业中的财产份额，死去的合伙人的继承人以现金方式取得遗产，各方都从这个协议中受益，并且能保持合伙企业继续经营。

6. 保险单所有人和受益人可以享受税收减免

根据美国税法的规定，在被保险人死亡时给付的人寿保险金可以免缴所得税。付给受益人的保险金还可以全部或部分免缴遗产税。给保险单所有人的所有支付，如退保金、红利、两全保险期满生存的给付,可以免缴所得税的收入金额相当于所缴付的保险费金额。对年金收入也只征收适量的所得税,即只对其中的利息收入部分征税。

7. 为或有权益(Contigent Interests)提供保障

财产所有人在遗嘱中把财产遗赠给一个人,但只有到他死亡后才会把财产分配给那个继承人。该继承人根据遗嘱获得了或有权益,如果他在财产所有人仍生存时死亡,就失去了这项继承权。人寿保险可以为这种或有权益提供保障。保险单规定,如果一个指定的人(财产所有人)生存时被保险人(继承人)死亡,保险人负责给付保险金。

## 复习思考题

1. 试解释下列名词:

每年可更新的定期寿险　“逆选择”　年均衡保险费方法　风险净额

人的生命价值　需要法　重要雇员保险　“买卖协议”

2. 简述休伯纳“人的生命价值理论”的基本内容及其缺陷。

3. 试论人身保险的特点。

4. 概述人身保险的作用。

# 第二章　人身保险发展简史

## 第一节　英、美、日人身保险发展简史

### 一、英国人身保险发展简史

近代保险是从海上保险发展而来的,海上保险主要的保险对象是船舶和货物,但在 15 世纪欧洲殖民主义者进行奴隶买卖,把经海上贩运的奴隶也作为货物投保了“人身保险”,后来发展为对船长、船员也投保了人身保险,但这些人身保险是附属于海上保险的。

在英国,迄今发现的最早一张人寿保险单是 1583 年 6 月 18 日签发的承保威廉・吉本斯的短期寿险单。该张保单的保险金额为 382.33 英镑,保险期限为 12 个月,威廉・吉本斯于 1584 年 5 月 8 日去世,相关机构向其家属给付了保险金。这种短期寿险单还不是现代意义上的人寿保险,它是由会员缴费建立共同基金,在会员死亡时从基金中给付保险金,属于互保形式,类似于古代的丧葬会。①

现代意义上的人寿保险是建立在使用生命表科学地计算保险费的基础上的。17 世纪初,伦敦曾流行疫病,教区每周都公布死亡人数记录。1661 年英国数学家约翰・格兰特根据教区公布的死亡记录发表了关于生命表构想的论文。1671 年,荷兰数学家约翰德・威特应用概率论原理,根据人的生存概率计算出年金的现值。

对编制生命表做出最大贡献的是英国天文学家埃德蒙・哈雷,他根据德国布勒斯劳市 1687～1691 年 5 年间按年龄分类的居民死亡统计资料,在 1693 年编制了第一张完整的生命表,为现代人寿保险奠定了数理基础。哈雷在文章中写道:“人寿保险的价格可以按照参加人寿保险的人的年龄来制定。”②

在 18 世纪中期以前,英国盛行一种“协和社”(Amicable Society)组织。参加该社的成员在死亡后给付的保险金是由生存的成员分摊。1706 年伦敦成立了一家属于永久性保险组织

① 戈登・迪克森:《保险入门》(中译本),新时代出版社 1989 年版,第 52 页。
② 戈登・迪克森:《保险入门》(中译本),新时代出版社 1989 年版,第 53 页。

的协和社(the Amicable Society for a Perpetual Assurance Office)。起初,它把社员人数限定为2 000人。由于老年人的死亡概率高于年轻人,而负担的费用却相同,所以要求参加该社的老年人越来越多,而年轻人则纷纷离社。为了改变这种不利的状况,一些协和社规定参加该社的人的年龄必须在45岁以下。1756年,一位名为詹姆斯·道德森的数学教师要求参加该社,但因他当时年龄已为46岁而被拒绝吸收为社员。因此,他觉得对各种年龄的社员都收取相同保险费的做法很不合理,应制定一种科学的人寿保险费率。于是,他根据哈雷编制的生命表计算了各年龄组的人投保定期寿险的保险费(自然保险费),并且他还提出了"均衡保险费"的理论。但是,道德森提出的设计方案遭到协和社和另外两家特许的保险公司的强烈反对。①

1762年成立的人寿和遗属公平保险社根据道德森的设计方案计算保险费,该社依据生命表和3%的利率,使用均衡保险费法计算了终身寿险的保险费率。此外,在保险单中还规定了缴付保险费宽限期和保险单复效等条款。在该保险社担任精算师的理查德·普赖斯(Richard Price)在1783年编制了第一张供实际使用的生命表,另一位精算师威廉·摩根(William Morgan)在该社任职55年(1775~1830年),他们两人为寿险精算的应用奠定了基础。以后成立的人寿保险公司都仿照人寿和遗属公平保险社的方式经营寿险业务,因此,该公平保险社的创立标志着现代人寿保险的开端。

1774年通过的《英国人寿保险法》是英国人寿保险发展史上的第二个里程碑。这项法律的目的正如它的标题所表明的:"这是管理有关人寿保险的法令,除了投保人对被保险人的生存或死亡有利益关系者外,其他人都不得办理这种保险。"在这之前,往往有人替同自己无利益关系的人投保人寿保险,导致谋杀被保险人的事件屡次发生,这个法律明确禁止这种做法。

从18世纪末开始,英国人寿保险有了较大发展,出现了许多新的保险公司,诸如威斯敏斯特保险社(1792年)、鹈鹕人寿保险公司(1797年)、节俭人寿保险公司(1806年)、太阳人寿保险公司(1810年)。这些公司的寿险业务主要服务对象是贵族、地主、富商、军官及自由职业者。根据相互人寿保险协会会长在1845年的估计,在当时英国2 500万人口中,只有不到10万人与人寿保险公司打交道,许多普通市民对人寿保险这个名词大惑不解。从19世纪中期开始,英国人寿保险公司通过保险代理处和设置分支公司来大力扩大普通寿险业务。例如,鹈鹕人寿保险公司通过它的姊妹公司凤凰股份有限公司在各地的代理处来开展人寿保险业务。人寿保险公司委派的代理人有商人、店主、银行家、遗产管理人和专职代理人。19世纪中期也是英国保险公司的"洪水时代",由于保险公司竞相设立,相互激烈竞争,导致大批保险公司倒闭,英国1844~1867年有230家人寿保险公司破产或被合并。②

英国是最早完成工业革命的国家,工业革命产生了工人阶级,但他们无疾病、死亡和进入老年的经济保障,也无购买普通寿险的经济能力。1854年英国下议院经过社会调查,建议为低薪阶层解决保险问题。伦敦谨慎保险公司首先创办了简易人寿保险,这种保险要求每周缴付一次少量保险费,由保险代理人上门收取,一旦被保险人死亡,保险公司立即给付一笔保险金,尽管金额不大,但足以提供丧葬费用和维持家庭短期生活。在1864年又开办了邮政简易保险。到19世纪后期,简易人寿保险吸引了数以百万计的低薪阶层的人投保,并且流传到其他国家。与此同时,承保雇员的团体人身保险计划也出现,这有力地推动了寿险业务的发展。

---

① 主要经营水险和火险的皇家交易保险公司与伦敦保险公司于1721年开始经营寿险业务。

② H.A.L.科克雷尔、埃德温·格林:《英国保险史》(1547~1970年)(中译本),武汉大学出版社1988年版,第72~78页。

团体保险计划采用从工资单上扣除保险费的办法，在 19 世纪 80 年代占所有签发保险单的 19%，到 1900 年这个比例上升到 47%。

英国的人身意外伤害保险也于 19 世纪中期出现，1848 年铁路旅客保险公司开始办理旅客人身意外伤害保险。1850 年意外死亡赔偿公司签发的一种保险单，在收取 1 英镑保险费后，对不论何种原因造成被保险人死亡都给付 1 000 英镑保险金。1885 年设在爱丁堡的疾病和意外保险公会办理疾病保险，保险期限为一年。后来又出现了一种“永久健康保险”，对被保险人进行体检，体检合格后才签发保险单，一直承保到规定年龄(一般是退休年龄)时为止。①

虽然英国保险公司早在 19 世纪初就涉足海外寿险市场，但直到 19 世纪后期才大力向海外寿险市场扩展，1922 年海外业务占其寿险保险费收入的 10%。在 20 世纪 30 年代，英国实行了团体养老金保险计划，进一步推动了英国人寿保险的发展。②

英国是现代人身保险的发源地，其寿险业务曾长期在世界上占据首位，但 19 世纪末曾先后被美国和日本超过。

第二次世界大战(以下简称“二战”)后，英国人寿保险业务仍保持持续增长的势头。据瑞士再保险公司《西格玛》杂志统计，2013 年全世界寿险保险费收入为26 080亿美元；英国为 2 230亿美元，居世界第三位。

## 二、美国人身保险发展简史

英国创立的人身保险制度首先传入德国和法国，后来再传入美国，但在美国得到最迅速的发展。

美国的人身保险发展大体上走英国的老路。在 19 世纪以前，美国的人寿保险也是由个人或合伙经营的保险业者承保水险业务的附带险种。1759 年在费城教会会议上成立的长老教会牧师基金是美国第一个提供死亡保障的社团，当长老教会的牧师死亡时，该基金向其遗属给付终身年金，这种保险的费率不是按年龄区分的，但年金给付金额是根据缴费期长短确定的。1794 年 4 月 14 日注册成立的北美洲保险公司是美国第一家经营寿险业务的股份保险公司，该公司原打算经营年金保险业务，但在申请执照之前改变了初衷，其营业执照允许它经营普通保险业务，包括人寿保险，但在头 5 年内只签发了 6 份人寿保险单，并于 1804 年中止了其寿险业务。③

在美国科学地计算保险费的人寿保险始于 19 世纪初期，比英国晚半个世纪。在 1809 年注册成立的宾夕法尼亚人寿和赠予年金保险公司是美国第一家商业性人寿保险公司。该公司要求投保人填具投保单，并对被保险人进行体格检查，保险费随年龄增加而增加，所签发的保险单大多数是定期寿险，也有少量终身寿险单。1818 年成立的马萨诸塞州医院人寿保险公司以及 1830 年成立的纽约人寿保险和信托公司也经营寿险业务，但业务量有限，后一家公司是因首先使用保险代理人而闻名。1836 年成立的费城吉拉德人寿保险、年金和信托公司采用了分红保险的做法。以上几家公司都是股份保险公司。

在 1809 年之前，马萨诸塞州的法院还在讨论人寿保险合同是否合法以及是否违反道德的问题。这种偏见是当时美国人寿保险发展迟缓的原因，但从 1840 年开始，对人寿保险的偏见

---

① 戈登·迪克森：《保险入门》(中译本)，新时代出版社 1989 年版，第 54～55 页。

② H.A.L.科克雷尔、埃德温·格林：《英国保险史》(1547～1970 年)(中译本)，武汉大学出版社 1988 年版，第 72～78 页。

③ 肯尼思·布莱克、哈罗德·斯基普：《人身保险》，普伦蒂斯—霍尔出版公司 1994 年第 12 版，第 53 页。

开始消失，这归功于股份人寿保险公司对寿险业务的开拓，使人们认识到人寿保险的作用。

随着美国经济的全面发展和人口增加，对人寿保险的需求与日俱增，相互保险公司的出现更是推动了寿险业务的发展。1840～1850年开设的许多人寿保险公司大多是相互保险公司，其中著名的有纽约相互人寿保险公司(1842年)、新英格兰相互人寿保险公司(1843年)、新泽西相互福利人寿保险公司(1845年)。后来一些股份人寿保险公司也通过退股变为相互保险公司。例如，1859年成立的美国公平人寿保险公司于1925年变为相互保险公司；创建于1873年的美国谨慎保险公司于1943年变为相互保险公司，现为美国最大的人寿保险公司；创建于1868年的大都会人寿保险公司于1915年变为相互保险公司，现为美国第二大人寿保险公司。

在精算方面，哈佛大学教授爱德华·威格尔斯沃思于1789年根据马萨诸塞州的统计资料编制和出版了一张修正的生命表，使美国首次在科学的基础上计算人寿保险的保险费和准备金。伊莱泽·赖特在1853年出版了人寿保险单的估价表，这显示了美国人寿保险精算工作的一大进步。伊莱泽·赖特是马萨诸塞州首任保险监督官，在他的监督之下，该州保险立法发生了重大变化，其中包括使用不可没收现金价值条款。精算方面另一里程碑是1868年出版的美国经验生命表。该表是根据1843～1858年的生命统计资料编制而成的，在20世纪40年代之前得到了广泛使用。①

19世纪后半期，由于对人寿保险限制性条款有所放松，加上推行人寿保险代理制度，使人寿保险逐渐普及。美国谨慎保险公司于1875年首先在美国推出简易人寿保险业务，在1879年，约翰·汉考克相互人寿保险公司和大都会人寿保险公司也推销简易人寿保险，唤起了美国公众的人寿保险意识。到19世纪末，美国人寿保险的规模已超过其他国家。

进入20世纪后，美国人寿保险有了更大的发展。由于美国人寿保险业在19世纪后期所暴露出来的监督不严和财务混乱等问题，使人寿保险公司遭到了诸如不道德和无耻之类的谴责，这导致1905年纽约州立法机构对该州的人寿保险公司进行一次调查。这次调查由参议员阿姆斯特朗主持，故称为"阿姆斯特朗调查"(Armstrong Investigation)。调查的内容包括：相互保险公司的投保人对公司经营的发言权，寿险公司的资金运用、经费开支和分红等。在这次调查中发现了以下问题：相互保险公司的投保人实际上没有多大发言权，他们的投票权普遍以代理投票委托书形式转交给公司的管理部门；有些寿险公司通过参股形式介入银行业和其他行业，有些公司则大量投资于普通股；向保险代理人支付的佣金过高；公司不把延期分红的准备金视作是负债，而作为利润处理。为此，调查委员会提出下列劝告：由州保险监督机构对选举进行有效的监督，敦促股份保险公司转变为相互保险公司，禁止股票投资和延期分红制度。这些劝告在1906年纽约州保险法修改时被采纳，同年在芝加哥召开的全国保险监督官协会的联席会议上，任命了一个由15名委员组成的统一立法委员会。从此美国保险业进入了一个接受严格监督的阶段。

促使美国人寿保险迅速发展的另一个重要因素是与雇员福利计划有关的团体人寿保险和年金保险的出现。虽然美国捷运公司早在1875年就制定了美国工业企业中第一个养老金计划，但直到1925年大都会人寿保险公司才签发了第一份团体养老金保险单，公平人寿保险公司在1911年承保了第一笔雇员团体人寿保险业务。此后，团体人身保险在美国全部人身保险业务中所占的比例递增。美国谨慎保险公司在1928年首创了信用人寿保险业务。

20世纪30年代是美国人寿保险业的困难时期，由于整个资本主义世界发生了经济大危

---

① 肯尼思·布莱克、哈罗德·斯基普：《人身保险》，普伦蒂斯—霍尔出版公司1994年第12版，第54页。

机,人寿保险公司的房地产和债券投资的收益率降到最低水平,但比起银行,人寿保险公司倒闭数还是很少。20世纪50年代和60年代是美国人寿保险业的黄金时代,该行业成为美国资本市场上的一个主要资金供应者,人寿保险公司之间的价格竞争趋于缓和,加上有大批成熟的投保人,以及终身寿险单使用高的死亡率安全系数,使得人寿保险公司获得大量利润。

在20世纪70年代,整个西方世界发生了严重的通货膨胀,利率曾高达两位数,使美国人寿保险业面临严重的挑战。美国人寿保险公司采用了创新方法,不断推出了一些新的寿险品种,诸如可以调整的人寿保险单、变额人寿保险单和万能人寿保险单,使人寿保险业继续保持高的增长率。据瑞士再保险公司《西格玛》杂志统计,继前几年下滑之后,2013年美国寿险保险费收入下跌至5 330亿美元,占全世界的20.44%,居世界第一位。

## 三、日本人身保险发展简史

日本现代的人身保险制度是在明治维新后从欧美引进的。1881年日本开始设立了以科学计算保险费为基础的人寿保险公司——明治生命保险公司,在1887～1896年间又先后设立了帝国生命保险公司(1888年)、日本生命保险公司(1889年)等20家人寿保险公司。由于滥设了不少保险公司,日本于1900年实施了保险业法,使日本的人身保险走上了正常发展的轨道。与此同时,一些外国保险公司也进入日本市场。1902年日本成立了第一家相互保险公司——第一生命保险公司。1916年又实行了简易保险法,即通过邮政局办理无体检、每月缴付保险费的简易人寿保险业务。第一次世界大战以后,日本的人身保险迅速发展,1935年日本人寿保险合同金额超过100亿日元,占国民收入8%以上,成为世界上人寿保险业最发达的国家之一。

日本的人寿保险业在第二次世界大战期间遭受严重破坏,由于战时对人身保险实行强制保险,所以战争伤亡造成保险金给付大量增加,加上通货膨胀的影响,到战争结束时,日本的人寿保险业面临崩溃局面。在这种情况下,根据金融机构紧急措施法,从1946年8月11日起对人寿保险公司进行清理,把它们的新旧账户分离,对旧账户的赤字由政府给予补偿,以新的账户重建公司。在1947～1948年间,有14家人寿保险公司恢复了业务,其中只有1家是股份公司,其余13家均按相互公司的组织形式经营业务。这样,日本的相互人寿保险公司的数量从战争结束时的3家变为16家,当时的美国占领军总部促进了这种转化,以防止日本经济过于集中。此后,相互人寿保险公司这种组织形式一直推动日本的人寿保险业发展。直到21世纪初,日本中小型相互人寿保险公司纷纷转制为股份保险公司,现有46家寿险公司中股份保险公司有39家,但6家大的相互人寿保险公司仍占据日本人寿保险市场业务的半壁江山。①

第二次世界大战后,日本的人寿保险业务逐步得到恢复,到1958年人身保险合同金额超过了第二次世界大战前的水平。此后,日本的人身保险开始进入高速发展时期。为了适应这种发展,1959年4月,在大藏省内设立了保险咨询机构保险审议会,该会的成员是由学者、消费者代表和保险界代表组成,审议有关保险制度和保险行政方面的重要事项。该审议会于1962年3月提出了"关于人身保险精算的意见",同年7月又提出了"关于人身保险展业的意见",以后又提出了许多关于改善人寿保险经营管理的意见。由于人寿保险业采纳了这些意见,后来成立了日本精算师学会,对人寿保险外勤职员实行资格考试制度,这对提高经营管理

① 详见沙银华:《日本寿险转向股份制增多》,《中国保险报》2009年6月9日第7版。

水平、开发新险种、资金运用和改善服务方面都起到了有益作用。①

日本是第二次世界大战后人寿保险发展速度最快的国家，人寿保险年保险费收入平均增长率20世纪60年代为21.6%，70年代为23.2%。进入80年代后，日本人寿保险业进入高速发展阶段，1980～1993年人寿保险年保险费收入从405亿美元猛增到4 305.53亿美元。此后，由于泡沫经济的缘故，寿险保费收入曾出现负增长，2013年寿险保险费收入为4 230亿美元，占全世界的16.22%，日本的寿险保险费收入居世界第二位。

从英、美、日这三国人身保险发展的历史来看，人身保险业务是伴随着国民经济发展而增长的。特别是在第二次世界大战以后，主要资本主义国家的经济恢复和发展迅速，人身保险业务出现了持续高速增长局面，其增长率超过了非寿险业务和国民生产总值的增长率。具体分析有以下三方面原因：首先，随着经济发展和个人收入水平的提高，人们在满足了基本生活需要之后，必然要考虑未来生活之安定，加上人口老龄化和家庭结构的变化，个人对人身保险的需求增加。其次，经过广大劳动人民的斗争，在主要资本主义国家里，团体人寿保险和公司养老金计划成为雇员福利计划的一个重要组成部分，以补充社会保险的不足。最后，由于人身保险具有安定社会生活和为经济发展筹集资金的作用，这些国家对发展人身保险都采取了优惠政策。

## 第二节 我国人身保险发展简史

### 一、旧中国的人身保险简况

我国近代人身保险制度是从国外传入的。外国人寿保险公司较早在中国设立分公司的是，1884年美国公平人寿保险公司在上海设立分公司（又名“永安人寿保险公司”），此后在上海设立分公司的还有英国永福人寿保险公司和永年人寿保险公司（1898年）、美国纽约人寿保险公司（1899年）等。外商在中国开设人寿保险公司起初是为了满足在华外国人的需要。在英商永福人寿保险公司编制了《华人死亡率经验表》后，开始承保华人寿险业务。②

从19世纪末开始，华商开始设立人寿保险公司，最早的有福安水火人寿保险公司（1894年）、华洋永庆人寿保险公司（1905年）、华安人寿保险公司（1907年）、上海允康人寿保险公司（1909年）、上海永宁人寿保险公司（1909年，中外合资）、上海延年人寿保险公司（1909年）。③

辛亥革命以后，由于爆发了第一次世界大战（1914～1918年），帝国主义国家忙于战争，一度放松了对中国的经济侵略，中国民族资本工商业得到了发展的机会。1919年的“五四运动”和1925年“五卅惨案”的发生，激发了中国人民的民族意识和爱国热情。在1912～1925年间，又有一大批华商保险公司成立，其中人寿保险公司17家，占新成立的公司数的近一半。1912年成立的华安合群保寿公司是实力最强的华商人寿保险公司，一直到1949年前夕才停业，而其他不少华商人寿保险公司因经营不善开办数年后就停业。

---

① 以上内容参考板田雅裕：《日本的人身保险》（中译本），中国展望出版社1989年版，第二章。

② 中国保险学会：《中国保险史》，中国金融出版社1998年版。

③ 中国保险学会：《中国保险史》，中国金融出版社1998年版。

1919 年，美国人斯塔尔(C.V.Starr)在上海开设了一家保险代理公司——美亚保险公司(American Asiatic Underwriters)，为在上海的一些美国保险公司代理火灾和运输保险业务。随着业务的增长和利润的积累，斯塔尔于 1921 年和 1931 年又分别设立了亚洲人寿保险公司和友邦保险公司，向一些富裕的中国人提供人寿保险业务。这个从上海起家的保险代理公司后发展成为实力雄厚的国际保险组织——美国国际集团(AIG)。

1926 年以后，由于华商保险公司资金单薄，完全不能与外商保险公司抗衡，于是中国的银行业纷纷投资开办保险公司。例如，1929 年 11 月由金城银行出资开设了太平水火保险公司，1933 年又联合其他几家银行增加资本金，改名为太平保险公司，并设立了寿险部。又如，1931 年中国银行拨资开办了中国保险公司，1935 年中央银行拨资设立了中央信托局保险部，分别设有寿险部和寿险处。以后太平保险公司和中国保险公司又分设了太平人寿保险公司和中国人寿保险公司。

“九一八”事变前夕，在东北境内的人寿保险公司有 29 家，其中日商就有 21 家。日本帝国主义占领东北后，在政治上和经济上对伪“满洲国”实行全面控制，把东北地区的保险公司变为日本保险公司的子公司，独占保险市场，仿效日本的保险制度对保险业加以管理。在人身保险方面，设立了伪“满洲生命保险株式会社”。

1927～1937 年，国民党政府先后颁布了《保险法》、《保险业法》及其修正稿。但由于外商保险公司的反对和其他种种原因，在抗日战争以前一直没有付诸实施。在国民党政府迁都重庆以后，又制定了一些单行法规，如《国民寿险章程》、《公务人员团体寿险简章》、《健康保险草案》和修正的《简易人寿保险法》等。从 1943 年起，还陆续颁布了《战时保险业管理办法》及其施行细则，以及火险、水险、人寿保险单基本条款和《保险代理人、经纪人、公证人登记领证办法》等。

1937 年日本帝国主义在上海发动了“八一三”事变，由于战争的破坏，使上海的保险业一度遭受严重打击，一些保险公司把它们的机构向后方转移，但在 1938 年租界内的经济得到复苏和发展，保险业务也有所增长。1941 年 12 月 8 日，太平洋战争爆发，日本侵略军进驻租界，勒令英、美、法等国的保险公司停业，力图把上海的保险业置于其统治之下。由日本东京海上火灾等 10 余家日本保险公司联合投资成立了“东亚保险公司”，但由于受到中国人的抵制，使其无法开展业务。1940～1943 年，上海的华商保险公司数量骤增，共有 97 家，较第二次世界大战前增加两倍多，但新成立的公司绝大多数是小公司，主要是利用保险公司这一工具，吸收游资，进行投机，在人身保险方面并无建树。

抗日战争胜利后，上海恢复了旧中国保险业中心的地位，一些官僚资本的保险公司和民营保险公司迁回上海。外商保险公司卷土重来，美亚保险公司首先在上海复业。战后一段时期，上海和其他城市的财产保险、货物运输保险业务激增，人寿保险业务也有短暂发展，曾推行物价指数保险，个人寿险业务的比重也有所增加，保险业曾一度呈现虚假繁荣景象。到 1948 年，上海保险公司数增加到 241 家，其中华商 178 家、外商 63 家。新成立的华商保险公司不少是私营银行、钱庄和纺织、运输、房地产等行业设立的，另有一些纯属皮包公司。经营人寿保险的主要还是一些创办多年的老公司。

由于国民党政府忙于扩大内战，军费支出剧增，造成严重的财政赤字和恶性通货膨胀，保险公司无法正常经营。在人寿保险方面，由于币值惨跌，保障程度锐减，投保者寥寥无几，只好停办长期的储蓄性寿险，转向短期旅客意外伤害保险，邮政储金汇业局从 1947 年 9 月起暂停接受简易人寿保险新保户。大部分华商保险公司处境艰难，濒临倒闭或处于停业状态，官僚资本的保险公司和一些较有实力的民营保险公司则把资金抽逃到中国香港或中国台湾。到新中国成立前夕，国民党统治区的保险业已基本陷入瘫痪状态。

## 二、新中国的人身保险发展简况

在新中国成立前夕，已解放的地区和大城市的人民政府就对旧的保险业进行接管和整顿，而官僚资本的保险公司的总公司集中在上海，因此，接管工作以上海为重点。1949 年 5 月 27 日上海解放，由上海市军管会财政经济接管委员会金融处负责对 24 家官僚资本保险公司进行接管。另对私营保险公司进行整顿，经批准后复业的保险公司共有 106 家，其中华商 64 家，外商 42 家，而原经营寿险业务的公司均未复业。

1949 年 9 月 25 日至 10 月 6 日，第一次全国保险工作会议在北京召开，1949 年 10 月 20 日，中国人民保险公司在北京成立，国营的中国人民保险公司在全国范围内经营财产保险和人身保险业务。从此，中国保险发展史揭开了崭新的一页。

### (一)新中国成立后前 10 年的人身保险

新中国成立后的人身保险主要作为职工的福利来开办的。在 1951 年颁布《劳动保险条例》之后，人身保险对没有实施劳动保险的单位的职工发挥经济保障作用，对已实行劳动保险的单位的职工则是福利的补充。

20 世纪 50 年代初期，中国人民保险公司开办的自愿人身保险业务主要有以下几种：

1. 职工团体人身保险

这种保险的保险期限为 1 年，在保险期内，如果被保险人死亡或因意外事故遭受伤害，由保险公司给付保险金。保险费一般由单位负担，保险金额较低，保险费也较低，到期不返还保险金，另可附加意外伤害和疾病医疗津贴保险。由于起初实行劳动保险的单位少，这一险种是私营工商企业工会争取职工福利的项目之一，很受欢迎。1956 年完成了对民族资本主义工商业改造，企业单位普遍实行了劳动保险，职工团体人身保险作为职工福利的补充，到 1958 年承保人数为 300 万左右。

2. 简易人身保险

这种人身保险属于小额的两全保险，保险金额和保险费都按份数计算，主要以城市个体劳动者及其家属为保险对象，到 1958 年底，全国仅承保 10 万人。1958 年中国人民保险公司修订了简易人身保险的条款，并根据 1949 年后一部分城市的人口死亡率编制生命表，并把业务管理费用率降低到 10%，从而降低了费率，简易人身保险承保人数达到 180 万人。

3. 个人人寿保险

这种保险分为终身寿险和两全保险两种。被保险人须经保险公司指定的医师体检合格方可承保。由于当时大多数群众收入水平很低，而且缺乏人寿保险知识，所以这种人寿保险业务仅在大城市收入较高的职员中开展，业务量很小。

此外，中国人民保险公司还开办了渔工团体人身保险，建筑工人意外伤害保险，汽车司机、乘客和电梯乘客意外伤害保险。

在强制保险方面，1951 年 4 月中央人民政府政务院财经委员会颁布了关于铁路、轮船、飞机旅客意外伤害强制保险的条例。这三项意外伤害强制保险由中国人民保险公司委托交通运输管理部门代办，每名旅客的保险金额为 1 500 元，保险费包括在票价内，按票价的一定比例计收，火车为 2%、轮船为 3%、飞机为 5%。此外，一些地方还开办了公路旅客意外伤害强制保险。

在这一时期开办人身保险业务过程中，有时不注意贯彻自愿保险原则。例如，在办理简易人身保险时，为了简化手续，委托单位在职工工资中扣缴保险费，结果发生了一刀切现象，不愿参加简易人身保险的职工也被扣缴了保险费。[①]

**(二)国内保险业务停办后的人身保险**

1958 年，全国开展人民公社化运动，当年 10 月在西安召开的全国财贸工作会议上提出："人民公社化以后，保险工作的作用已经消失……国内保险业务应立即停办。"同年 12 月在武汉召开的全国财政会议上正式决定立即停办国内保险业务。1959 年 1 月，中国人民保险公司召开国内保险停办工作会议，布置善后清理工作。

关于人身保险方面，由于铁道部、交通部、民航局不同意停办旅客意外伤害强制保险，改为由这些部门自行办理。简易人身保险期限较长，虽公告了退保期限，仍有不少保户不退保，有些还继续缴付保险费。因此，简易人身保险的清理工作延续了多年。

上海、哈尔滨两地，由于企业和群众需要，经两地政府批准继续办理国内保险业务，主要办理企业财产保险、运输保险、公民财产保险和简易人身保险。1959 年上海的简易人身保险的保户有 46 万户，比 1958 年减少了 13.7 万户，到 1965 年仅存下 24.6 万户。1966 年发生了"文化大革命"，保险被认为是封、资、修的产物，应该彻底砸烂，于是上海在 1966 年 11 月被迫停办简易人身保险和团体人身保险业务。

**(三)国内保险业务恢复后的人身保险**

中共十一届三中全会以后，经国务院批准从 1980 年开始恢复国内保险业务。首先恢复了财产保险业务，从 1982 年开始恢复人身保险业务。在人身保险业务中，首先恢复了简易人身保险，中国人民保险公司在 1981 年底重新修订了条款，1982 年在少数省市试办，尔后在全国范围内推广。由于简易人身保险以广大群众为保险对象，手续简便，被保险人不必进行体检，而且收费低，所以业务发展很快，到 1985 年就承保了 700 多万人，保险费收入 8 700 多万元。

中国人民保险公司在 1982 年还开办了团体人身保险和团体人身意外伤害保险，很受企业单位欢迎，特别是受不享受劳动保险待遇的集体经济单位欢迎，其业务发展也很迅速，到 1985 年团体人身保险承保了 400 多万人，团体人身意外伤害保险和其他人身意外伤害保险(不包括公路、轮船旅客意外伤害保险和旅游保险)共承保了 850 万人，保险费收入 5 000 多万元。此外，中国人民保险公司还陆续开办了旅游保险、飞机、轮船、公路旅客意外伤害保险。

为了适应经济体制改革和对外开放的需要，中国人民保险公司从 1983 年起先后开办了集体企业职工养老金保险、个人养老金保险和中外合资企业中方职工养老金保险等。1984 年 4 月 26 日劳动人事部和中国人民保险公司联合就建立法定的城镇集体企业职工养老保险制度下文，这项统筹的养老金保险在性质上属于社会保险，但当时规定由中国人民保险公司经营，保险费实行企业、个人分担的原则，企业负担保险费的主要部分，税前提取，计入成本，保险公司按月对退休职工发放养老金。此后，不少省、市政府颁布了有关集体企业职工养老保险的法规，使各种统筹养老金保险迅速推开，到 1990 年养老金保险的保险费收入超过了简易人身保险，成为人身保险业务之冠。

为了满足广大家长对其子女保险的需要，中国人民保险公司在全国范围内还先后开办了多种学生团体平安保险、子女教育婚嫁金保险，由于承保面广，这两项业务也成为人身保险的主要险种。此外，还开办了为计划生育服务的一系列险种，如母婴安康保险、计划生育结扎手

---

① 林震峰:《中国保险事业回顾》(三),《中国保险管理干部学院学报》1990 年第 2 期。

术平安保险、独生子女父母养老保险等。

从20世纪80年代后期起，我国保险市场被打破了独家垄断的局面，先后成立了平安保险公司、太平洋保险公司、泰康人寿保险公司、新华人寿保险公司，还出现了一批外商独资和中外合资寿险公司，特别是经营寿险业务的美国国际集团子公司美国友邦保险公司于1992年10月在上海设立了分公司，标志着我国人身保险市场开始对外开放。平安保险公司和太平洋保险公司在成立初期注重财产保险和涉外保险业务，人身保险业务仅限于短期保险业务，但从1994年开始，这两家公司也在积极开展人身保险业务，做到长险短险同时并进。美国友邦保险公司上海分公司成立后，推出了分期支取终身寿险（增值红利）等先进寿险品种，并广泛使用专职代理人推销个人寿险业务。在美国友邦保险公司上海分公司的影响下，上海各中资保险公司也纷纷设计新的寿险品种，招聘和培训专职保险代理人，开展竞争。由于保险市场对外开放和多家办保险的局面形成，引入了竞争机制，我国人身保险业务的技术水平迅速提高，我国的人身保险业进入一个蓬勃发展的新阶段。

2014年8月13日，国务院正式发布《国务院关于加快发展现代保险服务业的若干意见》（简称"新国十条"），提出到2020年，基本建成保障全面、功能完善、安全稳健、诚信规范，具有较强服务能力、创新能力和国际竞争力，与我国经济社会发展需求相适应的现代保险服务业，努力由保险大国向保险强国转变。到2020年，保险深度（保费收入/国内生产总值）达到5%，保险密度（保费收入/总人口）达到3 500元/人。"新国十条"提出十方面32条意见，包括开展住房反向抵押养老保险试点、鼓励政府通过多种方式购买保险服务、适时开展个人税收递延型商业养老保险试点等。"新国十条"规划了保险业发展的宏伟蓝图，展现了无比广阔的发展空间和前所未有的发展机遇。

截至2014年7月，全国共有保险机构174家，其中经营寿险业务的有71家，其中中资寿险公司43家，外资寿险公司28家。2014年，全国保险业保费总收入为20 234.81亿元，其中人身险保费收入1.3万亿元，比上年增长18.2%，占保费总收入的65%。

## 复习思考题

1. 试解释下列名词：

詹姆斯·道德森　《英国人寿保险法》　"阿姆斯特朗调查"　《保险审议令》　"新国十条"

2. 从英、美、日等国人身保险发展的历史来分析其人身保险业务高度发展的原因。
3. 概述中华人民共和国成立后我国人身保险业务发展的三个历史阶段。
4. 试论发展我国人身保险业务的策略。

# 第三章 人身保险的种类——人寿保险

## 第一节 人身保险的一般分类

人身保险的种类繁多，而且分类方法也有多种，本节概述几种一般的分类方法。

### 一、按保障范围分类

这是人身保险分类的基本方法。根据这种方法，人身保险可以分为人寿保险、年金保险和健康保险三大类。

**（一）人寿保险**

人寿保险这个概念在使用时有广义和狭义之区分。广义的人寿保险就是人身保险；狭义的人寿保险则不包括年金保险和健康保险。狭义的人寿保险有三种基本形式：定期寿险、终身寿险和两全保险。

**（二）年金保险**

年金保险是用年金方法给付保险金，在被保险人（年金受领者）生存期或特定时期按约定金额作定期给付。典型的年金保险是一种生存保险，在被保险人生存期给付年金，死亡后停止给付。但是，现在许多年金保险不是纯粹的生存保险，而是偿还式年金。年金保险可以按缴费方式、给付日期、被保险人的人数、给付方式、给付金额是否变动等来分类。

**（三）健康保险**

健康保险也有广义和狭义之区分。广义的健康保险包括人身意外伤害保险；狭义的健康保险一般是指疾病或医疗保险。按照美国的健康保险分类，健康保险主要有三大类：丧失工作能力收入保险、人身意外伤害保险和医疗保险。[①] 人身意外伤害保险和医疗保险可以作为汽车保险、人寿保险等的附加险。

---

① 埃德温·L.巴特来森：《健康保险》，精算师学会 1968 年版，第 11 页。

## 二、按投保方式分类

人身保险按投保方式不同可分为个人保险和团体保险两大类。

**(一)个人保险**

个人保险是以个人或家庭为保险对象的保险,是为了满足个人或家庭需要而投保的。人寿保险、年金保险和健康保险都有个人保险和团体保险之区分。

**(二)团体保险**

团体保险一般适用于人身保险。团体人身保险是向一个团体的成员提供人身保险。由于管理费用相对减少,其费率低于个人保险。

## 三、按有无分红分类

人寿保险可分为分红保险和不分红保险两大类。

**(一)分红保险**

分红保险的红利很大程度上表示保险公司向保险单所有人退还部分保险费。红利一般来自实际死亡率与预定死亡率的差异(死差)、实际利息率与预定利息率的差异(利差)和实际营业费用与预定营业费用的差异(费用差)。红利给付金额取决于保险公司的实际经营业绩。当保险公司获得经营利润时,把一部分利润以红利形式分配给保险单所有人,当保险公司发生亏损时,则会减少红利分配。相互人寿保险公司一般出售分红保险单,分红保险单的费率一般要高于不分红保险单。

**(二)不分红保险**

股份人寿保险公司一般出售不分红保险单,但为了与相互人寿保险公司竞争,有些股份人寿保险公司也出售分红保险单。

## 四、按实施方式分类

为了保证社会安定,国家通过法律规定对某些人身保险实行强制保险,因此人身保险也有自愿保险和强制保险之区分。

**(一)自愿保险**

绝大部分人身保险是采取由保险双方自愿订立合同的方式,保险人可以选择被保险人,投保人有退保的权利。我国《保险法》第十六条对保险人解除合同的权利加以限制。

**(二)强制保险**

强制保险又称法定保险。社会保险属于强制保险,尽管其性质和做法与人身保险不同,但保障内容有许多是相同的。有些人身保险不属于社会保险,但也采用强制或半强制保险的方式,如我国的铁路旅客意外伤害保险。

# 第二节 人寿保险

虽然人寿保险单的名目繁多,但人寿保险的基本种类只有三种:定期寿险、终身寿险和两全保险。定期寿险是理解各种人寿保险的出发点。

## 一、定期寿险

### (一)定期寿险的性质

定期寿险又称死亡保险,它只提供一个确定时期的保障,如1年、5年、10年、20年,或者到被保险人达到某个年龄为止,如60岁。如果被保险人在这个规定时期内死亡,保险人向受益人给付保险金。如果被保险人期满生存,保险人无给付保险金的责任。因此,定期寿险同其他寿险相比较,在性质上更接近财产保险。

### (二)定期寿险的特征

定期寿险主要有以下两项特征:

1. 可以更新或展期

许多1年、5年和10年的定期寿险单规定,保险单所有人具有可以更新或展期的选择权,即在保险期满时可以延长保险期限,不必提供可保性证据。换言之,被保险人不必进行体检,不论健康状况如何都可以把保险单展期。倘若定期寿险单没有规定这项选择权,被保险人可能在保险期满时因健康状况不佳或其他原因不能再取得人寿保险,因此规定这项选择权是为了保护被保险人的利益。定期寿险的费率在一定时期内是不变的,但在每次展期时要根据被保险人所达到的年龄提高费率。

2. 可以变换

大多数定期寿险单具有可以变换的特征,即保单所有人具有把定期寿险单变换为终身寿险单或两全保险单的选择权,也无须提供可保性证据。这种变换的选择权一般只允许在一个规定的变换期内行使,如只允许在60岁以前变换。大多数定期寿险单只有少量的准备金,在变换时保险公司把它折成一个变换值。变换的方法有两种:

(1)按被保险人所达到的年龄变换。保险公司在变换日期时出立一份终身寿险单或两全保险单,该份新保险单的费率,是根据被保险人所达到的年龄确定的。

(2)按被保险人投保时的年龄变换。这是一种具有追溯效力的变换方法,在变换日期出立的一份新的终身寿险单或两全保险单的费率,是根据被保险人在定期寿险单中的投保年龄时就已取得这份保单的方式来确定的。显然,这种变换方法对保险单所有人更有利,因为被保险人在投保时年纪较轻,所以费率也就较低。保险公司一般规定这种变换方法要在定期寿险单已生效5年之后才能使用。在使用按投保年龄变换的情况下,保险公司会要求保险单所有人支付一笔差额,即是按投保年龄时就已取得这份保单应付的保险费与实际已缴付保险费的差额,并且对这一差额以一个规定的利率计息,另加收少量手续费。有些保险公司对定期寿险单生效5年后的变换只要求支付这两种保险单的准备金或退保金的差额,有的计息,有的不计息。不论调整的方式如何,调整的目的都是使保险公司处在与投保年龄时就已出立这份终身寿险单或两全保险单相同的财务状况。不言而喻,使用按投保年龄变换方法要支付一大笔金额。如果被保险人的健康状况变得很糟糕,使用这种方法会显得很不明智。为此,保险公司会允许保险单所有人在定期寿险单的保险期内以“保险费存款”的形式预付保险费,并以规定的利率计息。如果被保险人在保险期内死亡,保险公司会把预付保险费及利息连同保险金一起付给受益人。

有些保险公司推出了可以自动变换为某种终身寿险的定期寿险单,但到时保险单所有人仍可选择是否变换。这种定期寿险单给销售和管理带来不少便利,但不利于减少逆选择。

定期寿险单可以变换的选择权具有以下优点:首先,在取得定期寿险单时,保险单所有人可能尚没有确定哪种保险单最适合其需要，或者虽需要终身寿险，但因经济条件限制选择了定期寿险。过了若干年后，保险单所有人的需要或经济能力发生了变化，他就能使用上述两种方法把定期寿险单变换为终身寿险单或两全保险单。其次，如果定期寿险单没有规定可以更新或展期的选择权，那么可以变换的选择权对保险单所有人会显得更有价值，因为在定期寿险单生效一定年数后，有相当大比例的被保险人变得不能以“标准费率”取得终身寿险或两全保险。

定期寿险单中规定自动展期和变换的做法已变得越来越普遍，甚至规定在被保险人完全丧失工作能力的情况下，不仅免缴保险费，而且可以不必缴付保险费就提供自动展期和变换。

**(三)定期寿险的种类**

广泛使用的定期寿险有以下四种：

1. 每年可更新的定期寿险。

2. 5 年、10 年、15 年、20 年的定期寿险。在规定的保险期限内，投保人缴付均衡保险费。但在更新保险单时，要按被保险人所达到的年龄增加保险费。

3. 到退休年龄满期的定期寿险。这种定期寿险也可以变换为终身寿险或两全保险，但必须在满期之前做出变换选择。

4. 保险金额递减的定期寿险。这种定期寿险一般作为终身寿险或两全保险的附加特约，也可以作为一份单独保险单签发，以提供抵押贷款或其他信贷保障，当借款人因死亡或丧失工作能力不能偿清贷款时，由保险人负责归还未偿贷款余额。这种保险单或附加特约的保险金额逐年减少，到保险期满时变为零，因此费率很低，但在保险期内缴付均衡保险费。

大多数定期寿险提供短期保障，但也有长期的均衡保险费式的定期寿险。它有两种形式：一种是按平均余命确定保险期限，具体年数取决于被保险人投保时的年龄和性别。例如，根据美国 1958 年保险监督官标准普通生命表，年龄 24 岁的男子的平均余命是 47 年，年龄 55 岁的男子是 20 年。另一种是被保险人达到退休年龄满期的定期寿险，它一般提供比平均余命定期寿险短的时期的保障，因而费率也低一些。这两种长期的定期寿险使用均衡保险费法，因此，在开始时会逐渐积累现金价值，增加到某点后下降，在保险期满时为零。

**(四)定期寿险的作用**

定期寿险起到了与财产保险相似的作用，财产保险补偿财产所有人的财产价值损失，定期寿险能补偿被保险人的生命价值损失。与其他人寿保险相比较，定期寿险还具有以下四个方面的作用：

1. 定期寿险适用于低收入而亟须较高保险金额的人购买。例如，刚结婚并有了孩子的年轻夫妇，对他们来说，定期寿险是廉价的保险，可以使被保险人以最低的保险费支出来取得最大金额的保障，但无储蓄或投资因素。

2. 保证被保险人将来的可保资格。随着年龄的增加，人们对人寿保险的需要也增加，但到了最需要人寿保险时，可能因健康原因而得不到人寿保险，定期寿险可以更新和变换的特征消除了这种不利影响。

3. 作为终身寿险或两全保险的补充。缴付同样保险费可以购得比终身寿险和两全保险的保险金额高许多倍的定期寿险，因而定期寿险可以用来补充终身寿险或两全保险的保险金额不足。

4. 作为贷款的担保手段。许多债权人愿意接受债务人的定期寿险单为附加的担保品。如果债务人死亡，定期寿险的保险金可以用来偿还贷款。

## 二、终身寿险

终身寿险是提供终身保障的保险，一般到生命表的终端年龄 100 岁为止。如果被保险人生存到 100 岁，保险人则向其本人给付保险金。同定期寿险相比较，终身寿险在被保险人 100 岁之前任何时候死亡，保险人都向其受益人给付保险金。

### (一)终身寿险的基本形式

1. 普通终身寿险单

普通终身寿险单是一种灵活的寿险单，投保人可以改变终身缴付保险费的方式。它是商业人寿保险公司提供的最普通的保险。具有下列特点：

(1)提供终身保障。

(2)以适量的保险费支出提供终身保障。终身缴费方式使年均衡保险费较低，适用于中等收入者购买。

(3)在保险单失效时支付退保金。在保险单生效的 1～3 年内，一般不支付退保金，因为在签发保险单时保险公司支付了代理人佣金和其他费用。但到了生命表的终端年龄 100 岁时，保险单的现金价值等于保险金额，倘若被保险人生存到 100 岁，仍可以取得保险金。如果一个人在 35 岁时投保了普通终身寿险，那么该份保险单也可以看作是一份为期 65 年的两全保险单。

(4)灵活性。普通终身寿险单的条款允许把该保险单变换为减额的保险费缴清保险单。如果是分红保险单，保险单所有人可把红利留存在保险公司，待红利积累到一定金额时，可把该保险单变换为等额的保险费缴清保险单。保险单所有人还可以用普通终身寿险单的现金价值作为一次缴清的保险费把该保险单变换为定期寿险单，或者在退休时把该保险单变换为年金保险单。

2. 限期交清保险费的终身寿险单

缴付保险费的期限可以用年数或被保险人所达到的年龄来表示，如 10 年、20 年、30 年，或者被保险人的退休年龄。由于限期缴清保险费的终身寿险单的缴费期短于保险期，所以这种保险单的年均衡保险费大于终身缴费的年均衡保险费，但其缴费总额与终身缴费在数学上是等值。由于较高的年均衡保险费，所以限期缴清保险费的终身寿险单不适合需要保险保障大而收入水平低的人。短期的限期缴清保险费的终身寿险适用于在短期内有很高收入者购买，一次缴清保险费的终身寿险是其极端形式。另外，由于限期缴清保险费的终身寿险单能较迅速地积累现金价值，加上与普通终身寿险单一样，向保险单所有人提供不可没收现金价值、红利支付、保险单变换等选择权，所以它也具有灵活性。

### (二)终身寿险的其他形式

1. 保险费可以调整的寿险单(Modified Life Policies)

它是普通终身寿险单的一个变种。主要区别是：在起初的几年内，年保险费低于普通终身寿险单的年均衡保险费，此后高于年均衡保险费。也可以使用其他保险费调整方式。例如，在起初 5 年内，年保险费逐年递增，此后保持均衡水平，或者在起初的 9 年内，每隔 3 年提高一次保费水平，此后保持均衡水平。保险费可以调整的寿险单适用于年轻的家庭，年轻的夫妇对保险保障需求大，但他们的收入水平一般不足以缴付常规的普通终身寿险单的保险费，不过他们的缴付保险费的能力会逐年增加。其主要缺点是现金价值积累较为缓慢。

另有一种对利息反应灵敏的终身寿险单(Interest-Sensitive Whole Life Insurance)。除了

使用可变的保险费来反映关于死亡率、投资和费用因素假设的变化外，这种保单也允许增加现金价值或保险金额，由保险单所有人选择。如果不作选择的话，保险公司会使用增加现金价值。如果保险公司的定价假设变化导致一个较高的保费水平，保单所有人可以选择降低保险金额和保持原有保费水平，或者选择缴付较高保费和保持原有保险金额，但保险费增加不能超过保单中规定的最高费率。

2. 联合人寿保险单(Joint-Life Policy)

虽然绝大多数人寿保险单只承保一个人的生命，但在理论上一份人寿保险单可以承保任何人数的生命。当一份人寿保险单承保 2 个或 2 个以上人的生命时，就称为联合人寿保险单。该种保险单在数个被保险人中有一个人死亡时就给付保险金，合同即告终止。但一般规定生存的被保险人可在一定时期内购买相同金额的单人终身寿险，不必提供可保性证据。有的联合人寿保险单还向生存的被保险人提供短期的定期寿险。如果在数个被保险人中最后一个人死亡时给付保险金，则称为最后生存者保险单。联合人寿保险单可以使用终身寿险、两全保险或定期寿险方式承保，但经常使用终身寿险方式。

联合人寿保险单可以承保 2～12 人，因费用和其他实务处理上的障碍，一般只承保 3 人或 4 人。如果所有被保险人都有相关的经济利益，可以签发多于 12 人的联合人寿保险单。

联合人寿保险单的保险费略高于提供相同保险金额的数份单人保险单的保险费合计数。例如，1 份承保 2 人的保险金额为 20 万美元的联合人寿保险单的保险费高于 2 份保险金额为 10 万美元的单人保险单的保险费合计数，这是由于前者费用较高的缘故。

联合人寿保险单的合同条款类似于单人的寿险合同，其特有的条款有以下几种：

(1)允许在离婚或企业解散的情况下把联合人寿保险单变换为单人寿险单。

(2)各被保险人的保险金额可以均等或不均等。

(3)当联合人寿保险单变换时，新保险单的签发日期可以追溯到联合人寿保险单的签发日期。

合伙企业有时也使用联合人寿保险单，把所有合伙人都作为被保险人，一旦有一个合伙人死亡，其余生存的合伙人把取得的保险金用来购买死去的合伙人在合伙企业中的权益。股份不公开的公司(由少数人或其亲属控制的私人公司)也可以仿效这种做法。联合人寿保险单还适用于夫妇购买，当一方死亡时，保险公司向另一方提供所需的资金。

3. 费率优惠的大额寿险单

一些人寿保险公司以较低费率提供大额寿险单，如最低保险金额为 10 万美元，甚至 100 万美元。每份保险单的管理费用与保险费多少并不直接挂钩，因此，大额寿险单降低了每千美元保险金额的管理费用，如体检费、检查费、会计费用和行政管理费。在许多情况下，大额寿险单的佣金率也低于其他终身寿险单。此外，对大额寿险单的被保险人一般使用体检方法，使用严格的承保标准，因此，在最初一些年份里被保险人的死亡率较低。上述两种因素为大额寿险单使用费率折扣提供了合理依据，大多数大额寿险单的费率低于常规普通终身寿险单 2‰～3‰。大额寿险单又称优惠风险或特种寿险单(Preferred Risks or Special Policies)，其低费率的原理受到某种质疑，因为它有悖于分摊损失的保险基本原理。

4. 可以调整的寿险单(Adjustable Life Insurance)

在长时期内家庭对人寿保险的需要会发生变化，于是一些保险公司推出了可以调整的寿险单这一新品种。它是一种典型的终身寿险单，但给予保险单所有人在一定的间隔期调整保险费、保险金额和现金价值的选择权，在大多数情况下，无须提供可保性证据。但当这种调整增加保险公司的风险金额时，保险公司就要求被保险人提供可保性证据。可以调整的寿险单出现于20世纪70年代初期，在保险市场上曾比较畅销。由于可以调整的寿险单与万能寿险单在术语上有些混淆不清，致使许多保险代理人把可以调整的寿险单看作是万能寿险单的代名词，而不知道可以调整的寿险单比万能寿险单更早出现。

终身寿险单的另外数种重要形式是变额寿险、万能寿险和变额万能寿险，这将在本章第四节、第五节和第六节中作专门介绍。

## 三、两全保险

定期寿险和终身寿险都是在被保险人死亡情况下给付保险金。两全保险（Endowment Insurance）不仅在被保险人在保险期内死亡时向其受益人给付保险金，而且在被保险人期满生存时也向其本人给付保险金。因此，两全保险是死亡保险和生存保险的综合，与终身寿险的区别是保险有一定期限，其年均衡保险费要高于终身寿险。

### （一）两全保险的性质

两全保险的性质可以用两种方法分析。从数学角度分析，在两全保险中，保险公司作了两种承诺：第一种承诺是，被保险人在保险期内死亡情况下给付保险金，它与相同保险金额和期限的均衡保险费的定期寿险中的承诺相同；第二种承诺是"生存保险"（Pure Endowment）。正如保险公司可以精确地估计多少被保险人将会在某年龄死亡一样，它也能估计多少被保险人能生存到某年龄。生存保险可以定义为只有当被保险人在一个规定的期末生存时才给付保险金，而在此之前死亡不作任何给付。生存保险从来没有单独出售过，因为很少人愿意冒在保险期满之前死亡会损失所有保险费的风险。为了在保险期内提供一份死亡保险金，只需要加入相同期限的定期寿险就能实现。由此可见，两全保险是由均衡保险费的定期寿险和生存保险这两个部分组成。

从经济角度分析，两全保险可分为两个部分：保险金额递减的定期寿险和金额递增的投资因素。投资部分可看作是一种储蓄，在1年或2年之后被保险人可以通过退保或贷款来动用。定期寿险部分是金额递减的保险，在被保险人死亡时，把这一递减金额加上递增的投资金额恰好等于两全保险应付的保险金。

应该说明的是，上述分析方法同样适用于终身寿险。由于从经济角度分析更容易被人们理解，所以它现在被公认为是一种有意义的分析方法。

### （二）两全保险的种类

两全保险一般按保险期限分类，期限可以是10年、15年、20年、25年、30年或更长时期，或者把期限安排到某一年龄为止，如60岁、65岁、70岁。保险费通常在整个保险期内按年、半年、季或月缴付，也可以限期缴清，如为期30年的两全保险在20年内缴清保险费。

除了标准的两全保险单外，还有其他一些种类的两全保险单，如"退休收入"保险单、"半两全保险"、"子女两全保险"等。"退休收入"保险单对被保险人生存的给付金额大于保险单面额，而对被保险人死亡的给付金额是保险单面额或现金价值，以金额高的为准。"半两全保险"对被保险人生存给付金额只有死亡给付金额的一半。

### （三）两全保险的作用

两全保险的作用主要有以下三个方面：

1. 作为一种储蓄手段。两全保险有时称为储蓄保险。虽然两全保险并不提供比其他投资方式更高的收益率，但它可以作为一种强制节俭的手段。

2. 作为提供养老保障的手段。两全保险有时称为养老保险。如果选择在退休年龄时期满，两全保险可以作为积累养老金的手段。

3. 作为为特殊目的积累一笔资金的手段。例如，两全保险可以为子女教育目的积累一笔资金。

## 第三节 特种人寿保险

除了常规的人寿保险以外，还有多种混合的寿险品种，如终身寿险和定期寿险混合的保险单，以及为特殊需要而设计的人寿保险单，它们又称为特种人寿保险。这里介绍美国的特种人寿保险，其中有些在上一节中已提及。

### 一、家庭收入保险单或附加特约

这种保险单通常由有家庭负担的年轻夫妇购买，在被保险人过早死亡的情况下，保险公司向其抚养的子女提供生活费用，并为被保险人今后购买长期寿险单做好准备。

这种人寿保险单的保险责任是：在被保险人死亡后向其受益人给付年金，直至保险期满。保险期限一般为10年、15年或20年。每月给付金额一般为保险金额的1%、2%或4%。此外，如果被保险人在保险期内死亡，保险公司在保险期满时还给付相当于保险金额的保险金。如果被保险人在保险期满时仍生存，在被保险人以后死亡时，保险公司也会给付相当于保险金额的保险金，甚至给付被保险人临终时的医疗费用和丧葬费用，但保险单所有人要继续缴付保险费。

兹举例说明这种人寿保险单的基本原理：假如一个年轻丈夫购买了一份保险金额10 000美元的保险期为20年的家庭收入保险单。假定他在保险单签发后的第18年死亡，保险公司向受益人每月给付100美元（给付金额为1%的保险金额），给付期为2年，在给付期满时，保险公司还会向其受益人给付10 000美元。

家庭收入保险单是终身寿险和保险金额递减的定期寿险的混合。终身寿险部分负责不论被保险人在什么时候死亡都给付保险金。保险金额递减的定期寿险部分负责在被保险人在保险期内死亡时向其受益人给付年金。 份保险期为20年的家庭收入保险单，在被保险人投保后即死亡的情况下，保险公司每月给付的次数是240次；在被保险人期满仍生存的情况下，每月给付的次数是0次。但保险公司可以规定被保险人在保险期内死亡时一个保证给付的年数。

家庭收入保险单的保险金也可用长期寿险单的附加特约来提供，但在被保险人死亡时立即给付死亡保险金，而不是在保险期满时给付。

### 二、家庭抚养保险单

家庭抚养保险单与家庭收入保险单相似，主要区别是：不论被保险人在保险期内什么时候死亡，保险公司都会向其受益人给付相当于保险期年数的年金。沿用上面的例子，给付期是20年，而不是2年，在给付期满时还会向其受益人给付10 000美元保险金。家庭抚养保险单是终身寿险和定额定期寿险的混合，定期寿险部分的保险金额不是递减的。

## 三、退休收入保险单

这种人寿保险单与退休年金保险单相似，两者均负责向被保险人提供终身年金。主要区别是：在被保险人在保险期内死亡时，保险公司向其受益人给付死亡保险金，而退休年金保险单只退还保险费或保险单的现金价值(退保金)。

## 四、多倍保障保险单

这种人寿保险单的保险责任是：如果被保险人在一个约定时期内死亡，保险公司向其受益人给付多倍于保险金额的保险金；如果被保险人在约定期满后死亡，保险公司只给付相当于保险金额的保险金。多倍保障期可以约定为10年、15年或20年，或者到退休年龄时为止。

## 五、家庭保险单

这种保险单向家庭的所有成员提供保障，向作为被保险人的户主提供终身寿险或其他长期寿险，向其配偶和子女提供定期寿险。子女的定期寿险的保险期限以子女达到某一年龄表示，如18岁、21岁或25岁。当子女年龄达到15岁时，要提高保费水平。家庭保险单的保险金额用单位表示。例如，每个单位家庭保险单的保险金额由三个部分组成：户主5 000美元的终身寿险，配偶1 250美元的终身寿险或定期寿险，每个子女1 000美元的定期寿险。对新生儿自动承保。每个家庭可以投保多个单位的家庭保险。此外，在子女成年后，有权把他们的定期寿险变换为终身寿险或两全保险。

## 六、可以调整的人寿保险单

传统的人寿保险单都不允许改变其保险金额和保险费。在20世纪70年代初出现了可以调整的人寿保险单，即在保单规定的限额内允许增加或减少保险金额和保险费。增加保险费或减少保险金额可以延长保险期或缩短保险费缴付期，减少保险费或增加保险金额可以缩短保险期或延长保险费缴付期。之所以出现可以调整的人寿保险单，是因为一个人的人寿保险计划会发生变化，即对人寿保险的需求和缴费能力会发生变化。例如，一个25岁的人购买了一份可以调整的人寿保险单，保险金额为25 000美元，年保险费是200美元，保险期是到60岁时终止。3年以后，他改变了保险计划，增加保险金额10 000美元，年保险费增加100美元，保险期改为到63岁时终止。再过了3年，他发现自己的缴费能力大为提高，于是把保险单改为限期缴清保险费的终身寿险单。到了退休时，由于收入减少，他又减少了这份终身寿险单的保险金额和年保险费。

## 七、最后生存者保险单

这是一种联合人寿保险单，有2个或2个以上的被保险人，当最后一个被保险人死亡时，保险公司向受益人给付保险金。一对夫妇都有工作的家庭，如果当其中一人死亡不会对抚养子女产生重大困难时，可以购买这种人寿保险单，其保险费约为单人保险的70%。这种保险单的保险金也可用来缴纳夫妇死亡的遗产税。

## 八、遗嘱年金

遗嘱或继承年金是一种人寿保险和年金保险的混合。这种保险规定：当被保险人死亡时，保险公司向其受益人提供终身年金。如果受益人比被保险人先死，保险公司不给付保险金，保险合同也即行终止。由于遗嘱年金是在被保险人死亡时才向其受益人提供终身年金，所以它也是一种人寿保险。既然这种即期给付的终身年金的现值是随着受益人的年龄增加而减少，遗嘱年金中的有效保险金额在保险单签发时最高，以后逐渐降低。由于无法知道被保险人将来死亡时受益人的年龄，所以在确定遗嘱年金的费率时，必须考虑受益人的预期寿命。这种人寿保险的特点之一是，不允许变更受益人。

遗嘱年金适用于子女要赡养父母或其他亲属的情况，由于被保险人年轻，而受益人年老，所以以较低的费率向受益人提供收入保障。

遗嘱年金的一种修正形式是，向受益人提供的终身年金有一个保证给付期，一般为 20 年，如果受益人在保证给付期内死亡，保险公司会向第二受益人给付剩余年金，直到保证给付期结束。因此，这种遗嘱年金是由两部分组成：一部分是保证给付的年金，它是固定的，其费率并不取决于受益人的年龄；另一部分是保证给付期结束后向受益人提供的终身年金，其费率取决于被保险人和受益人的年龄。

## 九、子女保险

子女保险是父母或抚养人替其从刚出生至 14 岁或 15 岁的子女投保的一种人寿保险，它可以用终身寿险或两全保险的形式取得。过去，大多数保险公司限制被保险人在儿童时期的保险金额，因为一个小孩只有有限的保险价值，但现在的发展趋势是放松限制。

子女保险有多种保险单，有一种自动增加保险金额的子女保险单规定：被保险人的投保年龄为 1～15 岁，以每1 000美元为一个保险金额单位，当被保险人的年龄达到 21 岁时，一个保险金额单位自动增加到 5 000 美元，即增加 5 倍，而无须增加保险费。

在所有子女保险单中都有一项免缴保险费条款。该条款规定：在负责缴付保险费的人（一般是父母）死亡或完全丧失工作能力的情况下，可以免缴保险费，但保险继续有效，免缴保险费一直到被保险人达到 25 岁时或保险期满时为止，以两者先发生者为准。自然缴费者在投保时要提供可保性证据。

如果子女保险使用两全保险形式，经常被家长用来为其子女提供大学教育金。子女保险一般还负责给付被保险人临终时的医疗费用和丧葬费用。此外，子女保险使家长能以低的费率为其子女建立一个长期寿险计划。

## 十、存款定期寿险

存款定期寿险是一种定期寿险的修正形式，通常是一个 10 年的定期寿险和一个保险金额不大的生存保险的混合。这种定期寿险的第 1 年保险费要高于以后各年，其差额被视为保险单所有人的“存款”。在被保险人期满生存时，保险公司给付相当于第 1 年保险费和下一年保险费差额倍数（一般是 2 倍或 3 倍）的保险金。例如，一个 35 岁的男子取得了一份为期 10 年的保险金额为 50 000 美元的存款定期寿险单，第 1 年的保险费为 650 美元，其中 500 美元是附加保险费，常称为“存款”，第 2 至第 5 年保险费是 150 美元，第 6 至第 10 年保险费是 210 美元。如果被保险人期满生存，保险公司向其给付 1 000 美元保险金，这生存给付的保险金是第 1 年存款保险费的 2 倍。

在存款定期寿险期满时，保险公司向保险单所有人提供下列选择权：

1. 把保险单展期，新的一个 10 年存款定期寿险的第 1 年保险费将会更高。

2. 把保险单变换为到100岁期满的均衡保险费的保险金额递减的定期寿险。

3. 把保险单变换为终身寿险或其他定期寿险。

## 十一、生活费用附加特约

越来越多的人寿保险公司提供生活费用附加特约。这是一种保险金额递增的定期寿险。该附加特约把定期寿险作为基本的长期寿险保单的附加，按照消费价格指数上升自动增加保险金额。例如，假定上一年消费价格指数上升5%，下一年就附加保险金额为5 000美元的定期寿险，并向保险单所有人收取附加保险费。一般授予保险单所有人有随时冻结保险金额的权利。

少数人寿保险公司还提供同其他指数挂钩的寿险品种。它们基本上可以分为两类：一类是由保险单所有人承担通货膨胀风险，保险公司仅提供附加保险，由保险单所有人缴付附加保险费；另一类是由人寿保险公司承担通货膨胀风险，但所承担风险的费用已包括在保险单所有人已缴付的保险费中。

## 十二、简易人寿保险

为了使低收入阶层也能获得人寿保险保障，美国谨慎保险公司在19世纪中叶首先推出了简易人寿保险。它是一种保险金额低、不要求被保险人进行体检的人寿保险，绝大部分简易人寿保险具有现金价值。简易人寿保险又称为上门服务的寿险单，由保险代理人每周或每月上门收取保险费。在大多数情况下，简易人寿保险是按保险费单位出售，而不是按保险金额单位出售，如以5美元保险费单位出售一份简易人寿保险。这种人寿保险的保险费率相对高于普通终身寿险。主要是由于以下原因：首先，被保险人一般是低收入阶层，又未经过体检，因而死亡率相对要高；其次，上门收取保险费增加了销售和管理费用；最后，保险单失效率高。

20世纪初，简易人寿保险业务在英美国家发展很快，30～40年代是高峰时期，曾成为美国人寿保险的第二大险种，占有效人寿保险金额18%左右。如今，简易人寿保险已失去了重要性，仅占有效人寿保险金额的1%，这归因于由雇主举办的团体人寿保险得到迅速发展，以及大多数美国工人购买大额人寿保险的经济能力增强。

从2008年开始，我国在农村推广小额人身保险。它是一种保额低、保费少，针对低收入农民最迫切的疾病、死亡和伤残等特定风险的保险，主要是人身意外伤害保险和定期寿险，具有销售成本节约、核保和理赔程序简便等特点。

## 十三、信用人寿保险

信用人寿保险是以债务人（借款人）为被保险人，以债权人（放款人）或债权人指定的人为受益人。在债务人未偿清贷款之前死亡或全部丧失工作能力的情况下，保险公司负责偿还未偿贷款余额。当债务人偿清全部贷款本金和利息时，保险责任终止。

信用人寿保险既可以由债务人为自己投保，也可以由债权人替债务人投保。在大多数情况下，由借款人交付保险费给放款人，再由放款人汇给保险人。不论采用哪种方式，都必须由债权人指定受益人。保险金额以贷款本金和利息为限，并且随着贷款的分期偿还而逐渐减少，到保险期满时为零。

信用人寿保险属于保险金额递减的定期寿险，它适用于短期借贷和分期付款的消费信贷，如汽车贷款，保险期一般以10年为限。信用人寿保险还对许多信用卡持有人所欠的账户金额提供同样的保障。在信用人寿保险中被指定为受益人的债权人通常是商业银行、财务公司、信用社和使用赊销的零售商。人寿保险公司一般也委托这些机构代理这项业务。美国有250余家人寿保险公司提供信用人寿保险,其中一些公司专门经营信用人寿保险。这种保险单可以向个人和团体签发,但大部分信用人寿保险是以团体方式承保的。

美国的信用人寿保险早在1917年就已出现,但在第二次世界大战以后才获得迅速发展,信用人寿保险的有效保险金额几乎与消费信贷金额同步增长。信用人寿保险可以使被保险人的遗产不用来偿还这些债务。

与信用人寿保险相似的有抵押贷款偿还保险,它也是保险金额递减的定期寿险,但由于保险期限(贷款期限)长,它的保险金额不像信用人寿保险那样直线递减。美国的年轻夫妇通常以俩人的收入来购置住宅,如果夫妇中一人死亡,另一人继续偿还抵押贷款就会发生困难。于是出现联合抵押贷款偿还保险单,在夫妇中有一个死亡时,保险公司就负责偿还未偿贷款余额。但是,抵押贷款偿还保险并不要求保单受益人用保险金偿还贷款,他可以领取保险金,并按期偿还贷款,除非抵押贷款放款人要求借款人指定放款人为受益人作为获得抵押贷款的一项条件。

### 十四、保险费返还和现金价值返还保险单

由于有些人对人寿保险的均衡保险费缺乏了解,误以为被保险人在保险期内死亡时,保险公司除了给付保险金外,还要返还保险单的现金价值,即他们的储蓄积累。针对这种心理,保险公司设计了保险费返还和现金价值返还保险单。

现金价值返还保险单是保险金额递增的终身寿险和普通终身寿险的综合。换言之,在保险期内有两个保险金额:一个是普通终身寿险的保险金额;另一个是按递增的现金价值确定的保险金额。当被保险人在保险期内死亡时,保险公司除了给付保险金外,还返还现金价值。自然,保险单所有人要增加保险费缴付金额。

保险费返还保险单则是保险金额递增的定期寿险和普通终身寿险的综合。如果被保险人在一个规定期限内(通常是20年)死亡,那么保险费返还保险单和现金价值返还保险单一样由两个保险金额组成,由其中的保险金额递增的定期寿险返还保险费。如果被保险人在规定的期限满时仍生存,那么保险金额递增的定期寿险的责任即行终止,只有一个普通终身寿险的保险金额。

## 第四节 变额寿险

在20世纪70年代,整个西方世界发生了严重的通货膨胀,促使利息率明显升高,这对传统的均衡保险费的终身寿险的竞争能力和营利能力提出了挑战。通货膨胀增加了保险公司的营业费用,并减少了其利润率。不幸的是,人寿保险公司的大部分投资是固定收益率的长期投资。在20世纪60年代,人寿保险公司投资于年利率6%～8%、为期20年的长期债券和抵押贷款,但在70年代和80年代,由于通货膨胀加剧,利率上升到12%、15%,甚至20%,人寿保险公司仍持有为期20年的长期债券和抵押贷款,就无盈利可言。由于保险单所有人发现在其他金融机构存款能取得10%～15%的利率,而保险公司向保险单所有人保证的利率只有

3%～5%，所以他们纷纷以保险单规定的5%～6%的放款利率来借取保险单的现金价值，再把这些钱存入到其他金融机构。此外，保险单所有人还纷纷退保。由保险单质押贷款和退保引起的“资金游离”成为美国人寿保险业面临的重大问题。虽然人寿保险公司拥有大量资产，但资产中只有一小部分是现金，只能忍受亏损来出售其长期资产，有些人寿保险公司还向其他金融机构借款来应付由保险单质押贷款和退保引起的现金需求，历来作为放款人的人寿保险公司竟成了借款人。面临财务困境的美国人寿保险公司开始重新探究其出售的保险单，采取了一些创新方法，设计新的寿险品种，这些创新的寿险品种有可以调整的寿险单、变额寿险单和万能寿险单等。

## 一、变额人寿保险的特征

变额人寿保险(Variable Life Insurance)首先出现在西欧，美国人寿保险公司从1976年开始推出这种新品种。变额人寿保险的死亡给付金额是可以变动的，有别于传统的定额终身寿险。保险公司为保险单所有人设立单独账户，把资金主要用于股权资本投资，死亡给付金额很大程度上取决于投资收益率。

## 二、变额人寿保险的理论依据

变额人寿保险的理论依据与变额年金相同。由于股票价格与消费品价格均趋于上升，并且股票投资者能取得股息，变额人寿保险不仅能保值，而且比储蓄积累更多的资金。因此，变额人寿保险可以用来对付通货膨胀。然而，在短期内股票价格不会像通货膨胀率那样上升。例如，美国股市1970～1974年猛跌，但通货膨胀率仍继续上升。近年内，保险公司采用了更稳妥的投资组合方法，把股票、债券和不动产投资组合在一起，并且保险单所有人拥有投资的选择权。

## 三、变额人寿保险的资金运用和死亡保险金给付

变额人寿保险的资金是放入单独的账户，即同其他寿险品种分开投资，并且只对公开交易的证券进行投资，因为这些证券的市价容易确定，从而能确定保险单的现金价值和给付金额。投资总的目标是增强对通货膨胀的防卫能力和保持本金的适度安全性。投资总收益来自证券市价的升值、股息、利息。但是变额人寿保险把所有投资风险都转嫁给保险单所有人，对投资收益率不作任何保证，保险公司只承担死亡率和费用变动风险。

购买变额人寿保险的基本目的是希望受益人能得到金额较大的死亡保险金给付，而不是积累可用于退保和保险单质押贷款目的的现金价值。根据美国全国保险监督官协会制定的《变额人寿保险示范法规》，变额人寿保险基本上是一种普通终身寿险，提供可变的死亡保险金给付。如果保险单所有人缴付均衡保险费，给付金额的增加要靠出色的投资业绩。保险单规定了一个最低的死亡给付金额，并设定了一个能够提供最低给付金额和保持必需现金价值水平的投资收益率，如4%。如果实际投资收益率超过这个假设的收益率，则可以用来增加保险单的现金价值，这些增加的现金价值可以用来增加死亡给付金额。如果实际投资收益率低于这个假设的收益率，则会减少现金价值，从而减少死亡给付金额，但绝不会低于最低死亡给付金额。

变额人寿保险最初只提供一种普通股投资账户，现在则提供多种投资账户，如货币市场资金、债券和股票的组合、风险小的普通股、风险大的普通股，供保险单所有人选择，保险单所有

人可以把所有净保费(扣除了费用和死亡率费用后的保险费)投入到一种账户,也可以分散到数种账户,但有些保单限制了保险单所有人每年改变账户的次数。

变额人寿保险的保险单质押贷款是以90%的现金价值为限,退保金等于全部现金价值减去退保费用。有些变额人寿保险属于分红保险单,既然投资实绩反映到现金价值的变化中,红利只不过是反映保险公司未预料到的死亡率和营业费用的变化。

### 四、变额人寿保险单也是一种证券

变额人寿保险单在法律上也是一种证券,因而在美国变额人寿保险单要同时受联邦证券法和州保险管理部门管理。在投保之前,保险公司先要提供一份说明书。该说明书解释保险单所有人所承担的投资风险,并举例加以说明。例如,说明投资收益率分别为4%、8%的情况下死亡给付金额和现金价值各有多少。此外,该说明书还提供费用、退保费用、投资选择、保险单所有人权利等信息。由于变额人寿保险单也是一种证券,所以它只能由注册并通过全国证券经营商协会规定的投资课程考试的代理人出售,即销售变额人寿保单的人必须取得人寿保险代理人和证券代理人双重资格。证券和交易委员会也要求经营变额人寿保险的保险公司作为投资公司登记注册,并对其投资账户进行监管。

由于变额人寿保险单原先是缴付固定保险费的,后来一些人寿保险公司推出了变额可以调整的人寿保险(Variable Adjustable Life Insurance),它是一种可以调整的人寿保险,但增加了一项特色,即保险单所有人具有投资的选择权。一些保险公司之所以推出变额可以调整的人寿保险,是因为它能增强其与经营万能人寿保险的公司的竞争能力。

## 第五节 万能人寿保险

万能人寿保险(Universal Life Insurance)是美国人寿保险的创新品种之一,出现于1979年。万能人寿保险具有灵活性和投资特征,它能满足美国消费者的需要,并能与投资公司、银行和其他金融机构提供的货币市场共同基金、存款单等业务竞争。万能人寿保险的最大特点是具有灵活性,保险单所有人能定期改变保险费金额,可以暂时停止缴付保险费,还可以改变保险金额。这种保险单适合于需要长期保障和投资相对安全的人购买。它与传统的人寿保险有着众多的差别。

### 一、区分要素

传统的具有现金价值的保险单并不区分其死亡率、投资和费用组成部分。但购买了万能人寿保险后,保险公司至少每年会向保险单所有人寄送一份报告书,向他显示所缴保险费如何在提供死亡给付保障、费用和现金价值中间分配,这是对传统的终身寿险的极大改善。保险公司替每个保险单所有人设置了单独账户,该账户上有三个收入项目:新缴保险费;对现金价值保证支付的利息;对现金价值支付的超额利息。支出项目有两个:按死亡率收取的提供死亡给付保障的费用、管理和销售费用。收支余额可以用来增加保险单的现金价值。当保险公司收到一笔保险费时,首先从保费中扣除管理和销售费用,然后把其余保险费贷记保单的现金价值账户,每个月还要从现金价值中扣除提供死亡保障给付的费用和贷记其余现金价值的利息。

保险公司还可以随时从现金价值中扣除其他费用(见表3—1)。

表 3—1　　定期向保单所有人报告的内容

| | |
|---|---|
| 1 | 保单的现有保额 |
| 2 | 保单的现有现金价值 |
| 3 | 保单退保金(如果和现金价值不同) |
| 4 | 现金价值的既得复利收入 |
| 5 | 现行的死亡率费用 |
| 6 | 经营费用 |
| 7 | 为保单支付的保费 |
| 8 | 贷款余额 |
| 9 | 现金提取额 |
| 10 | 预计现金价值或预计退保金 |

## 二、现金价值

在万能人寿保险单中,保险人会根据目前的经验数据向保险单所有人举例说明今后保证的现金价值变动的情况。例如,说明今后 30 年时期的保证的现金价值的变动情况。保险单所有人可以期望积累更大金额的现金价值,因为实际的投资收益率可能会超过保险单中保证支付的利率,保险公司对提供死亡给付保障的费用也可以按低于保险单中规定的最高收费标准来收取。而在传统的普通终身寿险中,保险公司能向保险单所有人提供精确的今后现金价值的变动情况。

## 三、保险金额改变

保险单所有人可以根据需要来改变保险金额。增加保险金额需要提供可保性证据。减少金额无须提供可保性证据,但保险单规定了一个最低保险金额。而在传统的普通终身寿险中,要增加保险金额非得要购买一种新的保险单,以此补充原有保险单的保险金额不足。如要减少保险金额,只有退保,再另外购买一种保险单。经营万能人寿保险的保险公司则会以简便手续批准保险单所有人增减保险金额的申请。

## 四、保险费缴付

大多数万能人寿保险单规定了第一年应缴的最低和最高保险费金额,在以后每年缴付多少保险费则由保险单所有人自己决定,但有些保险公司规定了最低和最高金额。规定最高保险费金额的目的是使该种保单保持其保险产品的性质。例如,在第一年缴付 1 000 美元,第二、第三年分别减为 500 美元、250 美元。假如第三年后保险单所有人停止缴付保险费,若使用某种保证的死亡率和利率的假设,保险公司在第十年就会停止履行死亡保险金给付的责任。在终止保险之前,保险公司会寄一份保险费催缴单,提醒保险单所有人,除非再缴付保险费,否则将会终止保险。此时,保险单所有人可以在最低和最高保险费金额之间选择任何金额再缴付保险费。当然,保险公司希望保险单所有人连续缴付保险费,积累金额可观的现金价值。保险公司使用几种措施来促使保险单所有人定期交付保险费。首先,规定一个目标保险费,如每年750美元，定期缴付保险费能积累高额现金价值，使保险单在终身期有效；其次，按时寄送缴付目标保险费的催单，也可以要求保险单所有人签发一张银行汇票，授权保险公司从他的银行支票存款账户中定期收取目标保险费。

## 五、提供死亡给付保障的费用

提供死亡给付保障的费用是根据本期死亡率×本期风险净额(保单死亡保险金与现金价值的差额)这一公式来计算的，它是保险公司收取的提供人寿保险的成本。有些保险公司使用保守的1980年保险监督官标准普通生命表(1980CSO)上的死亡率，有的保险公司甚至使用更为保守的1958年保险监督官标准普通生命表，作为收取这项费用最高金额的标准。目前大多数保险公司的做法是，规定一个低于保险单中规定的最高死亡率的本期死亡率。例如，根据1980CSO表的死亡率的75%来规定本期死亡率，而且保险公司可以定期改变这个比例。保险公司本期收取的这项费用与本期实际的死亡给付之间的差额可以用来减少收取这项费用。这项费用可从期初累积价值(上期累积现金价值加上本期保险费收入)中扣除。当期初累积价值不足以抵补提供死亡给付保障的费用时，保险合同即告终止。

在投保时，有两种死亡保险金给付方式可供选择：一种是均衡给付，死亡给付金额等于保险金额，即给付金额始终保持不变，另一种是递增给付，死亡给付金额等于保险金额加上现金价值，风险净额是保险金额，增加给付的金额取决于今后非保证的现金价值的变动情况。

## 六、管理和销售费用

管理和销售费用可以分为开端费用和退保费用。收取的开端费用由以下几项组成：

1. 按新缴付的保险费的一个比例收取，如收取5%的新缴付的保险费。

2. 每月或每年收取一个统一的金额，如每份保单每年收取25美元。

3. 在保险单出立的第1年收取一个较高的统一金额，如第1年收取每份保险单250美元。

由于人寿保险公司之间的相互竞争，收取的开端费用已出现下降趋势。

大多数保险公司还收取退保费用，这是一项隐含收费，实际的退保费用是保险单的累积价值与退保金之间的差额。退保费用可以递减。例如，第1年退保费用可以定为500美元，以后每年减少50美元，10年后全部消失。少数保险公司不计收开端费用和退保费用，他们的费用开支通过实际死亡率与预定死亡率的差异、实际投资收益率与预定投资收益率的差异来弥补。

美国林肯国民保险集团的万能寿险保单费用见表3—2。

**表3—2　　万能寿险保单费用表**　　单位：美元

| | 保证条件 | 实际情况 |
|---|---|---|
| 经营费用在保险费中占的百分比 | 2% | 1% |
| 月度管理费用 | 6.00 | 6.00 |
| 保险保障成本 | 100%CSO80 | 75%CSO80 |
| 利息 | 4% | 6% |
| 保费 | 3 000 | 3 000 |

### 七、投资收益

保证的投资收益率一般为4%或4.5%，即使保险公司的实际投资收益率低于这个数字也得支付这个收益率。此外，允许保险单所有人与保险公司分享超额的投资收益。例如，本期投资收益率达到8%，它与保证的投资收益率的差异是4%，保险单所有人和保险公司可以分享这超额的投资收益。

有些保险公司采用指数化的投资战略，即把保险单现金价值的收益率（投资收益率）同一个公布的指数挂钩，如与为期90天的国库券利率或莫迪氏债券收益率指数挂钩。这样，投资收益率并不是由保险公司随意处置，也不是根据实际投资收益率来确定。这种方法也提供了一个保证的收益率。万能寿险的投资主要是短期投资，也有一些保险公司使用一种投资组合的利率，它是一个包括短期、中期和长期债券的投资组合的平均收益率，也可以把普通股、不动产和其他投资包括在这个组合内。

### 八、保险单质押贷款

保险单所有人可以从累积的现金价值账户借到相当于退保金部分的贷款，贷款利率随一个规定的市场利率波动。贷款余额仍能得到利息，该利率低于本期投资收益率和贷款利率，但不低于保证的投资收益率。此外，保单所有人有权从保单的现金价值中提取资金，但要缴付提取费。只要剩余的现金价值足以支付提供死亡给付保障的费用和管理费用，该保单仍有效，但要从保险金额中扣除提取的金额。

### 九、税收法规对万能人寿保险的影响

由于万能人寿保险的运作可使得保单所有人缴付远多于保险成本所需的保险费，因此，保单的现金价值会比保险金额高出许多。现金价值相对于保险金额越大，该保单就越像是一种投资产品。美国的联邦税法对寿险产品是很优惠的。为了保证只有寿险产品才能享受税收优惠，联邦税法对寿险保单的现金价值与其保险金额的比例规定了限制。如果现金价值超过了该法规的限制，那么，该寿险单在税收上就作为投资产品处理。因此，保险公司不允许保单所有人缴付的保险费会导致现金价值超过保险金额的法定比例。此外，大多数万能人寿保险单规定，一旦现金价值超过保险金额的法定比例，保险金额将会自动增加到符合法定比例的金额。

## 第六节 变额万能寿险

1985年，美国人寿保险公司推出了变额万能人寿保险（Variable Universal Life Insurance）这一新的寿险产品。它融合了万能人寿保险的保险费和死亡给付金额的灵活性与变额人寿保险的投资灵活性。这种保险也称为灵活保险费的变额人寿保险和第二代万能人寿保险。如同万能人寿保险，变额万能人寿保险允许保单所有人选择保险费金额和保险金额。如同变额人寿保险，变额万能人寿保险的现金价值存放在一个单独的投资账户上，保单所有人可以从数种投资账户中进行选择，而且至少每年可以改变选择，大多数保险公司还允许保单所有

人选择死亡保险金给付是均衡的还是随着投资收益改变。如同变额人寿保险一样，变额万能人寿保险对投资收益或现金价值不做保证。

## 一、变额万能寿险的特点

变额万能寿险是一种结合万能寿险与变额寿险特点的终身寿险。

**(一)变额万能寿险的终身寿险性质**

变额万能寿险是终身寿险的一种类型，是一种提供终身保障的保险。终身寿险含有现金价值的成分，保单现金价值为保险公司同意当保户决定解约时保险公司会给付的退保金。

传统的终身寿险通过保单生命期来建立退保金表，现金价值的增长订明于合同中，为一保证给付金额。现金价值金额反映了保险公司对于未来保户将会缴付保费直到保险给付这段时间的投资收益假设。变额万能寿险产品也有现金价值，但其现金价值的计算方式与传统终身寿险有很大的不同，差别在于变额万能寿险所含的万能寿险及变额寿险特点。

**(二)变额万能寿险的万能保险特点**

万能寿险为终身寿险的一种类型，包括以下特点：

1. 费率构成分解

传统保险产品把所有的定价要素组合起来算出费率。但是，保险公司定价的各项要素并不会明确地写在保单上。万能寿险和变额万能寿险通过费率构成分解，向保户提供较多的信息，将保险产品的成本及收益显示在保户的账户中，每一笔成本或收益都会分开列示。万能寿险及变额万能寿险的保户了解保单费用的时间及金额，包括：(1)作业成本(收益)；(2)提供保障的成本，称为死亡率费用。保险公司也会将保险金额以及其投资收益加到保单的现金价值中。许多万能寿险保单会保证在一定期间的利率，比如一年。

2. 保费灵活

对于一张万能寿险及变额万能寿险保单，保户可以灵活缴付保费，即保费金额及缴付时间只要是在保险公司及法律的规定范围内都可以变动。保户可以按他们当时的状况来选择缴付保费金额。保险公司、州及联邦政府限制变额万能寿险的保费最低及最高金额。

3. 保险金给付金额灵活

万能寿险保险金给付金额是弹性的。保户可以通过变更给付至特定的保额，或改变给付类型。

(1)保额变更。保单的保额是被保险人身故给付金额。在传统寿险保单，保额在保单购买后固定，一般不能由保户变更。万能寿险与变额万能寿险却不同，在特定情况下，保户可以在保单生效后的一段时间内变更保单的保额。

(2)给付类型变更。当保单销售时，保户一般会在两项类型中择一：A 型或 B 型。A 型的保险金额等同于保单保额。B 型的保险金额等同于当时的保额加计保单现金价值，当保单的现金价值变动，保险金额也跟着变动。要了解给付类型造成万能寿险或变额万能寿险的死亡成本收费的不同，必须了解风险净额的概念。风险净额在传统终身寿险中是等于保额减去保单现金价值。A 型风险净额为保额减现金价值，B 型风险净额等于保额。风险净额在传统寿险中为纯保险成分，因为该部分的金额是从保险公司的账户给付出去，而不是从属于保户的现金价值中支付出去。风险净额越高，收取的死亡保障费用就越高。因此，在 A 型，当现金价值上升，风险净额就下降。在 B 型，风险净额一直等同于保额，不会因为现金价值的变动而变动。

如上所述，保单的死亡保障费用以风险净额为基础收取。风险净额越高，收取的费用越高。A 型时，死亡保障费用将会反映年龄越高费用越高，但是当现金价值上升，费用也会降低，因为风险净额降低。若保单是 B 型，会以相同的风险净额为基础，若现金价值下降了，保险金额也会下降，但死亡保障费用维持不变。保户可以在保单生效后一段时间内变更给付类型。保户希望从 A 型变更为 B 型，必须提供可保性证据，而从 B 型变更为 A 型，只要保单符合联邦税法规定即可。

**(三)变额万能寿险的变额寿险特点**

变额寿险乃终身寿险的一种类型，其保费金额固定，但死亡给付金额可以变动，以反映投资绩效。保户可决定现金价值如何投资，若投资工具表现好，则可以增加现金价值，通常会比非变额产品有较高的收益，但是若投资绩效不好，现金价值就会下降。保险公司将变额寿险的资产从保险公司的一般资产分离，给予变额寿险保户投资账户的控制权。同时，分离账户里又分成许多次账户，分别投入不同的证券投资组合。保户选择其现金价值如何分配投资在保险公司所提供分离账户的各个次账户中。保险公司也允许万能寿险及变额万能寿险保户将现金价值放在固定账户中。固定账户是保险公司一般账户的一部分，可以获得最低保证的固定利率。保户可以在投资账户选择时相互转移。保险公司并不保证变额寿险中的现金价值，保户必须自己承担投资的风险。

传统终身寿险、万能寿险及变额寿险产品，都是按不同客户需求来设计的。传统终身寿险含保证固定给付金额，成本固定。万能寿险提供了保费及给付的灵活性，但不允许保户自己做投资的决定。变额寿险以保户自行承担投资风险为前提，提供现金价值高回报的可能性。在 20 世纪 80 年代，许多美国消费者要求保险产品能对其投资收益、保费缴付及给付金额有较以往产品更多的控制权，变额万能寿险产品因保费灵活、保险金给付灵活、成本完全披露，以及以接受较高投资风险为代价来赚到高的投资收益而流行。

## 二、变额万能寿险合同

**(一)终身寿险与变额万能寿险在保险合同条款上的差异**

变额万能寿险保单包含许多与传统终身寿险保单相似的条款，例如宽限期，保单价值不可没收、复效、保单质押贷款，以及死亡给付的条款。但是，在变额万能保险中，对这些条款做了一些修改，因为变额万能保险在运作上与传统终身寿险有许多方面的差别。

1. 保费缴付条款

终身寿险的保费缴付条款描述的是保费如何及何时缴付，说明续期的保费及缴付时间或间隔(月缴、年缴等)。首期保费乃保单生效的必要条件，续期保费乃传统保单持续有效的必要条件。变额万能寿险合同保持有效的方式是由保险公司从保单现金价值中扣取应收取的保费，而不是靠缴付保费。在变额万能寿险中，缴付的保费是加到保单的现金价值中。大多数的变额万能寿险合同有两种保费缴付方式：计划缴费(Scheduled Premium)和弹性缴费(Unscheduled Premium)。保费缴付计划表列明了保费缴付的金额及时间，续期保费缴付不一定按这个计划表进行，只要所缴的保费是在保险公司或法规规定的最低和最高金额范围内即可。弹性缴费是指保户除了计划缴付的保费之外，还可额外缴付保费。例如，如果计划保费是在每年的 1 月 1 日缴 500 美元，保户可能缴 600 美元，或者在任何时候他可以缴额外保费，只要不超过保单的限制即可。在变额万能保险保费缴付条款中也指明保险公司在每笔保费中应扣取的费用，剩余的金额才放到现金价值里。加到现金价值里的保费再按保户的要求分配到指定的账户，包括固定账户、一个或多个在分离账户的次账户或者固定账户与分离次账户的组合。

2. 宽限期条款

宽限期为一定时间内到期续期保费应缴付的时限，通常是 31 天。在宽限期内，虽然到期保费还没缴付，保单以及其附加特约仍然有效。因为变额万能寿险不必要求保户一定按计划缴付保费，所以变额万能寿险的宽限期与传统终身寿险不同。维持变额万能寿险持续有效的条件是，每个月必须能从现金价值中扣到费用，只要现金价值一直足够每月扣取费用，保单就持续有效。变额万能寿险只有在保单的现金价值不够扣取费用时，才会失效。因此，变额万能寿险的宽限期条款定义了保险公司给保户多长的时间来补足现金价值的不足。一般来说，变额万能寿险的宽限期是 60 天或 61 天。保险公司一般在变额万能寿险的合同里载明，当宽限期开始时会书面通知保户，且会告诉保户应该前来缴付的保费金额应等于本月现金价值减去下个月应扣的费用额度。与其他类型的保险合同相同，变额万能寿险合同在宽限期间内保持有效。

3. 保单价值不可没收条款

在传统寿险合同中，保单价值不可没收条款允许保户在宽限期内，选择保单价值不可没收的方式处理保单。保单价值不可没收条款定义了如何计算失效保单的退保金。退保金是保单解约时扣取相应的费用后，给付给保户的金额。相对于传统的终身寿险，变额万能寿险保单没有不可没收价值条款，因为变额万能寿险具有弹性的特点相当于给予保户这些传统终身寿险保单通过行使保单价值选择权的功能。例如，变额万能寿险中灵活保费就给予客户停止缴费的选择权。即使变额万能寿险保户停止缴付保费，保险公司仍会继续从保户的现金价值中扣取保单费用，直到现金价值扣完，保单才失效。当然，保户也可以在任何时间停止缴付保费并且领取退保金。这与传统终身寿险保户在要求解约时是相像的。

4. 复效条款

复效是保险公司使已经失效的保单重新恢复效力的程序。传统的终身寿险与变额万能寿险合同都有复效条款，该条款叙述保险公司允许保单复效保户应符合的条件。传统终身寿险及变额万能寿险的复效条款都规定在一定的期限内允许保单复效，一般是 5 年，并载明保险公司可要求保户提供可保性证据。若是在失效的一个月或两个月内提出复效申请，保险公司只要求一张被保险人健康状况良好的证明即可。变额万能寿险与传统终身寿险的复效条款有一重要的不同之处：在传统终身寿险复效申请时，必须缴清过去未缴的保费并加计利息，而变额万能寿险的复效，保户只需缴付最低保费给保险公司，有些保险公司要求的这笔保费额度是能扣到复效后数个月的费用即可。无论哪一种寿险保单的复效，都会在复效日产生一新的抗辩时效。抗辩时效是保险公司基于投保单的不实告知可以主张保单无效的时间。对于美国所有复效的保险合同，抗辩时效的条款只适用于保户在复效申请书上的告知内容，而在原投保单上的内容抗辩只适用于原保单的抗辩时效。

5. 保单质押贷款条款

传统终身寿险及变额万能寿险都有保单质押贷款条款。保单质押贷款金额以保单的现金价值为担保。任何未还清的保单质押贷款及利息会从保单保险金或者从其现金价值扣取。传统终身寿险及变额万能寿险都设定这一贷款利率，可以固定利率或者指数利率表示。指数利率随着其他利率变动，如以银行同业拆借利率为标准。由于保单的现金价值担保保单质押贷款，保险公司会随时确认保单现金价值不低于保单质押贷款金额。因此，传统终身寿险保单规定其保单质押贷款不可以高过保单现金价值减去一年的保单质押贷款的利息。在变额万能寿险单中，贷款的额度也不可以超过一定的百分比，通常是保单现金价值的75%～90%。两者在条款上的差异，反映它们对现金价值保证的不同。在传统终身寿险保单中，现金价值乃是保证金额，它按着预定的时间逐渐增加。为了增加安全性，保险公司也会要求变额万能寿险保单质押贷款只能是保户分配在固定账户部分的现金价值为限，而不能包括在分离次账户投资的部分。在大多数变额万能寿险单中，保单质押贷款利率会比固定账户的利率高。

6. 死亡给付条款

死亡给付条款规定保险公司在被保险人身故时如何计算身故保险金。大多数传统终身寿险单的死亡给付条款载明总保险金额等于保额扣除保单质押贷款、未缴的保费以及欠缴的任何利息。任何包含在保单内的附加给付(如意外身故给付)都会加到总给付金额。变额万能寿险保单的死亡给付条款也规定所有应该从保额上加计及扣除的项目，以计算出总给付金额。不过，变额万能寿险单也会规定一些额外影响死亡给付金额的条件：①在被保险人身故时生效的给付选择权；②任何为确保合同属于终身寿险所必须有的给付金额调整；③保单生效后保额的变更。

(1)保险给付项目。前面曾提到变额万能寿险单的持有人可以任选A型或B型作为其给付类型。A型保险金额等于其保额，B型的保险金额等于其保额加上现金价值。在变额万能保险保单中，死亡给付条款中有一段会详细解释这两个选项：①该选项如何影响身故保险金的金额；②在保单生效一段时间后(通常是至少一年)，保户可以如何申请变更。若保户从A型变更至B型，保单的保额相对减少了保单的现金价值额度；而从B型变更至A型，等于保单的保额增加。

(2)寿险合同的合格。死亡给付条款的第二段描述变额万能寿险单的给付金额如何调整以符合税法7702条对于寿险保单的认定。税法7702条定义了在什么条件下保险合同才能被税法上认定为寿险保单，以适用税收优惠。

(3)保单保额的变更。死亡给付条款的第三段详列保户可以如何变更其保额。任何保额的变更通常是在保户提出申请的下一个月的第一天生效。保额变更直接影响保险金给付的金额，任何保额的变更也会影响风险净额及保单的保障费用。保险公司会限制保户增加或减少保额，且所有的变更均需合乎税法7702条的规定。

**(二)变额万能寿险合同条款中独有的部分**

在变额万能寿险合同中，有些条款是独有的。这些条款包括：

1. 保证死亡给付条款

变额万能寿险由于涉及投资风险，并不保证保户的现金价值一定会上升。当投资收益不佳时，即使保户缴付计划保费，也可能导致其现金价值下降至无法足够扣除每月的费用。保证死亡给付条款消除了这一失去保障的风险。对于变额万能保险，保证死亡给付条款提供当被保险人身故时的最低死亡给付额，不论当时的保单的现金价值状况如何。有些保险公司规定了一个保证死亡给付的标准条款，而有些公司则是作为一项选择权提供给保户，必须缴付额外的费用。保险公司不必一定要提供保证死亡给付。

2. 分离账户条款

分离账户条款在变额万能寿险中定义分离账户及解释保单的现金价值如何分配到各个次账户，该条款列明了对所有次账户间资产转移的限制。大多数保单订明每一选定的账户至少必须分配的一个特定最小比例或金额。分离账户条款也定义了账户的评估日，该日期为次账户内资产将被评估的时间。原则上，评估日为保险公司营业日及美国股市交易日。分离账户条款也规定了次账户的运作方式应按《1940年投资法》的规定。《1940年投资法》是联邦法，用以监管投资公司的运作。保单次账户的运作一定要遵循该法及其他相关的法规。

3. 固定账户条款

大部分保险公司提供变额万能寿险保户选择将变额万能寿险单的现金价值放在固定账户，与公司的其他资产一起。固定账户条款有时称为一般账户条款，规定固定账户及该账户订定的最低年利率。最低年利率为保证给付该账户的利率，与其他账户的绩效无关。一般而言，固定账户的最低年利率为3%～4.5%。保险公司定期修订实际给付固定账户利率，实际利率一定高于保险公司的最低利率，绝不会低于设定的最低水准。

## 三、变额万能寿险单现金价值的投资

### (一)变额万能寿险单现金价值的投资类别

变额万能及变额寿险保单保户直接将现金价值分配到保险公司提供的一个或多个投资选项，自行承担风险。几乎所有变额万能寿险都会提供的选项为固定账户，保户指定将现金价值投资在固定账户，与保险公司一般账户一起由保险公司进行投资。保户也可投资在保险公司分离账户中的次账户，在分离账户的资金与一般账户是分开的。账户由基金经理管理，基金经理是代表所有人投资的公司或个人，由保险公司聘用来管理投资。

固定账户及分离账户的资金可以投资股票、债券及其组合。保户在固定账户的投资收益为保证收益，因为固定账户是放在保险公司的一般账户，而保险公司通常将一般账户投资于相对安全的金融工具，包括股票及债券。投资在分离账户的次账户，则会有不同程度的收益或者亏损。

### (二)投资组合

允许保单持有人将其变额万能寿险保单内的现金价值全部放到保险公司的固定账户，固定账户会给予保证的回报。但是，保险公司无法将所有的次账户的现金价值放到单一的股票或者债券。因此，保险公司一定要提供给保户一个投资组合，即多种证券的组合。投资组合含有各种不同证券，其风险不一，以平衡投资组合中的风险与报酬。保单持有人可以选择只将变额万能寿险的现金价值放到一个次账户，但是大多数的保单提供各种的次账户供保户选择。

次账户的类型由次账户中所含的资产性质决定。例如，债券基金为一由不同债券组成不含股权的投资组合；股权基金为股权投资组合，不含债券；平衡基金则含有股权及债券的投资组合。每一类型基金都提供多种选择，每一选择都有不同的投资策略。例如，保险公司可以提供不同的股权基金，可以集中投资于大型公司股权，或者专门投资于小型公司股权，也可专门投资于成长型企业而不论公司股权的规模。表3－3展示了变额万能寿险保单通常提供的各类次账户。

**表3—3　　变额万能寿险保单提供的次账户的类型**

| 次账户类型 | 特　性 |
|---|---|
| 债券基金 | 只投资债券。有些债券基金只投资特定种类的债券，例如地方政府债 |
| 股权基金 | 只投资股权 |
| 平衡基金 | 投资债券与股权 |
| 价值基金 | 投资那些市价明显低于公司财务及经济环境的权证，例如那些被称为低估的股权 |

续表

| 次账户类型 | 特 性 |
|---|---|
| 国际基金 | 投资美国地区以外的公司或者政府所发行的证券 |
| 货币市场基金 | 投资一年内到期的证券,主要投资国库券 |

寿险公司一般账户的投资组合大多数为公司债券,一部分为联邦政府债。一般账户的投资风险比分离账户的次账户风险小。寿险公司通常在一般账户中持有一小部分的股权,分离账户的次账户中一般有很大比例的股权,某些次账户主要持有债券。

**(三)固定账户收益**

当保户将所有或部分变额万能寿险保费分配至固定账户,该笔资金会与保险公司的一般账户资产结合。保险公司将这笔资金放到它的现金账户中,当保险公司需要资金购买有价证券或者支出时,它就会把资金像从银行账户中提取一样从现金账户提取。保险公司管理其所有的一般账户基金,赚取收益来支付现金价值的保证利息并获取利润。保险公司每年会通知保户其固定账户的利率,该利率每年变动,但不得低于该固定账户在条款上所载的最低保证利率。投资在固定账户的本金赚取利息,若利息留在账户,也可以再赚取利息。换句话说,在固定账户的利息为复利。复利在时间效应下显著影响保户的固定账户收益。固定账户价值为保户在固定账户所有本金与利息的总额,固定账户价值等于本金加计任何利息减去任何提款和保险公司从固定账户收取的金额。

**(四)分离账户收益**

分离账户与固定账户不同,将资金分配到分离账户的次账户不会与保险公司的一般账户结合在一起,也不会有保证收益。保险公司将分离账户的投资与其他投资分开,保户必须自行承担所有分离账户基金投资所面临的风险。保险公司监督每一分离账户的资金均按保户的选择投资,正确计算及记录其投资损益。当保户将保费分配到次账户,其资金就会与其他保户在次账户的资金结合,基金经理人使用所有的资金去购买有价证券以组成次账户投资组合。结合许多保户的保费使每一保户可以投资个人无法投资的多种有价证券。

**表 3—4　　固定账户与分离次账户的主要差异**

| | 固定账户 | 次账户 |
|---|---|---|
| 资产置于一般账户 | √ | |
| 由保险公司管理 | √ | |
| 由基金经理人管理 | | √ |
| 保证最低回报 | √ | |
| 保险公司承担投资风险 | √ | |
| 保户承担投资风险 | | √ |
| 投资保守 | √ | |
| 可从事较高风险投资 | | √ |

保户定期收到详细的账户投资报告,显示每一次账户的现金价值随着证券的市场价格涨跌的状况。这些证券的市场价值乃以分离账户的累积价值表示。当保户将资金存入次账户,

会换算成一个累积单位数，该单位数视当天的累积单位价值而定。当次账户中的证券价格上涨或下跌时，每天累积单位价值会跟着增减，每一累积单位的价值相当于次账户中总资产及负债市值除以总累积单位数。累积价值为保户在保险公司分离账户次账户中资产持有的市值。次账户的累积价值计算应为保户所拥有的次账户累积单位数乘以每一累积单位价值。

如上所述，保户有权选择其保费要投资在固定账户和一至多个分离账户的次账户。因此，保险公司计算变额万能寿险合同的总账户价值时必须将固定账户价值与累积价值合计。

## 四、变额万能寿险单的费用

### （一）费用种类及收费时点

保险公司在不同的时点从变额万能寿险单的保费或现金价值中扣取不同种类的费用。图3－1说明一般要扣取的四种费用，后面再说明每一项费用的细节。

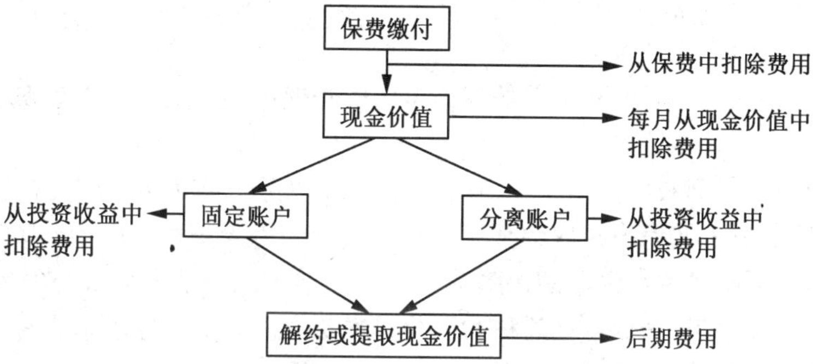


**图3－1　变额万能寿险单的费用种类及收费时点**

保险公司一般先从保户缴付的保费中扣除一些费用，剩余保费计入现金价值。这些开端费用一般包括销售费用。

保险公司会从现金价值中扣除费用。从现金价值扣除的费用包括保险金给付的成本、行政管理费用、销售费用，以及任何附加特约及额外给付的费用。保险公司一般每月从保单的现金价值扣除这些费用。

图3－1显示的第三组费用为从投资收益扣除的费用。这些费用在保险公司计算保户现金价值时按日收取。

最后一项为保险公司在保户提取现金价值或解约时收取的费用。这些费用称为后期费用，是保户从变额万能寿险单的现金价值提取部分或者解约时才从现金价值收取的金额。

1. 从缴付保费中扣除的费用

对于开端费用，保险公司从每一笔变额万能寿险的保费中收取，然后再用保费增加其现金价值。大多数保险公司从每一笔保费中扣除税金费用，也有许多公司从保费中扣除销售等费用。

（1）税金费用。保险公司从变额万能寿险保费中扣取费用来弥补与税收相关的费用。保险公司通常收取的是保费税及联邦税的费用，有些公司只扣除保费税的费用。

（2）附加费用。该费用以保费的百分比表示，一般是变额万能寿险保费的1%～8%。该开端费用通常包含销售费用及签单费用，然而这些仍只是开端费用的一部分。但并不是所有保单都有开端费用，不收开端费用的变额万能寿险单也会在后期收取销售费用。

①销售费用。销售费用也称销售附加，弥补与产品开发及销售相关的费用。在有开端费用的变额万能寿险保单中，保险公司从每一笔保费收取一部分的销售费用，保险公司通常从变额万能寿险保单的现金价值收取第二份的销售费用。这将在后面讨论。

②保单签发费用。保单签发费用有时也称首年行政管理费用，包含所有直接与保险公司签单有关的费用。例如，保险公司必须支付薪水给核保人以评估及分类被保险人不同等级的风险，保险公司也须支付保单签发及递送到保户手中的费用。许多保险公司只从变额万能寿险单的第一次保费中扣一次保单签发费用，其他一些保险公司则从每一次缴付的保费扣少许的保单签发费用。通常不扣开端费用的保单会把保单签发费用放在每月扣除的行政管理费用，后面将会说明。

(3)无附加费用保单。很多保险公司提供无附加费用的变额万能寿险单。无附加费用保单是保险公司在保费缴付时不扣取销售费用或者保单签发费用。有些无附加费用保单要先扣保费税费用或联邦税费用。

2. 从现金价值中扣除的费用

保险公司定期从变额万能寿险单的现金价值中扣取一些费用。大多数保险公司按月扣除这些费用。

(1)保险成本。前面我们介绍了风险净额的概念，说明了死亡率费用，它是保险公司按其提供的保险保障的成本向保户收取的金额。在变额万能寿险单中，死亡率费用一般称为保险成本，它是保单的风险净额与保单的保险单位成本的乘积。为了向变额万能寿险保单保户收费，保险公司计算保险单位成本，有时称为保险成本费率。保险单位成本为每 1 000 美元保额的费用。保险单位成本取决于特定被保险人的风险水平。

(2)每月行政管理费用。每月行政管理费用也称为每月合同费用，它是保险公司每月从保单现金价值中扣取以弥补一般行政管理部门的费用，如提供客户服务、会计及理赔管理。无开端费用保单的每月行政管理费用也包含一些保单签发的费用。保险公司一般在变额万能寿险单订明每月收取的最高行政管理费用。如果实际行政管理费用低于原来假设的成本，保险公司可降低本项费用；如果实际行政管理费用高于原来假设的成本，保险公司不能提高本项费用。

(3)销售费用。如前所述，有些销售费用是从现金价值中扣除。

(4)附加特约或附加给付费用。当变额万能寿险单包含附加特约或附加给付，保险公司会从保单的现金价值中将该保障的费用扣除。保险公司收取的附加特约或附加给付费用的金额大小取决于其提供的附加特约的类别及被保险人的风险。

(5)月度费用配置。我们前面已讨论过，变额万能寿险保单的现金价值乃投资在保险公司的固定账户或者分离账户的次账户。保户指定其现金价值要投资的账户以及每笔保费在每一选项中的分配比例。保险公司通常以每一笔新保费的配置的比例来分配月度现金价值收费的比例(见表 3－5)。

**表 3－5　　从变额万能寿险单保费及现金价值中扣取的费用**

| 从保费中扣取的费用 | 从现金价值中扣取的费用 |
|---|---|
| 保费税费用 | 保险成本(COI) |
| 联邦税费用 | 每月行政管理费用 |
| 销售费用 | 销售费用 |
| 保单签发费用 | 附加特约或者附外给付费用 |

兹举例说明：假设变额万能寿险保户选择在每笔保费扣除应扣的费用后的50%在债券次账户，30%在成长型股权次账户，20%在固定账户。另假设每月保险公司总共要扣合计10美元的保险成本、月度行政管理费用以及附加特约或附加给付费用。按保费配置的比例，每月保险公司会按下列方式扣取10美元：

| | |
|---|---|
| $5 | 从债券次账户 |
| $3 | 从成长型股权次账户 |
| $2 | 从固定账户 |
| $10 | 总计月费 |

有些变额万能寿险单载明保户可以分配月度收费不同于保费分配的比例。也就是说，保户可以决定从哪个账户扣除保险成本、月度行政管理费用以及附加特约及附加给付费用。最后，有些保单载明月度收费将按每一次账户及固定账户的现金价值比例来扣取。

3. 从投资收益中扣除的费用

保险公司因承担固定账户的投资风险以及提供保户投资服务而产生费用。为了回收与这些服务相关的费用，保险公司从保单现金价值的投资赚得的收益中扣除费用。这些费用包括利率差、死亡率及费用收费、基金费用，以及其他服务费用。按其现金价值是否投资在固定账户或者分离账户次账户的情况收取。

(1)利率差。放在保单固定账户中的资金是与保险公司一般投资账户一起投资，且保证一定的利息率。保险公司实际付的利率可能高于合同上保证的利率，但是不可低于该保证利率。保险公司在其一般账户的投资上承担可能无法赚到给保户的保证利率的风险。为了能抵补承担的这部分风险，保险公司会在固定账户资金贷记比其假设可以赚得的利率较低的利率。该利率差为以下两项的差额：①保险公司在一般账户资产赚得的收益率；②贷记保户固定账户资金的收益率。如果保险公司赚得的收益率低于保证利率，其利率差将为负值。

(2)死亡率及费用收费。保险公司收取保险保障的费用是按其假设被保险人可以生存多久及其行政管理费用有多少而定。对于传统终身寿险，保险公司在计算保费时包含一个意外系数，该金额用来弥补保险公司的保险给付成本和费用高于其预期值。不同于传统终身寿险单持有人，变额万能寿险单持有人没有在每一笔保费中支付意外系数。取而代之，保险公司在分离账户的次账户收益中扣取死亡率及费用收费(M&E)，但不会从固定账户收益中扣除。死亡率及费用收费为保险公司从分离账户投资中收取支付保险公司经验死亡率或费用率高于预期死亡率或费用率的金额。保险公司会在每一次账户的现金价值中收取相同的M&E比率。M&E收费通常以每一次账户所持的现金价值百分比表示，一般为1.0%～1.5%。变额万能寿险保单通常会订明最高的M&E收费比率，也载明实际比率会按保险公司实际经验而定。因此，假如一段时间内实际死亡的被保险人少于保险公司预期数，则M&E比率会下降；假如一段时间内实际死亡的被保险人多于保险公司预期数，则会提高M&E比率，但不会高于其合同中载明的最高比例。

(3)基金费用。变额万能寿险保户投资其保单现金价值的全部或一部分在次账户，须支付数种类型的基金费用。基金费用为保险公司从次账户的资产价值中扣取的费用。基金费用包括多种费用，最主要的部分为管理费。管理费也可称为顾问费，是收来支付次账户基金经理人的费用。基金经理人决定何时买入及卖出投资，并符合次账户设定的投资目标。管理费与其他基金费用相同，乃于每一评估日从次账户的投资收益中扣除。与M&E费用相同，基金费用也按次账户持有的资产的百分比表示。与M&E费用不同的是，基金费用率因次账户而异，一般年基金费用率为0.5%～1.25%。

(4)服务费用。服务费用是按保户要求的服务从影响到的账户或者次账户中直接收取。变额万能寿险最常见的服务费用为账户转移费及保单质押贷款利差。

①账户转移费。账户转移费乃保险公司将金额从一账户转移到另一账户服务的收费，包括在固定账户与次账户之间转移。大多数保险公司允许保户在每一年间有一定次数的免费账户转移，转移费乃在超出该次数后在每次转移时收取。

②保单质押贷款利差。保单质押贷款利差乃保户保单质押贷款利率与贷记保户用来担保贷款的现金价值部分的利率差额。该保单质押贷款利差乃另一类型的服务费用，适用于取得贷款的固定账户投资(见表3－6)。

**表3－6　　　　从变额万能寿险单投资收益中收取的费用**

| 从固定账户收益中收取的费用 | 从次账户收益中收取的费用 |
| --- | --- |
| 利率差 | 死亡率及费用(M&E)收费 |
| 服务费用 | 基金费用 |
| 账户转移费用 | 服务费用 |
| 保单质押贷款利差 | 账户转移费用 |

4. 后期费用

后期费用乃当保户退保或者提取一部分现金价值时保险公司从变额万能寿险单现金价值中收取的费用。有开端费用或者没有附加费用的保单通常会有相同形式的后期费用。该后期费用在无开端费用保单中通常较有开端费用保单者高。保单后期费用对于保险公司而言有两个目的：

(1)后期费用旨在鼓励保户的持续率，它为一张保单或一组保单持续有效的程度。如果退保或提取现金价值要收费，保户就会不太愿意这样做。

(2)后期费用可使保险公司能回收在开端费用或其他收费中没有扣足的保费税、产品开发费用及销售费用。后期费用可以在所有保单年度一致，但大多按保单年度递减至0。例如，变额万能寿险单在保单第一年度退保或提取现金价值须付10%的费用，然后每年递减1%，至第十年末，费用为0。

**(二)保单收费披露**

美国大多数的州要求变额万能寿险单须载明保险公司会扣除的最高保单费用的金额。此外，保险公司会在每一保单年度末提供保户年度保单对账单，列出每一保单年度内的交易明细账。年度保单对账单载有保单面额及寿险给付，并提供保单质押贷款的明细账以及月度固定账户及次账户交易，包括贷记在保单现金价值中投资收益的信息。报告显示从保费缴付及保单总现金价值扣除的费用总金额及任何退保或提取现金价值收费的金额。对账单不列明从投资收益中扣除的每笔费用。

## 复习思考题

1. 试解释下列名词：

年金保险　定期寿险　保险金额递减的定期寿险　普通终身寿险
保险费可以调整的寿险单　对利息反应灵敏的终身寿险单　联合人寿保险单
可以调整的寿险单　两全保险　最后生存者寿险单　遗嘱年金
子女保险　简易人寿保险　信用人寿保险　抵押贷款偿还保险
变额万能人寿保险　保证死亡给付条款　固定账户条款　分离账户条款
保险成本

2. 简析分红保险的红利来源。
3. 简述定期寿险的特征和作用。
4. 简述终身寿险的基本形式。
5. 分析两全保险的性质和作用。
6. 简释变额人寿保险产生的历史背景和特征。
7. 为什么说变额人寿保险单也是一种证券？
8. 略论万能人寿保险与传统人寿保险的主要区别。
9. 简析变额万能寿险的特点。
10. 简释变额万能寿险 A 型和 B 型这两种给付类型。
11. 变额万能寿险与终身寿险在保险合同条款上有哪些差异？
12. 变额万能寿险单现金价值的投资是如何运作的？
13. 简述变额万能寿险的费用种类和收费时点。

# 第四章　人身保险的种类——年金保险

## 第一节　年金保险的性质

年金(Annuities)这个术语来自拉丁文 annus 这个词,原意是“年”,但广义是指一系列的定期支付。年金保险则是指保险人承诺在一个约定时期或所指定人的生存期作一系列的定期支付,这种定期支付可以按年、半年、季度、月支付,但一般是按月支付。如果支付是取决于人的生存,就称为生存年金(Life Annuity),反之就是确定年金(Annuity Certain),即在约定时期内支付年金。如果年金受领者在未满期前死亡,则把剩余年金支付给其受益人。生存年金可以是定期的(支付一个固定时期或者支付到年金受领者死亡时为止,以两者先发生的为准),也可以是终身的(支付到年金受领者死亡时为止)。

人寿保险的主要功能是积累或创造一笔资金,而年金保险的基本功能是有规则地清偿用人寿保险和非人寿保险方法(如储蓄、投资)积累或创造的一笔资金。年金保险的纯粹形式终身年金可以被定义为,一方(保险人)以收取保险费为对价,同意对另一方(被保险人)在终身期内按规定的金额作定期支付。在年金受领者死亡时,保险人立即终止支付,无须偿还未清偿的本金和利息。在某种意义上,终身年金和提供死亡风险保障的人寿保险的情况正好相反。人寿保险为被保险人因过早死亡而丧失的收入提供经济保障,而年金保险则是预防另外一种风险,即被保险人因寿命过长而不能依靠自己收入来维持生活,寿命过长可能会使一个人丧失收入来源或耗尽积蓄。换言之,终身年金保险为被保险人的长寿提供终身收入保障。年金保险中的每次支付可以看作是部分本金和未清偿的本金所取得利息之和。如果一个人的寿命与他的预期寿命相同,那么他参加年金保险既未获益也未损失。如果他的寿命超过了预期寿命,那么他就获得了额外支付,其资金主要来自没有活到预期寿命的那些被保险人缴付的保险费。虽然保险公司不能预计每个年金受领者能够生存多久,但根据大数法则能预计每年末年金受领者中间还有多少人生存,从而确定保险费。在年金保险中有四个变量:投资的本金,本金以利息积累的时期,投资的利息率,定期给付年金的次数和时期。如果知道了这些变量的值,就可以计算出每次定期给付年金的金额。

尽管年金保险和人寿保险在功能上有差别,但它们都根据相同的原理,都使用集合基金的方法，使用生命表上的死亡和生存概率以及复利计算保险费。但由于年金保险有利于长寿者，而且保险公司也发现年金受领者的寿命比大多数人长，所以保险公司使用终端年龄长的年金生命表计算年金保险的保险费。

我国已进入老龄化社会。据统计，2014 年底，我国 65 岁以上老年人已超过 1.38 亿人，占总人口的 10.1%。大力开展养老年金保险，可以解除老年人的后顾之忧。

## 第二节 年金保险的分类

### 一、按被保险人的人数分类

单人年金是只向一个人支付年金，向两个或更多的人支付年金则称为联合年金。联合年金的两种重要形式是联合生存年金(Joint - Life Annuity)、联合和最后生存者年金(Joint and Last - Survivor Annuity)。

### 二、按保险费缴付方式分类

年金保险可以用一次缴清保险费(趸缴保费)方式购买，也可以用分期缴费方式购买。个人可以动用储蓄使用趸缴保费方式购买年金保险。分期缴费方式可以是定期均衡缴费，如在一个规定时期内按年缴付相同的保费，也可以是灵活的缴费，但规定了每年缴费的最高和最低限额。

### 三、按年金开始给付的日期分类

按照这种方式分类，年金保险可以分为即期年金(Immediate Annuity)和延期年金(Deferred Annuity)。即期年金是从购买日期后的一个给付间隔期(月、季、半年或年)后开始给付第一次年金，它必须用趸缴保费方式购买。个人年金保险的一个基本原则是：在缴清全部年金保险费之后才会给付年金。延期年金是在隔了一定时期后开始给付年金，这个一定时期必须比一个给付间隔期长。延期年金可以用趸缴保费方式购买，也可以用分期缴费方式购买。延期的时间越长，缴付保险费的方式也就越灵活。大多数个人延期年金是用分期缴费方式购买，保险费缴付持续到规定的年金给付开始日期为止，或者到年金受领者在年金给付开始日期之前死亡时为止。

### 四、按有无偿还特征分类

按照这种方式分类，年金保险可以分为纯粹终身年金和偿还式年金(Refund Annuities)。纯粹终身年金就是典型年金保险，只要年金受领者生存，继续给付年金。偿还式年金是保证给付一定次数或金额的年金，在年金受领者死亡后要继续向其受益人给付剩余年金。它可以分为以下几种：

1. 保证分期给付次数的终身年金

如果年金受领者在没有得到规定次数的分期给付之前死亡，其余次数的年金向其受益人分期给付。保证期限有 5 年、10 年、15 年、20 年。

2. 分期偿还年金

如果年金受领者在没有得到相当于缴付保险费总额的给付之前死亡，则向其受益人继续分期给付剩余年金。

3. 一次性给付剩余年金

与分期偿还年金相比较，区别在于剩余年金是一次性给付。

### 五、按年金给付金额是否变动分类

年金保险可以分为定额年金和变额年金。定额年金给付金额是固定的，如果是即期年金，保单中列明定期给付的年金金额，如果是延期年金，保单中则列明按年龄和给付期分类的每千元积累价值保证给付的年金金额。变额年金给付金额是按照投资收益调整的，以保持年金的实际购买力，可用来对付通货膨胀。

现在有少数定额年金保单规定，如果保险公司的投资收益超过预期的，可以增加年金金额。在购买年金保单时，保险公司保证在一定年数内以规定的利息率计算积累价值。在这最初时期过后，如果投资收益理想，可以用高于保证的利息率水平计算积累价值。

## 第三节 保险公司在积累期和清偿期的给付责任

一份延期年金有一个积累期和一个清偿期。积累期是指年金基金价值积累的时期，它是在年金开始给付之前。积累的价值等于所缴付保费加上利息收入，再扣除提取金额。大多数年金保单允许保单所有人提取一定比例的积累价值，而不收费。清偿期是指向年金受领者给付年金的时期。保险公司对年金受领者死亡的给付责任一般取决于年金受领者是在积累期内死亡还是在清偿期内死亡。延期年金可以分为纯粹和偿还式两种。纯粹的延期年金在被保险人在积累期死亡的情况下不退还保险费，而偿还式的延期年金则会以计息或不计息的方式退还保险费，即退还全部或部分年金的积累价值。因此，纯粹的延期年金的保险费要根据积累期的死亡率打折扣，而具有偿还特征的延期年金的保险费相对要高一些。

下面对保险公司在被保险人在清偿期内死亡的给付责任分析适用于即期年金和延期年金。在使用纯粹终身年金的情况下，不论被保险人在清偿期内什么时候死亡，都会终止年金给付，即使在年金开始给付后不久死亡，也是如此。对这种形式的年金保险，所缴的保险费用来向年金受领者提供年金，不必提存偿还年金，因此，每 1 元保险费支出的年金收入最多。然而，大多数人不愿意购买没有偿还特征的年金保险。因此，保险公司都出售偿还式年金。同纯粹终身年金相比较，偿还式年金并不把所有保险费都用来向年金受领者提供年金，而是把部分保险费用来支付一个保证的最低年金给付金额。该保证的最低的年金给付金额或偿还特征可以用一个保证的分期给付次数表示，或者以退还剩余年金表示。

由于在年纪较轻时生存概率高，购买偿还式年金的费用很低，而且偿还式年金和纯粹终身年金的给付金额的差额也很小。但是，到了高龄时，购买偿还式年金的费用就相当昂贵了。一般认为，一个人在退休年龄之前购买偿还式年金是明智的。

# 第四节 个人年金保险的种类

个人年金保险是相对团体年金保险而言的,两者主要的区别是承保方式不同。团体年金保险在将第六章介绍。个人年金保险主要有以下几种类型。

## 一、退休年金

这是一种主要的个人年金保险,它属于延期年金。在年金受领者达到退休年龄时开始给付年金,如果年金受领者在达到退休年龄之前死亡,保险公司会退还积累的保险费(计息或不计息)或者现金价值,以哪个金额大而定。在积累期内,年金受领者可以终止保险合同,领取退保金。在到期开始给付年金时,年金受领者有权选择年金给付方式,即可以选择一次性总付或选择分期给付。退休年金一般保证给付 120 次或 240 次按月付的年金,即有 10 年或 20 年的保证期。

退休年金合同授予年金受领者多种灵活的选择权,诸如合同失效后的现金价值可以自动变换为一份减额保险费缴清的延期年金,允许提前或推迟年金开始给付日期。

## 二、灵活保险费延期年金

灵活保险费延期年金(Flexible-Premium Deferred Annuity)的主要特点是:允许保险单所有人按照自己的意愿灵活地缴付保险费,对缴费金额和间隔期没有硬性规定,至多规定一个每次缴费的最低金额。退休年金则规定了定期的固定缴费表,而且收取较高的附加费用。

由于人寿保险公司之间以及与其他金融机构的激烈竞争,使出售灵活保险费延期年金的人寿保险公司不收取或收取很少前期管理费,而代之收取较高的退保费。该退保费以一个全部积累价值的百分比表示,一般随合同生效期增加而减少。例如,在合同生效的第 1 年退保收取 7%的退保费,以后每年减少 1%,到第 8 年不收取退保费。

此外,这种个人年金保险保证一个最低的利息率,一般为 3.5%～4.5%。虽然这个保证的利息率是低的,但这个保证要在今后数十年内都履行,没有其他储蓄机构会做出这么长期的保证。实际的利息率则取决于保险公司的收益率,年金给付的金额取决于开始给付时所积累的资金规模、年金受领者的性别和开始给付时的年龄。

最后,这种个人拥有的年金的利息收入在积累期内是免税的,到清偿期时作为普通收入纳税,税法对在退休前退保加以某种限制。推迟纳税的好处能鼓励人们参加这种年金保险。

灵活保险费延期年金实际上是退休年金的一种特殊形式,由于它具有上述优点,大有取代退休年金之势,已成为美国最流行的个人年金保险品种之一。

## 三、趸缴保险费延期年金

趸缴保险费延期年金是使用一次缴清保险费方式购买延期年金。这种延期年金在其他方面与灵活保险费延期年金、退休年金有许多相似之处。主要区别是:首先,年金中保证的利息率是可以变动的,每个保证期可以是 1 年或多年,保证期越长,利息率便越低。其次,合同中有一项保释条款(Bailout Provision),该条款规定,如果实际利息率低于规定的利息率,对退保者不收取退保费。

这种年金的一种形式是按市价调整的年金(Market-Value Adjusted Annuity),1984年首次在美国出现。其主要特点是,对退保者不仅要收取规定的退保费,而且对退保金要按市价进行调整。该调整可以增加退保金或减少退保金,取决于退保时的市场利息率。如果退保时的利息率高于保险单签发时的利息率,就会减少退保金;反之,则增加退保金。这种调整旨在反映作为年金支柱的资产(一般是债券)的市场价值的变化。当利息率上升时,以前购买的债券的市价会下跌;反之,债券的市价上涨。保险公司使用这种调整方式把资产市价变动的大部分风险转嫁给保险单所有人,以减少自己的资金游离风险,使资产和负债的期限相匹配。既然保险单所有人承担了较多风险,这种年金的利息收入也较高。

趸缴保险费延期年金的另一种形式是年金单(Certificate of Annuity),1983年首次在美国出现。这种年金规定了在一定时期内有一个不变的保证利息率,一般是3～10年期,类似于银行签发的存款单。与其他年金不同之处是,在这个保证期内不允许退保。在每个保证期结束时,保险单所有人可以展期,或者行使退保权利。既然这种年金保险不允许任意退保,其利息收入也是比较高的。接近退休年龄的人往往购买这种年金单。

## 四、趸缴保险费即期年金

趸缴保险费即期年金通常适用于已为退休积累了大笔资金的人购买,这笔资金往往通过个人储蓄、投资积累起来的,或者来自养老金计划的一次性总付的养老金。人寿保险的死亡保险金也可以使用趸缴保险费即期年金方式给付。

趸缴保险费即期年金的一种新形式是分期支付损害赔偿金年金(Structured Settlement Annuity),它的产生是同责任保险人试图减少赔款支出有关。在人身伤害的诉讼判决后,可由被告、原告(受害方)与他们的律师和分期支付损害赔偿金的专家商谈一个旨在赔偿原告损失的一揽子计划,该计划考虑到立即要支付的法律等费用、今后的医疗费用、生活费用、受抚养人的生活费用、子女教育费用、通货膨胀率等。由于分期支付损害赔偿金对受害方能提供经济保障,并按照需要分期支付损害赔偿金,所以法院一般予以接受。当分期支付损害赔偿金的一揽子计划商定后,由被告或责任保险人向人寿保险公司购买一份分期支付损害赔偿金的年金,由人寿保险公司向受害方或指名的受益人作分期给付。分期支付损害赔偿金年金的定价与其他年金保险不同,因为预计大多数年金受领者的死亡率高,所以保险公司多半要以最低价格提供这种年金保险。当然,对那些伤害并不影响其预期寿命的人,仍以标准费率提供这种年金。

由于分期支付损害赔偿金年金逐步得到发展,美国在20世纪70年代就出现了专职的分期支付损害赔偿金专家,并在1986年成立了全国性的同业公会。在1994年,该公会首次向完成一系列专业课程学习的人授予注册分期支付损害赔偿金专家的资格证书。此外,美国的人寿保险和财务咨询人员也提供这方面服务。

## 五、联合年金

### (一)联合生存年金

联合生存年金是在合同中指名的两个或两个以上的人共同生存条件下提供规定金额的年金。换言之,只要其中一个被保险人死亡,就停止给付年金。因此,这种年金保险的价格相对低廉,而且市场很有限。

联合生存年金主要适用于以下两种情况:一种情况是,在两个人中有一个稳定的收入来源足以维持一个人的生活，那么，他们可以购买一份联合生存年金，这合计的收入将能满足他们两个人的生活需要。如果其中一个人死亡后，原有的收入来源能够维持另一个人的生活。这种年金都是以趸缴保险费即期年金方式出售。另一种情况是，当一对夫妇只想在经济上关照其子女家庭中的亲生子女，而不喜欢子女的配偶，于是他们可以替其子女建立一个只有其子女的配偶先死才可以取得的信托基金，那么联合生存年金就可以在其子女取得信托基金之前提供资助。这种情况即使在资本主义国家里也是比较罕见的。

**(二)联合和最后生存者年金**

与联合生存年金相比较，联合和最后生存者年金具有很大的吸引力，因为只要两个或两个以上的人中还有一个人生存就继续给付年金，它非常适用于一对夫妇和有一个永久残疾子女的家庭购买。

既然这种年金提供收入到被保险人中最后一个人死亡时为止，它比起其他年金更贵。也就是说，它比起相同年龄和金额的单人年金需要缴付更多保险费。联合和最后生存者年金可以使用趸缴保险费即期年金方式购买，也可以使用分期缴费的延期年金方式购买。在人寿保险的保险金给付方式的选择中也有联合和最后生存者年金这种给付方式。

虽然典型的联合和最后生存者年金合同没有偿还特征，但大多数保险公司提供保证 120 次月度给付的合同，少数公司还提供保证 240 次月度给付的合同。按其传统形式，联合和最后生存者年金在一个年金受领者死亡后继续给付其余年金受领者相同金额的年金。然而，大多数保险公司对此进行了修改，在第一个年金受领者死亡后，对生存的年金受领者的给付金额会减少到原金额的 2/3 或一半(假定只有两个年金受领者)，理由是生存的年金受领者已不需要原来那么多的收入，并且可以降低费率。

联合和最后生存者年金在美国私人(公司)养老金计划中得到广泛使用。在雇员夫妇都参加公司养老金计划的情况下，联合和最后生存者年金一般规定，在雇员先死亡的情况下，向其配偶给付的年金减少到原金额的 2/3，如果其配偶先死，则该雇员仍可领取全额的年金。

## 六、变额年金

变额年金提供的年金直接随资产的投资结果而变化。在通货收缩时期，定额年金的价值因物价下跌而增加，而在通货膨胀时期，由于物价上涨使定额年金的货币购买力下降。为了对付通货膨胀，便需要有一种能提供稳定的货币购买力的年金，这种年金就是变额年金。

**(一)变额年金的产生**

变额年金最初是由美国教师保险和年金协会(TIAA)设计的。该协会是由卡内基基金会于 1918 年设立的，是一个非营利组织，为大学教师提供退休金计划，起初提供的是传统的定额年金。后来哈佛大学的一些教师认识到他们的退休金计划容易受到通货膨胀的冲击，于是决定把他们的一部分退休基金投资于主要购买普通股的哈佛捐赠基金。由于这些教师在教师保险和年金协会和哈佛捐赠基金中都有部分退休基金，这样就避免了通货膨胀给自己带来的损失。此后，教师保险和年金协会进行了一项对付通货膨胀的退休公平基金计划的可行性研究，研究结果于 1951 年公布，由此设立了大学退休公平基金组织(CREF)。该组织在 1952 年签发了第一份变额年金保险单。

在大学退休公平基金组织的创新精神引导之下，一些私营保险公司也涉足这一领域。1954 年阿肯色州小石城的分红年金人寿保险公司签发了其第一张变额年金保险单，但该公司被严格限制在州内营业。1955 年，在华盛顿特区创立了第一家州际的变额年金寿险公司，该公司和美国谨慎保险公司是变额年金发展初期最活跃的推广变额年金的公司。由于这两家公司进入变额年金领域导致了证券和交易委员会的干预,并引起了诉讼。争论的焦点是变额年金应属于保险还是证券?如果属于保险,按照《公法》第15条可以免除联邦管辖。这场诉讼案持续了多年,最后美国最高法院对变额年金寿险公司一案判决中裁定:个人变额年金合同是一种属于《1933年证券法》中定义的证券,任何提供这种合同的组织都是投资公司,必须受《1940年投资公司法》管理。因此,任何出售个人变额年金的公司必须受双重管理,即同时受证券和交易委员会与州保险管理部门管理。目前,团体变额年金免受证券和交易委员会管理,但须遵守某些限制性条件。

**(二)变额年金的性质**

如同常规的延期年金,在积累期内要向保险公司缴付年均衡保险费。所不同的是,保险公司把收取的保险费放入专门的"变额年金账户",在这种账户上的资金同公司的普通投资账户的资金完全分开投资,大部分投资于普通股。每年把扣除一部分费用后的均衡保险费用于购买该专门账户的累积单位(Accumulation Units),累积单位数表示在该专门账户中的所有权份额,它取决于本期对一个累积单位的估值。累积单位的价值可使用下列公式计算:

$$\text{累积单位价值}=\frac{\text{积累基金所购买的所有证券的市价}}{\text{累积单位总数}}$$

例如,假定每个累积单位的价值为10元,那么扣除费用后的100元保险费就能购买10个累积单位。如果第二年累积单位的价值增加到11元,那么扣除费用后的100元保险费只能购买到9.1个单位。这个程序会继续下去,一直到年金开始给付时,再把记入账户贷方的累积单位的合计数转换为年金单位数。所取得的年金单位数取决于保险公司对生存率、投资收益、费用的假设,以及积累基金所购买的所有证券的市价。年金单位数可以使用下列公式计算:

$$\text{年金单位数}=\frac{\text{累积单位总值}}{\text{年金单位价值}}$$

$$\text{累积单位总值}=\text{年金开始给付时累积单位合计数}\times\text{累积单位价值}$$

$$\text{年金单位价值}=\frac{\text{积累基金所购买的所有证券的市价}}{\text{当时领取年金的所有参加者终身年金的现值}}$$

例如,一份变额延期年金在积累期满时,已购买了合计100个累积单位,该时账户的累积单位价值是3元,年金单位价值是2.5元。那么,累积单位总值是300元,可转换为120个年金单位。

尽管累积单位数随着每次缴付保险费增加,年金单位数在年金给付期内始终保持不变。不过,年金单位价值需要每年或每月重新估值,以反映资产的市价和上期生存率、投资收益、费用的经验数据变化。每月向年金受领者给付的年金金额是年金单位数与本期年金单位价值的乘积。例如,一个年金受领者有100个年金单位,在连续的3个月内每个年金单位价值分别是10.20元、9.90元和10.10元,那么该年金受领者在这3个月内领取的年金分别为1 020元、990元和1 010元。虽然年金单位数不变,但年金给付金额随着股票市价波动。

从长期来看,普通股价格水平上升的趋势赶得上生活费用的上涨,变额年金可以用来对付通货膨胀就是根据这个假设。例如,大学退休公平基金组织的累积单位价值从1952年的1.02美元上升到1987年的31.28美元。但在短期内,普通股价格水平不一定与消费价格指数按同一方向变化。例如,在20世纪70年代的通货膨胀时期,高利率导致普通股价格猛跌,从而使累积单位价值急剧下降。大学退休公平基金组织的累积单位价值在1972年就达到

8.68 美元，但在 1974 年降至 4.91 美元，而同期消费价格指数上升 18%，直到 1979 年累积单位价值也未达到 1972 年的水平，而在这 5 年内消费价格指数上升了 74%。

在定额年金中，保险公司承担生存率、费用和投资风险，把资金大部分投资于有稳定收益的债券。在变额年金中，保险公司只承担由于生存率和费用波动带来的风险，把资金主要投资于普通股，没有对利息率作保证，由年金受领者承担投资风险。在经济正常情况下，变额年金受领者有取得较高年金收入的机会，而在经济衰退情况下，变额年金受领者则可能会取得较少年金收入。购买变额年金类似于参加共同基金(Mutual Funds)类型的投资，这单独设置的账户就像一个共同基金，如今保险公司还向参加者提供多种投资账户的选择权，并允许定期把资金从一种账户转移到另一种账户。因此，购买变额年金可以看作主要是一种投资，而购买定额年金主要是一种储蓄。

在一些较新的变额年金品种中，有的只使用一种单位，而不是使用累积单位和年金单位两种单位，仅使用生存率经验数据加以调整，单位价值只随投资收益变化，而且可以使用灵活缴付保险费方式，以及以趸缴保险费延期年金和即期年金方式出售。

## 复习思考题

1. 试解释下列名词：

生存年金　确定年金　纯粹终身年金　即期年金　延期年金
退休年金　联合生存年金　联合和最后生存者年金

2. 比较分析人寿保险和年金保险的异同。

3. 简述偿还式年金的种类。

4. 分析保险公司在年金保险积累期和清偿期的给付责任。

5. 简述灵活保险费延期年金的特点。

6. 概述趸缴保险费年金的两种基本形式。

7. 简释变额年金的性质。

8. 一份变额延期年金在积累期满时，已购买了合计 500 个累积单位，该时账户的累积单位价值是 6 元，年金单位价值是 5 元。那么可以转换为多少个年金单位？

9. 比较保险公司在定额年金和变额年金中所承担的风险。

# 第五章 人身保险的种类——健康保险

## 第一节 健康保险的分类

中国保监会2006年8月颁布的《健康保险管理办法》规定，健康保险是指保险公司通过疾病保险、医疗保险、失能收入损失保险和护理保险等方式对因健康原因导致的损失给付保险金的保险。此定义没有把人身意外伤害保险包括在健康保险范围之内，而是把它单独列为人身保险的一个种类。在国外，有时把健康保险和人身意外伤害保险归为一类。例如，美国的健康保险承保被保险人因遭受意外伤害或患病所产生的医疗费用以及由此造成的收入损失，即把人身意外伤害保险也包括在健康保险范围之内。因此，健康保险分为人身意外伤害保险和疾病保险两大类，两者可以分别承保，也可以一起承保。此外，美国的人身意外伤害保险和疾病保险都包括了丧失工作能力的收入保险(Disability Income Insurance)。人身意外伤害保险除了提供一次性的意外死亡或残废的保险金外，还规定当被保险人因遭受意外伤害而丧失工作能力时分期给付收入保险金。疾病保险也规定，当被保险人因患病而丧失工作能力时，由保险公司分期给付收入保险金。在美国的健康保险中，丧失工作能力的收入保险是一项重要的保险责任，意外伤害保险中的一次性给付的死亡和残废保险金显得并不重要。究其原因，一方面是因为美国人寿保险很普及，人寿保险对自然死亡和意外死亡都提供经济保障；另一方面是因为丧失工作能力的收入保险能对被保险人由于意外事故造成的残疾定期给付收入保险金。因此，美国的健康保险也可以分为疾病保险和丧失工作能力的收入保险两大类。

### 一、按照损失原因分类

按照损失原因，健康保险可以分为意外伤害保险和疾病保险两大类。

**(一)意外伤害保险**

意外伤害保险可以单独承保，也可以并入疾病保险单中。除了承保某些绝症或仅承保医疗费用的保险单外，疾病保险一般都与意外伤害保险一起提供。意外伤害保险对被保险人因发生意外事故而死亡或残废给付保险金，其中包括住院、医药、手术、护理等费用、丧失工作能力收入补偿，以及对特定的意外伤害的多倍补偿。

**(二)疾病保险**

疾病并不包括意外伤害,但包括精神病。疾病保险可以补偿怀孕、分娩引起的收入损失和费用支出,还可以补偿某些疾病的预防和诊断费用,如视力保护和牙科检查费用。疾病保险除了对被保险人因患疾病而发生的住院、医药、手术、护理等费用给予补偿外,还对被保险人因患病而完全丧失工作能力给付收入保险金。

## 二、按照损失种类分类

按照损失种类,健康保险可以分为收入保险、死亡和残废保险、费用保险三大类。

**(一)收入保险**

意外伤害保险和疾病保险分别规定,当被保险人因遭受意外伤害或患病而丧失工作能力时,由保险公司定期给付收入保险金。意外伤害保险对完全丧失工作能力和部分丧失工作能力都给付收入保险金,疾病保险一般只对完全丧失工作能力给付收入保险金。丧失工作能力的收入保险有长短期之区分。

**(二)死亡和残废保险**

意外伤害保险在被保险人意外死亡情况下向指定的受益人给付一次性保险金,也对意外丧失肢体、视力等残疾给付一次性保险金。疾病保险不给付死亡保险金。

**(三)费用保险**

健康保险的费用保险单的种类很多,有住院费用保险单、普通医疗费用保险单、大额医疗保险单等。

## 三、按照承保标准分类

除了常规的承保标准严格的健康保险外,还有一些承保标准较不严格的健康保险。

1. 简易健康保险。类似于简易人寿保险,由代理人每周上门收取保险费,提供低额的保险金。

2. 老年健康保险。对超过正常投保年龄的老年人提供健康保险,以补充社会保险中的医疗保险金不足。

3. 特种风险健康保险。承保一般健康保险单中列为除外责任的风险。一些依靠某种特殊才能或天赋取得高收入的人会投保高额的特种风险健康保险,如歌星、球星。

4. 弱体健康保险。专门承保身体有残疾或患有严重疾病的人的健康保险。弱体健康保险收取的保险费较高,或者要求被保险人放弃一些医疗条件。在有些情况下,弱体健康保险会给付第二次伤害保险金。

## 四、按照给付方式分类

收入保险、意外伤害保险通常使用定值保险单形式,即在保险事故发生时,被保险人或其受益人只能得到预定金额的保险金。费用保险的给付方式有三种:

1. 定值方式。住院费用保险规定了被保险人住院期间每天费用的给付金额,而不考虑实际费用多少,但有住院天数限制。

2. 报销方式。这是一种较为普遍的给付方式,它规定了报销的最高限额,保险公司在限额内报销实际发生的费用。

3. 提供服务方式。合作健康保险组织一般都使用向被保险人提供医疗服务方式,由保险组织向提供服务的医院和医生支付费用和报酬。

### 五、按照合同形式分类

大多数健康保险使用一份保险单承保由于意外事故或疾病造成的收入损失或医疗费用，或者同时承保这两种损失。但是，有些健康保险和其他种类保险一起承保，如汽车保险中有驾驶人员意外伤害保险和医疗费用保险。人寿保险单中也有意外伤害保险和丧失工作能力收入保险的附加特约。

## 第二节 人身意外伤害保险

人身意外伤害保险可以定义为：在保险期内因发生意外事故致使被保险人死亡或伤残，保险人按照合同的规定给付保险金。人身意外伤害保险是人身保险的一种，但有些国家把人身意外伤害保险归类于非寿险，这是因为人身意外伤害保险在保险期限、费率计算和责任准备金提存等方面与财产保险有相似之处。我国《保险法》第九十五条规定："经营财产保险业务的保险公司经国务院保险监督管理机构批准，可以经营短期健康保险业务和意外伤害保险业务。"

### 一、意外伤害的含义

在人身意外伤害保险中，人身伤害必须是意外事故造成的。意外事故的构成要具备三个要素：

(1)意外发生的，即是被保险人未预料到的和非故意的事故，如飞机坠毁使乘客遭受伤害；行人被大风吹下来的楼上的花盆砸伤；水性很好的人在江河中游泳不幸溺水。但有些意外事故是被保险人应该预料到的，但由于疏忽而引致的，如夏天一个人在海滩上长时间晒日光浴而中暑；为了抄近路翻墙跌伤；在停电时未切断电源修理线路，因不久恢复供电而触电身亡。另有一些事故虽是被保险人可以预见到的，但在客观上无法抗拒或在技术上无法躲避的事故，如楼房失火，火封住门口和走道，被保险人迫不得已从窗口跳下，摔成重伤。或者虽在技术上可以采取措施避免，但由于法律和职责上的规定，或履行应尽义务，不去躲避，如民警与歹徒搏斗中受伤；职工为保护国家财产在救火中被烧伤。以上这些均属于意外事故。凡是被保险人的故意行为使自己遭受伤害，如自杀、自伤，均不属于意外事故。

(2)外来原因造成的。即是被保险人身体外部原因造成的事故，如食物中毒、失足落水、烫伤。疾病所致伤害，虽不是本人事先能预见到的，但它是人体内部生理故障或新陈代谢的结果，不属于意外事故。例如，被保险人因高血压病发作导致脑溢血，在路上突然摔倒。

(3)突然发生的。即是事故的原因与伤害的结果之间具有很直接的关系，在瞬息间造成伤害，来不及预防，如失足落水和烧伤。铅中毒、汞中毒、矽肺等职业病虽然是外来致害物质对人体的侵害，但由于伤害是逐步造成的，而且是可以预见和预防的，不属于意外事故。

在构成意外事故的三个要素中，应以意外发生为核心，但三者缺一不可。

除了构成意外事故的三个要素外，构成意外伤害还必须有伤害的客观事实。伤害也由三个要素构成：

(1)致害物。按照致害物的不同种类，伤害可以分为器械伤害、自然伤害、化学伤害、生物伤害等。

(2)伤害对象。只有被保险人的身体各个部位属于伤害对象,被保险人的肖像权、名誉权、著作权等不属于伤害对象。换言之,在人身意外伤害保险中的伤害是生理上的伤害,而不是权利上的侵害。

(3)伤害事实。即是致害物以一定方式破坏性地接触或作用于被保险人的身体。如果没有伤害的客观事实,那就不构成伤害。

## 二、人身意外伤害保险的分类

人身意外伤害保险可以单独办理,也可以作为一种附加险。例如,我国的团体人身意外伤害保险是单独办理的,而简易人身保险中附加了人身意外伤害保险。人身意外伤害保险的分类方法也很多,可以按照实施方式、承保方式、保险期限等分类。但通常把人身意外伤害保险分为普通意外伤害保险和特种意外伤害保险两大类。

### (一)普通意外伤害保险

普通意外伤害保险是以意外事故造成被保险人死亡或伤残为保险责任,但不具体规定事故发生的原因和地点。例如,我国的学生团体平安保险是以在校学生为保险对象,在保险期内,不论被保险人在校内或校外,凡因意外事故或疾病致死或致残,均按合同规定给付保险金。这种人身意外伤害保险的保险期限一般为 1 年。

### (二)特种意外伤害保险

保险责任仅限于在特定地点遭受的意外伤害或由于特别原因造成的意外伤害。例如,游泳者平安保险的保险责任仅限于在游泳池(场)内发生的溺水死亡。属于这类人身意外伤害保险的还有旅客意外伤害保险、索道游客意外伤害保险、登山运动员意外伤害保险。这类人身意外伤害保险的保险期限一般较短,有的极短,有的不具体列明日期,如以一个旅程为保险期。

## 三、人身意外伤害保险的特点

人身意外伤害保险是一种介于财产保险和人寿保险之间的一种保险,这是因它与财产保险和人寿保险相比较,具有相同之处和不同之处。

1. 保险期限较短。保险期限一般不超过 1 年,这与财产保险有相似之处,而人寿保险的期限一般较长,甚至可长达终身。

2. 净保险费是根据保险金额损失率计算,这也与财产保险相同,而人寿保险的净保险费是根据生命表和利息率计算的。被保险人遭受意外伤害的概率主要取决于其职业、工种或从事活动的危险程度,因此,人身意外伤害保险的费率主要以这些因素来区分。

3. 年末未到期责任准备金是按当年保险费收入的一定比例提存的,这点也与财产保险相似,而人寿保险的年末未到期责任准备金要根据生命表、利息率、被保险人年龄、已保年数、保险金额等因素确定。

但是,在保险标的、保险额的确定、指定受益人等方面,人身意外伤害保险与财产保险相异,而与人寿保险相同。

## 四、人身意外伤害保险的可保风险

虽然人身意外伤害保险所承保的是意外伤害,但并非一切原因造成的意外伤害都是可保风险。犯罪活动、寻衅殴斗、酒醉、吸毒等造成被保险人意外伤害都是不予承保的。例如,被保险人在非法制造炸药时不慎受伤，在酒醉后失足落水，这些都属于除外责任。这是因为保险只能为合法的行为提供经济保障，至于酗酒也是一种不道德的行为，而且也是可以自行控制的行为。此外，战争、核辐射一类的巨灾风险，保险公司一般也不予承保的，这是因为战争、核辐射会造成很大范围的人身伤害。

被保险人在从事登山、跳伞、滑雪、江河漂流、赛车、拳击、摔跤等剧烈的体育活动中遭受的意外伤害，保险公司一般也列为除外责任。如需要承保，要经过特别约定并加收保险费以后才能承保。

除了人身意外伤害保险的不可保风险、特约承保风险以外，其他风险一般属于可保风险。但是，由于造成人身意外伤害的原因很多，不便在保险单上一一列明，故要根据意外伤害的构成要素和除外责任来具体确定保险责任范围。

### 五、人身意外伤害保险的给付

人身意外伤害保险的保险责任项目包括死亡给付、伤残给付、医疗费给付和丧失工作能力收入给付等，可以只保其中一二项，也可以承保各项。一般来说，死亡保险金和伤残保险金的给付合为一个保险金额，医疗保险金和丧失工作能力收入保险金另分别规定保险金额，但也有把医疗保险金计入一个保险金额中，如公路旅客意外伤害保险。

按照我国人身意外伤害保险条款规定，因意外事故造成死亡的，或双目完全失明，或者两肢永久完全残废，或一目永久完全失明，同时一肢永久完全残废的，给付保险金额全数。因意外事故造成一目永久完全失明或一肢永久完全残废的，给付保险金额半数。因意外事故造成其他伤害以致完全丧失劳动能力、身体机能，或永久丧失部分劳动能力、身体机能的，可以按照丧失劳动能力和伤残程度给付全部或部分保险金。为此，我国保险公司制定了“意外伤害保险金额给付表”和“意外伤害残废给付标准”，供寿险工作人员使用。伤残保险金多少是按保险金额和伤残程度确定，伤残程度用百分率表示，如丧失拇指全部为25%、丧失一足趾为5%。

伤残保险金＝保险金额×伤残程度百分率

从2014年1月1日起，各保险公司开始使用商业保险意外险领域残疾给付新的行业标准。这份人身保险伤残评定标准将原标准7个残疾等级34项伤残条目扩展到10个伤残等级共281项伤残条目。

在人身意外伤害死亡伤残保险中，保险金额也是死亡和伤残给付的最高限额。当一次意外事故造成被保险人多处伤残时，如果被保险人身体各部位伤残程度百分率合计超过100%，只能按保险金额全数给付保险金。如果被保险人在保险期内多次遭受意外伤害，累计的保险金给付也以不超过保险金额为限。

## 第三节 医疗保险

我国目前开办的医疗保险品种还不多，曾先后开办了合作社职工医疗保险、儿童住院医疗保险、重大疾病保险和住院保险等险种。关于我国医疗保险的主要险种在后面章节中介绍。本节介绍美国商业人寿保险公司办理的传统的医疗保险主要险种，侧重分析其保险方式和技术。关于管理型医疗保险在本章最后一节介绍。

## 一、住院费用保险

住院费用保险一般给付两种保险金：

1. 病房和膳食费用

被保险人可以选择90天、120天或360天为给付的最长期限。给付方式有以下三种：

(1)补偿法。按实际的膳宿费用给付。

(2)定值法。按固定的每天膳宿费用给付。

(3)服务标准法。按服务标准给付。例如，以双人病房为标准给付膳宿费用。

2. 医药费和杂费

确定这笔保险金给付的方法也有三种：

(1)选择给付的最高金额。被保险人能选择一个最高的保险金限额，如1 000美元、2 000美元或3 000美元。

(2)支付医药费和杂费的保险金为住院膳宿费的一个倍数。

(3)共同保险。例如，由保险公司给付80%的医药费和杂费，被保险人自己负担20%。

在住院费用保险中，保险公司对正常的产科费用不予补偿，因为怀孕并非是意外事故，但对由于怀孕引起的并发症所需要的住院费用给予补偿。

## 二、外科费用保险

外科费用保险可作为住院费用保险的一项附加险。保险金给付通常根据一份外科手术费用表，该表列明各种外科手术及其给付的最高金额。保险金给付的另一种办法是使用相对价值表(Relative Value Schedule)，该表对每种外科手术分配一个单位数，实际给付金额是该单位数乘以在保险单中规定的单位价值。相对价值表的优点是，它根据外科手术的复杂程度确定保险金的给付，而且通过调整单位价值可以兼顾各地外科手术费用的差价。

## 三、普通医疗费用保险

普通医疗费用保险(Regular Medical Expense Insurance)只报销非外科的门诊医疗费用。保险单中规定报销的门诊次数，并规定每次门诊医疗费用的报销金额，这是一种简单的医疗保险。

以上三种险种属于基本医疗费用保险，可以单独提供，也可以在一份保单中提供这三种险种。基本医疗费用保险不规定免赔额，但对保险金给付设有限额，并且对许多种医疗费用不予以承保。

## 四、大额医疗保险

大额医疗保险(Major Medical Insurance)是一种比较完备的商业性医疗保险，其保险责任范围广泛，包括上述三种住院费用、外科费用和门诊费用，保险公司报销被保险人在医院、私人诊所和自己家中的所有合理的和必要的医疗费用以及预防费用，甚至包括人工呼吸器、轮椅、人造肢体和到专门治疗地点的交通费用，它对大额的医疗费用提供保障，有很高的保险限额。这种医疗保险很能体现商业保险公司的经营特色，保险单设计细致，附有多种限制性条款。大额医疗保险的主要特点如下：

1. 很少除外责任

与其他医疗保险单相比较，除外责任很少。除外责任仅包括战争或军事行动引起的医疗费用、整容外科手术、牙科治疗、产科医疗费用，以及社会保险所支付的医疗费用和视听检验、眼镜、助听器费用。

2. 对单项医疗费用核定了报销限额

大额医疗保险单对属于保险责任范围的一些单项费用报销规定了最高限额，诸如住院的膳宿费、外科费用、院外护理费用、精神病、酗酒和药物有瘾的病人的医疗费用。

3. 对总的费用报销实行限额控制

大额医疗保险单规定了一个高的总的费用报销限额，如5万、10万甚至100万美元。这最高的费用报销限额可以适用于每次患病期或终身的医疗费用。对医疗保险金的给付另规定了受益期(Benefit Period)，受益期是被保险人自己承担了免赔额以后保险金给付的时期，一般为1～3年。当一个受益期结束，如果最高限额尚未突破，被保险人可以再使用一个新的受益期，但必须再承担一个新的免赔额。规定受益期的目的是为了对患有长期和慢性病的被保险人的费用报销有所控制。

4. 免赔额

大额医疗保险单通常都规定免赔额，常用的免赔额种类有以下几种：

(1)对每次疾病或伤害期间规定一个免赔额，如200美元或500美元。

(2)对每个被保险人规定在一定时期内的免赔额，如日历年度免赔额。

(3)所有家庭成员共同使用一个在一定时期内的免赔额。

(4)共同的意外事故条款。在一次意外事故中，如果受害者中有两个或更多的被保险人，保险人只要求他们共同负担一个免赔额。

5. 共同保险条款

大多数大额医疗保险单有一项共同保险条款，即规定被保险人自己承担一定比例的属于保险责任范围内的医疗费用，该比例一般为20%或25%。既然被保险人必须自己承担一定比例的医疗费用，医生和病人在治疗和接受治疗的过程中都会受到节减费用开支的约束，尽可能不使用不必要的医疗设备和药物。有些较新的大额医疗保险单中设有停止损失条款(Stop-Loss Provision)，即在被保险人承担的免赔额和共同保险金额达到一定高的金额之后，终止使用共同保险，保险公司报销全部合乎规定的医疗费用。

上述的大额医疗保险单属于现在流行的综合的大额医疗保险单，另有补充的大额医疗费用保险单。由于基本保险单有限额规定，某些属于保险责任范围内的医疗费用得不到报销，则可以由补充的大额医疗费用保险单报销，但在报销之前被保险人必须先承担一个免赔额。补充的大额医疗费用保险单在使用了免赔额之后，还按照共同保险条款来报销其余费用。

## 五、补充医疗保险

补充医疗保险一类是牙科费用保险、处方药保险和视力保护保险。牙科费用保险给付牙科检查、牙防、牙科治疗保险金，一般有免赔额和共同保险规定。处方药保险一般要求被保险人对每一处方支付小额费用，其余处方药费用由药商向保险公司索赔。视力保护保险给付眼科检查和眼镜或隐形眼镜保险金。另一类是特种疾病保险。这种个人保险单是对保险单中指定的疾病治疗给付医疗保险金，一般是癌症或心脏病，设有最高限额。该种医疗保险金通常按照指定项目的表列金额给付，如住院、化学疗法。由于这种保险仅限于某种疾病的医疗费用，所以它只用来补充其他医疗保险。还有一种是重大疾病保险(Critical Illness Coverage)。如果被保险人在保险期内被诊断出患有重大疾病，保险人给付一笔保险金。重大疾病一般包括心脏病、中风、致命癌症。如果被保险人不是因重大疾病而死亡，保险人一般会退还保险费。关于重大疾病保险和属于医疗保险的长期护理保险将在下面做专门介绍。

## 第四节 重大疾病保险

重大疾病是指对人类的生命直接构成威胁的疾病。重大疾病保险就是以被保险人罹患重大疾病为保险事故，当被保险人在保险期内被确诊为身患一种或多种重大疾病时，保险人按照约定的金额给付保险金或对被保险人治疗重大疾病的医疗费用进行补偿，以弥补人们因患重大疾病所造成的经济损失。

### 一、国外重大疾病保险的产生和发展

对特定疾病进行保险并不是现代的产物。早在 1886 年，瑞士的保险公司就对“重大疾病”进行承保，当时的重大疾病以急性传染病为主。20 世纪 60 年代，美国的保险公司开始将癌症列入保险金给付责任范围。1983 年，第一个具有“现代意义”的重大疾病保险产品出现在南非的寿险市场上，由南非一家名为 Crusader 的寿险公司首先推出。该种产品的主要保险责任是对患有心肌梗塞、脑中风、癌症以及需进行外科手术治疗的冠状动脉疾病的被保险人在生存时直接提供现金给付。这是一种提前的死亡给付。

对于我国来说，重大疾病保险才起步，而南非、英国以及东南亚几国通过三十多年的发展，重大疾病保险产品已经不断走向成熟和完善。

#### (一)南非重大疾病保险的发展

最初，南非“Crusader”公司的重大疾病保险产品非常简单，是作为寿险保单的一种附加的保险责任，对心肌梗塞、脑中风、癌症及冠状动脉绕道手术提供保障。产品有两种形式：一种是定期险，当被保险人发生条款中约定的心肌梗塞、脑中风、癌症及冠状动脉绕道手术中任何一种情况时，保险人在被保险人生存时直接提供保险金额 25%的现金给付；另一种是终身险，给付保险金额的 50%。这两种形式都是提前给付死亡保险金。这种提前给付的形式深受保险市场的欢迎。

重大疾病保险产品在南非推出后，由于最初对重大疾病无明确的定义，所以初期索赔率很高，保单一生效就立即出现大量的索赔，大部分是癌症。由于这类疾病早期症状不明显，保险人在核保时难以发现，所以逆选择风险很高。各公司不断修改和完善早期产品的设计、承保责任范围和给付方式，主要表现在以下几个方面：

1. 规定观察期。针对索赔率高的问题，各保险公司在产品中规定了 3～6 个月的观察期，以便把保单生效后最初几个月的索赔排除在外，这样可以减少逆选择。

2. 保险公司开始注重对重大疾病的严格定义。对一些重大疾病的定义进行更新，以便让代理人和被保险人更好地理解承保范围，这样使索赔率和拒赔率大大下降。

3. 在保单中规定了重大疾病定义修改权。在一定的条件下，保险人有权重新定义重大疾病的术语。后来又在长期的重大疾病保险产品中不实行费率保证，可以根据情况调整费率。

4. 给付方式的变化。南非保险市场大部分重大疾病保险产品属于提前给付型，后来又出

现了独立给付型，即被保险人一经确诊患有保险条款中规定的重大疾病，保险人一次性给付全部保险金，死亡保险金为零；如果被保险人在保险期内没有患重大疾病，则保险金额作为死亡保险金。与提前给付型产品相比，独立给付型产品的逆选择风险较高，保险人为避免风险对承保疾病有严格的限制和定义，同时费率也较高。因此，在南非市场，独立给付型产品不太受欢迎，现在很少有保险公司提供。最近几年，南非保险市场上又出现了阶梯式给付型重大疾病保险产品。保险人根据疾病的严重程度来规定不同比例的保险金给付。例如心脏瓣膜置换50%、瓣膜切开术10%、瓣膜修补术5%等，剩余的保险金额用于保障被保险人的其他重大疾病。

5. 在发生重大疾病之后，为了弥补被保险人保障不足的问题，提供两种可选择性条款：

(1)恢复重大疾病保障条款。在保险期限内，保险人向被保险人支付重大疾病保险金后，保险金额保持不变，但只能对与第一次发生的重大疾病没有关系的重大疾病提供保障。

(2)恢复寿险死亡保障条款(回购式选择条款)。回购式选择是为了弥补提前给付型重大疾病保险产品的缺陷而产生的。在提前给付型产品中，被保险人身患重大疾病，保险人提前给付重大疾病保险金后，其死亡保障保额相应减少。一般情况下，由于被保险人在患重大疾病后其死亡风险增加，保险人不会再向被保险人提供死亡保障保险，从而导致被保险人死亡保障的不足。为了解决这个问题，该条款规定：如果被保险人身患保险合同规定的重大疾病，保险人提前给付重大疾病保险金，其死亡保障保额相应减少；如果被保险人在合同规定的某段时间后仍生存，则可以按照一固定费率买回原保险金额的一定比例(如25%)，死亡保障保额增加；如果被保险人再经过一段时间继续生存，那么还可以按固定费率买回原保险金额的一定比例(如25%)，死亡保障再次增加；这样经过2～5次的回购，被保险人的死亡保障保额就会恢复到原来购买保险之初的水平。目前，由于市场竞争的需要，几乎所有的保险公司都允许被保险人在诊断重大疾病一年后仍生存就可以购买100%的死亡保障。

6. 承保的疾病种类不断增加。最初推出的重大疾病保险产品只对5种重大疾病提供保障，后来发展到20多种。尽管保障的疾病种类越来越多，但是很多客户认为自己没有必要全部购买保险公司提供的20多种疾病，认为自己面临的可能只是其中一部分疾病风险，这样对所有人实行统一费率是不公平的。针对这种需求，南非保险人于2000年10月开发了一种综合性的重大疾病保险产品。该产品的特点是，可以在一张保单中为全家提供保障，同时可以根据保单持有人的需要自己选择需保障的疾病和利益，见表5－1。

**表5－1　　南非综合性的重大疾病保险产品**

| 种　类 | 保障事项 |
|---|---|
| 1. 保单持有人可以选择几种或全部七种 | 心脏和动脉疾病、癌症、神经系统疾病、呼吸道疾病、肠胃疾病、泌尿生殖器疾病和肾脏疾病、连接器官疾病 |
| 2. 如果保单持有人选择了1类中的全部疾病，那么这五项疾病将自动包含在内 | 早期AIDS/HIV、眼睛损坏、耳朵/鼻子/喉咙、内分泌/新陈代谢、肌肉与骨骼系统 |
| 3. 各种可选择的独立给付型保险金 | (1)女性保险金：异位怀孕、女性癌症<br>(2)生育保险金：不孕症、多产、带有先天性缺陷的新生儿<br>(3)儿童保险金：癌症、大脑严重损坏、重大心脏手术、器官移植<br>(4)家人外伤保险金：严重烧伤、因外伤引起的四肢瘫痪<br>(5)国外治疗<br>(6)教育保障：父母因重大疾病死亡或全残，支付子女的教育费用 |

**（二）英国重大疾病保险的发展**

英国在20世纪80年代中期开始销售重大疾病保险。1985年，第一个以生存保险形式的重大疾病保险单由劳合社引入英国的寿险市场。这种保险是一种定期保险合同，其保险责任中包括25%的重大疾病提前给付责任。1986年12月，第二个将重大疾病保险产品引入英国的是以附加险形式附加于寿险保单。1987年6月，Abbey Life's保险公司推出了终身保障产品，当被保险人发生重大疾病时，全额给付保险金，其承保的重大疾病包括心肌梗塞、冠状动脉绕道手术、癌症、脑中风、肾衰竭末期等。1998年，英国出现了新的重大疾病保险产品，那就是与抵押信贷相关联的产品。在英国，多年来银行利率一直维持在最低水平，使得房产市场较为兴旺。由于购房大多实行分期付款的方式，一旦购房者发生重大疾病导致工作能力丧失，就无法支付房款。针对这种情况，英国保险人推出了与抵押信贷相关的重大疾病保险产品，如果被保险人罹患重大疾病，由保险人负责支付贷款。该产品的出现使英国重大疾病保险的业务量大幅度增长，并且成为目前重大疾病保险产品销售最为成功的国家。1998年，有超过2/3的重大疾病保险产品与抵押信贷相关。

**（三）东南亚地区重大疾病保险的发展**

这里主要介绍马来西亚、新加坡及我国香港三地的重大疾病保险的发展情况。在东南亚市场，新加坡在1987年首先推出了第一个重大疾病保险产品。不久，各地保险人就注意到了重大疾病保险作为人寿保险的附加险具有很大的市场潜力，于是纷纷推出重大疾病保险产品。20世纪90年代中期，几乎所有新加坡的寿险公司和马来西亚89%的寿险公司经营重大疾病保险。我国香港相对少一些，大约有67%的寿险公司经营重大疾病保险。

1. 产品类型。三地的重大疾病保险产品类型主要有提前给付型、独立给付型、按比例给付型和附加给付型四种。从总体上看，提前给付型产品占主导地位，大约占1997年三地有效保单的76%。附加给付型的比例最少。

2. 承保范围。几乎所有的保单都对下列6种重大疾病提供保障：癌症、冠状动脉绕道手术、心肌梗塞、肾衰竭、重大器官移植和脑中风。大部分保单还对另外20多种疾病提供保障。值得注意的是，三地的独立给付型产品中还含有对绝症保障，可以为许多不是保单规定的疾病引起的将要死亡的被保险人提供保险金给付。

3. 保障年龄。经调查，三地的重大疾病保险产品中，大约有39%的产品最低起保年龄为0～1岁，有45%的产品为16～17岁；最高保障年龄一般为60～69岁，占41%；也有部分保险公司提供终身保障，占21%。

4. 费率。由于吸烟是影响重大疾病发生率的重要因素，因此马来西亚、新加坡及我国香港三地的大部分保单对吸烟者和不吸烟者实行不同的费率。马来西亚该种保单的比例为67%，我国香港为65%，新加坡为81%。同样，医疗和诊断技术的进步也会影响重大疾病的发生率。对此，调整费率也是有必要的。在我国香港大约有64%的保险公司对重大疾病保险产品不实行保证费率，而马来西亚和新加坡则相反，只有1家公司实行费率调整条款。

5. 观察期。三地的大部分重大疾病保险产品均有观察期的规定，观察期最短为30天，最长为180天。在马来西亚，几乎所有的保单规定60天的观察期，新加坡保险公司对癌症、心肌梗塞和冠状动脉绕道手术规定最少90天的观察期。

据统计，2013年全世界有50多个国家销售重大疾病保险产品，年保费收入约200亿欧元，超过一半的保费产生于亚洲。

## 二、我国重大疾病保险的产生和发展现状

1995年，重大疾病保险产品被引进到我国。最初，它是作为人寿保险中的一项保险责任，而承保的责任范围是7种重大疾病（癌症、脑中风、心肌梗塞、冠状动脉绕道手术、尿毒症、瘫痪和重要器官移植）。1998年以后，我国各寿险公司均把以定期附加险形式销售的重大疾病保险产品修订为终身产品，并扩大了保障范围，由原来的7种扩展至12种。重大疾病保险产品的承保保费和销售件数在各寿险公司新契约销售份额中一度占据首位。各家保险公司都推出了一系列具有特色的重大疾病保险，如泰康人寿推出了生命关爱重大疾病保险、太平洋保险公司推出了太平盛世—长健医疗保险（A、B）等。2000年我国健康保险保费收入达112亿元，其中重大疾病保险保费收入为81亿元，占72.5%。

经过10余年的发展和完善，我国的重大疾病保险产品表现出以下几个特色：

1. 独立给付型产品较多。重大疾病保险在我国推出时基本上是作为养老保险、定期保险和终身保险的一项保险责任或附加险，其给付方式是提前给付型。由于只能在购买主险的基础上才能购买，这在一定程度上抑制了一部分人的需求。此外，提前给付型在被保险人患重大疾病时只能给付保额的一定比例，这也不能满足被保险人的需要，而独立给付型不但可以单独投保，而且一旦患病就能全额或多倍给付保险金，因此在我国保险市场较受欢迎。

2. 保障范围扩大。最初，我国的重大疾病保险只对7种重大疾病提供保障，后来逐渐发展到数十种。平安在2001年推出的两款重大疾病保险在保障疾病种类上有很大的拓展。例如，针对男性客户的常青树重大疾病保险，保障病种多达25种；针对女性客户的康乃馨重大疾病保险保障病种更是多达28种。像过去重大疾病保险不保的“胰岛素依赖型糖尿病”、“女性原位癌”等常发性疾病甚至“渐冻人症”（运动神经元病的一种）都纳入新产品的保障范围。

3. 保障程度增加。被保险人一旦罹患重大疾病，可能发生的经济损失包括：工作中断引起的收入减少，家庭开支增加，尤其是大笔医疗费用的支出。以往的一些含重大疾病提前给付责任的保险产品规定，如果被保险人在合同有效期内患了合同列明的重大疾病且符合理赔条件的情况下，可以按保险金额的固定比例进行先期给付，在合同终止时（如果被保险人身故），则将余下的保险金给付给其受益人。太保在国内推出了高保障多倍型的重大疾病保险产品，太平盛世—长健医疗保险在被保险人罹患重大疾病后按保险金额的5倍给付重大疾病保险金，自然身故则按正常保险金额给付。这种产品更注重对被保险人的生前保障，在功能上更体现为重大疾病保险。

4. 市场细化。传统的重大疾病保险产品不分性别、年龄，都使用同一份保单，保障的疾病也都一致，产品不具有针对性。平安在市场细化方面处于领先地位，首次将重大疾病保险按男、女性别分类，分别针对各自的特点度身定做，保障更有针对性，如为女性量身定制的“康乃馨重大疾病保险”，专为女性提供重大疾病保险，其中包括女性特有的原位癌、恶性葡萄胎及系统性红斑狼疮等。16周岁以前的青少年、儿童因抵抗能力较差，重大疾病发病率很高，太平洋保险公司设计了专门针对青少年、儿童的重大疾病保险长健医疗保险B款，对青少年、儿童特有的重大疾病如再生障碍性贫血、急性白血病、病毒性脑膜炎等7种提供保障。

2006年12月，中国保监会向各寿险公司和健康险公司下发了《重大疾病保险的疾病定义使用规范》（征求意见稿），并规定最晚于2007年6月1日全行业将参照使用。新的行业标准

从统一疾病定义、理清疾病亚型、划定必保疾病、放宽诊疗限制四方面对“重大疾病保险”做出规范，同时将理赔尺度略为调宽，并启动重大疾病保险条款通俗化工作。这个由中国保险行业协会和中国医师协会共同制定的《使用规范》对常见的25种重大疾病进行了严格定义，并把6种发生率和理赔率最高的“核心疾病”规定为必保疾病：(1)恶性肿瘤，不包括部分早期恶性肿瘤；(2)急性心肌梗塞；(3)脑中风后遗症—永久性功能障碍；(4)重大器官移植术或造血干细胞移植术—异体移植术；(5)冠状动脉搭桥术(或称冠状动脉旁路移植术)—须开胸手术；(6)终末期肾病(或称慢性肾功能衰竭尿毒症期)—须透析治疗或肾脏移植。新一代的重大疾病保险在《重大疾病保险的疾病定义使用规范》正式出台后陆续登场亮相。2012年，全国健康保险保费收入863亿元，其中重大疾病保险保费收入406亿元。2013年11月14日，《中国人身保险业重大疾病经验发生率表(2006～2010)》正式分布，从2013年12月31日起实行，用于重大疾病保险产品的法定准备金评估工作。之前，国内保险公司大多依赖外资再保险公司提供的重大疾病发生率表。

2012年8月30日，国家发展和改革委员会、卫生部、财政部、人力资源和社会保障部、民政部、中国保监会出台了《关于开展城乡居民大病保险工作的指导意见》。该《意见》表示，城乡居民大病保险采取政府主导、商业保险机构承办的方式。这里所称的“大病”是指家庭“灾难性医疗支出，大体相当于城镇居民年人均可支配收入和农村居民年人均纯收入的水平。当城乡居民当年个人负担医疗费用达到这个水平时，大病保险就会对超额的医疗费用进行合理的报销。换言之，对大病患者在基本医保报销后仍需个人负担的合理医疗费用，再给予一定比例报销。大病保险的资金来自城镇居民医保基金和新农合基金的结余资金，报销比例不低于50%，并且不受病种限制，让绝大部分人不再因病致贫。2013年3月，保监会推出大病保险业务管理暂行办法，34家保险公司获得经营大病保险资质。大病保险承办方式采用招标方式选定商业保险机构，承办的商业保险机构的大病保险的保费收入免征营业税。大病保险的年度收支情况将向社会公开，并遵循“收支平衡、保本微利”的原则。截至2014年底，大病保险在27个省市开展了392个统筹项目，覆盖7亿人口。一旦大病保险实现全覆盖，作为一项替代品对重大疾病保险的“挤出效应”将非常明显。重大疾病保险将成为城镇职工的一种主要高端产品。大病保险将提升整个健康保险业的保费收入水平。

2014年11月17日，国务院办公厅发布《国务院办公厅关于加快发展商业健康保险的若干意见》，明确提出：“全面推进并规范商业保险机构承办大病保险”，并具体对提供一站式服务、提高统筹层次、建立健全独立核算、医疗费用控制等提出了要求。

## 第五节 长期护理保险

目前，许多国家面临着人口老龄化的问题。除此之外，越来越多的妇女外出工作，不再承担家庭护理工作，而以前她们曾是家庭护理的主要承担者。随着社会流动性的提高，子女不太可能生活在父母身边，出生率的降低以及预期寿命的延长意味着更少的子女能照顾老人的生活。现代医学水平虽然较之以前大大提高，但只可以延续病危者的生命，而无法使其恢复正常生活的能力。由于上述或其他原因，长期护理服务的需求正在不断增长。同时，随着越来越多的消费者认识到长期护理导致高额支出，对长期护理保险的需求亦在不断增加。

## 一、长期护理保险概述

### (一)长期护理保险的定义

长期护理保险(Long-Term Care Insurance)是针对那些身体衰弱、不能自理或不能完全自理、需要他人辅助全部或部分日常生活的被保险人(基本是老年人)提供经济保障或护理服务的一种保险。一般来说,被保险人如果无法从事保单中规定的五项或六项日常生活活动中的两项,即被认为生活无法自理。

### (二)长期护理的概念

长期护理是指因患有慢性疾病或残疾等原因而处于机能障碍状态的个人需要的各种护理服务,这些护理服务范围广泛。广义的长期护理既包括专业、半专业医疗护理服务又包括为机能障碍者提供的日常生活帮助,从而尽可能地减轻、恢复或补偿因疾病或残疾等引起的人体机能障碍的服务。狭义的长期护理专指为机能障碍者提供日常生活帮助的服务。

为机能障碍者提供日常生活帮助的服务,大体可以分为以下 4 类:

(1)基本功能护理服务,主要是指协助机能障碍者完成基本生活功能的服务,如洗浴、穿衣、如厕、吃饭等。

(2)家务护理服务,主要是指协助机能障碍者完成基本家务的服务,如做饭、清扫房间等。

(3)生活管理服务,主要是指协助机能障碍者进行生活管理服务,如购物、理财等。

(4)出行辅助服务,主要是指协助机能障碍者进行必要的出行提供的服务。

### (三)长期护理需求的判定标准

既然长期护理是针对机能障碍者的护理服务,判定长期护理需求的标准就应是判定机能障碍程度的标准。目前,发达国家主要采用两种判定标准:一种称为"日常生活活动标准"(Activities of Daily Living),另一种称为"工具类日常生活活动标准"(Instrumental Activities of Daily Living)。目前,"日常生活活动标准"被广泛用作评估机能障碍者所需护理等级和类型的工具,包括洗浴、穿衣、移动、如厕、吃饭、理发、外出、控制排便等多个标准。

除以上的物理机能障碍外,认知机能障碍也是一个影响老年人生活的重要因素。1995 年美国的 3 360 万老龄人口(年龄大于或等于 65 岁的人口)中大约有 750 万有物理机能障碍表现,这 750 万老龄人中又有约 30%同时有认知机能障碍表现。"工具类日常生活活动标准"就是将认知机能障碍也包括在内的一类标准,它是在"日常生活活动标准"的基础上发展起来的,旨在评估个体能否完成比"日常生活活动标准"需要具备更多技巧、个人判断的机体功能。因此,"工具类日常生活活动标准"是比"日常生活活动标准"难度更高的一类标准。"工具类日常生活活动标准"主要包括:(1)购买个人所需物品;(2)理财;(3)使用电话;(4)做饭;(5)从事轻、重家务等。

### (四)长期护理的费用特征

长期护理的费用特征与长期护理的特征有着紧密联系,主要关联如下:

(1)低发生率。长期护理费用是一种仅在发生肌体处于机能障碍状态,需要并发生了护理服务的情况下产生的费用,具有低发生率的特征。

(2)期限长、总额大。长期护理是一项期限较长的护理服务,尽管其日均费用低于一般的住院医疗费用(含院内护理费用),由于其护理服务的长期性,个体很容易遭遇巨额长期护理费用。长期护理的期限之长并非骇人听闻,作为老龄化代表国家的美国,其 65 岁以上的老龄人口中有 20%需要 1 年以上的护理,这些护理服务的年费用为 4 万美元;有 7%需要 5 年甚至超过5年的护理服务，总费用超过20万美元。

**（五）长期护理保险的分类**

长期护理保险主要按保障方的不同分为政府长期护理保障和商业长期护理保险两类。

1. 政府长期护理保障

在过去的较长一段时间内，由于商业长期护理保险尚未发展壮大，无论是在发达的西方国家还是在我国，政府一直是长期护理保障的主要提供者。日本的长期护理保险主要由政府经办。我国目前还没有严格意义上的专业护理机构，需要护理的老年人可在各级医疗机构或老年护理院内得到非特异性的医疗护理服务。尽管这种服务并非严格意义上的长期护理服务，但因此发生的全部费用均由政府按照社会医疗保险管理办法支付。

2. 商业长期护理保险

政府长期护理保障覆盖面的不足和日益增长的长期护理需求促进了商业长期护理保险计划的诞生。在发达国家，过去30年里长期护理保险有了长足发展，它不再是政府保障计划的补充项目。

商业长期护理保险按投保人不同区分为：

(1)个人长期护理保险。与市场上其他个人寿险具有相同的特点。

(2)团体长期护理保险。它分为雇主型保险计划和非雇主型保险计划。

①雇主型保险计划。雇主型保险计划是由雇主选择一家保险公司向其雇员提供长期护理保险，是以团体保险方式购买的个人保单，每个雇员可以购买一份长期护理保险，不管该雇员今后是否离开原公司，该保单一直有效。因为这种计划由雇员自愿决定是否参与，所以容易产生逆选择。雇主型保险计划的优点是保费相对较低，免核保，雇员能够得到作为个人投保所不能得到的保险金给付方式。

②非雇主型计划。在非雇主型保险计划中，团体长期护理保险也可以出售给一些社会团体。这种团体保险实际上是以特别的费率向团体中的个人提供的保险。除非团体中个人参保率很高，否则保险公司是不会降低核保要求向此类团体提供该种保险的。而且，高风险的社会团体不能作为一个团体投保。

商业长期护理保险按保额是否变化区分为：

(1)保额固定型。即按合同中约定的金额给付，固定不变。

(2)保额递增型。通常，长期护理保险是一种长期保险。除非保单的保险金额逐年上升，否则，长期下来，通货膨胀要侵蚀保险金的实际价值。保额的增加可以依据生活费用指数、护理院提供的护埋的费用指数或按固定比例确定。

## 二、长期护理保险的产生与发展

20世纪70年代，老年护理保险保单开始在美国商业保险市场上出现。长期护理保险的第一代产品于1975年问世，但直到1985年，市场才开始逐渐发展起来。到了1986年，以色列政府率先推出法定护理保险制度。英国1991年出售第一份长期护理保险。随后，奥地利、德国、日本等国也相继建立了老年护理保险制度。1995年，日本政府提出了“关于创设护理保险制度”的议案，经过近3年的讨论，终于在1997年5月和12月分别在众议院和参议院获得通过，并于2000年4月1日起开始实施。在德国，自1995年以来，公共长期护理保险成为社保的第五个支柱，90%的德国人得到了这种保障。其规定，凡有权享受医疗保险的国民都有权享受护理保险，当然主要是老人。长期护理保险保费一概出自医疗保险保费，不再单独投保。20

世纪90年代暂定员工工资额的1.7%作为长期护理保险保费。但是,对退休老人,如果他们享受长期护理保险,则由养老保险基金提供资助。然而,德国并没有彻底解决护理所花费的财政开支问题。为了维持个人补助金水平,国家不得不增加个人所得税的缴纳。这样留给商业保险公司的发展空间就非常小,现存的补充保险产品基本上是提供给高端客户的储蓄类产品。

## 三、美国和日本的长期护理保险产品介绍

### (一)美国的长期护理保险产品介绍

1. 长期护理保险所保障的护理服务

它分为:

(1)护理院护理(Nursing Home Care)。它又分为:

①专业护理(Skilled Nursing Care)。它是护理的最高级别,也是专业性最强的护理服务。专业护理要求24小时全天看护,护理人员必须是注册护士、有从业执照和经验的护士,或者有从业执照的临床医师。

②中级护理(Intermediated Nursing Care)。中级护理跟专业护理相似,不同的是患者不需要24小时的全天护理,实际上是非连续的专业护理。

③基本护理(Custodial Care)。它是一种最基础的护理,一般限于为患者提供日常基本活动的帮助。

(2)社区护理(Community-based Care)。它又分为:

①家庭健康护理:包括专业护理、理疗、其他专业医疗以及个人服务(如基本生活护理)。这种护理一般由兼职工作人员完成,也可包括给付家庭成员的报酬。

②全天看护:通过长期护理服务中心或社区服务完成。病人不仅可以得到日常生活护理,还可以得到社会化服务所带来的好处。

③援助护理:替代家庭成员为患者或老人提供护理服务。

④临终看护:为确诊为身患绝症的病人提供特殊护理和精神支持。

⑤医疗设备:医疗设备的费用有时由保险公司支付,尤其是那些能够让患者在社区内接受治疗的医疗设备。

2. 保险金给付

它有以下规定:

(1)给付条件。给付条件一般通过一些几个标准加以确定:

①日常生活活动标准。保险公司支付长期护理保险金是以被保险人日常生活无法自理为重要条件的,被保险人日常生活无法自理的项目越多,可能获得的保险金就越多。

②医学上的必要性。有些保险公司要求被保险人住进护理院时要与住院一样,必须确实有医学上的必要性。

③认知能力障碍。那些患有老年痴呆症等认知能力障碍的人常常需要长期护理,他们却能进行某些日常生活活动。为了解决这一矛盾,更客观地确定保险金给付条件,有些公司增加了认知能力障碍作为保险金给付标准。美国大部分保险公司的认知能力障碍标准只包括老年性痴呆这一疾病。

(2)保险金类型。它分为:

①费用补偿保险金。被保险人接受长期护理服务发生了费用,可以凭费用发票要求保险公司给付保险金,保险公司补偿被保险人发生的护理费用,但补偿额不超过保险金额。

②固定保险金。被保险人一旦满足保险金给付条件，不管其实际发生多少费用，保险公司都要向被保险人给付一笔固定的保险金。

③直接护理保障。如果保险公司已经介入“护理”领域，保险公司既不补偿被保险人的护理费用，也不支付固定的保险金，而是直接向被保险人提供护理服务。

④豁免保费。在长期护理保险产品中，被保险人稍微增加保费，就可以获得在领取保险金期间豁免保费的利益。这会增强该产品在市场上的吸引力。

(3)给付范围。长期护理保险的保障范围可以采取不同的标准：

①仅保障在护理院接受护理的费用。这种保单仅当被保险人在护理院接受护理时，保险公司才给付保险金。美国的保险公司刚推出长期护理保险时，这种保障在当时很流行。

②保障护理院护理和家庭护理的费用。这是一种更综合的保单，它在被保险人进入护理院护理或进行家庭护理时给付保险金。

③其他保障。在美国的新一代产品中，出现了不少新的保障范围。例如，每年不超过三周的疗养护理和成人日托中心护理等。

(4)保险金给付限制。可分为以下几种：

①给付时间限制。主要有以下几种：

a.免责期。在一段时间内保险公司不履行保险责任。

b.康复后再度恶化不再使用免责期。在康复后再度恶化之间可以规定一定时间，在此期间免责期条款不再适用。

c.给付期限。它可以是两年到终身之间的任何期限，但是很少提供终身给付，即使提供终身给付，其投保的代价也是相当昂贵的。

②给付水平限制。保险公司一般在保险条款中列出日常活动表，如饮食、如厕、沐浴、穿衣等，采用梯形结构计算给付金额，比如所有日常活动都无法单独完成则给付100%的保险金，3～5项日常活动无法自理则给付50%。

③最高给付金额。一般长期护理保险的每日给付额为40美元，以10美元为单位逐级递增，最高日给付为250美元。

④既往症限制。大多数长期护理保单对既往症都有所限制，既往症是在保单生效前已存在的疾病。最常见的既往症限制期是6个月，也有1年和2年的。

3. 被保险人的年龄

过去保险公司往往将被保险人投保时的年龄限制在50～70岁。现在很多保险公司把投保年龄放宽到18～99岁。当然，投保时被保险人年龄越低，其费率也越低。

4. 保护被保险人权益条款

它主要有以下几种：

(1)保证续保条款。几乎所有个人长期护理保险保单都保证续保，但是保险公司保留调整某一类被保险人应缴保费的权利。在团体长期护理保险中，保单同样也有续保保证，也可以每年调整保费。

(2)不丧失价值条款。1995年10月，美国10个州规定保险公司提供的长期护理保险必须含有不丧失价值条款。后来，美国保险监督官协会把这项条款纳入了长期护理保险示范法规中。不丧失价值条款可以通过以下几种形式实现：①若其已经缴付了一定期数的保费，那么保单可以转换为一种减额保险，但保险金给付期限不变，或者保险金给付期限缩短，但保额不变；②如果投保人停止缴费，保险公司仍然提供全额保障，而且保险金给付期限不变，但是保单的有效期限缩短;③被保险人停止缴费后可获得现金价值。

(3)通货膨胀保护条款。大部分长期护理保险保单含有通货膨胀保护条款,以保证给付金额随生活费用的增长而有所提高,但投保人需要为此另外支付费用。很多公司提供四种选择:①不购买预防通货膨胀的保单,保险给付金维持原来水平;②每年增加原有保险金给付金额的5%;③按5%的复利累积增加保险金给付;④每年按物价指数调整保险金给付。

5. 保费

长期护理保险一般采用均衡保费的形式,但有些公司每年或每一期间固定向上调整保费。保费的高低受很多因素的限制,如被保险人年龄、性别、健康条件和病史、给付期限的长短、是否选择通货膨胀保护条款等。

6. 除外责任

对于长期护理保险而言,下列为典型的除外责任:自伤或自残;吸毒和酗酒;战争;犯罪活动;已由其他保险人支付护理费用等。

**(二)日本长期护理保险产品介绍**

1. 护理保险制度的对象

日本护理保险制度的对象是40周岁以上的人,具体又分为两种被保险人:一是65周岁以上的老人,称为第一种被保险人;二是40周岁到64周岁的参加了医疗保险的人,称为第二种被保险人。这两种被保险人在他们因卧床不起、痴呆等原因需要起居护理或需要有人帮助料理家务和日常生活时,可以得到护理服务。保险人予以赔付的条件是:(1)处于需要长期护理状态:由于身体或精神上的疾病所造成的洗澡、排便、吃饭等日常生活能力全部或部分丧失,超过了厚生省规定的正常疾病期限,需要经常护理,并且符合厚生省规定的需要长期护理的几个级别中的任何一种状态。(2)需要护理的临界状态:身体或精神疾病所导致患病期限超过了厚生省规定的正常患病期限,预计会出现影响日常生活能力的状态,虽尚未达到需要长期护理的状态,但身体状况极差,为避免日常生活能力的丧失,必须进行适当的护理。

2. 保费筹资

长期护理保险是义务性保险,按照国家和个人各负担一半的原则筹资。国家包括中央政府、都道府县和市町村,按2∶1∶1的比例投入。个人负担数额根据被保险人的收入金额确定,具体金额多少由各市町村根据所能够提供服务的水平确定,原则上每3年进行一次调整。对于65岁以上的人,保费的征收是从养老金中直接扣除或与国民健康保险费一起征收;仍然在职的40岁到64岁人的保费则与医疗保险费一起征收。

3. 护理服务费用的负担

在费用方面,如果被保险人接受了护理保险服务,那么要负担全部费用的10%,其余90%由护理保险负担(见表5—2)。

**表5—2　　日本护理保险制度梗概**

| | 第1类被保险人 | 第2类被保险人 |
|---|---|---|
| 加入对象 | 65岁以上 | 40～64岁,已加入医疗保险 |
| 护理服务对象 | 由于卧床不起或痴呆需要经常护理的人;虽无经常性护理必要,但家务或起居等日常生活需要帮助的人 | 由于初期老年痴呆、脑血管疾病等引起的15种病,需要护理或者帮助的人 |

续表

| | 第1类被保险人 | 第2类被保险人 |
|---|---|---|
| 保险费支付 | 原则上直接从退休养老金扣除 | 另加在医疗保险费上一并缴纳 |
| 个人负担 | 从护理保险得到护理服务时，原则上只承担10％的费用，所承担的10％的费用过高时，设个人负担最高限额 | |
| 财源 | 公费50％(其中，国家负担25.0％，都道府县负担12.5％，市町村负担12.5％)，被保险人缴纳保险费50％(其中，40～64岁加入者的保险费为33.0％，65岁以上加入者的保险费为17.0％) | |

4. 护理保险制度提供的服务

护理保险制度提供包括健康、医疗、福利在内的综合服务，主要有两个方面：居家服务和设施服务。(1)居家服务指的是被保险人大部分时间住在自己家里接受各种服务。所能接受的服务种类大致有：上门护理(家庭服务员)、上门帮助洗浴、上门帮助康复、日托康复、居家疗养指导(医师、牙医等上门诊断、治疗)、日托护理、短期入住设施、痴呆性老人共同生活护理、收费老人福利院护理、支付租赁及购买福利用具费用、支付住房改修费(安装扶手、拆除台阶等)。(2)设施服务是指被保险人入住各种福利设施的服务。具体有：护理老人福利设施(特别养护老人之家)、护理老人保健设施(老人保健设施)、护理疗养型医疗设施(疗养型病床、老年人痴呆病疗养病房)等。

5. 护理保险的运营

护理保险制度的运营主体(保险人)是市町村，国家和都道府县在财政上和事务上给予支持。

6. 接受护理保险服务的程序

护理保险原则上是需要护理的被保险人根据自己的意愿，选择和决定利用哪种服务。具体程序是，被保险人首先要向保险人(市町村)提出认定申请，由市町村的认定审查会对被保险人的身体状态进行认定，看其是否符合护理标准和需要何种程度的护理。如果被保险人被认定需要护理，那么被保险人本人或其家属可直接向提供服务的机构提出利用服务的申请，也可以通过专业机构挑选适合自己的护理服务内容及护理机构。如果被保险人对认定结果有异议，可以向都道府县的审查机构提出申诉。

## 四、我国商业长期护理保险的现状

我国的商业长期护理保险尚处于试点阶段，目前市场上推出的长期护理保险产品大多数是在主险基础上附加的，而且保险责任也只限于在被保险人达到规定年龄后定期给付一定数额的保险金作为护理费，保险公司不提供护理服务或对护理服务实行费用补偿。给付保险金的标准相当简单，不是真正意义上的长期护理保险，与国际上的长期护理保险仍有较大差距。例如，太平洋人寿保险公司推出的“太平盛世”附加老年护理费终身年金保险规定自被保险人生存至70周岁合同生效日的对应日起，保险人每年于合同生效日的对应日，按比例给付老年护理费至被保险人身故，合同终止。又如，信诚人寿推出的“挚爱人生”附加女性保障长期护理保险，规定如果被保险人因意外或疾病导致完全永久残疾，公司将每年按10％保额给付护理保险金累计至100％保额。在2005年初新成立的由东方航空公司与台湾国泰人寿合资的国泰人寿保险公司最先推出国内首款真正意义上的长期护理保险——国泰康宁长期看护健康保险。此后，人保健康保险公司推出了“全无忧”长期护理保险。

# 第六节 丧失工作能力收入保险

## 一、美国丧失工作能力收入保险的产生和发展

早在 19 世纪末美国就出现了丧失工作能力收入保险的早期形式，它们只提供意外保障，而且是作为普通寿险合同的附加特约。后来才有数家公司开始销售单独的丧失工作能力收入保险。早期的丧失工作能力收入保险在给付保险金数额和给付期限方面十分有限，而且保险人有权终止合同或增加保费。20 世纪初开始出现保证更新的合同，即在保险期内不论索赔经验如何保险人都无权终止合同，但在提前通知情况下可对被保险人团体增加保费。1905 年纽约州阿姆斯特朗调查的一个重要结果是，在 1911 年颁布了第一个关于健康保险合同条款的法规《统一标准条款法》，它也适用于丧失工作能力收入保险。于是在 1916 年出现了第一种不可解约和保证更新的丧失工作能力收入保险合同，保险人不仅保证合同在保险期(一般到 55 岁或 60 岁)一直有效，而且还保证在保险期内收取一个规定的均衡保费，其合同的基本条款一直沿用至今。

第一次世界大战以后，丧失工作能力收入保险业务发展迅速，许多寿险公司进入这一业务领域。这一时期遇到的一个问题是对丧失工作能力任意定义，给许多公司特别是把丧失工作能力收入保险作为寿险合同附加特约的公司带来严重损失。丧失工作能力收入保险附加特约一般是按照寿险合同的保险金额的一定百分比给付，而在其合同条款和承保处理上没有仔细区分丧失工作能力风险和寿险风险。判定丧失工作能力是相当主观的，明显不同于判定寿险给付的死亡具有客观性，加上被保险人的工作意愿对丧失工作能力收入保险的赔付也有直接影响，导致丧失工作能力收入保险金给付大量增加。

20 世纪 30 年代初，由于经济大萧条造成大量工人失业，致使丧失工作能力收入保险的赔付数增加和赔付期延长。有几家公司撤离该市场，有些公司则破产，而更多公司则通过承保和费率厘定措施来调整其市场定位，寿险合同的丧失工作能力收入保险附加特约在市场消失，数家著名的相互寿险公司完全撤离丧失工作能力收入保险市场，直到 20 世纪 50 年代中期和 60 年代才恢复该项业务，只有少数几家公司幸存下来。

第二次世界大战期间，美国的丧失工作能力收入保险的销售又开始增加。合同一般规定每月丧失工作能力收入保险金最高不超过 200 美元，给付期很少超过 3 年，而且按照被保险人在任何职业中的工作能力对丧失工作能力严格加以定义。此外，合同中一般包括一项“总计条款”，将被保险人在保险期内所有索赔的丧失工作能力天数加以累计，一旦累计的丧失工作能力总天数等于规定的给付期天数，合同便告终止。

在 20 世纪 50 年代初期，丧失工作能力收入保险的合同条款开始修改。最重要的修改是取消总计型的给付期，代之可以循环使用的给付期，即对每次丧失工作能力使用一个新的给付期，每次给付期限制在 2 年、3 年或 5 年之内。第二个重要修改是对意外事故造成的丧失工作能力使用较长的给付期，甚至是终身给付期。这最初是出现在只保意外事故的丧失工作能力收入保险合同中，但在 50 年代期间既保意外事故又保疾病的丧失工作能力收入保险变得越来越流行。第三个修改是关于合同的最长期限。在 20 世纪 50 年代初期，大多数丧失工作能力

收入保险合同是在年龄 60 岁时终止。另有些合同规定在 55～60 岁之间保险金给付水平要减半。但在后来大多数丧失工作能力收入保险合同把合同最长期限延长到 65 岁，以与该时期的退休年龄保持一致，而且保险金给付减半的规定也取消了。最后，在 20 世纪 50 年代原来的《统一标准条款法》被《统一个人意外和疾病保单条款法》取代，这一新的法规允许合同设计有较多的灵活性。

到 20 世纪 60 年代中期，丧失工作能力收入保险的需求大增，并且持续了 20 多年。由于再保险发挥作用加上连续数年的盈利，直接保险人开始提高保单的给付限额。到 20 世纪 60 年代末和 70 年代初，每月给付 3 000 美元的丧失工作能力收入保险金，而且给付期为 5 年和 10 年的变为常规，对保疾病的丧失工作能力收入保险也延长了给付期。

由于 20 世纪 80 年代有利的经济环境，丧失工作能力收入保险业务有了明显增长。这一时期的合同条款和承保规则变得较为宽松，保单给付限额有了进一步提高，公司之间的竞争加剧，特别在高收入的医师丧失工作能力收入保险市场上，最终导致该险种索赔增加、利润缩减。承保亏损使公司在 20 世纪 90 年代重新审视其丧失工作能力收入保险产品，及时对其产品、定价和承保规则做重大调整。

在我国，丧失工作能力收入保险目前尚处于萌芽状态。中保康联寿险公司于 2003 年 1 月推出的"收入保障定期寿险"产品有"附加长期伤残收入保障保险"，构成"金领无忧保险计划"。中意人寿保险公司后来也推出了残疾收入保障保险等三款附加险。由中国保监会颁布的从 2006 年 9 月 1 日起正式实施的《健康保险管理办法》已把疾病保险、医疗保险、失能收入损失保险和护理保险作为健康保险的基本险种，表明丧失工作能力收入保险这块处女地有待开垦。

## 二、丧失工作能力收入保险与人寿保险的区别

大多数丧失工作能力收入保险是由寿险公司承保的，其保单包含人寿和丧失工作能力双重保险责任。然而，这两种保险还是有若干重要区别：首先，这两种保险的期限不同，人寿保险较之丧失工作能力收入保险期限更长，因此其统计数据更为可信。其次，丧失工作能力收入保险较之人寿保险更容易受经济波动的影响，因而保险人承担更大的风险。丧失工作能力收入保险和人寿保险在合同条款、费率、承保和理赔等方面也存在一些重要区别。

### (一)合同条款

尽管丧失工作能力收入保险和人寿保险在合同条款方面有许多相似之处，但丧失工作能力收入保险仍有较多复杂的定义条款。首先，对丧失工作能力有多种定义：因意外事故和因疾病造成的丧失工作能力，完全和部分丧失工作能力，永久和暂时丧失工作能力，另外还有取消期、给付期、第二次丧失工作能力等定义条款。其次，丧失工作能力收入保险较之人寿保险有更多的可供选择的附加特约，诸如终身意外事故保险、住院给付、医疗费用报销、没有完全康复的丧失工作能力给付等。

### (二)费率

由于大量可变因素影响索赔，丧失工作能力收入保险的费率厘定工作起初是一门艺术而非科学。由于美国在过去 30 年里积累了大量可信的索赔频率和索赔金额的统计数据，这门艺术才逐渐变成科学。在 1985 年美国精算师协会编制的"保险监督官丧失工作能力表"已取代了"1964 年保险监督官丧失工作能力表"。较之人寿保险，影响丧失工作能力收入保险费率厘定的因素更多，它不仅取决于保单格式、年龄、性别等因素，而且取决于职业类别、取消期、给付期及多种附加特约和产品类型。

**(三)承保**

在丧失工作能力收入保险的承保处理中,收入和职业情况较之人寿保险的承保显得更为重要。承保人批准的赔付限额与被保险人的收入直接有关,被保险人按照多种职业类别分类,并以此确定费率水平。一般来说,在人寿保险承保中拒保率为1%～3%,而在丧失工作能力收入保险中则为5%～10%,在人寿保险中改变条件承保的约占8%,而在丧失工作能力收入保险中则高达40%。

**(四)理赔**

在人寿保险理赔中只有一种死亡索赔,而在丧失工作能力收入保险中则有多种丧失工作能力索赔。而且,丧失工作能力收入保险的索赔人是被保险人本人,其动机和就业状况对索赔期长短有重要影响,而人寿保险的理赔是相当简单和确定的。再则,确定丧失工作能力及其持续期是相当主观的,被保险人可能会装病。最后,近年来,丧失工作能力收入保险增加了康复保险金的给付责任。

## 三、丧失工作能力收入保险的分类

丧失工作能力收入保险是当被保险人因疾病或意外事故而完全丧失工作能力时,由保险人定期给付保险金以补偿其收入损失的保险。丧失工作能力收入保险按保险责任期限长短可分为短期丧失工作能力收入保险和长期丧失工作能力收入保险。前者是在保单生效2年内因疾病或意外事故造成丧失工作能力时给付保险金。后者保险期限较长,因疾病丧失工作能力承保期可以达到60岁或65岁,因意外事故造成的丧失工作能力可以终身承保。

丧失工作能力收入保险按投保方式可分为个人丧失工作能力收入保险和团体丧失工作能力收入保险。目前,美国约有4/5的丧失工作能力收入保险是在团体基础上承保的,其中在短期丧失工作能力收入保险中占82%,在长期丧失工作能力收入保险中占76%。相比之下,个人丧失工作能力收入保险比团体丧失工作能力收入保险的费率要高,但它为自雇人员和没有参加团体保险的人提供了重要保障。

丧失工作能力收入保险按保险责任分为只保意外事故的丧失工作能力收入保险和既保意外事故又保疾病的丧失工作能力收入保险。只保意外事故是丧失工作能力收入保险的早期形式,那时甚至只保旅行意外事故。在20世纪50年代之后,既保意外事故又保疾病的丧失工作能力收入保险开始流行。此外,丧失工作能力收入保险还有专门针对癌症和心脏病等重大疾病的特殊风险丧失工作能力收入保险。

丧失工作能力收入保险按保障主体可分为企业丧失工作能力收入保险和个人丧失工作能力收入保险。企业丧失工作能力收入保险承保由于业主或重要雇员丧失工作能力造成与企业有关的损失。属于企业丧失工作能力收入保险有薪金持续计划、企业营业费用保险,以及类似人寿保险中的为合伙企业"买卖协议"筹资的丧失工作能力收入保险和重要雇员丧失工作能力收入保险。

## 四、丧失工作能力收入保险的合同条款

虽然丧失工作能力收入保险的合同条款与人寿保险合同条款在许多方面很相似,两者都有保险条款、保险缴付和索赔通知条款、不可争议条款、投保前被保险人的健康状况条款和其他标准条款,但两者还是有明显区别的。

关于丧失工作能力收入保险合同中的一些特有条款,诸如更新条款、丧失工作能力的定

义条款、没有完全康复的丧失工作能力条款、保险金给付金额和给付期条款、除外责任条款、取消期条款、第二次丧失工作能力条款等将在本书第八章第八节健康保险合同条款中论述。

## 五、丧失工作能力收入保险的附加特约

在丧失工作能力收入保险合同中还有许多供投保人选择的附加特约，这里介绍其中最主要的几种：

1. 住院后废除取消期

如果被保险人住院，鉴于其发生了住院费用，该附加特约就废除取消期，立即开始给付保险金。

2. 住院保险金

当被保险人住院治疗时，保险人除了每月给付基本的丧失工作能力收入保险金外，还同时给付附加的每月住院保险金。

3. 意外死亡和伤残保险金

类似于人寿保险的意外死亡保险，当被保险人意外死亡或伤残时，保险人给付相当于月度丧失工作能力收入保险金多倍的意外死亡和伤残保险金。意外伤残保险金一般按照伤残程度给付一定比例的意外死亡保险金。

4. 将来收入选择权

该选择权是向被保险人提供无须可保性证据的定期增加基本给付金额。这一选择权在被保险人 45 岁或 50 岁之前每年可以取得，但被保险人必须提供收入证明。有些公司也提供只要缴付附加保费，每年可以自动增加 3%～8%保险金。

5. 返回保费

缴付附加保费后，根据被保险人在一特定时期索赔经验定期或在 65 岁时返回部分保费。当然，对索赔金额多的被保险人无返回保费可言。

6. 生活费用

根据生活费用(消费价格指数)的上升来调整基本保险金，但这一调整只适用于给付期。

7. 医疗费用报销附加特约

不论被保险人住院与否，保险人报销被保险人因意外事故或疾病发生的医疗费用。

8. 部分丧失工作能力

在丧失工作能力收入保险中，部分丧失工作能力收入保险金作为一种附加特约已存在多年。部分丧失工作能力的收入保险金一般为完全丧失工作能力收入保险金的一半，而且给付期一般限于 6 个月。

9. 企业营业费用保险

企业营业费用保险一般使用单独合同承保，但在有些情况下也可以作为一项附加特约。该附加特约赔偿被保险人在丧失工作能力时没有营业收入来支付其继续发生的营业费用的情况下的营业费用。

10. 长期护理保险

大多数长期护理保险是单独销售的。有一些公司在丧失工作能力收入保险中提供把丧失工作能力收入保险转换为长期护理保险的权利。如果被保险人已经丧失工作能力，就不再享受这种转换权。

# 第七节 管理型医疗保险

## 一、管理型医疗保险的特点

在以往的数十年里，美国的医疗费用保险的提供方式发生了重大变化。如今，美国大多数医疗费用保险属于管理型医疗保险计划(Managed Care Plans)。所谓管理型医疗保险计划，是一种把医疗服务的筹资和提供结合在一起的方法，用来管理医疗服务的成本、取得和质量。

管理型医疗保险和传统的医疗费用保险有若干区别：

首先，关于被保险人怎样获得医疗服务。在传统的医疗费用保险计划中，被保险人可以根据自己的医疗需要，自由选择任何的医生或医院，而在管理型医疗保险中，主办机构与经选择的医疗服务提供者签订合同，把被保险人安排到这些医疗服务提供者的网络。

其次，在传统的医疗费用保险中，医疗费用的风险是由被保险人和保险人分担，被保险人看病越多，医疗服务提供者的收入也越多，医生或医院不承担财务风险。在管理型医疗保险中，医疗服务提供者参与风险分担，通过与医疗服务提供者做出收费安排和鼓励费用节约的其他合同安排来实现风险分担。这些收费的具体安排取决于管理型医疗保险的种类。

最后，在所有管理型医疗保险中，都不同程度地使用利用管理(Utilization Management)。利用管理是指对被保险人医疗服务的利用管理，以保证被保险人以成本节约的方式获得必要、适当和高质量的医疗服务。利用管理包括利用检查和病案管理两种方法。利用检查是指审查一个病人取得医疗服务的必要性和质量。利用检查计划包括以下几项：

(1)住院证明。在不是急诊的情况下，被保险人必须先从利用检查机构取得住院证明。该机构的人员根据被保险人及其医生提供的情况决定是否住院治疗和应该住院的天数。在急诊住院的情况下，被保险人或其医生必须在住院后 48 小时内通知该机构。

(2)会诊。当被保险人住院后，利用检查机构人员通过与医生讨论治疗来管理病情，并着手计划病人出院的日期。

(3)追查。在被保险人出院之后，利用检查机构的人员再检查医疗费用开支是否合理，帮助检查人识别收取过多医疗费用项目和医疗服务提供者。

病案管理是利用检查的一种延伸，除了检查住院的必要性外，还检查医疗方案。一般在病情需要很高费用的情况下使用病案管理，管理病案的一般是护士，要求她熟悉病人的保险计划，与病人、病人家属和医生一起制定一个治疗计划，实现最适当的治疗目标。

## 二、保健组织

美国在 1973 年通过了《保健组织法》。保健组织(Health Maintenance Organization)是一种医疗服务筹资和提供的制度，它向参加的成员提供综合的医疗服务。保健组织是接近纯粹管理型医疗保险的一种组织形式。保健组织具有保险人和医疗服务提供者双重身份。虽然早在 1929 年就出现了保健组织，但在近数十年才得到迅速发展。保健组织可以由不同种类的组织拥有或主办：全国性的保健组织、商业保险公司、医院和医学院。虽然营利的保健组织远多于非营利的保健组织，但参加非营利的保健组织的成员远多于参加营利的保健组织。

**(一)保健组织的特点**

虽然有多种类型的保健组织,但大多数保健组织具有以下共同特点:

1. 综合的医疗服务

保健组织向参加者提供综合的医疗服务,除了住院和院外治疗外,为了减少疾病的发生率和程度,还致力于预防工作,包括定期体检、胎儿期和婴儿期的护理、免疫等。相比之下,传统的医疗费用保险对预防工作不予以重视。

2. 预先付费

保健组织的参加者一般按月缴付一笔固定费用,在预先付费之后可以获得任何数量的医疗服务。大多数保健组织另规定参加获得某些医疗服务的成员必须缴付一笔附加费,如每次门诊缴付 10 美元。

3. 医疗服务提供者网络化

保健组织通过与一些医生和医院订立合同组成了一个医疗服务提供者的网络。该保健组织的成员必须在这个网络中就医。医疗服务提供者网络化的优点是:保健组织可以较好地控制医疗服务的质量,并通过与医疗服务提供者协商付费标准来减少医疗费用。

4. 协商付费

保健组织要与属于网络的医疗服务提供者协商付费标准,补偿医疗服务提供者的付费标准有以下几种:

(1)按人收费。不论保健组织的参加者接受多少医疗服务或花费多少,保健组织对每一个参加者向医疗服务提供者每月支付相同金额。但对保健组织的参加者也可以进行分类,如对婴儿的收费标准要高于青少年。

(2)薪金。有些保健组织以发给薪金作为医生的报酬,另外提供激励工资或奖金。

(3)折扣的服务收费。医生或医院对保健组织按向病人的正常收费收取费用,但使用一个折扣,如 9 折。这种付费方法类似于传统的医疗费用保险,大部分财务风险仍由保险人承担。

(4)收费明细表。保健组织在医疗项目和手术明细表的限额内向医生和医院付费。

5. 注重使用管理型医疗服务技术

保健组织要求每个参加者从网络中选择一个主治医师,主治医师通常是一个能看各科病的开业医生,他作为参加者的私人医生与保健组织保持联系。如果参加者需要其他医疗服务,由该主治医师介绍给网络中的其他医生或专科医生,主治医师又被称为“看门人”(Gatekeepers)。此外,保健组织普遍使用利用管理。

**(二)保健组织的种类**

对保健组织不容易分类,因为有一些保健组织具有数种保健组织的特征。保健组织大致可以分为两类:开放式医师小组(Open Panel)和封闭式医师小组(Closed Panel)。在一个开放式的医师小组,凡符合保健组织特定标准的医生和医院都可以与保健组织订立合同向其成员提供医疗服务。在封闭式的医师小组,医师必须属于一个与保健组织订立合同的专门团体,或者必须是保健组织的雇员。

1. 开放式医师小组

它可以分为两种模式:

(1)个人开业医生协会(Individual Practice Association)。由该协会与保健组织订立合同,该协会是一个同意向保健组织的成员提供医疗服务的开业医生协会,这些独立的开业医生有自己的诊所和辅助人员,他们同时为自己的病人和保健组织提供医疗服务。因此,这类协会容易建立，需要较少的开办资本，并能提供广泛的医疗服务。保健组织通常根据按人收费方式补偿该协会，再由该协会负责补偿本协会的所有医生。对主治医师通常根据按人收费方式补偿，对专科医生按折扣的服务收费方式补偿。在这种模式中，财务风险大部分由该协会及其医生承担。

(2)直接签约。由保健组织直接与提供医疗服务的主治医师和专科医生签约，无协会或其他中间人介入。这些医生也有自己的诊所和辅助人员，同时为自己病人和保健组织的成员提供医疗服务。在大多数情况下，保健组织根据按人收费方式补偿这些医生。

2. 封闭式医生小组

它也可以分为两种模式：

(1)雇员模式。在这种模式中，医生是保健组织的雇员，由保健组织添置诊所设施和配备辅助人员，医生以薪金为主要报酬。属于这种模式规模大的保健组织拥有医院、化验室、药房等。在这种模式中，需要大量开办资本和支付薪金等大量固定费用。此外，财务风险主要由保健组织承担，但对医生提供的医疗服务有较大的控制权，可充分利用管理型医疗服务技术。

(2)团体模式。其功能类似于雇员模式，主要区别是医生是一个医生团体中的开业医生，而不是保健组织的雇员。在这团体的开业医生中，一般合用诊所、医疗设备和辅助人员。如果保健组织与多个医生团体订立合同，则被称为网络模式的保健组织。在这种团体模式中，保健组织一般使用按人收费方式补偿医生团体，该团体再以薪金、奖金方式补偿医生，因此财务风险主要由医生团体承担。

除了以上两类和四种模式的保健组织外，还有一些保健组织具有数种模式的特征，称为混合模式，混合模式的保健组织的数量在不断增长。因此，美国保健组织的种类可谓五花八门。

## 三、优先提供者组织

优先提供者组织(Preferred Provider Organization)是一种在医疗服务提供者和医疗服务购买者(诸如雇主、第三方管理人、保险公司和工会)之间洽谈合同的组织，它并不直接提供医疗服务，而是扮演一种经纪人或中介人角色，促成订立医疗服务提供者向特定团体的被保险人提供医疗服务的合同。

优先提供者组织是接近传统医疗费用保险的一种组织形式，也具有保健组织的某些特点。优先提供者组织有些是由医生团体或医院主办，另一些是由蓝十字会和蓝盾组织、第三方管理人或雇主主办，但更多的是由保险公司主办。

如同保健组织，优先提供者组织也使用一个医疗服务提供者的网络。但与保健组织不同的是，它允许参加者选择使用网络外的提供者的医疗服务。为了鼓励参加者使用自己网络中的优先提供者的服务，对发生在自己网络内的医疗费用，该组织支付的比例要高于发生在网络外的医疗费用，例如，对网络内的费用支付 90%，对网络外的费用只支付 70%，并且规定免赔额和其他自费项目。优先提供者组织也要求医疗服务提供者采用管理型医疗服务技术。优先提供者组织对医疗服务提供者的补偿方式类似于传统的医疗费用保险，但理赔和支付赔款较为迅速。

## 四、混合计划

如前所述，随着管理型医疗保险的不断发展，各种类型的计划之间的界限变得较为模糊，以下介绍两种混合计划。

**(一)开口的保健组织**

开口的保健组织(Open-ended HMO)既具有传统的保健组织的一些特征,又具有传统的医疗费用保险的特征。开口的保健组织允许参加者选择使用自己网络外的医疗服务,但参加者必须承担较高的免赔额和共同保险金额。

**(二)看门人优先提供者组织**

看门人优先提供者组织(Gatekeeper PPOS)规定参加者从自己的网络中选择一个主治医师(看门人),由其批准提供医疗服务,并把参加者介绍给网络中的其他专科医生。如同传统的优先提供者组织,参加者可以使用自己网络外的医疗服务,但他们通过看门人安排取得网络内的医疗服务只要承担最少的费用。有别于传统的优先提供者组织另外一点是补偿医疗服务提供者的方式,它一般采取按人收费方式补偿,较之传统的优先提供者组织把更多的财务风险转嫁给医疗服务提供者。

## 复习思考题

1. 试解释下列名词:

弱体健康保险　相对价值表　普通医疗费用保险　受益期

重大疾病保险　长期护理保险　丧失工作能力收入保险

管理型医疗保险计划　利用管理　保健组织　优先提供者组织

2. 按照损失原因和损失种类,健康保险可以分为哪些种类?
3. 按照给付方式,健康保险可以分为哪几种方式?
4. 简释意外事故构成的三要素。
5. 与财产保险和人寿保险相比较,人身意外伤害保险有哪些相同之处和不同之处?
6. 人身意外伤害保险的保险金怎样给付?
7. 简述三种基本的医疗费用保险。
8. 概述综合的大额医疗保险的主要特点。
9. 国外重大疾病保险有哪些经验可供我国借鉴?
10. 长期护理保险在产品设计上有哪些特点?
11. 美国和日本的长期护理保险产品有哪些区别?
12. 简述丧失工作能力收入保险与人寿保险的主要区别。
13. 概述管理型医疗保险和传统的医疗费用保险的主要区别。
14. 概述保健组织的共同特点。

# 第六章　团体保险和私人养老金计划

## 第一节　团体保险的性质和基本原则

### 一、团体保险的性质

团体保险(Group Insurance)是保险的一种营销方式，一般用于人身保险。团体保险使用一份合同向一个团体的许多成员提供保险，通常不要求体格检查，发给每个成员一份保险证，该保险证载明团体保险的责任范围和被保险人的合同权利。团体保险与个人保险相比较，主要有以下几点区别：

1. 保险公司和团体保险单的持有人订立一份总合同(Master Contract)，大多数团体保险单持有人是企业或雇主。

2. 团体保险的费率低于个人保险的费率，这是因为大批销售的方法减少了营销费用和管理费用。

3. 保险公司使用团体的风险选择方法，只关心整个团体的可保性，而不计较团体中单个成员是否可保。可根据团体的活动把团体的风险分类为标准风险、次标准风险和拒保风险。对高于平均损失率的次标准风险使用较高费率。

4. 使用经验费率法，即根据团体的给付经验数据制定费率，把一个团体的经验数据与其他规模相似的团体的经验数据合并，对规模较大的团体的经验数据分配较高的权数，由此计算出对每个团体应收的保险费。但对团体的最初保险费和小的团体可使用手册法厘定费率，或者结合使用手册法和经验费率法。

### 二、团体保险的基本原则

由于团体保险不要求成员提供可保性证据，即不必进行体检，所以团体保险必须遵循以下一些基本原则：

1. 团体的组合不应该以单纯取得保险为目的。这一原则旨在减少逆选择。倘若团体是以取得保险这一特定目的而组织起来，则该团体中健康状况不佳的人所占的比例就会过大。

2. 团体中的成员富有流动性。理想的团体应该是不断有年轻人参加和老年人退出，这样就会使团体的平均年龄始终保持稳定，死亡率和发病率也能保持相对稳定。

3. 保险金给付数额不能由企业（雇主）或职工（雇员）任意选择，而应该根据职工的收入、职位、工龄或综合因素确定，其目的也是为了减少逆选择，否则健康状况不佳的成员会选择高的保险金额。

4. 对参加团体保险的职工人数规定一个最低比例。如果职工不要缴付保险费，所有职工都必须参加。如果职工要缴付保险费，至少要有 75％的职工参加。

5. 由企业或雇主分担团体保险的费用。这样可以减轻老年成员的缴费负担。如果由成员缴付全部保险费，那么年轻人就会分担老年人的保险费，促使他们退出团体保险。这一原则对团体定期寿险具有重要意义。

### 三、团体保险的合格条件

团体保险的合格条件分为两个方面。

**（一）合格的团体**

保险公司或地方法规应规定合乎团体保险要求的团体种类，如独资企业、公司、工会、债权人和债务人团体、联谊会、妇女团体，还应规定保险团体的最少人数，如 10 个人。

**（二）参加团体保险的资格规定**

一般应有以下几项规定：

1. 参加团体保险的必须是全日制职工。

2. 新的职工参加团体保险必须有一个等待期，如 3 个月，在等待期满后才可参加团体保险。

3. 参加团体保险的职工必须能正常工作，即要符合最起码的健康标准。

### 四、团体保险中的保单持有人和代理人

一份团体保险合同中有三方：保险人、保险单持有人、被保险人。之所以在团体保险中称保险单持有人而不是保险单所有人，是因为团体保险单持有人并不拥有与个人保单中所有人相同的所有权。例如，在团体寿险单（不包括团体债权人寿险单）中的被保险人有权指定受益人，而在个人寿险单中则由保险单所有人指定。经常遇到的另一个问题是，团体保险单持有人究竟是保险人的代理人还是被保险人的代理人？团体保险单持有人替团体成员投保，与保险人订立合同，并承担一些管理事务，如吸收团体保险成员，从工资中代扣保险费，报告团体中的变化情况，起到了降低保险管理费用的作用。一般看法是，团体保险单持有人是被保险人的代理人。因此，保险人对团体保险单持有人在团体保险管理工作中的错误不承担责任，也不把通知团体保险单持有人推定为通知保险人。

## 第二节 团体人身保险的种类

许多人身保险可以团体保险方式承保，因此，团体人身保险也有以下种类。

## 一、团体人寿保险

团体人寿保险主要有以下几种。

**(一)团体定期寿险**

这是团体寿险中的重要险种,在美国团体定期寿险占团体寿险业务的90%以上,它一般使用每年可以更新的定期寿险单。团体定期寿险的主要优点是廉价保险,可以用来补充个人人寿保险的不足,也可以为团体遗属收入给付保险筹资。在美国团体定期寿险中,雇主缴付的保险费作为营业费用从应税收入中扣除,对购买保险金额超过5万美元以上部分的保险费作为雇员的应税收入。

**(二)团体债权人寿险**

商业银行、财务公司、储贷协会等金融机构经常为债务人取得信用人寿保险,万一借款人死亡,这种保险赔偿未偿贷款余额,放款机构既是保险单持有人又是受益人,但一般由借款人承担缴付保险费责任。团体债权人寿险采用定期寿险方式,但保险金额受贷款金额限制,并随着贷款偿还而减少,贷款全部还清后保险责任也就终止。作为一般规则,信贷合同的条款可以要求借款人取得某些形式的保险来获得贷款。在美国和加拿大的州与省的保险法中,对这种寿险的最高费率加以限制,并禁止放款机构要求借款人从放款机构处购买这项保险作为取得贷款的一项条件,借款人有权从他处购买这项保险。

**(三)团体保险费缴清保险**

这是一种向雇员提供的团体寿险,它由保险费趸缴的终身寿险和保险金额递减的定期寿险组成,保险费趸缴的终身寿险的总金额每年增加,两者合计等于保险单面额。终身寿险部分是由雇员缴付保险费,定期寿险部分则由雇主缴付保险费。

**(四)团体均衡保费终身寿险**

这种保险由现金价值(储蓄因素)递增的长期保险和保险金额递减的定期寿险组成。团体均衡保费终身寿险一般以限期缴清保险费终身寿险单签发。如果该种终身寿险雇员是不缴费的,雇员在保单中的现金价值权利不可转移。如果是缴费的,雇员的转移权利以他的缴费部分为限。

**(五)团体遗属收入给付保险**

如果参加这种保险的雇员死亡,保险公司按月向死者的遗属给付保险金。每月保险金给付金额可根据雇员的原工资确定,配偶取得死者工资的25%的保险金,子女取得15%。对家庭给付的最高限额是死者工资的40%,并规定了给付期限。

**(六)团体万能寿险**

在个人万能寿险出现不久,保险公司开始提供团体万能寿险,其功能与个人万能寿险相似。雇主一般不为团体万能寿险缴付任何保费。如果团体的规模大,可以根据该团体的经验数据收取死亡率费用,而且收取的管理费用较个人保单低。此外,如果雇员离开该团体,他的保险可以在该团体继续保留。

## 二、团体健康保险

团体健康保险主要有以下几种:

**(一)团体医疗费用保险**

这种保险一般可报销下列医疗费用:

1. 住院费用。报销期限一般只有70天，另规定了每天住院费用的报销限额。

2. 外科费用。一般使用两种方法报销外科手术费用：一种是表列法；另一种是根据合理和习惯的费用报销。

3. 医生出诊费用。

4. X光透视和化验费用。

**（二）团体补充医疗保险**

它可以补充医疗费用保险，把两者结合可以成为一种综合的医疗保险计划。团体补充医疗保险的保险责任范围很广，报销限额也很高，一般有共同保险和免赔额规定。

**（三）团体丧失工作能力收入保险**

它分为两类：

1. 短期丧失工作能力收入保险。给付期一般为13周至2年，在给付之前有3～7天的等待期。给付金额一般为工资的90％～100％。这种保险包括了给付产假工资。

2. 长期丧失工作能力收入保险。给付期限短则2年，长则到退休或死亡为止。每月给付金额低于短期保险，一般为工资的60％～75％，但要扣除社会保险的给付金额。有些长期丧失工作能力收入保险使用生活费用调整条款和免缴公司养老金计划保险费条款。前者是根据生活费用上升幅度增加给付金额，但把每年增加金额限制在2％～3％范围内；后者是在雇员长期丧失工作能力后，由雇主替他缴付公司养老金计划的保险费。

**（四）团体牙科保险**

团体牙科保险有两种方式：综合保险和表列法，前者把所有牙科治疗费用列入保险范围，后者只列出可以报销的牙科治疗费用。为了控制保险金支出，保险公司也使用免赔额、共同保险、报销限额、等待期、除外责任等限制性条款。

### 三、团体年金保险

在国外，私人养老金计划和团体人寿保险、团体健康保险都是雇员福利计划（Employee Benefits Plan）的重要组成部分，团体年金保险是私人养老金计划提供养老金的方法之一，这将在下一节论述。

### 四、团体人身意外伤害保险

团体人身意外伤害保险与个人人身意外伤害保险在保险责任、给付方式方面相同，只是承保方式不同。在我国，团体人身意外伤害保险是人身意外伤害保险的主要形式，而在人身保险业发达的国家它并不是主要形式。

## 第三节 私人养老金计划

私人养老金计划（Private Pension Plan）是雇员福利计划的一个重要组成部分。我国把它称为补充养老保险或企业年金，这里先介绍美国的私人养老金计划。

虽然私人养老金计划在19世纪末就在美国出现，但它的迅速发展是在第二次世界大战以后，如今美国约有一半私营企业的雇员和3/4的政府雇员参加了私人养老金计划。私人养老金计划是由雇主举办,有时也由雇主和工会联合举办,它向雇员提供补充社会保障计划养老金的退休收入,这种养老金计划可以为某个企业的雇员举办,也可以为多个企业的雇员举办。大多数私人养老金计划支付的养老金,连同社会保障计划支付的养老金,可以达到雇员退休前工资收入的50%~55%,低薪的雇员则可达到 70%~75%。

## 一、合格的私人养老金计划

一个合格的私人养老金计划必须符合内税局对保险范围的规定,如果养老金计划全部由雇主缴费或雇员缴付部分费用,则必须有 70%的雇员属于保险范围。其目的是防止雇主只为少数高级职员、股东拟定养老金计划。由于养老金是一种延期工资的观念流行,雇员不缴费的占了养老金计划的大多数。一般而言,雇员缴付部分费用的养老金计划支付高的养老金。根据美国税法(401K 计划)规定,合格的私人养老金计划可以获得税收优惠,雇主对私人养老金计划的缴费作为税前列支,雇员的缴费一般不从其应税收入中扣除,而且养老金计划的投资收益免缴所得税,只有当雇员退休领取养老金时才缴纳个人所得税。

美国税法承认三种形式的合格的公司养老金计划:养老金计划、利润分享计划和股票作为利益分享的计划。另外,还有两种非公司的合格的养老金计划:Keogh 计划(自雇人员养老金计划)和个人退休金账户计划(IRA)。这些都是延期支付收入的私人养老金计划,它们都获得类似的税收优惠。本节所讲的私人养老金计划主要是指养老金计划。

## 二、资格规定

雇主对雇员参加养老金计划的资格也作了一些规定:一是必须是全日工作制的雇员;二是参加养老金计划的最低年龄,并必须在本单位至少有 1 年工龄;三是如果由雇主缴付全部费用,年龄在退休年龄前 5 年内的雇员不能参加,但由雇员自己缴费,则不受这一限制。

## 三、退休年龄

养老金计划中一般使用三种退休年龄:

1. 正常退休年龄。一般定为 65 岁、70 岁是强制退休年龄。雇员达到正常退休年龄可领取全额养老金。

2. 提早退休年龄。对本单位工龄 10 年以上的雇员规定的提早退休年龄是 55 岁。提早退休的雇员领取减额养老金。

3. 推迟退休年龄。推迟退休年龄定为 70 岁,有些私人养老金计划对推迟退休的雇员增加养老金给付金额,另一些计划则给付与正常退休相同的养老金。

## 四、养老金计划的种类

雇主在建立养老金计划时可以采用以下两种类型之一。

### (一)缴费固定计划

缴费固定计划(Defined Contribution Plan)是指雇主和雇员按照一个固定公式缴付养老金计划的费用,缴费率一般按照一个预期的养老金水平确定,但缴费率是固定的,而养老金数额是可以变动的,它取决于雇员的工资、缴费率、投资收入和退休年龄。缴费率可因雇员参加养老金计划的年龄而异,雇主和雇员可以按相同的缴费率缴费,如雇员现时工资的 5%,但一般雇主的缴费率高于雇员的缴费率,雇主替雇员的年缴费额受到法律限制。

缴费固定计划又称为"个人账户计划"，它通过替每个雇员设立账户来存入缴费。养老金计划的缴费可以用来向人寿保险公司购买个人寿险和年金或一系列的保险费缴清的团体延期年金。养老金计划的缴费还可以通过信托基金方式积累，由银行信托部门或个人受托人来管理养老金基金，投资收入贷记在参加者的个人账户上，在退休时一次总付账户余额或购买适当形式的年金。

缴费固定计划具有以下几种优点：

1. 简便和灵活。雇主无须承担将来提供确定数额养老金的义务，只要按照估计的养老金数额规定缴费率。因此，雇主无须承担精算任务，而可以由人寿保险公司承担，这样可以节省养老金计划的费用。

2. 对雇员具有很强的吸引力。缴费存在个人账户上积累，使雇员感到放心。一旦参加者在退休前终止养老金计划时，他对其账户余额具有多种选择权，或者把资金转移到人寿保险公司，或者转移到新的雇主的养老金计划，或者继续留在原养老金计划中。如果参加者在退休前死亡，养老金计划一般会把全部账户余额作为死亡抚恤金给付。

3. 不必参加养老金计划终止的保险。采用缴费固定计划，雇主对养老金计划的终止不承担责任，故不必参加养老金计划终止的保险。

同时，缴费固定计划也存在不少缺点：

1. 雇员在退休时可以取得的养老金取决于账户余额，对不同年龄参加养老金计划的退休雇员难以提供都是适当数额的养老金。如果按雇员参加养老金计划的年龄实行不同的缴费率，在雇员看来会显得不公平。

2. 在持续通货膨胀时期，如果投资收益不好，养老金收入会显得不足。

3. 这种养老金计划会促使退休雇员以一次总付方式提取账户余额，而不采用以年金方式领取养老金。

缴费固定计划通常为州和地方政府、非营利组织采用。由于上述不足之处，公司的养老金计划原先较少使用这种方式，而普遍采用养老金固定计划。但到了20世纪八九十年代，雇主为了便于控制养老金计划的成本，越来越多地使用缴费固定计划。

**(二)养老金固定计划**

养老金固定计划(Defined Benefit Plan)是指预先用一个公式确定雇员退休时将取得的养老金数额，而缴费则是一个变量。养老金固定计划又可以分为以下两种：

1. 单位养老金。这个养老金单位可以用一定比例的工资收入表示，如这个比例可定为15%。假如一个雇员的该年工资收入是16 000美元，那么这一年贷记这个雇员退休时的年养老金是2 400美元。如果工资收入不变，下一年度贷记另一个2 400美元的年养老金，其余类推。雇员在退休时可以取得的年养老金数额是受雇期间贷记的年养老金的总数，但有最高工资比例限制，如60%。这个养老金单位的工资收入比例可以因工资水平高低而有所差别，也可以对工资收入加以分类。例如，对社会保障的薪工税的应税工资基数使用一个较低比例，对超过该基数的工资收入部分使用较高比例；对以往工龄使用一个较低比例，对今后工龄使用较高比例。当每年贷记的养老金单位是根据该年的雇员工资收入的比例，这种养老金计发公式称为"工作期平均工资收入"公式，这是养老金固定计划中使用得最多的公式。如果补提养老金计划建立以前工龄的养老金，为了避免追查以往工资收入，可以按照养老金计划建立时的工资收入补提。由于雇员在以往没有缴费，补提应使用较低的工资收入比例，一般是今后使用的工资收入比例的75%。与"工作期平均工资收入"公式相异的是"最后工作期平均工资收入"

公式，它是根据雇员退休前一段时期的平均工资收入计发养老金。若使用这种公式，要等到雇员退休时才知道每年所提供的养老金，其好处是养老金与退休前一段时期的工资收入挂钩。“最后工作期平均工资收入”公式的一个变种是，使用一个特定时期如 3 年、5 年或 10 年期的最高平均工资收入。提供单位养老金也可以不与工资收入挂钩，而用一个金额表示，如起初月度所提养老金数额是 12 美元，随着价格和工资水平上升，再逐步提高月度所提养老金数额，雇员在退休时领取的月度养老金数额是受雇期间月度所提养老金数额的总数。

2. 统一养老金。对超过一个最低工龄数的退休雇员提供相同工资收入比例的养老金，即养老金不与工龄直接挂钩。例如，对工龄超过 15 年的所有退休雇员都按相同工资收入比例提供养老金。工资收入的基数可以是退休前一段时期的平均工资收入，也可以是工作期平均收入。对没有达到最低工龄数的退休雇员则使用较低的工资收入比例提供养老金。另一种统一养老金对工资收入和工龄差别都不考虑，凡是超过一个最低工龄数的所有退休雇员都领取相同金额的养老金。

在养老金固定计划中，对每年的养老金数额还会规定最低限额和最高限额。而且，需要精算师提供服务，通过估计雇员的死亡率、流动率、将来的薪金、管理费用和投资收益来确定缴费金额。

## 五、关于离职雇员领取雇主对养老金计划缴费的权利条款

这是私人养老金计划中的一项重要条款，可简称为“受领权条款”(Vesting Provisions)。根据法律规定，由雇员缴费积累的那部分是不可没收的，在他终止养老金计划时可以全部提取。在 1974 年的《雇员退休收入保障法》颁布之前，除非发生特殊情况，如雇员死亡或永久丧失工作能力，雇主没有法律义务向在退休年龄前终止养老金计划的雇员提供自己缴费积累的那部分。但在该法颁布之后，如果离职雇员在该雇主处的工龄满规定的年数后，可领取全部或部分由雇主缴费积累的部分。该法规定了三种可供选择的最低标准：

1. 在本单位工龄 10 年以上的离职雇员可领取雇主的全部缴费，工龄不满 10 年的分文不给。

2. 在本单位工龄 5～10 年的离职雇员可领取 25%的雇主缴费，工龄 10～15 年的领取 50%，工龄 15 年以上的领取全部缴费。

3. 在本单位工龄满 10 年，或者工龄加上年龄达到 45 年的离职雇员可领取 50%的雇主缴费，10 年以上的工龄每年再增加 10%。

1986 年的《税收改革法》对上述规定作了修改：

1. 工龄未满 5 年者，没有受领权；工龄满 5 年的，享受 100%的受领权。

2. 工龄满 3 年之后有 20%的受领权，以后每年再增加 20%，这样在工龄满 7 年后就享有 100%的受领权。

## 六、养老金计划的筹资方法

大多数养老金计划采用预提资金方法，即雇主在雇员退休前定期提留养老金基金，这种方法称为“基金制”。它具有下列优点：

1. 使养老金的资金来源有保障；

2. 养老金基金的资产是按复利计算投资收入，因而减少了雇主的费用支出；

3. 在雇员工作期间平均地分摊养老金费用，符合成本与营业收入相匹配的会计原则。

由于颁布了《雇员退休收入保障法》,雇主必须每年对养老金计划缴费,其金额等于计划的正常费用(指提留当年养老金计划所必需的费用),加上最高期限为 30 年的分摊以往责任的费用(指对养老金计划建立以前所需补提的费用)。

## 七、提供养老金的方法

雇主必须物色一个代理机构或个人负责积累和管理养老金基金,这些代理机构或个人可以是人寿保险公司、商业银行信托部门、投资公司或个人受托人等。一个养老金计划采用两个或两个以上代理机构的称为"分散基金制"(Split-Funding),通常采用一半委托保险公司,另一半委托证券投资信托部门的方式。在 1996 年,美国私人养老金计划 1/4 的资产是由人寿保险公司管理。

提供养老金的方法可以分为以下几种:

**(一)个人保险单计划**

由雇主替每个雇员购买个人终身寿险、两全保险、退休年金保险单,在终身寿险、两全保险单中积累的现金价值可选择退休年金给付方式。这种方法适合小企业使用。

**(二)团体长期寿险计划**

按团体出立具有现金价值的人寿保险单,保险单的种类有普通终身寿险单、在 65 岁保险费缴清保险单、在 65 岁给付保险金的两全保险单,可以使用这些保险单的现金价值提供养老金。

**(三)团体延期年金**

每年购买一次保险费缴清的延期年金,其数额等于雇员在该年所挣得的养老金数额,如某雇员在该年挣得从 65 岁起每月领取 25 美元的养老金。在退休时开始给付的养老金数额等于以前所购买的所有延期年金的总额。

**(四)存款管理计划**

把养老金计划的所有缴费存入保险公司的普通投资账户,专供在雇员退休时购买即期年金。保险公司一般对投资损益做出保证,并保证购买即期年金的价格。

**(五)在保险公司设置养老金基金账户**

保险公司把养老金基金账户的资产同普通资产分开,专门用于证券投资,与其他的养老金基金的信托计划竞争。保险公司不保证投资收益和基金积累规模,但允许与养老金计划的主办者分摊投资损益,并保证分摊投资亏损不超过一定金额。当雇员退休时,从该基金账户提取资金购买即期年金,或者从该基金账户直接每年支付养老金。

**(六)养老金专用基金**

所有养老金计划的缴费都存入未分配基金,一般由自己管理投资,使基金增值,在雇员退休时从该专用基金直接支付养老金。如果该项基金不充裕,可以购买年金保险来作为养老金补充。

**(七)信托基金计划**

所有养老金计划的缴费由受托人根据信托协议进行投资,受托人可以是商业银行的信托部门或个人受托人。受托人也不保证投资收益和基金积累规模,要由从事咨询的精算师来评估基金积累是否适当。

## 八、其他私人养老金计划

美国的其他私人养老金计划主要有以下几种:

**(一)利润分享计划**

利润分享计划是一种雇主从公司利润中提取缴费资金的养老金计划。它与缴费固定计划的主要区别是,雇主向养老金计划的缴费多少是根据公司的利润情况而定,每年的缴费金额可能发生变动,在有些年度甚至可以不缴费,即缴费是不固定的。若是合格的利润分享计划,雇主的缴费也可以取得税收优惠,但一般不要求雇员缴费。

**(二)节俭和储蓄计划**

为了鼓励雇员为退休而储蓄,雇主举办节俭和储蓄计划。如果雇员向该计划缴付一定费用,雇主也有义务替该雇员向计划缴费。该种计划为每个参加的雇员设立账户,所有缴费以雇员的名义存入账户,按照计划的规定进行投资运作。雇员的缴费金额受到法定的限制,雇主的缴费等于雇员缴费或一定比例的雇员缴费。雇员为了取得缴费的税收优惠,必须允许雇主从其工资扣缴。同时,雇员对雇主和自己的缴费具有完全的受领权。

**(三)个人退休储蓄计划**

美国有两种可取得联邦所得税优惠的个人退休储蓄计划:

1. 个人退休金账户。开办个人退休金账户业务的有银行、投资公司、证券经纪公司等机构。个人在工作时期每年在一个最高限额内存入该账户的金额可以从当年的应税收入中扣除,其投资收益也免缴个人所得税。也就是说,其个人所得税可递延到退休后从该账户动用资金时。由于退休后的收入一般低于工作时期,在退休后从该账户提取的资金会以一个较低税率纳税,从而可以从递延纳税中获得好处。后来,人寿保险公司也推出类似的可以取得这种税收优惠的个人退休年金。根据联邦税法规定:

(1)凡是年龄低于 70.5 岁的有收入者每年至多可存入该退休金账户 2 000 美元。

(2)凡是没有参加其他合格的养老金计划的个人可以从其应税收入中扣除存入个人退休金账户的金额。

(3)投资收益的税收可以递延到从该账户提取资金时。但是,除了少数例外情况,在年龄尚未达到 59.5 岁时提取资金要受到处罚。

(4)当参加者年龄达到 70.5 岁时必须开始从该账户每年提取一定金额。

2. 自雇人员养老金计划。这是一种专门为自雇人员设计的养老金计划,在许多方面与上述个人退休金账户相同。

## 九、私人养老金计划的投资管理

美国大多数私人养老金计划并不是由自己管理投资的,而是委托投资代理机构或个人。美国商业银行信托资产的 1/3 以上是养老金基金。养老金基金是美国金融市场上长期资金的重要来源。

由于私人养老金计划一般实行"基金制",其资金流入一般大于资金流出,而且养老金是一种长期负债,所以积累起来的资金大部分可用于长期投资。另由于养老金基金的投资收益免缴联邦所得税,所以投资经理对市政债券这一类免税证券并不感兴趣。不使用保险的私人养老金计划的投资对象主要是公司股票;其次是共同基金、公司债券和政府债券。私人养老金基金是美国股票市场上的最大投资者之一。这种资产组成情况表明,私人养老金计划的投资注重收益性原则,因为投资收入越多,向养老金计划缴费就越少,当然对投资的安全性和变现性原则也会有所考虑。

## 十、社会保障计划和私人养老金计划的结合

在设计私人养老金计划时会考虑社会保障计划所提供的养老金。由于社会保障计划的基本保险金(Primary Insurance Amount)的计算是把雇员的指数化的平均月收入(Average Indexed Monthly Earning)分为三个部分,对各部分使用递减比例,并且不考虑应税薪工税的工资基数以上部分的收入,这样社会保障计划的养老金分配使低收入者取得较高比例收入的养老金。而私人养老金计划则把社会保障计划和私人养老金计划两者一起提供的养老金总数与高收入者和低收入者的收入保持接近的比例,即使得高收入雇员和低收入雇员取得相接近比例收入的养老金。显然,这种结合是有利于高收入者的。两者结合的方法主要有以下三种:

**(一)抵消法**

从私人养老金计划本来会提供的养老金中扣除部分社会保障计划所提供的养老金,最高的抵消比例为50%。例如:

$$\text{私人养老金计划的养老金数额} = \text{年平均工资收入} \times 2\% \times \text{工龄} - \frac{\text{社会保障计划的养老金}}{2}$$

抵消法虽被较广泛地采用,但对使用"个人账户计划"和购买保险的私人养老金计划不适用。

**(二)超额计划**

在计算私人养老金计划提供的养老金时,剔除社会保障计划计算养老金时使用的工资收入部分,即只对超过的收入部分计算私人养老金计划的养老金。

**(三)补充养老金计划**

在计算私人养老金计划提供的养老金时根据雇员的全部工资收入,但对超过社会保障计划计算养老金时使用的工资收入部分使用较高比例。

上述的美国私人养老金计划在国际上具有一定的代表性,英国的雇员年金保险也大体如此。日本除了对企业雇员实行公共性的厚生年金外,还允许700人以上的大企业实行厚生年金基金,费用大部分由企业负担,企业也委托保险公司或银行信托部门管理。

私人养老金计划不是社会保险,而是补充社会保险的基本养老保险的养老金计划,而且相当部分采用人寿保险和年金保险方法来提供养老金,它是多层次的养老保险制度的组成部分。

# 第四节 我国的企业年金

## 一、我国企业职工基本养老保险的现状

我国在1997年颁布了《关于建立统一的企业职工基本养老保险制度的通知》,以后逐步建立起社会统筹与个人账户相结合、实行资金部分积累制的城镇职工基本养老保险制度。新制度中基本养老保险由两部分组成:一是基础养老金,其给付标准为当地职工上一年平均工资的20%,由社会统筹基金支付,实行现收现付制,同时老职工的养老金也由社会统筹基金解决;二是个人账户养老金,给付标准为退休时个人账户累计储存额除以120,由个人账户基金支付,实行完全积累制。个人账户基金按职工本人工资的11%建立,其中个人缴费率在新制度实行

当年不得低于本人工资总额的4%,以后每年提高一个百分点,最终达到个人缴费工资的8%。个人账户的其余部分由企业缴费划入,随着个人缴费比例的提高,企业划入的部分要逐步降低至缴费工资的3%。统筹基金由企业缴费扣除划入个人账户保费的剩余部分形成,企业缴费率由省、自治区、直辖市人民政府确定,一般不得超过企业当期工资总额的20%(含划入个人账户的部分)。鉴于到2005年底,个人账户养老金"空账"已达8 000亿元,为了与做实个人账户相衔接,从2006年1月1日起,个人账户的规模统一由本人缴费工资的11%调整为8%,全部由个人缴费形成,单位缴费不再划入个人账户。

统账结合制度运行至今,全国做实个人账户的努力收效甚微,很难持续。绝大多数省市区实行"个人账户记账,统筹与个人账户基金全部统筹使用"的制度。全国范围内虽然企业职工基本养老保险基金每年仍有结余,但顶不住退休职工增速快、养老金涨幅高。

到2013年底,全国参加企业职工基本养老保险的人员达到3.22亿人,2013年企业职工基本养老保险征缴收入20 790亿元,年末滚存结余26 900亿元。

## 二、企业年金的性质

《中华人民共和国国民经济和社会发展第十个五年计划纲要》(2001年3月15日第九届全国人民代表大会第四次会议批准)提到:鼓励有条件的用人单位为职工建立企业年金和补充医疗保险。这是第一次正式使用了"企业年金"这一概念。"企业年金"原来称为"企业补充养老保险",它是我国城镇职工多层次养老保障体系的一个重要组成部分,在国外又称为"职工年金"、"雇主年金"、"私营年金"等。自2004年5月1日起施行的《企业年金试行办法》中把企业年金定义为:"是指企业及其职工在依法参加基本养老保险的基础上,自愿建立的补充养老保险制度。"中国保监会颁布的、自2008年1月1日起施行的《保险公司养老保险业务管理办法》,把养老保险业务分为个人养老年金保险业务、团体养老年金保险业务和企业年金管理业务。

企业年金是由企业养老金计划提供的养老金,其实质是以延期支付方式存在的职工劳动报酬的一部分。它包括两层含义:其主体是企业,其客体是养老年金,即由企业提供的养老金。中国的企业年金应当是由政府、企业(雇主)、职工与市场主体共同创立和管理的补充养老保险制度之一。

企业年金源于市场经济比较发达的国家。1875年美国捷运公司(Express Company)建立了第一个私人养老金计划。经过100多年发展,企业年金已经历了三个历史阶段:雇主自我管理阶段、政府介入管理阶段、与社会保障协调发展阶段。现代的企业年金具有以下特征:

1. 由劳资双方共同缴费。

2. 规定了雇员参加企业年金的资格,在参加一段时期后雇员取得了既定受益权(转移账户资产和领取养老金的权益)。

3. 企业年金属于劳资谈判的一项重要福利。

4. 管理模式多样化,可以建立共同账户或个人账户,可以建立缴费固定型(DC)计划或养老金固定型(DB)计划,可以使用捆绑式的契约方式或分离式的信托方式。

5. 给付原则和方式多样化,可采用均等或非均等的给付方式,也可以一次性或定期给付。

6. 企业年金管理主体多样化,可以由企业或行业自行管理,也可以委托专业机构管理。

企业年金按照运作和管理模式可以有以下两种分类:捆绑(保险契约)模式和分离(信托)

模式。这两种运作模式都有特定的适用范围，可以并存，并相互竞争。以保险公司团体年金保险为代表的捆绑式契约模式具有经营成本低、给付确定和经营历史较长等优势。但我国人寿保险公司所提供的养老保险产品体系尚不完善，有待总结经验，开发丰富多样的产品，满足客户多样化的需求。企业年金的分离式的信托模式包括六个主体和两层法律关系。这六个主体分别是：委托人、受托人、受益人、账户管理人、投资管理人、托管人。两层法律关系是信托关系和委托代理关系。企业年金的信托模式贯彻的是"角色分离"的原则，即账户管理、投资管理和托管分开，分别由不同的专业机构管理，走专业化、市场化经营管理之路。

## 三、我国的《企业年金试行办法》和《企业年金基金管理试行办法》

《企业年金试行办法》是一个以受托人为中心的管理模式，也就是说它是一个信托模式，但不排斥契约模式。《试行办法》规定："受托人可以是企业成立的企业年金理事会，也可以是符合国家规定的法人受托机构"。"受托人可以委托具有资格的企业年金账户管理机构作为账户管理人，负责管理企业年金账户；可以委托具有资格的投资运营机构作为投资管理人，负责企业年金基金的投资运营"。"受托人应当选择具有资格的商业银行或专业托管机构作为托管人，负责托管企业年金基金。"对于大的企业和行业，可以成立企业年金理事会，而对于中小企业，可以委托专业机构作为受托人。在实践中，企业年金理事会可以充当两种不同角色，即权利管理和全权受托。前者只管理企业年金在企业的内部事务，如制定或修改企业年金章程等，将企业年金在市场中的运作事务全部委托专业机构管理；后者则全权负责企业年金的管理(银行账户托管除外)。

《试行办法》还规定："企业年金基金实行完全积累，采用个人账户方式进行管理。"也就是说，企业年金采取缴费固定型(DC)计划形式，员工要承担投资风险。基于货币市场和资本市场的风险，很多投资管理人不愿承担投资风险，将投资决策权和风险留给委托人。我国《企业年金基金管理试行办法》对企业年金基金的投资产品范围和比例都有限制，并规定投资管理人从当期的管理费中提取20%作为风险准备金，用于弥补投资亏损。企业年金计划运行的流程是以管理参保职工的个人账户为核心，包括账户登记、费用征集、费用记录处理、给付、基金会计核算和财务管理、账户基金投资运行等一系列环节。《试行办法》规定："企业和职工缴费合计一般不超过本企业职工上年度工资总额的1/6。"《企业年金基金管理试行办法》对受托人、账户管理人、托管人、投资管理人提取的管理费做了具体规定。

2009年6月，国税总局下发《关于补充养老保险费、补充医疗保险费有关企业所得税政策问题的通知》，规定企业年金企业缴费部分可按不超过职工工资总额5%的标准在企业所得税前扣除，并可追溯自2008年1月1日起执行。2009年12月，国税总局下发《关于企业年金个人所得税征收管理有关问题通知》，规定企业年金个人缴费部分不得在个人当月工资、薪金计算个人所得税时扣除。

2013年12月6日，财政部、人力资源和社会保障部、国家税务总局联合下发《关于企业年金、职业年金个人所得税有关问题的通知》，自2014年1月1日起实行。我国开始实施企业年金、职业年金个人所得税递延纳税优惠政策。该政策借鉴了发达国家采用的EET(E代表免税，T代表征税)模式。在年金缴费环节，无论单位还是个人按规定缴费在计入个人账户时，个人不缴纳个人所得税。在年金基金投资环节，投资收益计入个人账户时也不征收个人所得税。在年金领取环节，则按照"工资、薪金所得"项目适用的税率计征个人所得税。个人所得税实行递延政策，对于养老保险的第二支柱(即年金保险)将产生激励和推动作用。

## 四、保险公司在企业年金市场上的定位

企业年金市场分为两大块:一块是捆绑式的保险契约模式,另一块是分离式的信托模式。

**(一)契约模式的企业年金市场**

保险公司经营契约模式的企业年金业务具有众多优势。在英国,有 2/3 的雇员参加保险公司的团体年金。在美国和加拿大,人寿保险公司的年保费收入有一半左右来自年金保险业务,2003 年美国企业年金规模达到 9.057 万亿美元。

**(二)信托模式的企业年金市场**

如前所述,我国的企业年金市场的运作模式是以信托模式为基本模式。在信托模式的企业年金市场化运作中,保险公司可以成为一个竞争主体。商业银行可以提供账户管理和托管服务,证券公司和基金管理公司可以成为投资管理人,信托投资公司可以从事受托、账户管理和投资管理业务。保险公司在成立专业的养老金管理公司后可以获得受托人的资格,并可担任除托管人以外的任何角色。这对我国保险公司来说是一个重大机遇。我国以前尚无专业的养老金管理机构,而在国外此类机构占据了养老金市场的大部分份额。太平人寿保险公司和平安人寿保险公司已率先获准成立养老保险公司。至 2014 年 6 月,已有 5 家养老保险公司进入企业年金市场,另有几家已经设立或正在设立养老保险公司,将后续跟进企业年金市场。2005 年 8 月 1 日,国家劳动和社会保障部公布了获得首批年金基金管理资格的机构名单。37 家获得资格的机构中,包括了银行、保险、证券、基金、信托等金融机构。其中,两家专业养老保险公司获得了受托人资格,其他一些保险公司获得了账户管理人、投资管理人资格。2007 年 11 月 19 日,劳动和社会保障部公布了第二批企业年金基金管理机构资格名单,认定 24 家拥有企业年金基金管理资格的机构,其中受托人 7 家、财务管理人 7 家、托管人 4 家、投资管理人 6 家。在新名单中,有 6 家保险机构获得了 10 个企业年金基金管理人资格。

在国外向机构提供的信托服务之一是雇员福利信托(Employee Benefit Trusts),其中最重要的一种是养老金信托(Pension Trusts)。一些养老金信托协议要求受托人在雇员参加养老金计划或退休前向保险公司购买年金保险。因此,当我国保险公司取得受托人资格后,在信托协议中可以做出这种安排,其他受托人自然也可以做出这种安排。

信托模式的企业年金为保险公司拓宽了市场领域,为其提供的服务升级换代。加拿大永明金融集团除了在加拿大养老金市场上占有 30%的最大份额外,也从事大量的企业年金账户管理,其业务包括计划制定和成员记录、记录企业和雇员的缴费,向成员账户分配投资收益、给付和转移养老金等,与受托人、投资管理人和托管人协调关系,并向客户提供全面的信息服务。我国一些大型保险集团公司除了建立保险资产管理公司以外,还应该向企业年金提供账户管理服务及其他中介服务方向发展,成为金融服务集团。

保险公司在担任企业年金的受托人的角色时,可以充分发挥自身优势,设计各种养老保险产品,当受益人参加企业年金计划或达到退休年龄时,将个人账户的资金转换成养老保险产品。平安养老保险公司率先具有企业年金管理全部三项资格,并实现了企业年金与团体保险业务销售的整合。

截至 2014 年底,我国已有 7.33 万家企业建立企业年金制度,参加职工2 292.78万人,积累基金7 688.95亿元。在已经建立企业年金的企业中,国有和国有控股企业占据主体地位。截至 2012 年底,我国保险业受托管理企业年金资产、投资管理企业年金资产分别达到2 009亿元、1 711亿元,其中平安养老和国寿养老保险公司受托管理企业年金资产分别为 581.14 亿

元、805.14亿元，共占保险业受托管理企业年金资产的69%。

总之，我国的保险公司在企业年金市场上除了要巩固和发展传统的养老保险业务的同时，要积极探索信托模式的集团化运作，发挥保险公司在经营企业年金业务的优势，使企业年金与社会基本养老保险相结合，为我国广大企业职工提供全面和体面的养老保障。

## 复习思考题

1. 试解释下列名词：

团体债权人寿险　团体万能寿险　私人养老金计划　缴费固定计划　养老金固定计划　受领权条款　“基金制”　利润分享计划　个人退休金账户　自雇人员养老金计划　企业年金

2. 简述团体保险与个人保险的主要区别。
3. 概述团体保险必须遵循的基本原则。
4. 分析在团体保险中保险单持有人的地位。
5. 简述缴费固定计划的优缺点。
6. 概述养老金固定计划中单位养老金和统一养老金这两种方法的区别。
7. 简述提供养老金的方法。
8. 美国的个人退休储蓄计划对我国开展个人储蓄性的补充养老保险有何借鉴意义？
9. 试论私人养老金计划投资的特点。
10. 如何把社会保障计划和私人养老金计划两者加以结合？
11. 概述我国社会统筹与个人账户相结合的城镇职工基本养老保险制度。
12. 现代的企业年金具有哪些特征？
13. 试评我国《企业年金试行办法》规定的企业年金模式。
14. 我国保险公司在企业年金市场上如何定位？

# 第七章 人身保险合同的基本法律原则

## 第一节 人身保险合同的基本要素

人身保险单是一种合同。按照合同法，任何一份有效的人身保险合同必须符合以下几项条件。

### 一、要约和承诺

必须有一方对合同条件提出要约(Offer)，另一方以相同条件接受该要约，即做出承诺(Acceptance)，即双方对合同的条件相互表示同意。投保人填具投保单表示要约，投保单经保险人审查同意构成承诺，但合同要在投保人缴付了第一次保险费后才生效。投保人一般在递交投保单的同时缴付第一次保险费，但也有保险人先签发"承诺单"的，在该单上规定第一次保险费缴付日期，并且规定在缴费日期被保险人的健康状况不变的情况下保险人将签发保险单。该"承诺单"在法律上称为反要约，投保人缴付了第一次保险费便表示接受了反要约。

在由代理人展业的情况下，代理人在收到投保单和第一次保险费时，要向投保人开出一份保险费收据和附条件协议书，或称附条件收据、临时收据。该协议书或收据并不是暂保单，但规定了保险合同从承保日期(投保单批准日期或体检通过日期)起生效。为了减少逆选择，保险人有时规定对被保险人要进行体检。如果被保险人不符合承保标准，保险人则会拒绝投保申请。保险费有时通过转账或汇票方式支付。在这种情况下，签了字的委托付款书或汇票收据可视作缴付了第一次保险费的凭证。

### 二、对价

为了使合同有效，合同必须有对价作基础，对价是合同的每方给予他方一些酬报。对价未必都是货币，也可以是商品交换，或者放弃一项权利或承诺一项行动。在人身保险合同中，投保人的对价是在投保单上所作陈述和缴付第一次保险费，保险人的对价是承诺履行合同中规定的保险金给付责任。人身保险单的签发必须要以对价为条件。在分期缴费情况下，以后各次缴费不是对价，而是合同执行的条件。

### 三、签约资格

为了使合同有效，当事人必须有签约资格，即具有相应的民事权利能力和民事行为能力。保险人一般是指经营保险业务的企业，其签约资格是毋庸置疑的。根据我国《保险法》规定，保险企业的设立必须得到保险监管机构的批准，并要向工商行政管理机关申请营业执照。关于投保人的签约资格，除非他是未成年人、精神病患者、酗酒或吸毒者，一般没有问题。

法人的签约权限在公司法和公司章程中都有规定，一家公司在具有可保利益的情况下，可以替其员工投保人身保险。我国宪法规定，年满 18 周岁的公民具有完全的行为能力。但我国劳动法规又规定，已满 16 周岁的公民有参加劳动的权利，因此，我国人身保险条款把投保人的年龄降为 16 周岁。根据英国 1969 年的家庭法规定，除特殊情况外，未成年人签约对自己无约束力，而有益于未成年人的合同对另一方却有约束力。保险人可以向未成年人签发保险单，但不能接受未成年人提出的解约要求，也不能向他们提供保险单质押贷款。精神病患者在没有指定监护人的情况下订立的合同是无效的，因为他们无行为能力。如果已指定了监护人，由被监护人订立的合同是有效的。保险人如未得知投保人是精神病患者，则订立的合同对保险人有约束力，如以后得知可以解约。一个酗酒或吸毒者在他不能理解他自己行为的性质前提下，无签约资格。

### 四、合法的目的

为了使合同有效，它必须具有合法的目的，不违反公共政策和社会利益。例如，保险人与怀有谋杀被保险人意图的人订立的合同是非法的和无效的。规定投保时存在可保利益为人身保险合同具有合法目的提供了保证。

## 第二节 可保利益原则

可保利益的存在是任何一份保险合同的基础，这是保险合同的一条最基本、最重要的原则。为了使保险合同有别于赌博，投保人必须对保险标的具有可保利益，即保险事故发生后，投保人必定会遭受金钱损失或损害。在人寿保险中，保险标的是被保险人的生命，人寿保险单所承保的是投保人对被保险人的生命所具有的利益。对于可保利益，尚无一个被普遍接受的定义。一种根据以前判例和法令所下的定义是："可保利益产生于被保险人与保险标的物之间的经济联系，并为法律所承认的、可以投保的一种法定权利。"[①]在人寿保险中，可保利益的实质也是必须为法律所承认的利益，这种利益未必都是可以用金钱来估量的。人寿保险的可保利益可以作如下表述：投保人对被保险人的生命继续有一个合理的预期利益，金钱、血缘、婚姻等关系都能产生这种可保利益。没有可保利益的人寿保险单在法律上是无效的，因为它会促使投保人对被保险人的死亡发生兴趣，从而鼓励犯罪，即谋财害命。在英国《1774 年人寿保险法》颁布之前，确有投保人替与他们毫无关系的人保险的事例。《1774 年人寿保险法》纠正了

① 约翰 · T.斯蒂尔著：《保险的原则与实务》（中译本），中国金融出版社 1992 年版，第 3 页。引文中的"被保险人"可以理解为"投保人"。

这种情况。该法规定:替无可保利益的生命投保是无效的保险,保险单上必须载明投保人、受益人的姓名,给付金额不得超过可保利益。[①] 规定可保利益原则主要是为了保护公众利益,而不是保护保险公司,这项原则已列入成文法中。我国《保险法》第十二条规定:人身保险的投保人在保险合同订立时,对被保险人应当具有保险利益;保险利益是指投保人或被保险人对保险标的具有的法律上承认的利益。

## 一、投保人对自身生命的可保利益

一个人对自己的生命具有无限的可保利益,在法律上对一个人为自己的生命取得的保险金额没有限制,这是因为每个人都具有热爱自己生命的本能,而且人的生命不能用金钱来估价的,即被保险人的死亡会造成难以用金钱来估量的损失。在这方面,人寿保险与财产保险不同,财产保险是补偿性合同,保险公司的赔偿责任与财产价值有关,由于折旧或其他原因,即使财产发生全部损失,保险公司也未必按照保险金额赔偿。人寿保险是定额给付合同,其保险金额与被保险人的生命价值并无联系。然而,在实际做法上,保险公司为了防止保险金额过高和道德危险因素的发生,对一个人生命的保险金额会加以某种限制,往往根据被保险人的需要和缴费能力来确定保险金额。

在投保人替自己的生命投保的情况下,法律一般不会要求所指定的受益人对投保人(被保险人)具有可保利益,但大多数保险公司的承保准则会有这个要求。

## 二、投保人对他人的生命的可保利益

当一个人替另一个人的生命投保时,这个投保人必须对被保险人的生命具有可保利益。法律和保险公司的承保准则一般也会要求受益人对被保险人具有可保利益。然而,有一种看法是,如果受益人对被保险人有可保利益,投保人就不一定要对被保险人具有可保利益。此外,即使投保人对被保险人具有可保利益,但未经被保险人知悉或同意,投保人所取得的保险单是无效的。投保人对他人的生命的可保利益可以由以下三种关系产生。

### (一)由婚姻和血缘关系产生的可保利益

夫妇关系、父母和子女关系、兄弟姐妹关系均可产生可保利益。已婚者对其配偶的生命也具有无限的可保利益。婚姻和血缘关系一般只限于直系亲属,即使不存在着抚养关系。子女的死亡不一定会给父母带来经济损失,在夫妇之间金钱关系也是欠重要的。至于其他关系,可保利益必须以合理预期从被保险人的生命继续取得金钱利益为基础,即被保险人的死亡会使其可能遭受金钱损失,虽然这种利益无须用金钱精确估计。因此,抚养关系也能产生可保利益,甚至一个人对其未婚夫或未婚妻也具有可保利益。没有可保利益的人寿保险合同在法律上是不可以实施的。美国早期的判例表明,保险人把人寿保险单签发给没有可保利益的人是一种侵权行为,如果被保险人遭受损害,可以提起要求损害赔偿金的诉讼。

由于健康保险的性质,投保人一般会替具有可保利益的人投保,即替自己或家属投保。

### (二)由债权人和债务人关系产生的可保利益

债权人对其债务人的生命具有可保利益,因为债权人会因债务人在还清借款之前死亡而遭受损失。在这方面的一个重要问题是,与债务金额相比较,允许债权人对债务人的生命取得

---

① 约翰·T.斯蒂尔著:《保险的原则与实务》(中译本),中国金融出版社1992年版,第5~6页;契立斯·马歇尔著:《人寿保险法与实务》(中译本),中国金融出版社1991年版,第5~6页。

多少保险金额？显然，债权人对债务人的可保利益不应局限于债务金额，还应该包括债务的利息和保险费及其利息。

在信用人寿保险中，保险费是由债务人缴付的，债务人是为了债权人的利益取得这种保险，保险形式是保险金额递减的定期寿险。如果债务人提前还清贷款，保险人应退还未赚得保险费。如果债务人在还清贷款之前死亡，保险金额中归还未偿债务本息后的多余部分应归债务人，付给由债务人指定的受益人或作为债务人的遗产处理。

**(三)由其他经济关系产生的可保利益**

除了债权人对债务人的生命具有可保利益之外，还有多种经济关系表明一个人替另一个人的生命取得保险是合理的。例如，雇主(企业)替雇员(职工)投保，一个合伙人替另一个合伙人投保，或者合伙企业替每个合伙人投保，保证契约的保证人对被保证人投保，遗产继承人替遗赠人投保。这些经济关系产生的可保利益都是以金钱利益为基础的。

关于可保利益的构成有两种不同主张：一种是利益主义，另一种是同意主义。各国对以自己生命为标的投保的规定比较一致。当投保人以他人生命为标的投保时，各国的规定不尽一致。英国把可保利益解释为金钱利益，亲属关系不一定能构成可保利益。美国的规定较宽，除了金钱利益外，恋爱、婚姻、血缘关系均构成可保利益。日本与法国的规定与英国和美国的规定不同，坚持同意主义，只要被保险人同意即可。在我国《保险法》中，一方面坚持利益主义，另一方面也坚持同意主义。① 我国《保险法》第三十一条规定：投保人对本人、配偶、子女、父母以及有抚养、赡养或者抚养关系的家庭其他成员、近亲属、与投保人有劳动关系的劳动者具有保险利益，如果被保险人同意投保人为其投保，也视为具有保险利益。第三十四条还规定：以死亡为给付保险金条件的合同，未经被保险人同意并认可保险金额的，合同无效。但父母为其未成年子女投保的人身保险不受此规定限制。

## 三、保险单受让人的可保利益

一份人寿保险单能否转让给一个对被保险人的生命没有可保利益的人？起初，对这一问题的回答是否定的。虽然人寿保险单不是属人合同(Personal Contract)，即被保险人的行为对损失发生并不产生像属人合同(如火灾保险、汽车保险)相同的影响，人寿保险单的转让无须事先得到保险人的批准，但人寿保险单的绝对转让使受让人获得了保险单的所有权利和义务，转让给无可保利益的人有可能使转让成为赌博、投机或逃避法律责任的工具。但是，现代发展的趋势是，人寿保险单可以转让给任何人，无论受让人对被保险人有无可保利益，只要转让是善意的，并经有关当事人同意和书面通知保险人。

## 四、可保利益在何时必须存在

在财产保险中，可保利益必须在损失发生时存在。在人寿保险中，可保利益则必须在合同订立时存在，以后不存在可保利益不会使合同失效，除非保险单条款另有规定。可保利益只需在合同订立时存在这一原则是根据人寿保险单不是补偿性合同和属人合同所得出的结论。

---

① 高嘉:《浅谈寿险契约的客体》,《中国保险》1990 年第 1 期。

## 第三节 最大诚信原则

保险合同是建立在最大诚信原则的基础上，保险合同双方应向对方提供做出签约决定的全部重要事实。由于投保人在接受保险条件之前可以审查保险单样本，而保险人却因难以检查保险项目中所有至关重要情况而处于一种不利的地位，只有投保人知道或应该知道有关风险的情况。为了体现公平原则，法律要求投保人向保险人充分告知有关重要事实，这是最大诚信原则的基本含义。但保险人也有充分告知义务，不得向投保人隐瞒有关信息，使投保人订立不利于自己的合同。例如，保险人应向投保人告知保费折扣、不可承保的业务，在保险合同条件的商谈过程中也不准做出不真实的陈述。由于保险人重视自己的信用，违反告知义务的实例很少，所以最大诚信原则主要是针对投保人的。人身保险的投保单要求投保人回答被保险人的健康状况、家庭和个人的病史、个人嗜好、其他保险等一系列问题，投保人要如实告知。如果提供的情况有误或不完整，保险人可以违反最大诚信原则为由解除保险合同。

最大诚信原则主要由以下几项法理构成：

### 一、陈述

陈述(Representation)是指投保人为了取得保险而向保险人所做的书面或口头的声明。当投保人提供的信息不正确，则称为错误陈述。陈述分为事实陈述(Affirmative Representation)和约定陈述(Promissory Representation)，前者是陈述订立合同时存在的事实，后者是陈述在保险期内将会发生什么。如果投保人对重要事实做了错误陈述，保险人可以宣布合同无效。但保险人必须证明陈述是错误的，而且是误述了重要事实。对“重要事实”的解释源于英国《1906 年海上保险法》第 18 条第二款：“所有影响一个谨慎的保险人确定保险费或决定是否承担某项风险的情况均为重要事实。”重要事实可以分为必须告知的事实和无须告知的事实，有些事实虽然重要，但无须告知，如法律事实、保险人被公认应该了解的事实、保险人未询问的事实、不为投保人所知的事实。以上是英国对陈述的一般解释。美国对陈述作有利于被保险人的较宽解释，一些州规定，即使错误陈述了重要事实，除非怀有欺骗意图或者已造成了损失，否则不会使保险单失效。

在投保单上有许多问题是关于被保险人的健康状况。只有当投保人对这些问题的回答与他对真实情况所知相悖时才视作为错误陈述。关于“健康状况良好”的表述，并不排除被保险人患有小毛小病，只是意味着他并不患有必定伤害其总体健康状况的疾病。“健康状况良好”多半取决于一个人的自我感觉，一个残废者可能认为自己的“健康状况良好”。如果被保险人没有意识到自己患有严重疾病，保险人以后不能以错误陈述为由解除合同。如果被保险人经保险人指定的医师体检后获得合格证明，只要不存在串通情况，保险人以后也不能以错误陈述为由解除合同。

### 二、隐瞒

投保人隐瞒一件重要事实的法律后果与错误陈述一件重要事实相同。隐瞒的一件事实是否重要也是根据倘若保险人知道了该事实后会否影响承保决定和费率制定来判定。如果被保险人经过了指定的医师体检，隐瞒这一原则就显得并不太重要了。如果保险人没有询问，投保人未告知一项同风险有关的重要事实，除非出于故意隐瞒，否则也不能使保险单无效。

我国《保险法》第十六条规定：投保人故意或者因重大过失未履行如实告知义务的，足以影响保险人决定是否同意承保或者提高保险费率的，保险人有权解除保险合同。投保人故意不履行如实告知义务的，保险人对于保险合同解除前发生的保险事故，不承担赔偿或者给付保险金的责任，并不退还保险费。投保人因重大过失未履行如实告知义务，对保险事故发生有严重影响的，保险人对于保险合同解除前发生的保险事故，不承担赔偿或者给付保险金的责任，但应当退还保险费。

## 三、保证

保证(Warranties)是一项从属于合同的许诺。在保险合同中的保证原则是合同赖以成立的一项基本条件，投保人违反保证，保险人可以解除合同。在财产保险中，投保人往往对应做或不应做某事，或者存在或不存在某种状况做出保证，大多数涉及财产安全管理方面的活动。在人身保险中，保证一般是保证所做的陈述是正确的。保险单中经常会附上一项保证条款，由投保人保证他的陈述的正确性。保证原则不考虑陈述内容的重要性，只要陈述有不正确之处，即可使合同无效。

陈述与保证可作如下比较：①

| 陈　　述 | 保　　证 |
|---|---|
| (1) 必须基本正确<br>(2) 违约(错误陈述)确属重要的方可解除合同<br>(3) 通常不列入保险单 | (1) 必须严格地履行<br>(2) 任何违约都可解除合同<br>(3) 除默示保证外，均列入保险单或投保单 |

以上是英国对保证的一般解释。在美国这一严格的保证原则后来遭到许多批评，大多数州通过法令，规定把投保人所做的说明应被视作为陈述而非保证，但海上保险属于例外。保证原则现在也因在人身保险合同中都有不可争议条款而失去了重要性。

## 四、关于保险代理人的若干法律原则

人身保险特别是个人寿险大量是通过代理人招揽业务的，国外有许多关于保险代理人的法律。关于代理的性质、代理关系的产生、保险代理人的权力和种类及代理合同等，在《保险学原理》一类书中均有概述，这里仅从人身保险角度阐述与最大诚信原则有关的若干法律原则。

按照代理的通则，委托人要对代理人的行为负责。我国《民法通则》第六十三条规定："代理人在代理权限内，以被代理人的名义实施民事法律行为。被代理人对代理人的代理行为，承担民事责任。"当保险代理人在他们的职权范围内执行代理任务时，保险人要对他们的不法行为或欺骗行为、疏忽、错误陈述负责。由于人寿保险代理人与投保人广泛接触，要回答他们提出的大量问题。投保人虽一般有阅读保险单的能力，但对保险条款的含义和法律效果往往不能充分理解，而对代理人的知识、专长和代表性给予极大信任。代理人为了千方百计多争取业务，有时会承诺保险单中并没有包括的责任，或者会对保险公司隐瞒会拒保的信息。由于代理

① 约翰·T.斯蒂尔著：《保险的原则与实务》(中译本)，中国金融出版社1992年版，第30～31页。

人对投保单和保险单内容的认识被推定为保险公司的认识，因此不准保险公司利用代理人的这类欺骗或错误行为来解除保险合同或使保险单失效。

保险公司为了防止代理人口头上放弃保险人的权利，大多数保险公司会在收据或投保单、保险单上规定对代理人的权力加以限制的条文，以提醒投保人。保险公司一般是在保险单中加入一项禁止其代理人以任何形式修改合同的条款。尽管如此，国外一些法院会使用自动弃权和禁止反言原则使保险公司仍受合同约束。自动弃权原则是指合同一方保险人自愿地放弃了一项合同权利，以后不能以这项合同权利被违背为由来拒绝被保险人的索赔或给付要求。既然作为委托人的保险人有口头或书面弃权的权利，代理人也应该有同等的权利，特别是当投保人对代理人的权利的限制不了解时，代理人也应该有同等的合同修改权。但是，仅凭口头证据来修改一项书面文件有时难以成立，法院还可以使用禁止反言原则来实现同样目的。禁止反言原则是指合同一方既然自动放弃了一项合同权利，将来就不能反悔，重新主张这项权利。把这一原则应用到保险代理关系上，当保险代理人提供了与保险合同相抵触的看法，但投保人合理地相信这种看法，则保险人仍要受到合同的约束，因为保险人要对代理人的行为负责，不能随便改变代理人的看法去损害被保险人的利益，否则是不公正的。我国《合同法》第四十九条规定："行为人没有代理权、超越代理权或者代理权终止后以被代理人名义订立合同，相对人有理由相信行为人有代理权的，该代理行为有效。"最大诚信原则主要是针对投保人的，为了维护合同公平原则，后来产生了对保险人具有约束力的自动弃权和禁止反言原则，它们是对最大诚信原则的补充。

以上是关于作为委托人的保险人对其代理人行为所负的责任。当代理人因自己不当行为而使委托人受到损害时，代理人也要承担责任。根据代理法，当代理人在执行其代理任务时，违背委托人赋予的职责，不论是越权还是疏忽，凡使委托人受到损害的，代理人要承担损害赔偿责任。我国《民法通则》第六十六条规定："没有代理权、超越代理权或者代理权终止后的行为，只有经过被代理人的追认，被代理人才承担民事责任。未经追认的行为，由行为人承担民事责任。本人知道他人以本人名义实施民事行为而不作否认表示的，视为同意。代理人不履行职责而给被代理人造成损害的，应当承担民事责任。代理人和第三人串通，损害被代理人的利益的，由代理人和第三人负连带责任。"代理人不当行为的例子有越权，接受不可保风险，没有向保险人告知有关风险的重要信息，与投保人串通，对投保人作错误陈述，没有转交代委托人收取的资金，不遵守委托人明确的指示。然而，在实际做法上，大多数涉及严重违反代理合同的案子，是通过吊销执照、解雇代理人来解决的。

## 第四节 人身保险合同的其他法律原则

### 一、推定

在人身保险中，推定(Presumption)原则应用于三个领域：共同灾难，失踪后的死亡推定，自杀推定。这三种推定都是"可以反驳的"，也就是说，它们只不过是把举证责任转移到对方。一旦对方提出反驳证据，推定便消失，除非能推翻反驳证据。

### (一)共同灾难

受益人取得保险金的权利通常是以他在被保险人死亡时仍生存为条件的。但当被保险人和受益人在同一次意外事故死亡的情况下,究竟把保险金列为哪个人的遗产?在人身保险中,不使用根据年龄或性别来确定谁先死的习惯法推定。虽然美国的法院对此的判决并不一致,但大多数法院的判决是把保险金列为被保险人的遗产,在被保险人(投保人)保留变更受益人的权利的情况下,更是如此做出判决。为了对这一问题的处理方法统一,美国大多数州颁布了《统一同时死亡法令》,在该法的保险部分中规定:"当一份人寿保险单或意外伤害保险单的被保险人和受益人同时死亡,保险金应按被保险人比受益人生存更久来给付。"为了便于处理这一问题,可以在投保单上指定顺位受益人,在保险条款中也可以规定受益人要比被保险人生存更长一个固定时期才有权取得保险金,或者规定在给付保险金时受益人必须生存。

我国《保险法》第四十二条对此问题做了相应规定:"受益人与被保险人在同一事件中死亡,且不能确定死亡先后顺序的,推定受益人死亡在先。"保险金作为被保险人的遗产给付。

### (二)自杀推定

国外人身保险合同中通常有一项"自杀条款",一般是由法律规定的。它规定在合同生效一年或两年内由于被保险人自杀造成的死亡,属于除外责任。但是,意外的自我伤害不是自杀。此外,当确定是由于自杀身亡还是由于意外事故造成死亡时有疑难时,一般推定不是自杀身亡。

### (三)失踪后的死亡推定

当一个人离开他的通常居住处,既无消息也不知道他是否生存达法律规定的年数后,即可被推定为死亡。因此,如果被保险人失踪达法律规定的年数后,即使无法解释其失踪原因,也可推定他死亡,可向保险公司提出死亡保险金给付申请。如果有证据显示该失踪的人在这个时期内某个时候曾遇到过某种特别危险,可以合理预期他已丧失了生命,则可以推定他在这法律规定的年数满期以前就已死亡。在这种情况下,保险公司除了给付保险金外,还应给付从推定的死亡日期起计算的利息。

## 二、受益人谋杀被保险人

当一个受益人谋杀被保险人,法律或公共政策绝不准向这个受益人给付保险金。我国《保险法》第四十三条对此做了明确规定:"受益人故意造成被保险人死亡、伤残、疾病的,或者故意杀害被保险人未遂的,该受益人丧失受益权。"但是,这并不意味着可以免除保险人的给付保险金责任。如果有顺位受益人的话,应向一个无辜的第二受益人给付保险金。如果没有指定顺位受益人,则可把保险金列为被保险人的遗产。在过失杀人情况下,法院大多数的判决表明,如果受益人犯了非自愿的过失杀人罪,他仍可以取得保险金。

## 三、被保险人因犯罪而被判处以死刑

根据美国一些司法管辖区的一些判例,当被保险人因犯罪而被判处以死刑,一般不会使人身保险合同失效,理由是没有必要因另一个人犯罪而去惩罚无辜的受益人,保险公司应该给付保险金。

我国《保险法》第四十四条已规定自杀在合同生效后的两年内为除外责任。第四十五条规定故意犯罪为除外责任,但已交足两年以上保险费的,应退还其保单的现金价值。

## 复习思考题

1. 试解释下列名词：

要约和承诺　　对价　　签约资格　　英国《1774 年人寿保险法》

重要事实　　自动弃权和禁止反言　　共同灾难　　失踪后的死亡推定

2. 略论人身保险中的各类可保利益。

3. 简释我国《保险法》对人身保险合同保险利益的规定。

4. 为什么说人寿保险单不是属人合同?

5. 简释构成人身保险合同最大诚信原则的陈述、隐瞒和保证这三项法理。

6. 简述我国《保险法》对投保人不履行告知义务的规定。

7. 简释我国《民法通则》和《合同法》对代理行为的主要规定。

8. 简评我国《保险法》对受益人谋杀被保险人和被保险人在犯罪情况下保险金给付的规定。

# 第八章　人身保险合同条款

## 第一节　人身保险合同的组成部分

### 一、投保单

投保单是保险合同的一个重要组成部分，也是签发保险单的主要依据。人寿保险的投保单要求投保人填报的项目很多，而且内容也很具体。首先要填报的项目是：被保险人的姓名、年龄、出生年月、性别、出生地点、身份证号码、婚姻状况（单身、已婚、寡妇或鳏夫、离婚、分居）以及过去和现在的家庭和单位的地址、职业等。其次，要求投保人用选择"是"或"否"的方式回答一系列关于被保险人的经历、职业、嗜好、其他保险等问题。例如，是否因健康原因而未被批准入伍或被解除兵役，是否从事过水手、飞行、潜水、赛车等职业，是否抽烟或使用过海洛因、可卡因等毒品，是否曾被保险公司拒保或不准复效申请。再次，填写保险金额、寿险品种、附加特约、红利支付方式、受益人、被保险人的遗嘱执行人或遗产管理人、保险单所有人、保险费及缴费间隔期（月、季、半年、一年）等项目。值得一提的是，受益人这一栏目可按顺序指定第一、第二和第三受益人。投保单上最后还规定："除了签发的'保险费收据和附条件人寿保险协议书'上另有规定外，本保险单自签发和缴付了第一次保险费后生效。"

此外，还有一份"被保险人健康状况询问表"，它是投保单的一个组成部分。该表除了要求填写被保险人的姓名、年龄、身高、体重外，还要求用选择"是"或"否"的方式回答一系列关于被保险人健康的问题，诸如是否患有高血压、心脏病、癌症、糖尿病、性病、肾脏病、胃病、肺病、精神病、关节炎等疾病，是否使用过人工器官，是否酗酒或吸毒，最近五年内是否看过病、做过X光透视、心电图、验血等检查以及住过院和动过外科手术，是否申请过劳工赔偿金或因疾病、意外事故提早退休等问题。对做"是"回答的问题，还须做详细的文字说明，并附上医生或医院的地址。该表最后还由投保人授权"任何医生、医院、机构、保险公司、医疗信息所和个人把被保险人的健康状况提供给本公司，以确定其保险资格"。

### 二、保险费收据和附条件人寿保险协议书

人寿保险的代理人一般未被授予订约权，代理人在收到投保单和第一次保险费时，向投保人开出一张“保险费收据和附条件人寿保险协议书”(Receipt for Payment and Conditional Life Insurance Agreement)，投保单须经保险公司的总部批准。该协议书不是暂保单，它规定保险从承保日期(投保单批准日期或体检通过日期)起生效，如果被保险人在承保日期之后，保险单签发之前死亡，保险仍有效。这个生效规定适用于代理人展业，与保险公司直接承保的生效规定有所不同，后者是从保险单签发和缴付第一次保险费后生效。

### 三、保险单

保险单详细列明保险合同的基本内容，保险条款是保险单的主要内容。这里和以下第二至第六节是根据美国人寿保险的情况及美国人寿保险委员会的终身寿险单的样本说明人寿保险单的内容和条款。

在该样本保险单的第一页上首先列明被保险人的姓名、性别、年龄、保险单签发日期和编号以及寿险品种、保险金额等。接下来是一个文字简明的“保险协议”：“本公司同意按保险条款和条件给付规定的保险金。”为了维护投保人的权益，犹豫期条款(Free-look Provision)还规定：“保险单所有人在收到保险单后的10天内，可以以任何理由退还保险单，本公司如数归还所收保险费。”其余内容是保险要点和条款目录。

第二页上列明终身寿险的缴费期限和保险费，免缴保险费附加特约的保险费和意外死亡双倍补偿附加特约的保险金额和保险费。另外还附有一份“保证价值表”。最后是第一受益人和保险单所有人的姓名，以及他们与被保险人的关系。

## 第二节 标准条款

人身保险合同条款是受政府保险监管部门控制的，所使用的保险单格式须得到监管部门批准，保险条款中应包括保险法中规定的一些标准条款，使各家保险公司的条款比较统一。我国目前尚无《人身保险合同条例》的单行法规，但我国《保险法》中第二章保险合同中有一节是关于人身保险合同条款的。以下主要介绍的是美国各州保险法规定的人寿保险合同的标准条款。

### 一、完整合同条款

该条款规定，保险单和所附的投保单副本和附加特约构成合同当事人之间的完整合同。另规定，投保单上的所有申报都是陈述而不是保证，这就要求由保险人提供错误陈述的证据。此外，还规定只有保险公司的某些职员有权修改条款或放弃权利，以及除非书面或经保险单所有人书面同意，否则不得修改合同。

### 二、不可争议条款

不可争议条款(Incontestable Clause)规定，在保险单生效两年之后，保险人不能以保险单

出立时投保人的错误陈述和隐瞒重要事实或欺骗为理由来使合同无效或拒绝保险金给付申请的要求。保险人有两年时间来调查投保人的诚信和其他有关情况，如果在该段时期内没有发现违反诚信原则或行使解除合同的权利，以后就不能提出争议。我国《保险法》第十六条对此做了规定："自合同成立之日起超过两年的，保险人不得解除合同。"规定不可争议条款的目的主要是为了保护受益人的利益，如果被保险人已经死亡，受益人很难对保险人提出的争议进行解释。但是，对不可争议条款的适用性也规定了一些例外情况。在保险单生效两年后仍可拒绝保险金给付申请的情况有：

(1)受益人怀有谋害被保险人的意图取得保险单；

(2)由他人代被保险人进行体检；

(3)在取得保险单时不存在可保利益。

## 三、宽限期

在首次缴付保险费以后，允许保险单所有人有一个28～31天的宽限期(Grace Period)缴付逾期保险费，并不计收利息。如果被保险人在宽限期内死亡，保险仍有效，保险人可以从保险金中扣除逾期保险费及其利息。规定这项条款的目的是向保险单所有人非故意的拖欠保险费提供一些保护，否则即使拖延一天缴付保险费，就须申请复效。我国《保险法》第三十六条对此做了相应规定。

至于万能寿险这类的人寿保险单不要求定期缴付保险费，只有当保单的现金价值不足以支付保单的月度死亡率和费用收费时，才会使用宽限期条款。该条款规定宽限期开始于现金价值不足以支付全部月度死亡率和费用收费的日期，宽限期为60天或61天，或者规定宽限期开始于现金价值为零的日期，宽限期为30天或31天。该条款还规定保险公司会提前30天或31天向保险单所有人发出通知。

## 四、复效

如果保险单所有人在宽限期内仍未缴付保险费，并且没有使用自动垫缴保险费贷款，保险单便会失效。复效条款(Reinstatement Clause)允许保险单所有人恢复一份失效保险单的效力，但一般规定在未缴保险费后的三至五年内有复效权利。

我国《保险法》第三十七条规定在保险单失效两年内可以申请复效。申请复效一般须符合下列条件：

1. 被保险人必须提供使保险人感到满意的可保性证据(Evidence of Insurability)。经验表明，健康状况不好的人较之健康状况好的人更愿意提出复效申请。但是，由于大多数保险单失效是非故意的，故保险人对在较短时期内提出复效申请的人采取宽容态度，例如，在宽限期满后31天之内申请复效无须提供可保性证据。"可保性证据"的含义要比"健康状况良好"更广，它还包括职业变化、投保人的经济情况、其他保险等。

2. 必须补缴拖欠的保险费及其利息，并扣除应分配的红利。

3. 必须归还所有保险单质押贷款，或在保险单上予以复效。

4. 不曾退保或把保险单变换为定期寿险。

对于万能寿险这类的人寿保险单，复效条款则规定保险单所有人必须缴付足以支付数个月的死亡率和费用收费。此外，还规定补缴失效期内死亡率和费用收费。对于定期寿险单的失效，有些保险公司采用按被保险人达到的年龄重新签发保险单的方法(Redating)，保险单所有人不必补缴保险费及其利息。

保险单所有人行使复效权利较之重新取得一份新的保险单有利。首先，由于年龄增大和签单费用，所以新的保险单一般规定较高费率和较严格的条件；其次，新的保险单要在保险生效一两年后才会有现金价值。关于复效后是否再重新执行不可争议条款有不同观点，但多数人认为要重新执行不可争议条款，但它只适用于复效申请单上的陈述，而对自杀条款都认为在复效后不再重新执行了。

## 五、不可没收现金价值条款

长期寿险合同的不可没收现金价值条款（Nonforfeiture Provision）是根据其具有储蓄性质而制定的。在人寿保险发展初期，对保险单失效后是否给付保险单积存的现金价值不做规定，而是由保险公司自行决定，从而使保险公司没收的失效保险单的现金价值成为其一大利润来源，这显然对被保险人是不公平的。

1861 年美国马萨诸塞州议会通过了最初的《不可没收现金价值法》。该法律规定，对失效的保险单应以展期的定期寿险方式来给付退保金；换言之，以保险单积存的现金价值来购买展期的定期寿险。根据美国 1948 年 1 月 1 日在大多数州生效的《标准不可没收现金价值法》的规定，不可没收现金价值条款应包括下列四个方面的内容。

1. 在保险费缴付 3 年后，投保人可以要求退还现金价值。当所有到期的保险费都缴清，现金价值净值的计算公式：

现金价值净值＝保险单上所列现金价值－扣除额
＋增额保险费缴清保险现金价值
＋红利累积金额－未偿保险单质押贷款

在确定现金价值净值时，要从保险单上所列现金价值中作一些扣除。例如，在头 5 年，扣除额是每年对每 1 000 美元保险金额扣除 9 美元，再按被保险人投保时的年龄数每年扣除 0.15 美元。第 5 年后，扣除额每年减少 20%，直到第 10 年为止。

2. 规定投保人有领取不可没收现金价值的选择权。投保人在逾期未缴付保险费后的 60 天内可以要求给付退保金。由于支付代理人佣金、缴纳营业税及签单费用等，在保险单生效的起初几年里，现金价值微不足道。如果投保人未提出特别申请，不可没收的现金价值将以减额保险费缴清保险或展期定期寿险方式提供。

所谓减额保险费缴清保险，是把现金价值作为一次缴清保险费购买终身寿险，较原保险单保险金额减少，但可以继续分红，而且不从现金价值中扣除债务。

所谓展期定期寿险，是把扣除债务后的现金价值作为一次缴清保险费购买定期寿险。

3. 保险单上必须对生命表和利率加以说明，并且说明计算不可没收现金价值的方法，另外要附一份头 20 年内现金价值变化以及给付方式选择权的表。

现在的做法是，对保险单所附的保证价值表予以说明，该表是按保单出立后的年份逐年列明现金价值以及变换为减额保险费缴清保险的保险金额和展期定期寿险的保险期限（见表 8－1）。

表 8—1　　保证不可没收现金价值表

| 终身寿险<br>保险单面额:50 000 美元<br>签发保险单时被保险人年龄:35 岁 | | | | |
|---|---|---|---|---|
| | | 领取现金价值选择权 | | |
| 保单年度末 | 现金价值 | 保险费缴清保险 | 或者 | 展期定期寿险 |
| | | | 年 | 天 |
| 1 | — | — | — | — |
| 2 | — | — | — | — |
| 3 | 150 | 750 | 0 | 336 |
| 4 | 600 | 2 750 | 3 | 101 |
| 5 | 1 050 | 4 600 | 5 | 55 |
| 6 | 1 550 | 6 550 | 6 | 311 |
| 7 | 2 000 | 8 100 | 8 | 23 |
| 8 | 2 550 | 9 950 | 9 | 132 |
| 9 | 3 050 | 11 450 | 10 | 85 |
| 10 | 3 600 | 13 000 | 11 | 9 |
| 11 | 4 200 | 14 600 | 11 | 270 |
| 12 | 5 050 | 16 900 | 12 | 305 |
| 13 | 5 900 | 19 050 | 13 | 257 |
| 14 | 6 800 | 21 150 | 14 | 169 |
| 15 | 7 700 | 23 150 | 15 | 13 |
| 16 | 8 650 | 25 050 | 15 | 192 |
| 17 | 9 550 | 26 700 | 15 | 296 |
| 18 | 10 550 | 28 500 | 16 | 51 |
| 19 | 11 500 | 30 000 | 16 | 113 |
| 20 | 12 500 | 31 550 | 16 | 170 |
| 年龄 60 | 16 800 | 36 100 | 15 | 186 |
| 年龄 65 | 21 450 | 39 750 | 14 | 9 |

此表假定保费在年末缴付。这些价值不包括红利累积、增额保险费缴清保险和保险单质押贷款。

资料来源:Harriett E.Jones,Dani L.Long,*Principles of Insurance:Life,Health and Annuities*,p.185,LOMA,1999.

4. 允许保险公司在申请退保提出后延迟 6 个月给付退保金,这一条款称为“延付条款”(Delay Clause),以免在大量退保的情况下保险公司会发生现金短缺,但这项条款从来未有执行过。

我国《保险法》第四十七条明确规定:“投保人解除合同的,保险人应当自收到解除合同通知之日起 30 日内,按照合同约定退还保险单的现金价值。”

## 六、保险单质押贷款

保险公司可以以保险单中的现金价值作为抵押向保险单所有人发放为期一年的贷款,保险单规定了贷款利率。贷款金额及其利息以该保险年度的现金价值净值减去一年的贷款利息为限,到期未付的利息会计入贷款金额中。如果债务总额等于或超过现金价值,保险单将失效,但保险公司必须提前 31 天通知保险单所有人。债务是由欠缴保险费和贷款两项组成,并包括应计利息。保险单质押贷款(Policy Loan)并不是通常意义上的贷款，而是预付保险单的现金价值，在法律上并不要求到期一定偿还。如果贷款在保险期满时仍未偿还，就从保险金中扣除。对保险单质押贷款也有类似于上述“延付条款”的规定。

自20世纪80年代以来，美国开始流行一种寿险保单贴现业务，患有绝症的被保险人和老年人(保单所有人)可将保单卖给保单贴现公司，被保险人可以获取一大笔现金以供急需。保单贴现涉及五个主体：保单所有人、保单贴现公司、寿险公司、信托机构和投资人。保单贴现公司一般作为保单所有人和投资人的中介人，分别与保单所有人和投资人订立保单贴现购买和销售合同。保单贴现公司依据被保险人的预期寿命、保单现金价值和续期保费等因素报价。一旦保单所有人接受报价，保单贴现公司就将约定资金存入信托机构。然后保单贴现公司向寿险公司办理变更受益人和转让保单手续，再将存放在信托机构的资金支付给保单所有人。投资人向保单贴现公司支付的价格还包括佣金、服务费和续期保费等。保单贴现金额为保单面额的一定百分比，对保单所有人来说，一般比退保有利，而对投资人来说，当被保险人死亡后领取的保险金可带来较高的投资收益率。

## 七、自动垫缴保险费贷款

如果投保人在宽限期内仍未缴付保险费，保险公司则会把保险单中的现金价值用来垫缴逾期保险费，使保险单继续有效，这等于发放了一笔保险费贷款，并要按规定利率计息。规定自动垫缴保险费贷款条款(Provision for Automatic Premium Loan)的目的是避免非故意的保险单失效。为了防止过度使用这种贷款，有些保险公司会对使用次数加以限制。许多保险单有这项条款，但在美国的大多数州，这项条款不是法定条款。

## 八、红利

分红保险单每年分配红利，红利是保险单所有人分享保险公司的盈余。如纽约州的保险法规定，“保险人将每年确定和分配保险单应计的可分红的盈余”。该项条款规定红利的给付方式(后详)。显然，不分红保险单没有此项条款。

## 九、误报年龄或性别

在被保险人死亡时，如果发现被保险人的年龄或性别误报，保险金的给付金额是保险费按照正确年龄或性别所购买的金额。例如，某人在36岁时投保了10 000美元的普通终身寿险，但在提出保险金给付申请时发现他的年龄误报为35岁，如果36岁和35岁的年保险费分别为320美元和300美元，保险公司则会给付：

$$\frac{300}{320}\times 10\ 000 = 9\ 375(\text{美元})$$

反之，如果保险单上的年龄高于实际年龄，则会增加给付金额。

如果在保险单有效期中发现被保险人的年龄误报，这要看是低报还是高报年龄。如果是低报，则要求补缴计息的保险费差额，或者是再出立减额的保险单。如果是高报，一般会退还多收保险费。我国《保险法》第三十二条对此做了相应规定。

## 十、自杀条款

典型的自杀条款规定，如果被保险人在保险单出立后的两年内自杀，不论精神正常与否，保险公司不给付保险金，只负责退还所缴保险费，退还的保险费可以计息或不计息，一次总付给受益人。人寿保险合同过去曾把自杀完全作为除外责任，这后来被认为是不妥当的，因为人寿保险的主要目的是向受抚养者提供保障。此外，自杀是死亡原因之一，编制生命表时已考虑了这个因素，并根据此表计算保险费。把自杀这一除外责任限制在两年时间内，主要是为了减少逆选择，避免怀有自杀意图的人购买人寿保险。由于人类具有强烈的保护自己的天性，所以一般认为死亡是一种非故意行为，总是由保险人负自杀的举证责任。

我国《保险法》第四十四条对自杀条款做了如下规定："以被保险人死亡为给付保险条件的合同，自合同成立或者合同效力恢复之日起 2 年内，被保险人自杀的，保险人不承担给付保险金的责任，但被保险人自杀时为无民事行为能力人的除外。"但应当退还保险单的现金价值。

### 十一、航空除外责任

人寿保险单过去曾相当普遍地把航空导致的死亡列为除外责任。由于航空事业的突飞猛进，以及出色的安全记录，飞机乘客越来越多，许多新的保险单已不一概把航空作为除外责任，而是对航空风险责任加以限制。对付费的定期航班上的乘客都予以承保，对机上的其余人，包括驾驶员、乘务员，不予以承保。航空除外责任主要适用于军用飞机。对私人飞机和商业飞机上的驾驶员和乘务员可以用同样标准承保，或者以缴付附加保险费为条件来承保。如果被保险人愿意缴付额外保险费，实际上可以取消所有航空除外责任。因此，纽约州保险法"标准条款"中关于航空除外责任的规定已不再适用。

### 十二、战争除外责任

在战争时期，保险公司会把战争条款加入到保险单中。战争条款有两种类型：一种是根据"身份"，不论死亡原因是什么，只要被保险人在军队中服役，都不给付保险金；另一种是根据"结果"，只要死亡是战争的结果，就不给付保险金。但是，战争条款规定，在被保险人死亡情况下，保险公司会返还计息的保险费或保险单准备金。战争条款一般在战争时期结束后取消。规定战争条款的目的是为了防止逆选择，否则在和平时期军人会比普通人有更大的比例投保，而且保险金额势必也会更高。既然战争条款是在战争时期或即将爆发战争时加入，那么在和平时期就没有这项条款，如果被保险人因战争而死亡，保险公司仍要负责给付保险金。

人寿保险单含有很少除外责任，除了上述自杀、航空、战争条款规定以外，有些保险单把赛车、跳伞、在有生命危险的国家旅行或居住等也列为除外责任，或以缴付额外保险费为条件来承保。

除了上述各种标准条款以外，所有权条款和红利、保险金给付方式选择权条款等也是标准条款，由于这些条款涉及的内容较多，将在以下几节中分别介绍。

## 第三节 受益人条款

保险单所有人(Policyowner)是人寿保险中的一个新名词。保险单所有人是保险单上该栏内所载明的人，或是其继承人、受让人。保险单所规定的所有权由保险单所有人行使，包括：指定和变更受益人，退保，转让保险单所有权，借款，领取红利，选择保险金给付方式等。在人寿保险中，投保人、被保险人和保险单所有人是同一个人的情况居多数，然而，有时保险单所有人也可以是受益人或其他人。为了理顺这种关系，增加使用保险单所有人这个名称是有必要的。我国尚未使用保险单所有人这个术语。我国《保险法》第三十九条规定："人身保险的受益人由被保险人或者投保人指定。"

保险单所有人首先有权指定受益人，受益人是被保险人死亡后有权领取保险金的人，一般应是自然人，而受益人对被保险人不一定具有可保利益，人们可以为自己选择的受益人的利益替自己生命保险。人寿保险合同的投保人、被保险人、受益人三者的关系是：投保人和被保险人是同一个人，另指定他人为受益人，或者投保人和被保险人不是同一个人，而指定自己为受益人。但是，在大多数情况下，投保人和被保险人是同一个人，受益人是他人。以下主要是根据这种情况来分析受益人条款。

## 一、不可变更的受益人和可以变更的受益人

早期的人寿保险合同几乎都规定受益人是不可变更的，而现代的人寿保险合同一般都保留投保人变更受益人的权利，但有时也允许指定不可变更的受益人。在指定不可变更的受益人的情况下，受益人取得了一种既得权利，未经受益人本人同意，不准变更受益人。投保人仍拥有保险单所有人的其他权利，诸如退保、取得保险单质押贷款、领取红利等。另一种观点是，当影响受益人利益时，投保人行使任何合同权利都要征得受益人的同意，投保人和受益人好像是保险单的共同所有人。有时在一些特定的情况下可以使用不可变更的受益人，主要是为了保护受益人的权利。例如，在一个离婚的财产协议中可以要求一方继续保持其人寿保险，并指定其以前的配偶为不可变更的受益人。但是，不可变更的受益人不可以强迫投保人继续缴付保险费。如果投保人不继续缴付保险费，也不排除让受益人来代其缴付保险费。

当人寿保险合同中的期满前的权利变得更重要时，为了使投保人保持对合同的控制权，几乎所有人寿保险单都有一项保留投保人变更受益人权利的条款，这样受益人只有一种期待权利。投保人不经受益人的同意就可以行使所有合同权利，是名副其实的保险单所有人。当受益人在被保险人之前死亡，投保人有权另行指定受益人。我国《保险法》第三十九条规定："投保人指定受益人时须经被保险人同意。投保人为与其有劳动关系的劳动者投保人身保险，不得指定被保险人及其近亲属以外的人为受益人。"第四十一条规定："被保险人或者投保人可以变更受益人并书面通知保险人……投保人变更受益人时须经被保险人同意。"

## 二、特定受益人和成员受益人

特定受益人是指名的受益人，一家企业也可以是一个指名的受益人，而成员受益人则是不指名的，只是指定某单位的成员为受益人，如被保险人的子女。当被保险人希望保险金在家庭成员中间平均分配，使用成员受益人是恰当的。由于识别成员存在困难，保险公司会限制成员受益人的名称。有时投保人在指定成员受益人时用词含糊，只能根据意图来解释。例如，指定"我的未成年子女"为受益人。指定受益人的时间与给付保险金的时间可能相隔多年。在被保险人死亡时，也许有的仍是未成年人，有的已是成年人，究竟谁有权领取保险金？根据意图解释，"未成年子女"这个用语只能说明在指定受益人时他们都是未成年子女，并不是说明给付保险金时受益人是未成年人；而且，"子女"这个用语可以包括前妻和后妻所生的子女、养子、养女以及他们所承认的非婚生子女。因此，投保人应用清晰文字来指定成员受益人。子女中有些可能会比被保险人更早死亡，如果希望其孙子孙女得到其父母的份额，也应该予以说明。此

外，保险单所有人应根据自己的家庭、婚姻和经济情况的变化检查和变更所指定的受益人。

## 三、顺序受益人

如前所述，受益人有可能在被保险人之前死亡，或者与被保险人同时死亡，如果在指定受益人时同时指定第一受益人和第二受益人，则可以避免在出现上述情况下给付保险金的麻烦。第一受益人是被保险人死亡后首先有权领取保险金的人，第二受益人则是在第一受益人死于被保险人之前情况下有权领取保险金的人。如果第一受益人在没有领完分期给付的保险金之前死亡，其余保险金向第二受益人给付。在许多家庭中，丈夫指定妻子为第一受益人，或妻子指定丈夫为第一受益人，子女则被指定为第二受益人。如果保险单所有人没有指定受益人，或者被保险人死亡时所有指定的受益人都已死亡，则向生存的保险单所有人给付保险金。如果保险单所有人也已死亡，则保险金作为保险单所有人的遗产。为了便于处理被保险人和受益人同时死亡或受益人只相隔数小时后死亡的问题，许多人寿保险单有一项“遗属条款”，它规定，为了有权取得保险金，受益人在被保险人死亡后必须生存一段确定时期。

有一些人寿保险单会有一项受益人优先顺序条款。该条款规定：如果保险单所有人没有指定受益人，保险公司会按照规定的优先顺序给付保险金。例如，该条款规定的优先顺序为被保险人的配偶、子女、父母、遗产。

我国《保险法》第四十条规定：“受益人为数人的，被保险人或者投保人可以确定受益顺序和受益份额；未确定受益份额的，受益人按相同份额享有受益权。”

## 四、未成年的受益人

指定一个未成年人为受益人会产生一些独特的问题。例如，指定一个未成年人为不可变更的受益人，投保人要改变受益人就需经他本人同意，而未成年人没有这样的行为能力，未成年人就必须有一个监护人，监护人有着保护未成年人的义务，往往不会同意改变受益人。又如，保险公司一般不会直接向未成年人给付保险金，这也需要指定一个监护人。如果由法院指定一个监护人，则会推迟保险金给付，并需要一笔法律费用。一种办法是在遗嘱中指定一个监护人；另一种办法是向一个受托人给付保险金，该受托人有权为未成年人的利益运用资金。

## 五、受益人的变更

如果人寿保险合同规定保留投保人在被保险人生存时变更受益人的权利，投保人若要变更受益人就必须书面通知保险公司，并办理批改手续，否则，保险公司不受此约束。

## 六、受益人在被保险人之前死亡

如果不可变更的受益人在被保险人之前死亡，该受益人的既得权利能否转让给其继承人？如果有多个受益人，对这个问题要从两方面来分析：一方面，所有受益人都是在被保险人之前死亡，这允许投保人重新指定受益人。如果只有单个受益人，受益人在被保险人之前死亡，自然也以这种方式解决。另一方面，一些受益人在被保险人之前死亡，另一些受益人在被保险人死亡时仍生存，那么究竟是仍生存的受益人有权取得全部保险金，还是仅取得原有的份额？换言之，那些在被保险人之前死亡的受益人的权益能否转让给其继承人。对这个问题，美国法院的裁决不一致。最好的办法是，在指定受益人时对这种情况予以说明。

### 七、离婚对受益人地位的影响

许多离婚诉讼的财产协议未提及人寿保险单，在发生婚姻纠纷的情况下，往往忘记了把配偶指定为受益人这一事情。在这种情况下，离婚的判绝不影响配偶的受益人的地位，即仍有取得保险金的权利，因为受益人对被保险人不一定要有可保利益。

## 第四节 债权人的权利和保险单转让条款

### 一、债权人的权利

作为一般原则，为家庭经济保障目的而取得的适度金额的人寿保险在原则上可以免除债权人的扣押或索债，即不能作为被保险人的遗产处理或不能抵冲被保险人的债务。但是，具体情况比较复杂，债权人对债务人的人寿保险金的权利要按照有关法律处理。债权人对债务人的人寿保险金的权利可从以下几个方面分析。

**(一)被保险人的债权人的权利**

美国的《破产改革法》规定，除了信用人寿保险合同以外，债务人拥有的其他未到期的人寿保险合同可以免除其债权人的索债，但规定了豁免的限额。但是，当受益人不是被保险人本人或他的遗属、法定代理人，而且是不可变更的受益人，那么该受益人取得了既得权利，被保险人的债权人对保险金没有权益，即不能剥夺受益人的权益。如果受益人是被保险人本人或他的遗属、法定代理人，在破产的情况下，除了豁免部分外，人寿保险单的现金价值可以用来归还被保险人的债务。

在美国《破产改革法》中仍保留国会授予州“豁免法规”的效力。各州关于债权人的权利的法规分为被保险人死亡时给付的保险金和未到期人寿保险单的现金价值两类。首先颁布的法规属于前一类，因为当时人寿保险单的现金价值相对显得不重要，而且受益人一般取得了既得权利。后来颁布的法规一般规定：人寿保险单具有现金价值，被保险人保留变更受益人的权利，债权人可把现金价值用来抵债。目前，美国各州关于人寿保险的“豁免法规”缺乏统一性。有些州规定，即使被保险人保留变更受益人的权利，如果受益人是其配偶或子女或受抚养者，也可以免除债权人对人寿保险金的索债权利。另一些州规定，豁免金额以所缴保险费为限，或根据保险金额规定一个豁免限额，超过规定金额的保险金归债权人。还有一些州规定，年金保险的现金价值不在豁免之列。“豁免法规”的主要目的是给予为受抚养者提供经济保障的人寿保险提供保护。如果保险金额高得与债务人的收入水平和生活方式不相称，债权人对人寿保险单的现金价值甚至保险金仍有索债权利。

由上可见，美国关于被保险人的债权人对人寿保险金的索债权利主要取决于所指定的受益人的类别、联邦破产法和州的“豁免法规”。

**(二)受益人的债权人的权利**

在人寿保险合同满期前，可以变更的受益人只有一种期待权利，因而其债权人不可能获得人寿保险单的现金价值。即使是不可变更的受益人，未经被保险人同意也无取得现金价值的权利，因而其债权人也无权获得现金价值。

当被保险人死亡时，不论是不可变更的受益人还是可以变更的受益人，都绝对地取得领取保险金的权利。法律一般只免除被保险人的债权人对人寿保险金的索债权利，但并不禁止受益人的债权人对受益人领取的保险金提出偿债要求的权利。但是，美国少数州的法律规定可以免除受益人的债权人对人寿保险金的索债权利。在美国人寿保险委员会的终身寿险单的样本中有一项条款规定，在法律规定的范围内，不准受益人的债权人索取保险金来抵债。

**(三)税务留置权**

关于免除被保险人的债权人对人寿保险的索债权利并不适用于政府的税务留置权，作为债权人的政府有权要求人寿保险公司从被保险人的人寿保险单的现金价值或保险金给付中扣缴其所欠税款。

**(四)浪费信托条款**

美国大多数州的法律允许保险单所有人把分期给付保险金条款即浪费信托条款(Spendthrift Trust Clause)放入保险单中，以便免除受益人的债权人对保险金的索债权利。该条款可以用批单或附加特约的形式附加在保险单中，成为合同的一个组成部分。浪费信托条款授予保险单所有人选择分期给付保险金方式的权利，最常用的分期给付保险金方式是偿还式年金。如果保险单所有人没有选择分期给付保险金方式，在保险期满时受益人也能选择给付方式，但这不能免除受益人的债权人对保险金的索债权利。

## 二、保险单转让条款

人寿保险单在性质上是一项权利上的财产，即可依法占有而实际尚未占有的财产。与财产保险单不同，人寿保险单迟早会在死亡事件发生的情况下给付保险金。因此，一般认为，只要不侵犯受益人的既得权利，人寿保险单是可以转让的。为了使保险单转让有效，保险单所有人必须具有订约资格。如果转让是出于不道德和非法的考虑，法院将会做出否认的裁决。倘若所指定的是不可变更的受益人，未经受益人同意，不得把保险单转让给第三方。我国《保险法》第三十四条对保险单转让仅规定："按照以死亡为给付保险金条件的合同所签发的保险单，未经被保险人书面同意，不得转让或者质押。"

**(一)转让的种类**

转让是指所有权从一个人转到另一个人，转让可以是暂时的或永久的，也可以转让保险单中的全部权益或部分权益。转让有出售转让、赠予转让、抵押转让、转让给受托人、破产转让等，大体上可分为绝对转让和抵押转让两种。

1. 绝对转让。这是把保险单所有权完全转让给一个新的所有人，如把人寿保险单捐赠给慈善组织和教育机构。在大多数情况下，绝对转让是保险单转让给被保险人。例如，父母替子女投保，当子女成年时把保险单作为礼品赠予子女。又如，企业替职工投保，当职工离职时把保险单转让给职工。转让证书必须由原保险单所有人签名，受让人以保险单和转让证书作为所有权证明。绝对转让必须在被保险人生存时进行。但是，绝对转让也可以是有条件转让，例如，甲可以以乙比甲寿命长为条件把他的保险单转让给乙，乙只是取得了或有权益。在美国大多数司法管辖区，人寿保险单可以转让给任何人，不论受让人对被保险人有否可保利益。

2. 抵押转让。大多数人寿保险单转让是抵押转让，即把一份具有现金价值的人寿保险单作为被保险人的信用担保或贷款的抵押品。当保险单抵押转让，债权人的权利就优先于受益人。不过，债权人至多得到未偿贷款及其利息的金额，而且只能以一次付现的方式取得，其余保险金归被保险人或受益人。抵押转让不是绝对转让而是暂时转让，倘若抵押人偿还贷款本金和利息后可将保险单从受押人处收回，即不能剥夺抵押人在衡平法上的赎回权。保险单所有人仍保留不影响到保险单现金价值的所有权，如指定受益人权利，红利给付方式选择权，但未经受让人同意，不得行使保单质押贷款、退保权利。以人寿保险单作为抵押，抵押人通常承诺继续缴付保险费，不做可能使保险单失效的事，如果保险单失效，也允许再取得新的保险单。作为抵押品的人寿保险单存放在受押人处，由于合法权益并未转移，所以保险人对抵押人和受押人都会履行给付保险金责任。倘若在抵押证书规定的还款日期内借款方未偿清贷款，贷款方可向借款方发出要求偿还借款的通知，如借款方在3个月内仍未归还，贷款方可以采取以下补救措施：

(1)要求归还。贷款方对借款方起诉，要求按抵押证书中的条款规定归还贷款。但在多数情况下借款方无力偿还，故很少采用这一补救方式。

(2)出售权。贷款方有权出售被抵押财产，从售价中扣除所欠贷款，余额归还借款方。作为人寿保险单的受押人以退保来行使其出售权，人寿保险公司可单独接受其退保。

(3)接管人。受押人可指定一个接管人取得抵押财产的所有权，这种补救方式适用于土地抵押，在人寿保险中很少使用。

(4)取消抵押品的赎回权。受押人可向法院申请得到取消抵押品赎回权的指令，如经同意，法院通常规定债务必须在指定日期内归还，如果到期未归还，则该指令无条件生效，抵押财产完全归受押人所有，并取消抵押人在衡平法上的赎回权。受押人可对取消赎回权的财产进行任意处理，如果出售该财产，也不必向抵押人支付超过债务金额的余额部分。这种补救方式不同于前面几种补救方式之处是，要取消抵押品赎回权须进行诉讼。法院也可以做出强制出售的裁决，由法院安排财产出售，归还受押人欠款，如有余额，则归还抵押人。①

**(二)转让手续**

人寿保险单的转让条款规定了转让手续，虽然各保险公司在该条款中所使用的措辞不一，但一般会规定："除非以书面形式通知保险公司，否则保险单的转让对公司无约束力，公司对转让的有效性不承担责任。"一般由受让人承担书面通知保险公司的责任。在许多保险单中，对该条款的内容还是作了比较详细的规定。例如，除了送交转让证书外，转让还需经公司某些职员批准，在申请给付保险金时，需提供转让证书和适当的利益证据。但是，人寿保险单的转让条款也未禁止未经公司批准的转让。一般而言，人寿保险单的转让证书基本上是受让人和转让人之间的协议。转让条款所要求的是保险人必须收到书面的转让通知，这主要是为了保护保险人自己，以避免发生给付两次保险金的可能。保险人对意图转让(Attempted Assignment)的通知，可以拒绝承认其转让的有效性。保险单的转让既可以采用保险单批单方式，也可以用单独文件来处理。当保险人接到书面转让通知时，必须提供一份承认接到通知的书面材料，在保险单中作下记录。在使用批单方式的情况下，保险单所有人除了要书面通知保险公司外，还必须把保险单送交保险公司，把注明新的所有人姓名的批单放在保险单里。

**(三)受益人的转让权利**

在法律许可的范围内，受益人可以转让其在人寿保险单的或有权益。例如，在一对已婚夫妇之间可以自由转让这种受益权。

---

① 契立斯·马歇尔：《人寿保险法与实务》(中译本)，中国金融出版社1991年版，第16～21页。

**(四)受让人转让保险单**

在没有给予转让人(被保险人)一个合理机会去赎回保险单的情况下,受让人不能出售保险单或行使退保权利。但是,在某些合适情况下,受让人可以把保险单再转让给另一个人。例如,把一份保险单作为归还借款的担保。但需注意的是,人寿保险单不是可转让的存款单,它还涉及其他人的权益,如受益人的权益,这些权益是不确定的。

## 第五节 附加特约

普通的终身寿险合同不提供丧失工作能力收入保险金给付,但是普遍可以使用附加特约予以承保。此外,还有免缴保险费、意外死亡双倍补偿等附加特约。根据人寿保险单中的丧失工作能力条款,所承保的风险是完全和长期丧失工作能力。

### 一、免缴保险费附加特约

在人寿保险单中可以加入免缴保险费附加特约(Waiver of Premium Rider)。根据这一附加特约的条款规定,如果被保险人在规定的年龄之前,因遭受人身伤害或患病而完全丧失工作能力,他在丧失工作能力期间可以免缴所有保险费,而保险单继续有效,死亡保险金给付、贷款、现金价值增加和分红等如同已缴付保险费那样处理。但是,被保险人必须符合以下条件:

1. 被保险人必须在规定的年龄之前丧失工作能力,一般是在 60 岁以前。

2. 被保险人丧失工作能力必须持续 6 个月,即有一个 6 个月的等待期,这证明是长期丧失工作能力。如果以后免缴保险费,则会退还在等待期内所缴的保险费。

3. 被保险人丧失工作能力必须符合附加特约中所规定的完全丧失工作能力的定义。

4. 被保险人必须向保险公司提供丧失工作能力的确实证据。保险公司可以要求被保险人每年提供一次继续丧失工作能力的证据。此外,一旦丧失工作能力,保险单所有人不能改变缴费间隔期,如把年缴改为月缴。另规定自我伤害、犯罪、投保前被保险人的健康状况、战争、服役等为除外责任。

在万能寿险单中,免缴保险费附加特约一般规定免缴死亡率和费用收费,或者免缴会使保险单保持有效的目标保险费。免缴保险费附加特约被认为是某种形式的丧失工作能力的收入保险。只要缴付小额的附加保险费,就可以把这一特约加入到人寿保险单中去。对于保险金额高的被保险人来说,更有使用这一附加特约的必要,因为一旦长期和完全丧失工作能力,缴付保险费会成为沉重的经济负担。

### 二、丧失工作能力收入附加特约

当丧失工作能力收入附加特约(Disability Income Rider)加入到人寿保险单中去,在被保险人丧失工作能力的情况下,保险公司会按照保险金额的一定比例每月给付收入保险金,这个比例一般为 1%,另外还可以使用每月收入保险金给付最高限额或收入保险金占收入的比例限制。该附加特约一般做如下规定:

1. 被保险人必须在规定年龄之前丧失工作能力,如 55 岁或 60 岁以前。

2. 被保险人的丧失工作能力符合完全丧失工作能力的定义。免缴保险费附加特约和丧失工作能力收入附加特约对完全丧失工作能力的定义一般是相同的。

3. 对65岁以上继续丧失工作能力的被保险人不再继续给付这种收入保险金，而是按保险金额作养老保险方式的给付。如果是两全保险单，在保险单期满时停止收入保险金给付。

4. 有一个6个月的等待期，但不退还等待期内所缴付的保险费。

5. 被保险人必须符合严格的承保标准。该附加特约一般只向全日工作制的雇员提供，而且对丧失工作能力的原因规定除外责任，诸如自我伤害、战争、服役、高空或水下作业、违法行为等。

6. 在丧失工作能力期间，保险单继续有效。当被保险人恢复工作能力后，停止给付收入保险金。

## 三、保证加保选择权

该附加特约允许被保险人在将来某个日期增加人寿保险金额，无须提供可保性证据。如果被保险人在将来需要增加保险金额，或者目前无力缴付增加保险金额的保险费，该选择权就能保证他在将来用标准保险费来增加保险金额。该项选择权主要有以下两项规定：

### （一）保险金额

被保险人在一个规定的年龄之前可行使这种选择权，如40岁。在每次加保日期（一般每隔三年一次）能购买的保险金额只限于基本保险单的面额或该附加特约规定的金额，以两者低的为准。

### （二）提前加保特权

如果被保险人结婚，或者生了小孩，就可以在下一个加保日期之前提前加保，但加保总的次数不增加。如果被保险人不行使加保权利，则过期作废。

如果人寿保险单另有免缴保险费的附加特约，如果被保险人完全丧失工作能力，也会免缴行使加保选择权的保险费。

## 四、意外死亡双倍补偿附加特约

如果被保险人的死亡是由于意外事故造成的，保险公司就给付双倍保险金，甚至有的保险公司给付三倍保险金。该附加特约的费用较低，因为意外死亡风险比疾病风险相对要小得多。该附加特约对给付保险金做了以下几项规定：

1. 死亡的近因必须是人身意外伤害。例如，被保险人在油漆自己的房屋时因心脏病发作而跌下死亡，心脏病是近因，就不给付双倍保险金。

2. 必须在意外事故发生的90天内死亡。这一规定的目的也是确保人身意外伤害是死亡的近因。但由于现代医疗技术能延长生命期，许多保险公司现在规定更长时期，如120天、180天，甚至1年。

3. 必须在规定的年龄之前死亡，如60岁或65岁以前死亡。之所以限制年龄是因为老年人的意外事故的死亡概率明显要高。该附加特约的保险费一般也按照年龄分类。

4. 如同人身意外伤害保险一样，该附加特约也规定了较多的除外责任。

该附加特约还会提供意外残废保险金。如果被保险人由于意外事故丧失双肢或双目失明，给付标准与意外死亡保险金相同。如果丧失单肢或单目失明，则保险金给付减半。但不会对同一次意外事故同时给付这两种保险金。

### 五、提前给付死亡保险金附加特约

在20世纪80年代后期，美国出现了一种新的提前给付死亡保险金附加特约（Accelerated Death Benefit Riders）。该种附加特约规定：如果符合某些条件，保险单所有人可以在被保险人死亡之前选择领取全部或部分死亡保险金。提前给付死亡保险金将会减少在被保险人死亡后向受益人给付的保险金。但由于下列几个原因使得该种附加特约趋于流行：首先，人口老龄化，老年人经常患病，需要更多医疗服务。其次，医疗费用持续上涨。最后，医疗技术的进步延长人的寿命，对医疗服务需要的时期也相应延长。为了使管理费用下降，人寿保险公司一般只对大额保险单才提供这种附加特约。有些保险公司也要求在提前给付死亡保险金之前先要征得受益人书面认可。以下分别介绍三种主要的提前给付死亡保险金附加特约：

**（一）绝症保险金（Terminal Illness Benefit）**

如果被保险人患有绝症，经医师证明生存期不超过12个月，保险公司向保险单所有人给付一部分死亡保险金，具体比例由保险单规定，并设有最高限额，其余保险金在被保险人死亡时向受益人给付。有些保险单甚至允许提前给付全部死亡保险金。

**（二）重大疾病保险金（Dread Disease Benefit）**

如果被保险人患有一种规定的重大疾病，保险人向保险单所有人给付一部分死亡保险金。另外，还有一种属于健康保险的单独购买的重大疾病保险。这些重大疾病或医疗手术包括晚期癌症、艾滋病、肾功能衰竭、心脏病、重要器官移植等。虽然重大疾病保险一般是一次性总付，但也有按月分期给付6～12个月的。重大疾病保险金附加特约一般只向年龄低于70岁和属于标准风险的被保险人提供。

**（三）长期护理保险金**

如果被保险人需长期护理，保险人向保险单所有人按月给付长期护理保险金。每月给付的金额等于一定比例的死亡保险金。例如，在护理所的给付比例是2%，家庭护理1%。保险公司一般按月给付，直至付完一个规定比例的死亡保险金，该比例在50%～100%之间。大多数长期护理保险金附加特约规定有一个90天的等待期，而且规定保险必须生效一年以上才能取得长期护理保险金。

## 第六节 保险费缴付方式、红利、退保金和保险金给付方式选择权

根据人寿保险合同所有权条款，保险单所有人还拥有保险费缴付方式、红利、退保金和保险金给付方式选择权。本节分别论述这四种选择权。

### 一、保险费缴付方式选择权

大多数个人寿险单授予保险单所有人选择保险费缴付频率和方法的权利。保险费缴付频率可分为按年、半年、季度、月缴付，投保人在填写投保单时可选择其中之一，在保险单生效后保险单所有人也可以改变保险费缴付频率。当然，保险公司也可以规定月付保险费的最低金额，如果低于这个最低金额，则要求保险单所有人选择按季或半年缴付。在大多数情况下，保险代理人只收取首期保险费，保险单所有人可以选择缴付续期保险费的方法。保险单所有人

可以选择付现、汇票、支票、信用卡等缴付方法,保险公司会提前发出缴费通知。保险单所有人也可以选择从其银行账户中扣除、自动转账和从薪金中扣除等缴付方法,使用这些方法可以减少保险公司的管理费用,也可以避免保险单所有人遗忘缴费。

## 二、红利给付方式选择权

人寿保险单可以分为分红保单和不分红保单。分红保单是向保险单所有人给付红利的保单。虽然保险公司并不保证红利给付,但大多数保险公司会在保险单周年日对已生效两年以上的保险单给付红利,红利的金额会随着保险的年份增加。保险单所有人可以选择取得红利的方式,一般有以下几种给付方式:

1. 现金。在保险单生效达到一个规定时期后,一般是1～2年,保险单所有人以现金方式取得红利。

2. 减少保险费。红利可用来减少下期应缴保险费。保险公司向保险单所有人发出一份红利通知单,列明红利金额和扣除红利后应缴保险费。

3. 留存。由保险公司保存红利,让保险单所有人取得利息收入,但允许在任何时候可提取累积的红利。如果保险单所有人退保,保险公司会向保险单所有人给付退保金和累积的红利。如果被保险人死亡,则累积的红利连同保险金付给受益人。

4. 购买增额保险费缴清保险。即是把红利作为一次缴清净保费用来购买保险费缴清保险,以增加终身寿险的金额。这是分红保单最有价值的一种选择权。购买增额保险的保险费不包括费用,而且无须提供可保性证据。虽然每年使用红利购买的增额保险的金额有限,通过长年积累,所有的增额保险的金额相当可观。当投保人没有行使红利给付方式选择权时,保险公司会自动提供这种选择权。

5. 购买定期寿险。把红利作为一次缴清净保费用来购买定期寿险有两种方式可供选择:第一种方式是,购买相当于基本保险单现金价值的一年期定期寿险,把剩余的红利购买保险费缴清的终身寿险。这种方式对那些经常借用现金价值的保险单所有人很合适,因为在发生死亡时,保险金要扣除借款金额。第二种方式是,购买每年可更新的定期寿险。实际购得的定期寿险金额取决于红利金额、被保险人的年龄和费率。保险公司一般会对保险单所有人行使这种选择权加以限制,会要求提供被保险人可保性证据。

6. 把保险单转换为保险费缴清保险单或两全保险。如果选择用红利把保险单转换为保险费缴清保险单,要当基本保险单的准备金价值加上增额保险费缴清保险的准备金价值等于被保险人所达到年龄的一份保险费缴清保险单(Paid-up Policy)的一次缴清净保费时,保险单就成为保险费缴清保险单。红利也可以用来把保险单转换为两全保险。当基本保险单的准备金价值加上增额保险费缴清保险的准备金价值等于保险单面额时,该保险单就成为一份两全保险单。

## 三、领取退保金方式选择权

如果购买了一份具有现金价值的保险单,从精算角度来看,投保人缴付了多于保障所需要的金额。因此,在退保时,他可以领取退保金,即取得不可没收的现金价值。有三种领取退保金的方式可供选择:

1. 现金。在退保时,保险单所有人可以现金方式领取保险单的现金价值。

2. 购买减额保险费缴清保险单(Reduced Amount Paid-up Insurance)。可把退保金作为一次缴清净保险费来购买减额保险费缴清保险单。收取的保险费是按照被保险人所达到的年龄确定。这种保险单与原保险单相比较,保险金额减少,但保险期限相同。如果原保险单是分红保单,减额保险费缴清保险单也付给红利。这种选择方式适合于那些虽需要人寿保险但不想再缴付保险费的人。

3. 购买定期寿险。可把退保金作为一次缴清保险费用来购买与原保险单面额相等的一定时期的定期寿险。倘若保险单因未缴付保险费而失效,而保险单所有人没有做出退保的选择,保险公司会把退保金用来把原保险单转换为定期寿险。由于运作方式不同,万能人寿保险单一般不提供购买定期寿险的选择权。

属于不可没收现金价值选择权的另外两种方式:保险单质押贷款和自动垫缴保险费贷款,在本章第二节“标准条款”中已做过说明。

## 四、保险金给付方式选择权

保险单所有人在被保险人死亡之前拥有保险金给付方式选择权(Settlement Options)和改变权,如果这种选择权是可以变更的,则受益人有权选择另一种保险金给付方式。如果保险单所有人没有做出选择,则把该选择权授予受益人。

最为普遍使用的保险金给付方式如下:

1. 一次总付现金方式。人寿保险金一般以这种方式给付,或者由保险公司替受益人设一个活期存款账户,供受益人任意使用。在严格意义上说,一次总付现金方式并不是一种选择权,因为在保险单所有人没有做出选择的情况下,保险公司会采取这种给付方式。这种给付方式主要有两种缺陷:第一,在被保险人和受益人共同死亡的情况下,或者在受益人在被保险人之后不久死亡的情况下,不能起到提供充分保障的作用。第二,不能使受益人领取的保险金免除其债权人索债。但是,在许多情况下,受益人急需使用全部保险金。

2. 由保险公司保存保险金,定期向受益人支付利息。利息可以按月、季、半年或一年支付一次,并保证支付一个最低利率的利息。如果是分红保险单,应支付较高利率的利息。这种给付方式比较灵活,经保险单所有人授权,受益人仍有权选择其他给付方式,并可以使受益人不用为投资操心。

3. 按固定期限向受益人分期给付等额保险金。给付期一般不超过25年或30年。分期给付金额取决于保险金数额、保证的利率、给付次数。如果第一受益人在未领完全部保险金之前死亡,则把剩余保险金分期付给第二受益人。这种给付方式对经济上还不能自立的受益人是有利的。

4. 按固定金额向受益人分期给付保险金。一般按月给付保险金,直到按固定金额付完本金和利息为止,允许受益人在任何时候提取全部或部分保险金,而且仍有权选择其他给付方式,因此,这是一种最为灵活的给付方式。

5. 按终身年金方式给付保险金。每次分期给付金额取决于所选择的终身年金的种类、保险金数额、预定利率、受益人的性别以及开始给付时的年龄。

6. 使用信托。如果保险金数额很大,受益人是未成年人或精神病患者,或者是残疾人,可以把保险金付给一个受托人,如一家商业银行的信托部门,由受托人代为管理保险金的投资,并收取一定报酬,但不保证投资收入。

# 第七节 年金保险合同条款

年金保险合同条款可分为三个部分：投保过程、积累期和清偿期。

## 一、投保过程

### (一)投保信息

年金保险合同的投保人必须具备订约资格，并且需要填写投保单。必须说明的是，国外许多寿险公司出售年金保险时并不要求投保人填写投保单，投保信息也可以电子邮件形式发给保险人。

投保年金保险要求提供合同所有人和年金受领人的基本情况。年金受领人的年龄在延期给付年金中是计算积累期长度的基础，而在某些年金保险中又是估计清偿期长度的要素。年金保险合同通常还会对年金受领人的最高签单年龄做出限制，通常在75～80周岁。投保人还需提供年金受领人的性别，因为女性与男性的平均余命不同。保险公司使用年金生命表来估计年金受领人的平均余命，并以此估计年金保险的给付金额。年金生命表不仅能预测某一特定年龄的群体的死亡率，还能预测每年生存并领取年金的人数。相同年龄的女性通常要比男性的寿命更长，因此预期领取年金的时间也更长。当法律规定因性别而支付不同金额的年金是一种歧视行为时，保险公司一般使用男女通用的生命表。为区别起见，投保人仍被要求提供年金受领人的性别。

### (二)合同所有权

年金合同投保人通常是合同所有人，大多数情况下合同所有人与年金受领人是同一人，但也可能是两个人。因此，投保人也可能需要提供合同所有人的年龄和性别情况。当然，团体年金中的合同所有人是法人，则无须提供此信息。年金合同的所有权可以由一个或多个人分享，这些人称为联合所有人。在某些联合所有的年金保险合同中，任何关于合同的决策都需征得合同所有人与联合所有人的同意。

合同所有人有权指定年金受领人，还可以指定第二年金受益人。当合同所有人与年金受领人不是同一人时，第一年金受领人若在积累期内死亡，第二年金受益人将成为以后的年金受领人。

与合同所有权相关的另一个重要的条款是合同转让条款。该条款规定，合同所有人可以暂时或永久地转让合同的所有权。例如，合同所有人可以将其具有现金价值的个人年金合同作为银行贷款的抵押品，即在贷款偿还期间，暂时将合同所有权转让给发放贷款的银行，这称为抵押转让。合同转让可能带来不利的税赋后果，因此，有些年金合同不允许转让。

### (三)合同的一般条款

1. 完整合同条款。寿险合同中的一般条款也会出现在年金合同中，但形式稍有差异。例如，完整合同条款规定，只有那些附在合同或出现在合同上的文件才构成合同的一部分。这一条款主要用于保护年金合同双方当事人的利益。年金合同签订后，未得到合同所有人的同意，任何部分都不得修改。这一条款同时规定了合同的变更只能由保险公司指定的职员以书面形式进行，并且合同的任何一方当事人所做的口头声明均不能作为合同的组成部分。

2. 不可争议条款。年金合同也包含不可争议条款。该条款规定，合同生效后保险人一般不能争议其有效性。该条款对保险人的约束性要比寿险合同中的更大。然而，包含某些弃权条款的合同中，可能有不同的不可争议条款。年金保险的投保一般不要求提供关于投保人可保性的信息。所以，尽管寿险合同允许在合同生效两年内，保险人发现投保人误告时，可以争议合同的有效性，年金合同中一般不需要此种条款。即使在年金受领人的年龄和性别发生误告的情况下，保险人仍会给付年金，但给付年金要根据真实年龄和性别进行调整。不可争议条款使用的一个例外是：含有丧失工作能力免缴保费附加特约的年金合同。此种合同允许合同所有人在丧失工作能力时可以免缴保费。为了获得这一附加特约，要求投保人提供可保性证据。此时，如同寿险合同不可争议条款构成年金合同的一部分，允许保险人在合同签订后的两年内因投保人的误告而争议合同的有效性。因此，如果年金合同不需要可保性证据，不可争议条款就表述为：合同一旦生效后保险人就不能争议其有效性。反之，如果年金合同包含了要求投保人提供可保性证据的附加特约时，不可争议条款就规定保险人在合同签订后的两年内可以因投保中的重大不实告知而争议合同的有效性。

3. 不可没收现金价值条款。个人延期定额年金合同也必须包括一项不可没收现金价值条款。该条款规定：如果合同所有人停止缴付保费，他仍能得到根据其已付保费的一笔年金。这一条款也规定，在年金合同提供一次性总付现金的给付方式情况下，合同所有人在积累期内退保时，保险人将对其一次性支付退保金。

**(四)首期保费缴付条款**

投保时应缴付首期保险费。对于即期年金或任何趸缴保费年金，首期保费即是全部的保费。如果年金保险采取分期交付保费方式，那么投保单上应注明续期缴付的间隔期，可按月缴、季缴、半年缴或年缴。投保单上也应规定缴费形式，例如自动转账。

在定额年金中，保险人会在合同的期限内或某一特定时期内支付保证的利息率，投保人可以选择合同的期限。在规定的期限届满时，保险人将决定下一时期的保证利息率。如果投保人能接受一个较长时期利率的话，大多数定额年金将保证一个较高的利息率。

如果投保人购买的是变额年金，投保单会要求合同所有人选择其保费投资的次账户。他需要注明首期保费和续期保费如何在保险人不同的投资次账户中进行分配。

**(五)犹豫期条款**

出于保护消费者权益的目的，美国各州法律规定许多合同中必须包括一个允许消费者改变其订立合同主意的条款，保险公司也将此类条款放入年金合同中。犹豫期条款规定，合同所有人有一段时间(通常是10～20天)检查其年金合同，在此期间内，合同所有人有权选择退还合同，保险人将全额退还已付保费。在一些州，如果合同所有人退还的是变额年金合同，则该条款规定保险人应向合同所有人退还该合同的即时市场价值。

## 二、积累期

积累期是指从年金合同购买之日至开始领取年金给付之日的这一段时期。因为即期年金的保险金领取是从年金合同购买日期后的一个给付间隔期后开始，所以即期年金没有积累期。但是，对于延期年金合同甚至趸缴保费的延期年金，其所缴保费都要积存在账户一段时期。在积累期内，有许多条款指导着年金合同的运作。

**(一)保费缴付条款**

在灵活保费的延期年金中,保费缴付可以在整个积累期内持续进行。下面,我们将分别讨论定额年金和变额年金的保费缴付。

1. 定额年金的保费缴付。影响定额年金保费缴付的最重要因素是对保费计息所用的保证利息率。在定额年金中,保险公司会规定一个保证的利息率(一般为 3%或 4%),用于对年金合同期内年金账户余额的计息。此外,对于这些种类的定额年金,在购买合同时,保险公司也会承诺支付一个根据经济中流行利率确定的即时利息率。这一利率将适用一段特定时间,通常为 1 年、3 年或 5 年。当规定的时期结束时,保险公司将宣布一个适用于以后时期的新利率,称为展期利率。展期利率可以高于或低于即时利率。这要取决于总体的经济状况以及保险人对保险资金的投资情况。保险公司将根据合同所有人要求的时期提供不同的即时利率。通常,合同所有人可以选择其即时利率适用的时期。表 8-2 是对应于不同时期承诺的即时利率的一个例子,但实际利率要取决于总体经济状况和保险人的投资业绩。

**表 8-2　　定额年金的即时利率**

| 利率(%) | 5.85 | 5.50 | 5.00 |
|---|---|---|---|
| 保证时期(年) | 5 | 3 | 1 |

如前所述,保险人除了承诺支付每一时期的即时利率外,还保证定额年金的利息率不低于某一规定的最低利率,如 3%或 4%。例如,假设某人购买了一份定额年金,保证三年期的即时利率为 5.5%,保证最低利率为 3%。如果三年期满,展期利率为 5%,那么他的年金合同将在接下来的三年期内获得 5%的利率。如果保险人在将来某时实际投资收益率低于 3%,保险人仍有义务对他的年金合同支付 3%的利率。

2. 变额年金的保费缴付。变额年金合同的所有人将其缴付的保费放入保险人专门设立的分离账户,用于购买该账户的累积单位。该累积单位代表合同所有人在分离账户中选择的次账户中的所有权份额。每一个次账户提供不同投资目标和潜在投资收益率的投资方式。这些账户的收益率是不保证的。另一项影响变额年金保费缴付的重要条款是确保所付的保费能够按照合同所有人在投保单中所规定的那样在次账户中一致地进行分配。例如,合同所有人想要将他所缴的保费及积累余额在两个不同的次账户中平均分配,如果其中的一个次账户的价值发生了较大的变动,那么两个次账户的余额就不再相等。许多保险公司在年金合同中包含了一条自动恢复平衡条款,该条款规定账户价值可以在特定的次账户间自动转账,以保持合同所有人指定的分配比例。

**(二)保险公司费用条款**

年金合同也列示保险人对合同所有人收取的各种管理费用,不同的保险公司和不同种类的年金合同收取的费用也不同。下面讨论各种年金合同中一般要收取的费用:

1. 管理费。保险公司对变额或定额年金都要收取一笔管理费,用于弥补其签发年金保单、变更合同以及编制向合同所有人报告所发生的费用。一般来说,年金合同依靠保险人的"维持"程度越大,所收取的管理费用也越多。在有些定额年金合同中,保险公司并不会单独再收取管理费,因为已经将此类费用包含在保费中。而变额年金每年收取的单独的管理费一般在 25~50 美元左右,但有些保险公司只对账户价值低于某一金额(如 2 500 美元)的变额年金合同收取管理费,一般在每年的合同周年日收取。

2. 退保费。这是保险公司对年金合同的退保收取的惩罚性费用。该笔费用按退保时年金合同价值的一定百分比计算，并且每年递减。保险公司一般只对在年金合同签发后的早期几年内退保收取退保费，用于弥补首年签发的高额签单成本，此举也可以减少过早退保行为的发生。表 8－3 列示了典型的退保费收取方法。

**表 8－3** **退保费明细表**

| 保险年度 | 1 | 2 | 3 | 4 | 5 | 6 | 7 | 8 及以后 |
|---|---|---|---|---|---|---|---|---|
| 退保费(占退保价值的百分比) | 7 | 6 | 5 | 4 | 3 | 2 | 1 | 0 |

在大多数情况下，在合同所有人拥有年金若干年后，保险公司将不再收取退保费。在某些情况下，退保费用收取与否取决于保费缴付日期或年金账户价值的金额大小，而非合同签订的年数。

3. 变额年金的有关费用。变额年金的保费一般投资于保险人提供的各种不同的分离账户的次账户。变额年金要收取资产管理费，用于补偿管理投资的各项费用开支。变额年金合同还要收取死亡率费用和投资风险费，用于补偿提供死亡保险金给付和变额年金次账户保证利率的成本。该项费用一般占年金合同价值的 1%～1.75%。

**(三)提取条款**

由于个人和团体年金合同享有税收优惠，所以年金合同的所有人如果提前提取其账户价值会受到联邦所得税的惩罚。然而，保险人知道许多潜在的年金购买人希望他们在财务困难时能动用其年金。因此，年金合同一般包括一项自由提取条款，允许合同所有人在积累期内提取其累积价值的全部或部分。许多年金合同允许每年可免费提取年金合同价值的 10%～15%。有些年金合同允许未使用的自由提取权可以累积起来，如果年金合同所有人某年未进行提取，则可以在下一年度提取未使用的金额。如果年金合同所有人在某年的提取金额超过了可自由提取的最高额度，那么保险人将会收取提取费。同时也不允许自由提取金额低于某一规定的最低金额。当然，合同所有人仍将为其提取金额支付所得税。

1. 退保条款。延期年金合同所有人在整个积累期内都可以行使其退保权，领取退保金。该退保金等于合同的全部累积价值减去退保费。如果年金保单在签发后的规定年数内退保，保险人将收取退保费，但该项费用每年会递减。标准的退保条款如下：

在年金开始给付之日或之前，合同所有人有权提取全部或部分的合同价值。退保金为累积价值减去退保费。

许多年金合同还包含免收退保费条款。该条款规定在某些特定条件下，保险人对提取不收取退保费。主要的条件如下：合同所有人丧失工作能力或健康状况恶化，年金合同所有人身患绝症，年金合同所有人失业，年金合同所有人在医院或护理所住院。如果合同所有人选择开始领取年金，也将免收退保费。

2. 抽资条款(Bailout Provision)。另一个能为年金合同所有人提供一定程度的退保费豁免保护的条款是抽资条款。该条款允许定额年金所有人在展期利率低于前期利率一定水平(通常为 1%)的情况下退保，无须支付退保费，但合同所有人仍然需要为退保金纳税。如果是在 59.5 岁之前退保，还要附加 10%的税收罚款。

3. 合格的年金贷款条款。尽管大多数不合格的个人年金合同不允许合同所有人从年金合同中获得贷款，但许多合格的年金为每一个雇员建立个人账户，并允许合同所有人取得贷款。[①]严格来说，这种贷款不属于提取，因为合同所有人必须偿还贷款，并承担相应的利息。保单质押贷款和提取存在着重要的区别。贷款是由年金合同的现金价值担保的，在贷款偿还之前合同所有人不能取得作为贷款担保的现金价值。与贷款相反，提取是一个永久性的现金价值的减少。此外，贷款和提取在税收处理上是不同的。

**（四）死亡给付条款**

许多年金合同规定了在年金合同所有人或年金受领人死亡的情况下保险金将如何给付。如果合同所有人在积累期内死亡，保险人将按其收到死亡证明之日的年金账户价值向受益人给付保险金。如果合同所有人在清偿期内死亡，保险人将按合同规定的给付方式选择权的种类继续给付剩余年金。

尽管变额年金并不对本金的安全性和利率提供保证，但合同通常包括一项最低死亡给付金。该死亡给付金保证条款规定：如果合同所有人在年金开始给付之前死亡，合同所有人指定的受益人将获得下列两者中金额较大者：(1)全部已缴保费减去提取金额；(2)合同所有人死亡之日的累积价值。这一条款保证即使在投资业绩很差的情况下账户累积价值低于已缴保费时，受益人至少能获得全部已缴保费扣除提取金额后的余额。而在投资业绩较好的情况下，又能获得超过已缴保费的账户累积价值。

## 三、清偿期

清偿期是指保险人对年金受领人给付年金的时期。趸缴保费的即期年金的清偿期是从购买日后的一个给付间隔期后开始，而延期年金的清偿期则是在购买日后超过一个给付间隔期后开始。延期年金的积累期结束，清偿期开始时，称为年金到期。保险人开始给付年金之日通常称为年金收入日，也称为年金到期日。

当年金到期时，保险人用年金中已经积累的资金进行定期给付。在年金合同中，清偿期条款（也称给付方式选择权条款）列明了可供合同所有人选择的各种给付方式。在即期年金的情况下，投保人在投保时选择给付方式。而在延期年金中，合同所有人在清偿期开始之前才选定给付方式。

**（一）一次总付现金方式**

即合同所有人选择一次性领取其账户的全部金额。选择此种给付方式的原因主要是可为退休后的住宅购买融资或提供长期旅行的费用。但是，该种方式的税收金额很高，将大大减少给付金额。有些合同所有人也可以选择在几年里平均领取这一次性总付的金额。

**（二）确定给付期或确定给付金额方式**

在确定给付期方式下，保险人向年金受领人分期等额给付保险金，给付金额取决于事先规定的期限和累积价值。确定给付金额方式是按固定的金额向年金受领人分期给付保险金，给付的期限长短取决于累积价值。在这两种给付方式下，年金被保险人的寿命长短并不影响给付的期限和金额，因为年金受领人或第二受益人将获得账户的全部余额。无论年金被保险人的生死，在约定的时期内给付年金，称为确定年金。约定的年金给付期称为确定期限。在确定期限结束时，年金给付也将停止，因为此时全部累积价值已支付给年金受领人或第二受益人。

**（三）终身收入方式**

以上讨论的给付方式都未涉及年金的首要功能，即提供收入直到年金被保险人死亡为止。

① 合格的年金是指符合美国的内税局规定并可获得税收优惠的年金，它们是雇员福利计划的重要组成部分。

尽管年金合同有此特点，但事实上许多合同所有人并不选择终身年金给付方式。

1. 纯粹终身年金。即只有在年金被保险人生存期间，进行年金的给付；一旦年金被保险人死亡，立即终止年金给付。由于年金被保险人死亡发生在何时不确定，选择此种方式的合同所有人承担的保费远远超过所得年金给付额的风险。当然，在年金被保险人的实际寿命长于平均余命的情况下，年金受领人也将获得超过所缴保费的年金给付额。

2. 保证给付期限的终身年金。此类年金保证在年金被保险人生存期间给付年金，并且年金给付至少持续一个规定的时期，如果年金被保险人在这一规定的时期结束前死亡，保险人将在剩余时期内向其受益人分期给付。合同所有人可以选定保证的期限，如 5 年、10 年、15 年或 20 年。一般来说，在其他条件相同的情况下，保证的期限越长，每期给付年金额越小。此外，合同所有人还需指定一个第二受益人，如果年金受领人在规定的期满之前死亡，则第二受益人将获得其余时期的分期给付额。当规定期限届满时，年金被保险人仍生存，可以继续领取年金直至年金被保险人死亡为止。

3. 偿还式终身年金。该种给付方式在年金被保险人生存期间提供年金给付，同时保证年金合同将给付至少相当于年金购买价格的年金。即当年金被保险人在没有得到相当于已缴付的保险费总额的给付之前死亡，保险人将对受益人给付已缴保费总额与已付年金额之间的差额部分，该笔保险金可以一次性总付，也可以分期给付。

4. 联合和最后生存者年金。即年金合同中两个或两个以上年金被保险人只要还有一个生存，保险公司就会继续给付年金。按照传统形式，在一个年金被保险人死亡后，保险公司继续给付其余的年金受领人相同金额的年金，直至全部年金被保险人死亡为止。但也有些年金合同规定，在第一个年金被保险人死亡后，对其余的年金受领人的给付金额会减少一个规定的数额，如 50%。当然，该类年金合同的保险费将随着年金被保险人的年龄、性别和年金给付额而变动。预期年金给付额越大，所需缴付的保费越高。

### （四）定额和变额给付方式

定额年金受领人将领取一个固定的年金额，即在清偿期内每期给付金额保持相等。变额年金的所有人也可以选择固定金额的给付方式，领取一个保证的给付金额。变额年金所有人也可选择变额给付方式，年金给付额将随着次账户的投资业绩好坏而变动。这种给付方式比固定金额给付方式更为复杂，并且包含了在定额给付方式中不存在的一定程度的风险，但同样提供给付额随着时间的推移而增加的机会，并且可以对付通货膨胀问题。变额年金所有人还可以选择定额和变额给付相结合的给付方式。

表 8—4 列示了各种年金的给付方式选择权。

**表 8—4　　年金给付方式选择权**

| 给付方式选择权 | 给付类型 | 给付期间 |
| --- | --- | --- |
| 确定给付期 | 定额给付 | 在规定的期间内给付全部累积价值，每期给付额由给付时期长短决定 |
| 确定给付额 | 定额给付 | 按规定的每期给付额给付全部累积价值，给付时期取决于每期给付额的大小 |
| 纯粹终身年金 | 变额或定额 | 年金被保险人的生存期内 |
| 保证给付期限的终身年金 | 变额或定额 | 年金被保险人的生存期，并有一个保证给付的最短期限 |

续表

| 给付方式选择权 | 给付类型 | 给付期间 |
| --- | --- | --- |
| 偿还式终身年金 | 变额或定额 | 年金被保险人的生存期,并在其死亡后继续给付至合同累积价值或购买价格耗尽 |
| 联合和最后生存者年金 | 变额或定额 | 两个或两个以上年金被保险人至少有一个生存 |

**(五)年金给付金额的计算**

影响年金分期给付金额的四个变量是:

(1)缴付的保费;

(2)保费本金积累的时期;

(3)利率或投资收益率;

(4)定期年金给付的次数。

表 8—5 列示了任何一个变量的变化对定额年金定期给付金额的影响。

**表 8—5　　变量变化对定额年金定期给付金额的影响**

| 变量 | 变动方向 | 定期给付金额变动方向 |
| --- | --- | --- |
| 保费 | 增加 | 增加 |
| | 减少 | 减少 |
| 积累期 | 增加 | 增加 |
| | 缩短 | 减少 |
| 规定利息率 | 提高 | 增加 |
| | 降低 | 减少 |
| 定期给付次数 | 增加 | 减少 |
| | 减少 | 增加 |

## 第八节 健康保险合同条款

美国的全国保险监督官协会在 1950 年 6 月拟订了《统一的个人意外伤害和疾病保险条款法》(以下简称《统一法》),供各州使用。这项法律规定了 12 条强制性条款和 11 条可供选择的条款,统称“通用条款”。

### 一、强制性条款

1. 完整合同条款。

2. 抗辩的时效(不可争议条款)。在保险单生效两年以后,保险人不能以被保险人投保前的健康状况和投保时的错误陈述为由拒绝给付保险金或解除合同,但欺骗性的陈述除外。

3. 宽限期条款。

4. 复效条款。

5. 申请给付保险金的通知。规定被保险人书面通知保险公司提出给付保险金申请的时限。

6. 保险公司向被保险人提供申请给付保险金的单证。

7. 损失证明。规定被保险人提供损失证明的时限。

8. 给付的时效。规定保险公司在接到损失证明后给付保险金的时限。

9. 领取保险金的人。

10. 体检。保险公司在被保险人或受益人申请给付保险金时有权对被保险人进行体检或验尸。

11. 诉讼。规定被保险人向保险人提起诉讼的时效。

12. 受益人的变更。规定被保险人有权变更受益人。

## 二、可供选择的条款

1. 职业变化。如果被保险人改变的职业比原来的职业更具有危险性,在丧失工作能力之后,将根据他所缴付的保险费和该种危险职业的费率重新计算应付的保险金数额;反之,如果改变的职业较原来的职业更为安全,便会降低费率,退还保险费差额。

2. 误报年龄条款。

3. 在同一保险人处的其他保险。如果被保险人在同一保险人处有几份相同的保险单,而且总计的保险金额超过公司的标准,将按比例减少保险金。

4. 在其他保险人处的医疗保险。如果被保险人在申请给付时,没有书面通知他在其他保险公司的医疗保险,保险公司将按比例减少保险金,并适当退还保险费。

5. 在其他保险人处的丧失工作能力收入保险。其内容与上一条款相同。

6. 收入与保险金的比例关系。如果每月丧失工作能力收入保险金超过被保险人前两年的月平均收入,保险公司将按比例减少保险金,但应适当退还保险费。

7. 从保险金中扣除欠缴保险费。

8. 解约。允许保险人和被保险人在任何时候可以解除合同。

9. 修改保险条款须符合州法律的最起码规定。

10. 保险人对被保险人从事非法职业而遭受的损失不承担给付保险金责任。

11. 保险人对被保险人因酗酒或吸毒而遭受的损失不承担给付保险金责任。

该《统一法》并不要求逐字逐句照搬这些条款,只要实质上遵守统一条款就行。经保险监督官批准后,保险公司可以修改或删除一些不实用或与保险责任范围不相符合的强制性条款。

## 三、保险公司自己制定的条款

1. 更新条款。保险单第一页载有更新条款,并且还有一项"犹豫期"条款,如果被保险人不想要该保险单,可以在10天内退还,保险公司退还所缴保险费。个人健康保险单的更新条款可分为以下几种:

(1)不可解约的健康保险单。被保险人在相当长时期内或在达到退休年龄之前有权更新保险单。保险公司无权解约、修改保险责任范围和调整费率。其保险费较高,承保标准也较为严格。这种形式的健康保险单广泛使用于丧失工作能力收入保险,但也越来越多地用于住院费用保险。

(2)保证更新的健康保险单。被保险人拥有与不可解约的健康保险单相似的更新保险单的权利,但保险公司有权每年对某类别的被保险人调整费率。这种形式的健康保险单主要适用于医疗保险和丧失工作能力收入保险。

(3)有条件更新的健康保险单。保险公司有权按照保险单中规定的条件拒绝更新保险单。例如,因被保险人的健康状况恶化、职业变化、重复保险而拒绝更新保险单。此外,保险公司有权调整费率和保险金数额。医疗保险和丧失工作能力收入保险也可以使用这种形式的保险单。

(4)可无条件解约的健康保险单。保险公司保留在每年缴费日期终止合同的权利,只要提前通知被保险人就行。

(5)不可更新的健康保险单。保险单中无更新条款,保险合同在期满时终止,这实际上是一种定期健康保险单,如旅客意外伤害保险,保险期限只是一次旅程。

2. 保险条款。该条款规定被保险人的丧失工作能力必须是疾病或意外事故直接造成的。对于意外伤害,原先的保险条款要求原因和结果都是未预料到的,而许多新的保险条款只使用未预料到的结果来解释,另加上"外部和剧烈的"字样。

3. 对价条款。这是保险事项中有关被保险人一方的内容:"鉴于被保险人提出申请和缴付第一期保险费而签发本保险单。"

4. 丧失工作能力的定义。丧失工作能力收入的保险金多少取决于被保险人丧失工作能力的程度。丧失工作能力分为以下三种:

(1)完全丧失工作能力。对这一种丧失工作能力的定义在本章第五节"附加特约"中已作过解释。不过,许多保险公司对完全丧失工作能力还增加了一些其他限制条件,如规定被保险人必须在接受治疗,不能去户外自由活动。

(2)没有完全康复的丧失工作能力。为了鼓励完全丧失工作能力的被保险人重新返回工作岗位,越来越多的保险公司增加了这一种丧失工作能力。其定义是:在完全丧失工作能力时期以后,被保险人能全日或部分时间从事任何职业工作,但不能取得以前80%以上的月收入。对于这种没有完全康复的丧失工作能力者,保险公司会补偿其减少的收入。

$$月度保险金给付金额=\frac{月度收入损失金额}{以前月度收入金额}\times\begin{matrix}月度完全丧失工作\\能力的收入保险金\end{matrix}$$

(3)部分丧失工作能力。被保险人不能从事其职业中的一种或数种日常工作,或者用实际工作时数的减少来衡量。部分丧失工作能力的收入保险金一般由意外伤害保险来提供。如果部分丧失工作能力是疾病引起的,收入保险金给付要以被保险人以前是完全丧失工作能力为条件。

5. 保险金给付金额和给付期。保险金给付金额取决于丧失工作能力的程度。完全丧失工作能力的收入保险金给付一般是被保险人以前收入的50%~75%,由于保险金免税,并且在这个时期支出会减少(假设另有医疗费用保险),这个比例是颇为合理的。给付期可以是半年、1年、2年、5年、10年,或达到退休年龄为止,甚至终身给付,但必须在50岁以前完全丧失工作能力。部分丧失工作能力的收入保险金给付一般为完全丧失工作能力的收入保险金的一半。给付期一般为半年,意外事故造成的部分丧失工作能力可给付一年。

6. 限制给付责任的条款。主要有下列几种:

(1)取消期(Elimination Period)。在完全丧失工作能力后的一段时期内,一般是7~365

天不给付保险金。待这个取消期结束,如果被保险人仍旧是完全丧失工作能力,保险公司才开始给付保险金。取消期是一种形式的等待期或免赔额,旨在消除许多短期的完全丧失工作能力的收入保险金给付。

(2)丧失工作能力必须在意外事故发生后的一个短期内开始,一般是30～120天,否则丧失工作能力有可能是疾病引起的。由于意外事故和疾病造成的丧失工作能力在给付责任、给付金额和给付期方面都存在差别,所以有必要作这样的规定。

(3)观察期(Probationary Period)。规定在保险单签发后的一个短时期内,一般是15天或30天,对被保险人因疾病发生的医疗费用不作任何给付,以防止逆选择。

(4)第二次丧失工作能力(Recurrent Disability)。被保险人因同样原因或相关原因再次丧失工作能力,如果他在第一次丧失工作能力恢复后已返回工作岗位6个月以上,那么这第二次丧失工作能力被看作是一个新的事件,而不是上一次事件的延续。这一条款之所以重要是因为疾病保险是按每次丧失工作能力来规定收入保险金给付的最高限额的,而且给付期最长为5个月。

(5)免赔额。大额医疗保险单通常都规定免赔额。

(6)共同保险条款。大多数大额医疗保险单规定了共同保险比例。

(7)保险限额。医疗保险单对单项医疗费用、每次门诊费用规定了报销限额,还对住院、门诊规定了报销的天数或次数的限制。大额医疗保险单还对一定时期内总的医疗费用报销实行限额控制。

7. 除外责任。健康保险合同中共同的除外责任主要有下列几种:

(1)投保前被保险人的健康状况(Preexisting Condition)。规定被保险人在投保前患有的疾病或遭受的伤害(既往症)在两年之内不属于保险责任。但这一除外责任不适用于被保险人在投保时已明确告知的疾病或伤害。在大多数情况下,投保前患有的疾病可解释为被保险人已经接受治疗或得到忠告已有五年,或者症状会使一个普通、谨慎的人在这五年内去就诊、医治和治疗。如果该疾病属于除外责任,那么即使在两年之后也不会给付保险金。如果投保人在投保时没有如实告知健康状况,保险人先可以使用不可争议条款,如果确定其不是误述重要事实,则可以使用投保前被保险人的健康状况条款。

(2)战争。不论宣战与否以及任何战争行为。

(3)军役。不论服役时在哪个国家或国际组织。

(4)除了作为定期航班上乘客以外的在飞机上遭受的伤害。

(5)自我伤害。不论被保险人精神正常与否,自我伤害均属于除外责任。

仅适用于意外伤害保险的除外责任有:(1)疾病、精神病;(2)传染病,不论是否意外被传染,但败血症和意外遭受的有形的传染病伤害除外;(3)疝气;(4)工伤事故和职业病,但这一除外责任仅适用于有社会保险中的劳工保险的人。

仅适用于医疗保险的除外责任有:(1)整容外科手术;(2)牙科治疗;(3)视听检查;(4)眼镜、助听器;(5)怀孕及产科费用;(6)由劳工保险和其他社会保险支付的医疗费用。

8. 附加特约。在健康保险中,可以使用免缴保险费、意外死亡双倍补偿、按生活费用变化调整保险金、康复费用保险金(Rehabilitation Benefit)等附加特约,其中有些内容与人寿保险中的那些附加特约相同。丧失工作能力收入保险还可以附加意外死亡和致残一次性保险金给付的责任,意外死亡一次性保险金给付金额不超过完全丧失工作能力的月收入保险金的200倍,意外致残的一次性保险金给付金额为完全丧失工作能力的月收入保险金的12倍(半残)或

24倍(全残)。另一种附加特约对没有造成丧失工作能力的意外伤害按伤残程度给付一定数额的保险金,并报销其医疗费用。

关于团体健康保险合同条款,除了与团体人寿保险通用的团体合格条件、宽限期、不可争议和合同终止等条款外,还有一些特殊的条款,如投保前被保险人健康状况条款、团体健康保险转换为个人健康保险条款、重复保险分摊责任条款、体检条款等。虽然美国的全国保险监督官协会也颁布了《团体健康保险定义和团体健康保险标准条款示范法规》,但是,美国各州关于团体健康保险的法规不如个人健康保险那样统一。

## 复习思考题

1. 试解释下列名词:

保险费收据和附条件人寿保险协议书　　犹豫期条款　　完整合同条款
不可争议条款　　宽限期　　减额保险费缴清保险　　保证价值表
保险单质押贷款　　寿险保单贴现　　自动垫缴保险费贷款
误报年龄条款　　保险单所有人　　特定受益人和成员受益人
顺序受益人　　税务留置权　　浪费信托条款　　取消抵押品的赎回权
免缴保险费附加特约　　保证加保选择权
提前给付死亡保险金附加特约　　增额保险费缴清保险
第二年金受益人　　积累期　　清偿期　　投保前被保险人的健康状况条款

2. 概述人寿保险的投保单的主要内容。
3. 保险单所有人申请复效须符合哪些条件?
4. 简述《标准不可没收现金价值法》的主要规定。
5. 分析人寿保险合同的投保人、被保险人和受益人三者的关系。
6. 简释早期和现代人寿保险合同对变更受益人的规定为何不同?
7. 指定一个未成年人为受益人会产生什么样的问题?
8. 分析受益人在被保险人之前死亡可能出现的数种情况。
9. 被保险人和受益人的债权人对人寿保险金索债的权利有何区别?
10. 概述人寿保险单转让的种类。
11. 简述人寿保险单的转让手续。
12. 概述三种主要的提前给付死亡保险金附加特约。
13. 综述红利、退保金和保险金给付方式的选择权。
14. 概述年金保险合同条款的三个组成部分,以及与人寿保险合同条款的主要区别。
15. 分析定额年金定期给付金额与四个变量的关系。
16. 概述健康保险合同的多种限制责任条款。
17. 试比较健康保险合同条款和人寿保险合同条款的异同。

# 第九章 人寿保险数学原理

## 第一节 寿险产品设计的三要素和定价步骤

精算师在设计寿险或年金产品时必须考虑多种因素，其中最为重要的三种因素是：营业费用，死亡率和其他给付成本，投资收益。对于捆绑式定价的寿险产品而言，总保费＝营业费用＋死亡率和其他给付成本－投资收益。

### 一、营业费用

产品设计中用于弥补保险公司营业费用的部分被称为附加费用，它不包括投资费用、死亡率和其他给付成本。营业费用一般包括以下四种费用：

(1)取得新业务的费用

取得新业务的费用(Acquisition Expenses)包括广告费用、代理人首年佣金、一些代理机构的管理费用、寿险业务的承保费用以及制作新合同和新客户记录的成本等。

(2)开发费用

开发费用是指与启动新险种相关的费用，如购置新管理系统的费用、取得营业执照的费用。

(3)维持费用

维持费用是指保险合同生效后所发生的与产品相关的费用，如后续佣金、保费税、客户服务成本。

(4)一般管理费用

一般管理费用(Overhead Expenses)是指保险公司日常业务经营中所发生的费用，它是与特定产品和服务不直接相关的费用，如办公用具和设备、电话费、电费、调研费用、一般法律或会计服务费、税收，它属于间接费用。而直接费用是为特定产品而发生的费用，如销售佣金。

如前所述，产品设计中的附加费用不包括投资费用、死亡率和其他给付成本，但设定附加费用还需要有一些精算假设，主要有失效备抵和意外或利润备抵。保单失效特别是早期失效会给保险公司带来损失，因此较低的续效率要求设定较高的附加费用。意外是指投资收益率、死亡率、费用率等偏离精算假设的不利差异，这也需要在附加费用中设定一个安全系数。同理，在附加费用中也要设定一个利润安全系数。

保险公司对捆绑式定价产品和分类式定价产品采用不同方法收取费用。对捆绑式定价产品，因为其产品设计并不显示各个组成部分，所以不必说明其费用收取。对于分类式定价产品，因为设计了不同的收费以补偿特定费用，所以须说明所收取的各种类别的费用。分类式定价产品收费一般分为：(1)用于补偿某些初始成本的一次性收费；(2)用于补偿某种维持成本的一次或多次定期收费。分类式定价产品的典型例子是定额与变额延期年金和变额寿险产品与万能寿险产品。

**(一)一次性收费**

1. 开端附加费(Front-end Load)。保险公司因提供特殊服务向客户一次性收取费用，通常按一定的比例从客户缴付的保费中扣除，如用于支付销售佣金。

2. 末端附加费(Close-end Load)。它是指当客户提取资金时收取的费用，如退保费，但所收取的退保费的比例通常逐年降低。

**(二)定期费用**

收取定期费用通常是为弥补保险公司的维持费用，它可以是一个统一的金额，也可以是客户账户价值的一个百分比。变额寿险和变额年金产品中的定期费用有：

1. 死亡率和费用收费。主要用来弥补公司的死亡率风险和费用风险，按变额账户资产的一定百分比收取。

2. 行政管理费用。通常按变额账户资产的一定百分比收取，用于补偿编制和邮寄报表一类费用。

3. 账户管理费。每年按账户价值一定百分比和一个固定金额两者中较小的一项收取。

4. 特殊选择权收费。变额产品还会对特殊选择权收取定期费用，如最低保证死亡给付、最低保证利率。

## 二、生命表和死亡率费用

死亡率是特定年龄有时还是特定性别中特定人群死亡发生的概率，是决定死亡给付成本的重要因素。生命表是一种列示特定人群每一年龄预期死亡率的表格。

为了确定死亡率成本，我们必须设定给定时期内的索赔次数和索赔金额，如：

$$死亡率成本=索赔次数\times 索赔金额$$

不同的产品使用这种方法有不同的含义。这里以一年期的定期寿险和一年期的纯粹生存年金为例。

1. 一年期的定期寿险。假设向一个35岁男性签发一份保险金额是10万元的一年期的定期寿险单，索赔次数是表定死亡率0.002 51，索赔金额是保险金额10万元，则：

$$死亡率成本=0.002\ 51\times 100\ 000=251(元)$$

2. 一年期的纯粹生存年金。假设向一个65岁的男性签发年收入给付为1万元的一年期纯粹生存年金保单，索赔次数是表定生存概率(1－死亡率)0.985 75，索赔金额是年给付1万元，则：

$$死亡率成本=0.985\ 75\times 10\ 000=9\ 857.5(元)$$

上面的例子都是一年期的。为了得到长期或终身的死亡率成本，可以使用计算机对每一年进行类似计算，但以生命表的终端年龄为止，然后再把这些计算结果加总。此外，为了最终确定保险公司收取的死亡率费用，还要确定死差益。死差益是指保险公司实际经验死亡率与产品技术设计中使用的预定死亡率之间的有利差异。死亡率成本加上作为安全系数的死差益便是死亡率费用。对人寿保险而言，保险公司可以通过设定大于预定死亡率的假定死亡率来获得死差益。对生存年金则采取相反的设定小于预定死亡率的假定死亡率来获得死差益。保险公司还可以采用保守的生命表、增减表定死亡率一定百分比、附加死亡率成本一个固定金额来获取死差益。

## 三、投资收益和利息

保险公司为产品设计设定三种安全系数：费差益，死差益，利差益。

**(一)利差益**

利差益是指保险公司从资产中赚取的利率与贷记客户利率之间的有利差异。

捆绑式定价产品和分类式定价产品的利差益有不同的表示方式。

1. 捆绑式定价产品的利差益。对捆绑式定价产品而言，客户一般不知道保险公司进行产品定价时所设定的预定利率。保险公司设定的预定利率一般低于预期赚得的利率，这样为产品设计提供了一种安全系数。

2. 分类式定价产品的利差益。对分类式定价产品而言，保险公司定期向客户公布贷记利率。保险公司通过设定低于其预期赚得的利率来获取利差益，为产品设计提供了一种安全系数。

**(二)利息**

货币时间价值的概念是指：当一笔资金(即本金)按一定的利率投资时，由于产生利息收入的缘故，将来日期的资金价值将高于现在的资金价值。由于利息的存在，今日投资的资金的现值通常低于将来资金的终值。终值也称为复利价值。将来某金额资金的现值是使用一定利率的折现值。利息可以分为单利和复利。单利是对所投资的本金计息，只要用本金乘上利率就可以得到单利，已赚到的利息不会再次计息。复利是指不但对本金而且对所赚到的利息也要计息。以复利计算的期限越长、频率越高，利息也就越多。人寿保险和年金产品的定价都采用复利计算。没有考虑复利影响的利率是名义利率，而包含了复利计息结果的利率被称为实际利率，实际利率要大于名义利率。

## 四、寿险产品定价的步骤

人寿保险的定价过程得出一个费率，它是每单位人寿保险的收费。人寿保险的保费代表价格，是人寿保险定价的主要变量。然而，年金保险保费一般视为类似于账户的存款，年金产品定价的主要因素是利息率。给一种新产品定价时，其最终目标是尽可能使产品得到的收入足以支付保险金和相关的费用，并给公司所有人带来适度的利润，而且产品定价必须遵守相关的法律法规。精算师尤其是产品精算师专门从事定价工作。产品种类不同，定价过程也有所不同。保险产品的定价一般包含以下三个步骤：选择产品的定价目标和策略；设定精算假设和进行利润测试；管理产品定价的结果。

**(一)选择定价目标和策略**

营销人员和精算人员通常合作制定一项新保险产品的定价目标和策略。定价目标具体规定公司通过产品定价实现什么样的利润、销售和市场份额水平。寿险公司的定价策略有三类：

(1)成本驱动型定价策略注重费率水平足以弥补公司的所有成本和保险金给付,并带来适度的利润。(2)竞争驱动型定价策略注重参考提供类似产品的竞争对手的费率来制定自己的费率。(3)客户驱动型定价策略注重公司制定的费率会被公司的客户或销售商所接受。公司的定价目标和策略要与公司的总体目标保持一致。

**(二)设定精算假设**

为了替一项新产品定价,精算师必须使用一个数学的产品模型,它是计算机程序包的一部分。该模型用来衡量基于数种盈利标准的计划的定价结构。精算师要输入模型一套因素的假设值。这些因素包括投资收益、给付成本和附加费用。附加费用是指产品定价结构中用来补偿经营费用的部分,主要有销售佣金、税收、一般经营费用。附加费用也为未预料到的结果和自愿终止保单提供一个安全系数。在寿险和年金产品定价中使用的假设值被称为精算假设。精算师根据经过大量调研得到的真实数据做出精算假设。

1. 投资收益和利息率。为了获得投资收益,保险公司把收取的保险费投资于许多资产,诸如公司债券、政府债券、抵押贷款、公司股票和不动产。保险定价中的投资收益是投资收入超过投资费用的净投资收入。投资费用包括管理费、交易费和行政管理费用。保险定价的假设中有一项投资增长的假设。投资增长取决于两个因素:(1)投资报酬率,在定价中以利息率假设表示。(2)投资本金生息的时间长度。投资值随着利息率的升降而增减,投资值也随着投资期的长短而增减。货币的时间价值这一概念帮助理解投资的增长。由于利息的影响,货币的价值会随时间而变化。因此,生息的货币金额的现值一般小于未来的值。按照货币时间价值的概念,以给定利息率的一笔投资金额,投资的时期越长,其增长金额也就越多。因此,投资收益对诸如终身寿险这一类的长期产品较短期产品有更大的影响。

2. 给付成本和死亡率因素。给付成本是保险人按照合同规定承诺给付客户的价值。该给付成本等于保险人对所有客户潜在给付义务乘上给付的预期概率,如下式所示:

给付成本=给付义务×给付的概率

人寿和年金保险提供的潜在给付种类有:

(1)人寿保险死亡保险金;

(2)人寿和年金保险的退保金;

(3)人寿和年金保险账户价值的部分提取;

(4)年金保险中的定期收入给付;

(5)有些年金保险中给付的死亡和生存保险金。

不同产品类型有不同的给付成本。死亡率是所有人寿保险和生存年金的一项重要因素。给定年度死亡保险金给付和生存年金的定期给付的概率是由死亡率统计来衡量。精算师要对死亡率做出假设。死亡率是在一个特定时期(通常为一年)内一个特定人群中死亡的比率。

(1)人寿保险和死亡保险金给付成本。就人寿保险而言,保险人的死亡保险金成本取决于有效保单每年被保险人的死亡概率(死亡率)和死亡保险金金额,如下式所示:

死亡保险金给付成本=死亡保险金×死亡率

因此,相同年龄和性别的被保险人人群的死亡率越高,死亡保险金给付成本也就越大,收取的保费也就越多。所以,假如其他风险因素相同,对抽烟者比不抽烟者收取的保费要多,对年龄 34 岁的人比年龄 38 岁的人收取的保费要少。

(2)年金保险和保险金给付成本。年金保险的保险金成本是受年金保险的种类影响的,是即期年金还是延期年金，所选择的给付方式是生存年金还是确定年金。以下以延期年金为例予以说明。

延期年金的保险人保险金给付义务在积累期和给付期中有别。在积累期中死亡率因素仅适用于给付死亡保险金成本。在生存年金的给付期中每年保险金成本取决于每年收入给付金额和年金受领人每年生存概率，如下式所示：

该年保险金给付成本＝年度收入给付金额×年金受领人生存至下年的概率

一般而言，相同年龄和性别的生存年金受领人人群的死亡率越高，保险金给付成本就越低。换言之，假如其他风险因素相同，65岁的女性较之68岁的女性有较高的保险金给付成本。因此，生存年金受领人较高的死亡率使收取的保费较少。

(3)生命表。为了给死亡率假设提供依据，精算师收集和积累死亡率统计资料，保险公司也仔细记录其被保险人死亡的经验数据。在美国，精算师也使用美国精算院和美国精算师学会等精算组织收集的保险公司提供的死亡率数据。这些死亡率统计资料体现在生命表上。大多数寿险公司的生命表起始年龄为0岁，终端年龄为99岁或100岁。

3. 附加费用。在产品定价中设定附加费用的目的是：支付公司经营费用（包括销售费用，但不包括保险金给付成本和投资管理费用），补偿保险人因保单失效而失去的保费收入，为未预料到的结果（实际产品成本超过产品定价中的精算假设）提供安全系数，为分红产品保单分红的资金提供一个安全系数。为了确定附加费用，精算师必须对经营费用金额、保单失效率和安全系数做出假设。

(1)经营费用。一般分为四类：①取得新业务的费用；②产品开发费用；③维持费用；④一般行政管理费用（正常营业费用）。

(2)保单失效备抵。当保单所有人因在一定时期内没有缴付保费而终止合同时便发生保单失效。失效率是在一定时期（如一年）有效业务到期末被保单所有人终止的百分比。从100％扣除失效率便是持续率。虽然失效率与盈利之间的关系十分复杂，但保单失效，特别是在第一年至第十年内失效，保险人一般会遭受亏损。因此，设计一项产品时，产品精算师要在附加费用中做一个失效率假设。

(3)定价安全系数。产品的安全系数一般用来对付死亡率、费用和投资的不利经验所带来的未预料的损失，并为保险人的利润和分红产品的保单红利提供资金。不同的保险人使用不同的技术来制定安全系数。精算师可以在其他产品费用增加收费来提供安全系数，也可以保守地做出死亡率、费用、投资收益率假设，以便实际结果和假设之间的差异对保险人有利。保险人一般会明文规定一个安全系数。

安全系数有不同的名称，诸如利润系数，意外备抵，风险系数和风险收费。意外（Contingencies）是造成与产品相关精算假设明显不同的产品风险的事件或环境。对保险产品定价造成不利结果的意外的例子有：①市场利息率严重波动；②不利的死亡率经验；③发生与定价过程中的费用假设值不利的偏离；④发生与保单失效假设不利的偏离；⑤不利的监管决策；⑥不利的税收立法。

**（三）捆绑式和分类式定价结构**

捆绑式和分类式定价结构（Bundled and Unbundled Pricing Structure）在人寿保险和年金保险定价过程中存在一些区别。人寿保险和年金保险均可以使用捆绑式或分类式定价结构。在捆绑式定价结构中，保险人向客户提供一揽子保险金。在分类式定价结构中，保险人向客户披露多种保险金、投资收益率和附加费用。例如，万能寿险单分别列明了与死亡率相关的收费、投资收益率、附加费用。捆绑式定价结构适用于终身寿险和固定年金这一类传统产品，分类式定价结构则适用于变额寿险和变额年金这一类创新产品。以下介绍捆绑式定价结构，在下一章专门介绍分类式定价结构。

1. 人寿保险的捆绑式定价结构。使用捆绑式保费的人寿保险，保险金成本、投资收益和附加费用结合在单一公式里得出寿险总保费：

人寿保险总保费＝保险金成本收费＋附加费用－投资收益备抵

人寿保险的净保费＝保险金成本收费－投资收益备抵

2. 年金保险的捆绑式定价结构。处在积累期的延期年金和处在给付期的即期年金的定价方法有着明显区别。对处在给付期的捆绑式年金，保险人规定了一个年金成本，它是年金保单中将来定期给付的现值。年金成本可以按净值和总值分别计算。附加费用是总年金成本和净年金成本之间的差额：

净年金成本＋附加费用＝总年金成本

**(四)保单准备金和现金价值**

一项产品定价也必须提存保单准备金和现金价值。产品定价过程注重与产品相关的资产和负债，产品资产必须与产品负债平衡，产品负债主要由保单准备金组成。基本的会计方程式是保险人的资产必须等于负债和资本及盈余之和。倘若保险人的负债增加，那么保险人必须相应增加资产或者减少其盈余。保险监管机构要求保险人至少保持一个最低的保单准备金。在美国，最低准备金要求是使用规定的生命表和利息率及其他因素计算得出的法定准备金。

现金价值又称为退保金，它是保单所有人退保或保单失效后所能得到的金额，它要扣除保单质押贷款、提款和退保收费。准备金和现金价值根据下列保守的精算假设得出：(1)保险金成本；(2)投资收益率；(3)附加费用(仅对现金价值而言)；(4)失效率。

一项产品的现金价值类似于保单准备金，两者主要根据将来合同保险金价值，经过精算师根据货币时间价值和死亡率影响进行调整，再减去将来保费的现值得出。

现金价值＝精算调整后的将来保险金的价值－精算调整后的将来总保费的价值(人寿保险)

准备金＝精算调整后的将来保险金价值－精算调整后的将来净保费的价值(人寿保险)

请注意，现金价值计算规定了附加费用，而准备金无附加费用，所以同一产品的现金价值总是小于准备金。

**(五)利润测试精算假设**

在产品定价最后阶段，精算师使用一个资产份额模型来测试各种情景(即多种死亡率、投资收益和费用假设)下产品的营利能力。资产份额模型是一种数学模拟模型，用来说明在给定的假设下，保险产品的资产、负债和盈余怎样逐年变化。情景可以是保守的、现实的或乐观的。每种情景产生不同的结果。根据模型所使用的情景，资产份额模型表明：

(1)保险人能预计产品盈利的时点；

(2)保险人每年收到的保费和投资收益的金额；

(3)保险人能预计支付索赔、退保金、保单红利的金额；

(4)预计费用金额；

(5)给定产品给公司带来的每年盈余增减；

(6)每年保单准备金、现金价值和资产份额的增加。

资产份额是一项保险产品在给定时间已积累的每个产品单位的现金净额。在资产份额小于保单准备金之前，产品不会给公司带来利润或增加盈余。一项产品成为盈利的点被称为保本点和保本期。保本点是一项产品的资产份额首次等于其保单准备金的时点。保本期是从签发保单开始到产品资产份额等于其准备金（达到保本点）结束的时期。如果保本期太长，精算师可以改变资产份额模型中使用的一些精算假设。在制定总费率时，产品精算师也会参考市场上其他公司类似产品的总费率。

**（六）管理产品定价的结果**

实际值与假设值的差异称为偏差，偏差可以是有利的或不利的。如果发生明显的不利的偏差，保险人要识别其原因，并采取纠正措施，比如修改费率，减少分红保单的红利规模，改善经营效率，降低费用支出，从市场上撤销该产品或者加以修改。

## 第二节 人寿保险中的风险测定——生命表

### 一、概率法则

在人寿和健康保险的费率计算中，使用到一些概率法则：

1. 确定性法则。确定性可以用 1 表示。

2. 简单概率。一个事件将会发生或不会发生的概率可以用一个分数表示，取值范围是从 0 到 1。

3. 复合概率。两个相互独立的事件将会同时发生的概率是事件将会分别发生的单个概率的乘积，即 $P_1 \cdot P_2$。

在任何一年，死亡概率加上生存概率等于 1，因为一个人不是在该时期内生存，就是在该时期内死亡。

### 二、预测将来事件的方法

预测将来事件有两种方法：一种是演绎推理，另一种是归纳推理。归纳推理方法是指：假设条件相同的情况下，过去已发生的在将来也会发生，即为了预测将来事件，不需要分析现象的原因。

归纳推理方法也可以应用到人寿保险中，即根据以往的寿命和死亡年龄的数据来预测将来死亡和生存的概率。这种预测的根据是“死亡率法则”(Law of Mortality)，一群人从出生开始，每年都将有一定数量的人死亡，直到所有人都死亡为止。通过研究有足够多人数的群体的死亡率，就为预测将来死亡率奠定了基础。因此，制定人寿保险的费率必须有死亡率统计数据。

### 三、大数法则

理论估计接近实际经验数据的准确性与人寿保险有着重要关系。这种准确性取决于两个重要因素：第一，供估计的统计资料的准确性，这需要对死亡率统计资料加以仔细审查；第二，单位数或试验次数。

在人寿保险中，预测将来的死亡率是根据以往一大批人的死亡率。生命表中显示的某年龄每1 000人中有7人死亡，并不意味着这1 000人中在一年内正好有7人死亡，而是指在许多1 000人组中在一年内每1 000人中约有7人死亡。为了使大数法则能起作用，必须有一大批人的死亡统计资料。如果收集的统计资料准确性高，并且有足够多的样本，那么就可以估计将来的死亡率，而且将来的实际经验数据会与以往的经验数据合理地接近。换言之，如果有足够多的被保险人，实际提出的保险金给付申请数与预期的保险金给付申请数将会出现一定的偏差的概率就高。例如：

| 被保险人人数 | 5%偏差的概率 |
|---|---|
| 1 000 | 18.2% |
| 5 000 | 39.0% |
| 25 000 | 74.2% |
| 50 000 | 89.0% |
| 1 000 000 | 99.99% |

正因为人寿保险应用了大数法则，所以有这样一句格言："没有比生命更不确定的事物，也没有比人寿保险更确定的事物。"

## 四、死亡率统计资料的来源

1. 人口普查和死亡登记统计资料。人口普查和死亡登记统计资料容易出现错误因素。人口普查统计资料是由许多人通过面谈收集到的，会出现资料分类不当、故意或非故意地回答问题、漏报年龄等情况，因此，人口统计提供的死亡统计资料是不够完整的和精确的。

2. 被保险人的死亡统计资料。被保险人的死亡统计资料往往比较准确，这是因为人寿保险的业务处理要求仔细地记录被保险人的出生日期、性别和死亡日期，这便于得出按各种年龄和性别分类的准确死亡率。

被保险人的经验死亡率应明显低于人口的经验死亡率，这是因为被保险人经过了保险公司的"风险选择"。因此，人寿保险公司现在使用的生命表都是根据大量被保险人的死亡统计资料编制的。

## 五、生命表的编制

把概率论应用到人寿保险，是表现在生命表这一数学模式中。生命表显示一组人从0岁开始每一年龄的死亡概率和生存概率。

### (一)死亡率计算

中国人寿保险业经验生命表以100万人为一组，显然任何一家保险公司不可能同时接受同一年龄的100万人投保，因此，不可能观察100万人从0岁到99岁的死亡情况。保险单是逐日签发的，而且是签发给各种年龄的人。然而，每家保险公司可以保存其所有被保险人的记录，这些记录可以提供各种年龄的观察人数、每个观察期以及已死亡的人数。因此，如果收集到足够多的数据，可以根据被观察人的年龄、观察期、按性别的各种年龄的死亡人数编制生命表。

兹举例说明。假定已收集到男性下列数据：

| 年龄 | 观察年的人数 | 年内死亡人数 |
|---|---|---|
| 0 | 10 000 | 80 |
| 1 | 30 000 | 90 |
| 2 | 150 000 | 600 |
| 3 | 80 000 | 360 |
| ⋮ | ⋮ | ⋮ |

根据以上数据，可以计算出各年龄段的死亡率：

| 年龄 | 观察年的人数 | 年内死亡人数 |
|---|---|---|
| 0 | $\frac{80}{10\ 000}$ | 0.008 0 |
| 1 | $\frac{90}{30\ 000}$ | 0.003 0 |
| 2 | $\frac{600}{150\ 000}$ | 0.004 0 |
| 3 | $\frac{360}{80\ 000}$ | 0.004 5 |
| ⋮ | ⋮ | ⋮ |

根据上面计算出的死亡率编制生命表：

| (1) | (2) | (3) | (4) | (5) |
|---|---|---|---|---|
| 年龄 | 生存人数 | 死亡率 | 年内死亡人数 | 下年初生存人数 |
| | | | (2)×(3) | (2)−(4) |
| 0 | 1 000 000 | 0.008 0 | 8 000 | 992 000 |
| 1 | 992 000 | 0.003 0 | 2 976 | 989 024 |
| 2 | 989 024 | 0.004 0 | 3 956 | 985 068 |
| 3 | 985 068 | 0.004 5 | 4 433 | 980 635 |
| ⋮ | ⋮ | ⋮ | ⋮ | ⋮ |

**(二)平均余命**

有时生命表上附有显示各年龄的平均余命或生命期望值的栏目。平均余命并不是指某个人还能生存多长时期，但人寿保险公司在计算费率时都假定被保险人将会生存其平均余命的时期。

平均余命的计算公式是：

$$\dot{e}_x = 0.5 + \frac{1}{l_x}\sum_{t=1}^{w-x-1} l_{x+t}$$

式中：$\dot{e}_x$——年龄 $x$ 的人的平均余命；

$l_x$——在年龄 $x$ 的生存人数；

$t$——1,2,3,…,$w-x-1$；

$w$——生命表的终端年龄。

上式表明：年龄 $x$ 的人的平均余命是以后各年龄生存人数的总数除以在年龄 $x$ 的生存人

数，再加上 0.5 年。这多出的半年是根据死亡率发生的时间均匀分布在一年中，因此，每个在当年死亡的人在该年平均生存了半年。例如，我们根据中国人寿保险业经验生命表(2000～2003)(本章后所附表 9－3)，计算 90 岁男性的平均余命：

$l_{90}=127\ 363$

$l_{91}=101\ 557(t=1)$

$l_{92}=78\ 960(t=2)$

⋮

$l_{104}=118(t=14)$

$l_{105}=42(t=15)$

$\dot{e}_{90}=0.5+\dfrac{368\ 463}{127\ 363}=3.39$

| $t$ | $90+t$ | $l_{90+t}$ | |
|---|---|---|---|
| 1 | 91 | 101 557 | |
| 2 | 92 | 78 960 | |
| 3 | 93 | 59 689 | |
| 4 | 94 | 43 729 | |
| 5 | 95 | 30 937 | |
| 6 | 96 | 21 049 | |
| 7 | 97 | 13 711 | |
| 8 | 98 | 8 507 | |
| 9 | 99 | 4 998 | |
| 10 | 100 | 2 762 | |
| 11 | 101 | 1 425 | |
| 12 | 102 | 681 | |
| 13 | 103 | 298 | |
| 14 | 104 | 118 | |
| 15 | 105 | 42 | |
| | | | $368\ 463=\sum_{t=1}^{t=15} l_{90+t}$ |

因此，年龄 90 岁男性的平均余命是 3.39 年。之所以选择年龄 90 岁这个例子，是为了简化计算平均余命的过程。

一张完整的生命表由 6 个栏目组成：$X$ 表示年龄；$l_x$ 表示 $X$ 岁人年初生存人数；$d_x$ 表示 $X$ 岁的人在一年内的死亡人数；$q_x$ 表示 $X$ 岁人在到达 $X+1$ 时一年间的死亡率；$p_x$ 表示 $X$ 岁的人在到达 $X+1$ 时一年间的生存率；$\dot{e}_x$ 表示平均余命，即 $X$ 岁的人以后还能生存的平均年数。

生命表中各项生命函数的关系如下：

(1)$l_x-l_{x+1}=d_x, l_x-l_{x+N}=d_x+d_{x+1}+\cdots+d_{x+N-1}$

(2)$q_x=\dfrac{d_x}{l_x}=\dfrac{l_x-l_{x+1}}{l_x}, {}_nq_x=\dfrac{l_x-l_{x+n}}{l_x}$

(3)$p_x=\dfrac{l_x-d_x}{l_x}=\dfrac{l_{x+1}}{l_x}, {}_np_x=\dfrac{l_{x+n}}{l_x}$

(4)$p_x+q_x=1$

**［例 1］** 试求一个 25 岁的男性在达到 50 岁之前的死亡概率(查看表 9－3)。

$$\frac{l_{25}-l_{50}}{l_{25}}=\frac{988\ 573-949\ 840}{988\ 573}=0.039\ 181$$

**［例 2］** 试求一个 25 岁的男性生存到 50 岁的概率。

$$\frac{l_{50}}{l_{25}}=\frac{949\ 840}{988\ 573}=0.960\ 8$$

**(三)死亡率数据的调整**

人寿保险公司在计算费率或准备金时使用的生命表并不完全根据从死亡统计资料得出的死亡率。由于经验数据的量并不一致，或许不足以提供完整和可信的统计资料，所以要对得出的死亡率进行两种调整：

1. 修匀法(Graduation)。使用修匀法可以消除观察数据中不规则的部分，即把样本经验数据中不符合总体特点的部分剔除，把死亡率“修匀”为一条平滑的曲线，但仍保持观察数据的基本特点。在进行修匀时，要根据使用的数据和计算的目的选择某一种修匀方法。

2. 安全系数(Margin)。对得出的死亡率平滑曲线需要再使用一个安全系数。例如，最终死亡率的生命表可以增加 20%的估计死亡率，即最终死亡率是 120%的估计死亡率，安全系数是 20%，以此抵消由于自然灾害、战争、流行病、统计误差等未预料到的事件引起的死亡率增加。如果生命表是用来计算年金保险的费率，则应该使用减少死亡率的安全系数。这是因为保险公司承担的风险是以生存概率来测定，例如最终死亡率可以定为估计死亡率的 90%。没有安全系数的生命表被称为基本生命表，主要用来研究死亡率的变化趋势，以及把本公司的死亡率经验数据同其他公司进行比较。这种安全系数也可以在得出基本死亡率之前通过调整数据来提供。

**(四)生命表的种类**

1. 选择、最终和总计的生命表。

(1)选择的生命表(Select Table)。人寿保险的承保过程又称为风险选择，因此，经过选择的被保险人的死亡率低于一般人口的死亡率，而且最近几年选择的被保险人的死亡率低于以前选择的被保险人的死亡率。例如，可以把 40 岁的被保险人分为四组：A 组是最近选择的被保险人，B 组是 2 年前选择的被保险人，C 组是 20 年前选择的被保险人，D 组是 25 年前选择的被保险人。其中 A 组死亡率最低，D 组最高。随着时间的推移，各组之间的死亡率差异会逐渐消失。在编制生命表时必须考虑这种选择的影响。一份选择的生命表是通过选择后按经过年限调查不同年龄组的死亡率来编制的生命表。

(2)最终的生命表(Ultimate Table)。最终的生命表剔除了被保险人投保后 5～15 年的经验数据，即根据被保险人最终的死亡率编制生命表，也即按照承保选择的影响消失后的死亡率来编制生命表。

(3)总计的生命表(Aggregate Table)。根据被保险人在整个保险期内的死亡率数据编制的生命表称为总计的生命表。

2. 年金生命表。根据人寿保险的经验数据编制的生命表不适用于年金保险。这主要有两个原因：第一，购买年金保险的人一般是身体健康的人，尤其是在使用趸缴保险费方式购买即期年金的情况下，年金受领人的死亡率低于人寿保险的被保险人，而且人寿保险的生命表对估计的死亡率做了高估。第二，死亡率的持续降低使人寿保险增加了安全系数，但这对年金保险却导致相反结果。事实表明，根据以往经验数据编制的年金生命表是不可靠的，因此，要结合预测的将来较低的死亡率来编制年金生命表。

3. 静态表和结合预测的表。人寿保险使用的生命表一般是静态表。由于死亡率持续降低的趋势，这些静态表要定期被根据较近经验数据编制的静态表代替。例如，我国根据2000～2003 年的数据编制的人寿保险业经验生命表已取代了 1990～1993 年版的生命表，前者显示了较低的死亡率。死亡率的持续降低趋势使人寿保险的死亡保险金给付时间推迟，保险公司可从其资金运用取得额外利息，并收取额外保险费。然而，死亡时间推迟使年金保险支付额外年金。经常编制新的静态表需要大量费用，一种替代办法是使用年龄倒退法对死亡率进行调整，即继续使用原来的静态表，但使用较低年龄的死亡率，如使用 1～4 年的年龄倒退。另一种方法是预计法，如果预计寿命长于原来的静态表，就选用一个小于 100%的百分比进行修正。

由于年金保险业务占人寿保险公司全部业务的比例越来越大,结合预测因素的生命表现在已得到普遍使用。

4. 基本生命表和评估生命表。用于产品技术设计的生命表被称为基本生命表,它没有在死亡率上增加安全系数,使用的是实际死亡率。用于计提准备金的生命表被称为评估生命表,它在死亡率上增加了安全系数,从而提存较多的准备金,是比较保守的生命表。

5. 区别性别的生命表和男女通用生命表。由于女性的死亡率低于男性,所以生命表可以基于性别构造,也可以男女通用。男女通用生命表显示男性和女性的死亡率相同,大多数团体保险产品使用男女通用生命表。美国有一些州的法律禁止使用性别歧视的区分性别的生命表。

6. 专有生命表和公开生命表。专有生命表是保险公司根据自己承保的被保险人的经验数据来编制生命表;公开生命表是基于全体公众或保险业总体的经验数据编制的生命表。

7. 美国使用的生命表。美国人寿保险公司使用多种生命表,比较著名的有:

(1)1941 年保险监督官标准普通生命表。它是根据 1930～1940 年美国和加拿大一些人寿保险公司的死亡率经验数据编制而成的,它对 1948～1966 年签发的保险单仍适用。在 1941 年 CSO 表之前,曾广泛使用 1868 年公布的美国经验生命表,它是根据纽约相互人寿保险公司死亡率经验数据编制的。

(2)1958 年保险监督官标准普通生命表。它是由精算师学会和全国保险监督官协会联合编制的,所使用的基本经验数据是 15 家大的寿险公司在 1950～1954 年的死亡率经验数据。美国所有州的法律都曾规定使用该表计算最低准备金和现金价值。后来编制的 1980 年 CSO 表取代了 1958 年 CSO 表。2002 年 12 月,美国保险监督官协会批准了由美国精算院和美国精算师协会编制的 2001 年 CSO 表。它是一套包括区分性别和不区分性别以及吸烟者和不吸烟者的生命表,并把生命表的终端年龄从 100 岁延长至 120 岁,反映了近几十年来美国被保险人的长寿率明显增加。人寿保险公司可以使用一种生命表计算准备金,使用另一种生命表计算费率。CSO 表是规定计算准备金的生命表,该表设有较大的安全系数。大的人寿保险公司可依靠自己的精算师编制用于费率计算的生命表。

(3)1965～1970 年最终基本表。该表于 1973 年公布,是根据普通最终死亡率经验数据编制的,供比较和分析死亡率及其变化趋势使用。

(4)简易人寿保险生命表。它是根据简易人寿保险的经验数据编制的。第一种简易人寿保险生命表使用到 1948 年,在 1941 年又编制了新的标准简易人寿保险生命表。从 1968 年 1 月 1 日起生效的保险监督官简易人寿保险生命表是作为计算所有新的简易人寿保险业务最低准备金和退保金的生命表。

上述这些生命表都是最终表。

(5)个人年金生命表。仍在使用的四种个人年金生命表是:1937 年标准年金生命表,1949 年年金生命表,1955 年美国年金生命表和 1971 年个人年金生命表。

(6)团体生命表。仍在使用的团体生命表有三种:1951 年团体年金表,1960 年保险监督官标准团体生命表和 1971 年团体年金生命表。

8. 日本使用的生命表。日本编制生命表已有很长历史。日本人寿保险公司最先使用的是"藤泽表",它是藤泽利喜太郎博士根据 1881～1887 年 7 年的人口统计资料编制的。日本第一份比较完善的生命表是由明治、帝国、日本三家人寿保险公司于 1910 年公布的经验生命表。由于第二次世界大战后国民的死亡率状况发生显著变化,日本不断编制了新的生命表,后来日本人寿保险所使用的生命表是根据各家人寿保险公司经验数据编制的“日本全会社表”（1965～1969 年）、（1972～1976 年）、（1979～1980 年）等。

9. 我国台湾使用的生命表。我国台湾在 1968 年以前没有使用自己的生命表，而是使用日本第九回生命表。1968 年台湾地区财政当局做出决定，要求经营寿险业务的公司使用第三回居民生命表来计算保险费和提存责任准备金。此后，台湾地区于 1973 年 2 月 16 日起正式组织人员编制台湾地区寿险业经验生命表，该项工作于 1974 年 6 月结束，编制了 1974 年台湾地区寿险业经验生命表，英文名为“1974 Taiwan Standard Ordinary Mortality Table(1969～1972)”，简称“1974 TSO 表”。后来，又编制完成了台湾地区寿险业第二回经验生命表，英文简称为“1984 TSO 表(1977～1981)”。

10. 我国生命表的编制。我国保险公司以前无自己编制的经验生命表，人身保险业务主要参考使用日本全会社表。起初是使用日本全会社第二回生命表，开发了简易人身保险、子女教育婚嫁金保险、福寿安康保险和城镇养老金保险等险种。1984 年又引进了日本全会社第三回生命表，以此表为基础推出了个人养老金保险业务。使用日本生命表，在恢复人身保险业务之初能解燃眉之急，但中、日两国情况毕竟存在较大差异。首先，我国被保险人主要来源于城市，而我国城市死亡率比全部人口死亡率要低得多，因此，我国的被保险人的死亡率要比日本全会社生命表低一些。其次，我国地域辽阔，人口众多，经济发展水平和自然条件差异很大，各地死亡率有很大差异。因此，中国人民保险公司人身险部精算处于 1992 年开始主持编制《中国人寿保险业经验生命表(1990～1993)》，自 1996 年 7 月起使用该生命表计算我国寿险费率和准备金。由于医疗环境的不断改善，近年来我国的人均寿命延长了，寿险公司也积累了大量关于死亡率的经验数据，于是中国保监会在 2003 年 8 月启动了新生命表的编制项目。新生命表数据来自中国人寿、平安人寿、太平洋人寿、新华、泰康、友邦 6 家保险公司，共一亿多条保单记录，占全部行业同期保单数量的 98%以上。《中国人寿保险业经验生命表(2000～2003)》包括非养老金业务男女表和养老金业务男女表，共两套四张表，其结构与原生命表相同，但取消了混合表。从 2006 年 1 月 1 日开始，对寿险公司的责任准备金的评估采用新的生命表，寿险公司的产品定价可以新的生命表为基础，也可以其他生命表为基础。在中国编制的生命表中，以 100 万人为一组，终端年龄是 105 岁。第三版生命表的修订于 2014 年开启，由于死亡率一直在改善，中国对生命表每 10 年修订一次。生命表第三版的修订根据 2010～2013 年的寿险行业数据来进行。

2008 年 5 月 9 日，中国精算师协会在北京成立。截至成立之日，已通过考试产生了 110 名中国精算师、640 名中国准精算师，还有 200 余名具有国外资格的精算师在国内工作。

## 第三节 利 息

人寿保险费由两部分组成：净保险费和附加保险费(Loading)。净保险费的计算需要使用生命表并考虑投资取得的利息；附加保险费主要用来补偿保险公司的经营费用。使用均衡保险费法的人寿保险在给付保险金之前已积累了大量资金，并通过资金运用取得利息收入，这要求在确定保险单所有人应缴付保险费时按预定利率做利息扣除。

## 一、利息的基本公式

利息可以定义为使用货币资金所需要支付的价格。原投资称为本金，积累到一个特定时期末的总额称为累积金额，在这特定时期所取得的利息是累积金额减去本金。

表示利息的最基本公式是：

$$S=P+I$$
$$I=Pi$$
$$S=P+Pi=P(1+i)$$

式中：$S$——累积金额；
$P$——本金；
$I$——利息；
$i$——年利率。

如果在每个利息期末向投资者支付利息，例如在一年末支付利息，该利息是单利。

## 二、复利

在人寿保险中，已取得的利息会留存在保险公司，把利息和本金合在一起再用于投资，再取得利息，这样的利息是复利。

以给定的年利率在第一年末的本金的累积金额是：

$$S_1=P(1+i)$$

在第二年末的累积金额是：

$$S_2=S_1+iS_1=S_1(1+i)=P(1+i)^2$$

以此类推，在 $N$ 年末的累积金额（复利终值）是：

$$S=P(1+i)^n$$

## 三、现值

为了在一个特定时期末取得一定金额而现在所需要投资的本金称为现值。

$$\because \quad S=P(1+i)^n$$
$$\therefore \quad P=\frac{S}{(1+i)^n}$$

在复利现值表中，$\frac{1}{(1+i)^n}$以 $v^n$ 表示，$v$ 是$\frac{1}{1+i}$的符号。

## 四、每年投资 1 元的累积金额

例如，连续三年在每年初投资 1 元，第三年末的累积金额是：

$$\ddot{S}_{\overline{3}|}=(1+i)+(1+i)^2+(1+i)^3$$

$\ddot{S}_{\overline{3}|}$表示在 3 年内每年初投资 1 元的累积金额（年金终值）。

## 五、每年支付 1 元的现值

例如，连续三年在每年末支付 1 元的现值：

在第一年末支付 1 元的现值是$\frac{1}{1+i}$；

在第二年末支付 1 元的现值是$\frac{1}{(1+i)^2}$;

在第三年末支付 1 元的现值是$\frac{1}{(1+i)^3}$;

$v^n$ 表示$\frac{1}{(1+i)^n}$;

$a_{\overline{3}|}=v^1+v^2+v^3$;

$a_{\overline{n}|}$表示在 $n$ 年内在每年末支付 1 元的现值(年金现值)。

### 六、利息表

四个基本的复利函数利息表是复利终值表、复利现值表、年金终值表和年金现值表(见表 9—1),使用这些利息表可以计算以下四种类型的问题:

[例 3] 假定年利率为 6%,投资 100 元,在 20 年后将积累到多少金额?

$$100(1+i)^{20}=100\times3.2071=320.71(\text{元})$$

[例 4] 假定年利率为 6%,为了在 20 年后积累到 100 元,现在必须投资多少本金?

$$100(v^{20})=100\times0.3118=31.18(\text{元})$$

[例 5] 假定年利率为 6%,20 年内在每年初存入 100 元,在第 20 年末将积累到多少金额?

$$100\ddot{S}_{\overline{20}|}=100\times39.9927=3\,999.27(\text{元})$$

[例 6] 假定年利率为 6%,为了 20 年内在每年末支付 100 元,现在必须投资多少本金?

$$100(a_{\overline{20}|})=100\times11.4699=1\,146.99(\text{元})$$

## 第四节 费率计算的基本假设

保险费可以一次缴清,也可以分期缴付,许多保险费是按年缴付。在费率计算时,首先做了两个简单假设:保险费在年初缴付,保险金在年末给付。而实际情况是,在签发保险单时缴付第一次保险费,以后每年在这个日期缴付保险费,保险金则是在被保险人死亡后不久给付。

其次,保险公司预先不知道将来能得到多少利率,因此有必要假设在整个保险期内每年可以取得一个合理利率,即公司确信在长期可以取得一个平均利率。如果实际利率低于预定利率,就要用以前积累的盈余来弥补利息收入的不足部分。出售分红保险单的公司一般使用一个保守的预定利率,并使用红利形式把超额的利息收入返还给保险单所有人。

再次,费率计算假设死亡人数在年内平均分布。例如,某年龄的 100 000 人在一年内死亡 600 人,即每个月死亡 50 人。根据这种假设,死亡平均发生在一年的中期,而在前面的费率计算假设中,保险金是在年末给付,这意味着保险公司要损失半年的利息,这一损失需要以费用附加的方式加以调整。

最后,必须对除了被保险人死亡或合同满期以外的其他原因造成的合同终止做出假设,即假设一个保险单失效率。在实际操作上,保险单失效率是按年龄和险种区分的。

在做了上述假设后,可以根据给定的死亡率和利率计算净保险费。在上一节中提及的现值是按一定的利率把将来取得的金额折为现值的，即做了"利息折扣"。在净保险费计算中，还须对现值做"死亡率折扣"，这会减少现值。例如，假设利率为6%，从利息表中可知20年后1元的现值为0.311 8元。从生命表中(表9－3)可得出一个30岁的男性将生存20年的概率是：

$$\frac{949\ 840}{984\ 635}=0.964\ 7$$

因此，做了"死亡率折扣"的1元的现值是：

$$0.311\ 8\times 0.964\ 7=0.300\ 8(\text{元})$$

在净保险费计算中，通过"利息折扣"和"死亡率折扣"，在签发保险单时，将来净保险费收入的现值等于将来给付保险金的现值。由于假设保险金在年末给付和保险费在年初缴付，所以对保险金的"利息折扣"要比对保险费的"利息折扣"多一年。将来净保险费收入的现值是保险公司的预期价值，将来给付保险金的现值是保险单所有人的预期价值，这个等式表明保险单所有人和保险公司是进行等价交换。

## 第五节 一次缴清净保险费

### 一、保险费分类

**(一)一次缴清保险费和分期缴付保险费**

人寿保险单可以一次缴清保险费方式购买，也可以按年、半年、季、月、周分期缴付保险费方式购买。分期缴付保险费可以持续到被保险人死亡或保险期满，或者限定在一个时期内缴清保险费，如20年缴清保险费的终身寿险单和20年缴清保险费的30年期的两全保险，但这持续缴付20年保险费是以未发生死亡为前提的。除了年金保险以外，人寿保险很少是以一次缴清保险费方式购买，但一次缴清保险费是费率计算的基础。

**(二)净保险费和总保险费**

人寿保险的保险费取决于三个因素：死亡率、利息和费用。在计算净保险费时，只考虑死亡率和利息因素。净保险费加上附加保险费是总保险费或营业保险费。附加保险费是由工资、租金、佣金、税金等费用和意外准备金组成。费率计算首先是计算一次缴清净保险费。

以下计算我们使用《中国人寿保险业经验生命表(2000～2003)》(见表9－3)，除了另有说明外，假定年利率是6%，保险金额为1 000元，被保险人都是男性。

### 二、定期寿险

定期寿险是最简单形式的死亡保险，它是人寿保险费率计算的出发点。

生命表上显示男性在45岁生存的963 399人中在该年内死亡的人数是2 325人。假定保险公司向45岁的人签发了963 399份一年定期寿险单，公司要给付的保险金总额为：

$$2\ 325\times 1\ 000=2\ 325\ 000(\text{元})$$

由于假设在年初缴付保险费和在年末给付保险金，所以公司可以把保险费收入投资一年，以6%的利率计算的1元的现值是0.943 4元(见表9－1)。因此，公司在年初只需收取的净保险费是：

$$2\ 325\ 000 \times 0.943\ 4 = 2\ 193\ 396.23(\text{元})$$

每人应缴付的净保险费是：

$$\frac{2\ 193\ 396.23}{963\ 399} = 2.28(\text{元})$$

在实际业务中，不可能同时向 45 岁的 963 399 人签发保险单。假设只对一个人签发保险单，其结果是相同的。

$$\begin{aligned}\text{保险费} &= \text{死亡概率} \times \text{保险金额} \times 1\text{ 元的现值} \\ &= \frac{2\ 325}{963\ 399} \times 1\ 000 \times 0.943\ 4 = 2.28(\text{元})\end{aligned}$$

使用上面的公式可以计算出第二年初缴付的可以更新的一年定期寿险的保险费：

$$\text{保险费} = \frac{2\ 494}{961\ 074} \times 1\ 000 \times 0.943\ 4 = 2.45(\text{元})$$

以后各年保险费可按此方式计算。

再计算向 45 岁的人签发五年定期寿险单的一次缴清净保险费。保险费是在开始时全部缴清，保险金则是在死亡发生的年末给付，而不是在五年期结束时给付。显然，这种定期寿险的保险费收入有些仅取得一年的利息，有些能取得 2 年、3 年、4 年、5 年的利息收入。因此，必须分别计算每年的保险费用：

$$45\text{ 岁} \quad \frac{2\ 325}{963\ 399} \times 1\ 000 \times 0.943\ 4 = 2.28$$

$$46\text{ 岁} \quad \frac{2\ 494}{963\ 399} \times 1\ 000 \times 0.890\ 0 = 2.30$$

$$47\text{ 岁} \quad \frac{2\ 689}{963\ 399} \times 1\ 000 \times 0.839\ 6 = 2.34$$

$$48\text{ 岁} \quad \frac{2\ 908}{963\ 399} \times 1\ 000 \times 0.792\ 1 = 2.39$$

$$49\text{ 岁} \quad \frac{3\ 144}{963\ 399} \times 1\ 000 \times 0.747\ 3 = 2.44$$

$$\text{一次缴清净保险费} = 11.75(\text{元})$$

在上述计算过程中，死亡概率的分母始终不变，这是因为保险费是在开始时缴付，保险金给付要在这些人中间分摊。

## 三、终身寿险

既然生命表上假定所有人在 105 岁时都死亡，那么对 45 岁的人签发的终身寿险单是对他以后 60 年的死亡风险提供保障，其一次缴清净保险费的计算类似于上面的五年定期寿险的例子，但计算过程要持续到生命表的终端年龄 105 岁。这实际上是一份 60 年期的定期寿险单。在这个例子中，终身寿险的一次缴清净保险费为 172.51 元。

在实际计算中，为了简化计算过程和公式，会使用一些符号和换算函数，这里先以终身寿险为例加以说明：

在年龄 $x$ 的生存人数($l_x$)×年龄 $x$ 的人购买保险金额为 1 元的终身寿险的一次缴清净保险费($A_x$)＝所有将来死亡保险金给付的现值

用方程式表示：

$$l_xA_x=V^1d_x+V^2d_{x+1}+\cdots+V^{104-x}d_{103}+V^{105-x}d_{104}$$

求 $A_x$ 的解，并且分子和分母都乘上 $V^x$：

$$A_x=\frac{V^{x+1}d_x+V^{x+2}d_{x+1}+\cdots+V^{104}d_{103}+V^{105}d_{104}}{V^xl_x}$$

代入换算函数，该方程式可以简化为：

$$A_x=\frac{C_x+C_{x+1}+\cdots+C_{103}+C_{104}}{D_x}$$

在上式中，

$$C_x=V^{x+1}d_x$$

$$D_x=V^xl_x$$

再代入换算函数，该方程式可以进一步简化为：

$$A_x=\frac{M_x}{D_x}$$

在上式中，

$$M_x=C_x+C_{x+1}+\cdots+C_{103}+C_{104}$$

使用换算函数表(见表 9－7)，可以很容易地计算出终身寿险的一次缴清净保险费。换算函数表是把有规律的数值预先算好，编列成表。

**［例 7］** 对一个 18 岁的男性签发终身寿险单的一次缴清净保险费是多少？

$$1\ 000A_{18}=\frac{M_{18}}{D_{18}}\times1\ 000=\frac{16\ 304.191\ 1}{347\ 907.44}\times1\ 000=46.86(\text{元})$$

**［例 8］** 一个在 65 岁退休的男性，其 20 000 元保险金额的终身寿险单已积累了现金价值 11 400 元，如果他想用这笔现金价值把这份保险单转换为保险费缴清保险单，试计算保险费缴清保险单的保险金额。

设 $Y$＝未知保险金额，则：

$$YA_x=11\ 400$$

$$Y=\frac{11\ 400}{A_{65}}=\frac{11\ 400}{0.418\ 1}=27\ 265.80(\text{元})$$

再以定期寿险为例加以说明：

以 $A^1_{x:\overline{n}|}$表示年龄 $x$ 的人购买 $n$ 年保险金额为 1 元的定期寿险的一次缴清净保险费。如同终身寿险：

$$l_xA^1_{x:\overline{n}|}=V^1d_x+V^2d_{x+1}+\cdots+V^{n-1}d_{x+n-2}+V^nd_{x+n-1}$$

求 $A^1_{x:\overline{n}|}$的解，并且分子和分母都乘上 $V^x$：

$$A^1_{x:\overline{n}|}=\frac{V^{x+1}d_x+V^{x+2}d_{x+1}+\cdots+V^{x+n-1}d_{x+n-2}+V^{x+n}d_{x+n-1}}{V^xl_x}$$

代入前述的换算函数，该方程式可以简化为：

$$A^1_{x:\overline{n}|}=\frac{C_x+C_{x+1}+\cdots+C_{x+n-2}+C_{x+n-1}}{D_x}$$

$$\because\quad M_x=C_x+C_{x+1}+\cdots+C_{x+n-1}+C_{x+n}+\cdots+C_{104}$$

$$\therefore\quad M_{x+n}=C_{x+n}+\cdots+C_{104}$$

$$A^1_{x:\overline{n}|}=\frac{M_x-M_{x+n}}{D_x}$$

［例 9］ 对一个 18 岁的男性签发五年期的定期寿险单的一次缴清净保险费是多少？

$$1\,000A^{1}_{18:\overline{5|}}=1\,000\times\frac{M_{18}-M_{23}}{D_{18}}$$
$$=1\,000\times\frac{16\,304.19-15\,416.27}{347\,907.44}$$
$$=2.55(元)$$

## 四、生存保险

生存保险(Pure Endowments)，是指在被保险人期满生存的情况下，由保险人向被保险人给付保险金。例如，向一个 45 岁的男性签发 10 年期的生存保险。生命表上显示：在 45 岁生存的 963 399 人，到 55 岁时仍有 930 283 人生存，即在这 10 年期的生存概率是：

$$\frac{930\,283}{963\,399}$$

该 10 年期生存保险的一次缴清净保险费是：

$$保险费=生存概率\times保险金额\times 1\ 元的现值$$
$$=\frac{930\,283}{963\,399}\times 1\,000\times 0.558\,4=539.2(元)$$

在上式中，0.558 4 是以 6%的利率计算的 10 年后 1 元的现值。

生存保险与银行储蓄有着明显区别，如果被保险人在保险期内死亡，他就丧失了所缴付的全部保险费，这些资金将会分配给期满生存的被保险人。因此，可以把上例中 1 000 元的生存保险金给付分为两个部分：一部分是保险费加上以 6%利率计算的 10 年的复利，即：

$$539.2\times 1.790\,8=965.63(元)$$

另一部分是由保险期满前死亡的被保险人留给期满生存的被保险人的金额 34.37 元。前面一部分可视作投资部分，后面一部分则可视作投机部分。

由于在保险期满前死亡会使被保险人失去全部投资，所以生存保险对公众缺乏吸引力。但是，可以把终身年金保险视为一系列生存保险，生存保险也可以与其他险种结合。

以${}_nE_x$ 表示年龄 $x$ 的人购买 $n$ 年保险金额为 1 元的生存保险的一次缴清净保险费，则：

$$l_{x\,n}E_x=(1+i)^{-n}l_{x+n}$$

以 $V$ 表示$(1+i)^{-1}$，则：

$$V^n=[(1+i)^{-1}]^n=(1+i)^{-n}$$

代入上式，求${}_nE_x$ 的解：

$${}_nE_x=\frac{V^n l_{x+n}}{l_x}$$

分子和分母都乘上 $V^x$：

$${}_nE_x=\frac{V^{x+n}l_{x+n}}{V^x l_x}$$

再代入换算函数，该方程式可简化为：

$${}_nE_x=\frac{D_{x+n}}{D_x}$$

［例 10］ 对一个 18 岁的男性签发为期 20 年的生存保险单的一次缴清净保险费是多少？

$$1\,000{}_{n}E_{x}=1\,000\times\frac{D_{38}}{D_{18}}=1\,000\times\frac{106\,615.43}{347\,907.44}=306.45(\text{元})$$

## 五、两全保险

两全保险是生存保险和定期寿险的结合。例如，向一个 45 岁的男性签发五年期的两全保险单的一次缴清净保险费是：

五年期定期寿险的保险费用＝11.75(元)(同前)

$$\text{五年期生存保险的保险费用}=\frac{979\,840}{963\,399}\times1\,000\times0.747\,3=736.74(\text{元})$$

五年期两全保险的一次缴清净保险费＝11.75＋736.74＝748.49(元)

保险公司有时会出售其他种类的两全保险，如部分两全保险、半两全保险或双倍两全保险。这些两全保险同上面例子中的两全保险的区别是，期满生存给付的金额不同于保险期内死亡给付的金额。例如，向一个 45 岁的男性签发一份半两全保险单，提供 500 元期满生存保险金和 1 000 元期内死亡保险金。该种两全保险的生存保险费用是：

$$\frac{949\,840}{963\,399}\times500\times0.743\,4=368.37(\text{元})$$

这一金额加上五年期定期寿险的费用便得出半两全保险的一次缴清净保险费。

以 $A_{x:\overline{n|}}$ 表示年龄 $x$ 的人购买 $n$ 年保险金额为 1 元的两全保险的一次缴清净保险，则：

$$A_{x:\overline{n|}}=\frac{M_{x}-M_{x+n}}{D_{x}}+\frac{D_{x+n}}{D_{x}}=\frac{M_{x}-M_{x+n}+D_{x+n}}{D_{x}}$$

**[例 11]** 对一个 18 岁的男性签发 20 年期的两全保险单的一次缴清净保险费是多少？

$$\begin{aligned}1\,000A_{18:\overline{20|}}&=1\,000\times\frac{M_{18}-M_{18+20}+D_{18+20}}{D_{18}}\\&=1\,000\times\frac{16\,304.19-13\,152.96+106\,615.43}{347\,907.44}\\&=315.51(\text{元})\end{aligned}$$

## 六、分期给付保险金

前面均假设保险金是以一次总付方式给付的，但使用分期给付保险金的保险单变得越来越普遍。这种保险单在一定的年份内按月或按年给付保险金，它可以分为两类：

1. 按一定次数分期给付保险金

假如公司每年给付 100 元保险金，给付 10 次，总共给付 1 000 元保险金。这种分期给付保险金在给付时只需要有一笔资金加上其利息收入能在 10 年内每年给付 100 元：

第 1 次给付 100 元无利息收入

第 2 次给付 100 元有一年利息收入

第 3 次给付 100 元有二年利息收入

⋮

第 10 次给付 100 元有九年利息收入

这 10 次分期给付 100 元的现值是：

| | | |
|---|---|---|
| 立即给付 | | 100 |
| 第 1 年末给付 | 100×0.943 4 | 94.34 |

| | | |
|---|---|---|
| 第 2 年末给付 | 100×0.890 0 | 89 |
| ⋮ | ⋮ | ⋮ |
| 第 9 年末给付 | 100×0.591 9 | 59.19 |
| | | 780.17(元) |

因此，公司在给付时只需要有 780.17 元就能按年给付 10 次 100 元保险金。在计算这种分期给付保险金的保险单的一次缴清净保险费时，应该把保险金额看作是 780.17 元，而不是 1 000 元。

2. 授予被保险人或受益人选择分期给付方式的权利

在这种情况下，沿用上例，一次缴清的净保险费在给付时能提供一次总付 1 000 元的保险金，因为被保险人或受益人可以选择这种给付方式。如果被保险人或受益人选择按年给付 10 次保险金，每次给付的金额应大于 100 元。使用一种简单的比例法，便可以确定每次给付金额：

$$\frac{1\ 000}{780.17}=\frac{x}{100}$$

$$x=\frac{100\ 000}{780.17}=128.18(\text{元})$$

## 七、年金保险

年金保险分为即期年金和延期年金。年金保险可以是定期的，即年金给付只限于一定时期，并且是以年金受领者生存为给付条件。年金保险也可以是终身的，即年金给付持续到年金受领者死亡为止。此外，年金保险可以保证给付一定时期或次数，不论年金受领者是否生存。

**(一)即期年金**

为了计算方便，这里以一个 70 岁的男性购买一份 10 年期即期生存年金为例，每年的给付金额是 100 元，只要他生存，给付期为 10 年，这份年金实际上是 10 份生存保险，第一份是一年期生存保险，第二份是二年期生存保险，余类推。不同的是，计算该年金保险的一次缴清净保险费需要使用死亡率较低的年金生命表，这里使用的是《中国人寿保险业经验生命表(2000～2003)》养老金业务男表(见表 9—5)：

| 年龄 | 生存概率 | | 年金金额 | | 1 元的现值 | | 保险费用 |
|---|---|---|---|---|---|---|---|
| 70 | $\frac{802\ 741}{819\ 278}$ | × | 100 | × | 0.943 4 | = | 92.44 |
| 71 | $\frac{784\ 740}{819\ 278}$ | × | 100 | × | 0.890 0 | = | 85.25 |
| ⋮ | ⋮ | | ⋮ | | ⋮ | | ⋮ |
| 79 | $\frac{581\ 869}{819\ 278}$ | × | 100 | × | 0.558 4 | = | 39.66 |
| | | | | | | | 641.37(元) |

在上表中，生存概率分别是 70 岁的人生存 1 年、2 年、…、10 年的概率，1 元的现值分别是 1 年、2 年、…、10 年后 1 元的现值。因此，这份即期生存年金的一次缴清保险费是 641.37 元。

倘若上例中的即期年金是一份终身年金，则其一次缴清净保险费的计算过程要持续到年金生命表的终端年龄 105 岁，计算结果是 870.62 元。

再假设这份终身年金保证给付五年的 100 元年金，即在这前五年的年金给付不受死亡影响，生存概率是 1，那么这前五年的保险费用是：

| 年龄 | 生存概率 | | 年金金额 | | 1元的现值 | | 保险费用 |
|---|---|---|---|---|---|---|---|
| 70 | 1 | × | 100 | × | 0.943 4 | = | 94.34 |
| 71 | 1 | × | 100 | × | 0.890 0 | = | 89.00 |
| 72 | 1 | × | 100 | × | 0.839 6 | = | 83.96 |
| 73 | 1 | × | 100 | × | 0.792 1 | = | 79.21 |
| 74 | 1 | × | 100 | × | 0.747 3 | = | 74.73 |
| | | | | | | | 421.24(元) |

这五年的确定年金的保险费用合计为 421.24 元,以后各年的保险费用要根据生存概率计算,计算方式与前面相同。

以 $a_x$ 表示年龄 $x$ 的人购买年金金额为 1 元的即期终身年金的一次缴清净保险费,则:

$$l_x a_x = V^1 l_{x+1} + V^2 l_{x+2} + \cdots + V^{104-x} l_{104} + V^{105-x} l_{105}$$

求 $a_x$ 的解,并且分子、分母都乘以 $V^x$:

$$a_x = \frac{V^{x+1} l_{x+1} + V^{x+2} l_{x+2} + \cdots + V^{104} l_{104} + V^{105} l_{105}}{V^x l_x}$$

代入换算函数,该方程式可以简化为:

$$a_x = \frac{D_{x+1} + D_{x+2} + \cdots + D_{104} + D_{105}}{D_x}$$

再代入换算函数,该方程式可以进一步简化为:

$$a_x = \frac{N_{x+1}}{D_x}$$

在上式中,$N_x = D_x + D_{x+1} + \cdots + D_{w-1}$。

如果是期首给付的终身年金,则终身年金 1 元的现值用符号 $\ddot{a}_x$ 表示。

$$l_x \ddot{a}_x = l_x + V^1 l_{x+1} + V^2 l_{x+2} + \cdots + V^{104-x} l_{104} + V^{105-x} l_{105}$$

求 $\ddot{a}_x$ 的解,并且分子、分母都乘以 $V^x$:

$$\ddot{a}_x = \frac{V^x l_x + V^{x+1} l_{x+1} + V^{x+2} l_{x+2} + \cdots + V^{104} l_{104} + V^{105} l_{105}}{V^x l_x}$$

$$= \frac{D_x + D_{x+1} + D_{x+2} + \cdots + D_{104} + D_{105}}{V^x l_x}$$

$$= \frac{N_x}{D_x}$$

**[例 12]** 对一个 50 岁的男性签发每年给付 1 000 元年金的期首给付的终身年金保险单的一次缴清净保险费是多少?(查表 9—9)

$$1\,000 \ddot{a}_{50} = 1\,000 \times \frac{N_{50}}{D_{50}}$$

$$= 1\,000 \times \frac{746\,191.56}{52\,126.50}$$

$$= 14\,315.01(\text{元})$$

**[例 13]** 对一个 18 岁的男性签发每年给付 500 元年金的即期(期末给付)终身年金的一次缴清净保险费是多少?

既然即期终身年金与期首给付终身年金只差一次给付,即 $a_x = \ddot{a}_x - 1$,则:

$$500(\ddot{a}_{18}-1)=500\times(16.957\ 3-1)=7\ 978.67(\text{元})$$

($\ddot{a}_{18}$的值可以通过表 9－9 数据计算得出)

［**例 14**］ 一位男子死亡留给其妻子保险金额为 20 000 元的人寿保险单,假如她的年龄是 60 岁,选择以期首给付的终身年金的保险金给付方式,每年年金给付金额是多少?

设 $R$ 为每年的年金给付金额,一次缴清净保险费是 20 000 元,则:

$$R\ddot{a}_{60}=20\ 000$$

$$R=\frac{20\ 000}{\ddot{a}_{60}}=\frac{20\ 000}{13.095\ 1}=1\ 527.30(\text{元})$$

($\ddot{a}_{60}$的值可以通过表 9－10 中数据计算得出)

**(二)延期年金**

许多公司(私人)养老金计划是通过购买延期年金来实现的。延期年金是单人年金,它可以使用每年缴付保险费方式购买,也可以使用一次缴清保险费方式购买。这里先阐述一次缴清净保险费的计算方法。

例如,对一个 40 岁的男性签发从 70 岁开始每年领取 100 元年金的终身年金保险单,有两种计算其一次缴清净保险费的方法:

一种方法是,首先确定在 70 岁开始给付年金时保险公司必须积累多少资金?这个问题与前述的即期终身年金的唯一区别是,第一次给付 100 元是在 70 岁开始,而即期终身年金是在 71 岁时开始给付,即有一个额外的 100 元的期首给付。因此,在 70 岁时应积累的资金是:

$$870.62+100=970.63(\text{元})$$

以上假定这个年金受领者在 40～70 岁期间是生存的。接下来一个问题是,为了在 70 岁生存时能积累这笔金额,这个年金受领者在 40 岁时应一次缴付多少净保险费?这实际是一个 30 年期的生存保险的一次缴清净保险费问题:

$$\frac{819\ 278}{977\ 406}\times970.62\times0.174\ 1=141.65(\text{元})$$

另一种计算方法是,分别考虑每次年金给付,把它看作是一系列生存保险,即分别是 30 年、31 年、32 年……的生存保险,一直到年金生命表的终端年龄为止。在 70 岁的第一次年金给付的保险费用或其在 40 岁时的现值等于在 30 年后 100 元的现值乘上生存到 70 岁的概率,余类推。

$$\frac{819\ 278}{977\ 406}\times100\times0.174\ 1=14.594\ 2$$

$$\frac{802\ 741}{977\ 406}\times100\times0.164\ 3=13.490\ 2$$

$$\vdots$$

$$\frac{1\ 030}{977\ 406}\times100\times0.022\ 7=\underline{0.002\ 4}$$

$$141.65(\text{元})$$

这两种方法的计算结果是一致的。

以 $_{n|}a_x$ 表示年龄 $x$ 的人购买年金金额为 1 元的在年龄 $x+n+1$ 做第一次给付的终身年金的一次缴清净保险费,则:

$$l_x n|a_x = V^{n+1} l_{x+n+1} + \cdots + V^{104-x} l_{104} + V^{105-x} l_{105}$$

求 $n|a_x$ 的解，并且分子、分母都乘以 $V^x$：

$$n|a_x = \frac{V^{x+n+1} l_{x+n+1} + \cdots + V^{104} l_{104} + V^{105} l_{105}}{V^x l_x}$$

代入换算函数，该方程式可以简化为：

$$n|a_x = \frac{D_{x+n+1} + \cdots + D_{104} + D_{105}}{D_x} = \frac{N_{x+n+1}}{D_x}$$

**[例 15]** 一个年龄 40 岁的男性购买在 65 岁做第一次给付的年金金额为2 000元的终身年金的一次缴清净保险费是多少？

$$x+n+1=65$$

$$2\,000n|a_x = \frac{N_{65}}{D_{40}} \times 2\,000$$

$$= \frac{221\,720.12}{95\,025.57} \times 2\,000$$

$$= 4\,665.54(\text{元})$$

**[例 16]** 一个 15 岁的姑娘得到一笔 30 000 元遗产，如果她想用这笔钱购买从 21 岁开始给付的终身年金，每年给付的年金金额是多少？

设 $R$ 为每年的年金给付金额，一次缴清净保险费是 30 000 元，则：

$$Rn|a_x = 30\,000 \quad R = \frac{30\,000}{n|a_x}$$

$$= 30\,000 \times \frac{D_{15}}{N_{21}}$$

$$= 30\,000 \times \frac{415\,801.97}{4\,993\,535.04} = 2\,498.04(\text{元})$$

## 第六节 净均衡保险费

### 一、均衡保险费方法

人寿保险单一般采用分期交付相同保险费方法购买，但只有在搞清了一次缴清净保险费计算方法之后才可能讨论这种方法。使用均衡保险费方法的主要优点是：首先，被保险人能够承担缴费义务，可以避免在老年时缴付高额保险费。其次，在被保险人过早死亡的情况下，可以减少保险费缴付。不过，这两种保险费缴付方法在精算中是相等的。

均衡保险费缴付与年金给付有相似之处，保险费在被保险人死亡时停止缴付，年金在年金受领者死亡时停止给付，而且两者都使用复利。但是均衡保险费缴付与年金给付也有两个重要区别：一是均衡保险费缴付是被保险人向保险公司支付年金，而年金是由保险公司向年金受领者支付；二是在保险单签发时就要缴付第一次保险费，而第一次年金给付则与保险单签发日期相隔一个给付期。因此，均衡保险费缴付系列等于一个常规年金加上一个期首给付。为了区别起见，把均衡保险费缴付系列称为期首给付年金。

既然计算一次缴清净保险费的方法已知，可以计算出在数学上等于一次缴清净保险费的一系列净年均衡保险费。应该指出，计算净年均衡保险费不能简单地用一次缴清净保险费除以分期缴付保险费次数得出。其原因是：一次缴清净保险费是一个现值，净年均衡保险费必须反映：(1)有些被保险人过早死亡，不会缴付以后的保险费，从而减少今后保险公司的保险费收入；(2)分期缴付的保险费收入减少了公司的投资收入。换言之，净年均衡保险费的系列是一个等于一次缴清净保险费的期首给付年金。

$$\text{净年均衡保险费}=\frac{\text{一次缴清净保险费}}{\text{保险费缴付期 1 元期首给付年金的现值}}$$

保险费缴付期有终身缴费和限期缴清两种，通常以限期缴清保险费方式出售人寿保险单。

## 二、定期寿险

沿用第五节的例子，对一个 45 岁的男性签发五年定期寿险单的一次缴清净保险费是 11.75 元，先计算保险费缴付期 1 元期首给付年金的现值：

45 岁 （立即支付） $=1$

46 岁 $\frac{961\,074}{963\,399}\times1\times0.943\,4=0.941\,1$

⋮ ⋮

49 岁 $\frac{952\,984}{963\,399}\times1\times0.792\,1=0.783\,5$

$4.443\,3$(元)

$$\text{净年均衡保险费}=\frac{11.75}{4.443\,3}=2.64(\text{元})$$

上式表示：净年均衡保险费 2.64 元系列的现值等于一次缴清净保险费 11.75 元。换言之，为了使净年均衡保险费系列的现值等于一次缴清净保险费，必须缴付多少净年均衡保险费。

## 三、普通终身寿险

普通终身寿险的净年均衡保险费的计算方法类似于上面五年期定期寿险，但计算保险费缴付期 1 元期首给付年金现值的过程要持续到生命表的终端年龄，该现值是 14.619 0 元。上一节这个例子的一次缴清净保险费是 172.51 元。

$$\text{净年均衡保险费}=\frac{172.51}{14.619\,0}=11.80(\text{元})$$

## 四、限期交清保险费的终身寿险

沿用上面的例子，但以 20 年缴清保险费代替终身缴费。先计算 20 年的 1 元期首给付年金的现值：

45 岁 （立即支付） $=1$

46 岁 $\frac{961\,074}{963\,399}\times1\times0.943\,4=0.941\,1$

⋮ ⋮

64 岁 $\frac{860\ 590}{963\ 399}\times 1\times 0.330\ 5=0.295\ 2$

$\overline{11.797\ 3}$(元)

净年均衡保险费$=\frac{172.51}{11.797\ 3}=14.62$(元)

以 $P_x$ 表示年龄 $x$ 的人购买保险金额为 1 元的普通终身寿险的净年均衡保险费，1 元期首给付终身年金的现值是 $N_x/D_x$，因此，净年均衡保险费系列的现值是 $P_x\cdot N_x/D_x$。由于净年均衡保险费系列的现值等于一次缴清净保险费，则：

$$P_x\cdot\frac{N_x}{D_x}=\frac{M_x}{D_x}$$

$$P_x=\frac{D_x}{N_x}\cdot\frac{M_x}{D_x}=\frac{M_x}{N_x}$$

**[例 17]** 对一个 18 岁的男性签发普通终身寿险单的净年均衡保险费是多少？

$$1\ 000P_{18}=1\ 000\times\frac{M_{18}}{N_{18}}$$

$$=1\ 000\times\frac{16\ 304.19}{5\ 858\ 324.05}=2.78(\text{元})$$

以 $P^1_{x:\overline{n|}}$ 表示年龄 $x$ 的人购买保险金额为 1 元的 $n$ 年定期寿险的净年均衡保险费，它是一个 $n$ 年定期期首给付年金，这种年金 1 元的现值是 $(N_x-N_{x+n})/D_x$。因此，净年均衡保险费系列的现值是 $P^1_{x:\overline{n|}}\cdot(N_x-N_{x+n})/D_x$。

这个现值等于保险金给付的现值，即等于 $n$ 年定期寿险的一次缴清净保险费：

$$P^1_{x:\overline{n|}}\cdot\frac{N_x-N_{x+n}}{D_x}=\frac{M_x-M_{x+n}}{D_x}$$

$$P^1_{x:\overline{n|}}=\frac{D_x}{N_x-N_{x+n}}\times\frac{M_x-M_{x+n}}{D_x}$$

$$=\frac{M_x-M_{x+n}}{N_x-N_{x+n}}$$

**[例 18]** 对一个 18 岁的男性签发五年定期寿险单的净年均衡保险费是多少？

$$1\ 000P^1_{18:\overline{5|}}=1\ 000\times\frac{M_{18}-M_{23}}{N_{18}-N_{23}}$$

$$=1\ 000\times\frac{16\ 304.19-15\ 416.27}{5\ 858\ 324.05-4\ 306\ 534.06}$$

$$=0.572\ 1(\text{元})$$

以 ${}_tP_x$ 表示年龄 $x$ 的人购买保险金额为 1 元的在 $t$ 年期缴清保险费的终身寿险的净年均衡保险费，它是一个 $t$ 年定期期首给付年金，这种年金 1 元的现值是 $(N_x-N_{x+t})/D_x$。因此，净年均衡保险费系列的现值是 ${}_tP_x\cdot(N_x-N_{x+t})/D_x$。这个现值等于保险金给付的现值，它与普通终身寿险的保险金给付的现值相同。

$${}_tP_x\cdot\frac{(N_x-N_{x+t})}{D_x}=\frac{M_x}{D_x}$$

$${}_tP_x=\frac{D_x}{N_x-N_{x+t}}\times\frac{M_x}{D_x}=\frac{M_x}{N_x-N_{x+t}}$$

**[例 19]** 对一个 18 岁的男性签发 20 年缴清保险费的终身寿险单的净年均衡保险费是

多少？

$$1\,000{}_{20}P_{18}=1\,000\times\frac{M_{18}}{N_{18}-N_{18+20}}$$
$$=1\,000\times\frac{16\,304.19}{5\,858\,324.05-1\,651\,170.26}$$
$$=3.88(\text{元})$$

［例 20］ 对一个 18 岁的男性签发在 65 岁缴清保险费的终身寿险单的净年均衡保险费是多少？

$$x+t=65$$
$$1\,000\times\frac{M_{18}}{N_{18}-N_{65}}=1\,000\times\frac{16\,304.19}{5\,858\,324.05-197\,492.90}$$
$$=2.88(\text{元})$$

## 五、延期年金

延期年金一般使用每年缴付保险费方式购买，保险费可以在整个递延期内缴付，也可以在一个规定年数内缴付，但只有在生存时才会缴付。沿用第五节的例子，对一个 40 岁的男性签发从 70 岁开始每年领取 100 元年金的终身年金保险单，其一次缴清净保险费是 141.65 元。在这个例子中，缴付净年均衡保险费的系列是一个从 40 岁到 69 岁的为期 30 年的定期期首给付年金。为了计算其净年均衡保险费，先要计算 30 年的 1 元期首给付年金的现值：

40 岁 （立即支付） $=1$

41 岁 $\frac{976\,160}{977\,406}\times1\times0.943\,4=0.942\,2$

⋮ ⋮

69 岁 $\frac{834\,434}{977\,406}\times1\times0.184\,6=0.157\,6$

$14.189\,9$(元)

$$\text{净年均衡保险费}=\frac{141.65}{14.189\,9}=9.98(\text{元})$$

## 六、净保费计算的其他问题

### （一）以短于一年间隔期交付保险费

前面已阐述了计算一次缴清净保险费和净年均衡保险费的方法。计算每周、月、季、半年应缴净保险费需要把一年分为若干时间单位，但困难之处在于不存在短于一年时间的生命表，如我们不能从生命表中找出某年龄的人在一周、月、季和半年内的死亡概率。一种解决办法是，如果在该年全部分期保险费付清之前被保险人死亡，该年末付的保险费从死亡保险金中扣除。然而，保险公司一般不会这样做，代之以收取略高的年保险费来加以弥补。例如，每半年缴付保险费的年附加保险费的比例是 2%～4%。假设 45 岁男性普通终身寿险的年保险费为 32.35 元，附加 2%，即 0.65 元，合计为 33 元，把这个金额除以 2，便得出公司费率手册中所报的半年费率，使用同样方法可以计算每月、季的费率。

提高短于年缴费的费率的主要原因是：

(1)收取保险费的费用较高；

(2)由于计算净年均衡保险费是假设在年初缴付保险费,因而丧失了部分利息收入;

(3)当保险费在一年内分期交付,保险单失效率增加;

(4)保险金中不扣除当年末付保险费部分。

**(二)退还保险费的保险单**

保险单中有时会有一项条款,规定在被保险人死亡后会退还所缴保险费,以便于保险单销售。例如,生存保险单在被保险人期满前死亡的情况下会丧失全部保险费。因此,在销售生存保险单时可以承诺被保险人在期满前死亡可退还所缴保险费的一定比例的金额。例如,某种生存保险单年保险费是 50 元,公司承诺被保险人在期满前死亡情况下退还年缴保险费 40 元。在第五节中所举的例子表明,对一个 45 岁的人签发 10 年期的生存保险单的一次缴清保险费是 539.2 元。把这一次缴清净保险费除以 10 年期 1 元定期期首给付年金的现值便得出净年均衡保险费:

$$\frac{539.2}{7.36}=73.26(\text{元})$$

再假定公司承诺被保险人在 10 年期满前死亡的情况下退还每年缴付保险费中的 70 元。为了退还这些金额,必须收取额外保险费。这些退还的保险费由下列金额组成:如果被保险人在第一年死亡退还 70 元,第二年死亡退还 140 元,第三年死亡退还 210 元,余类推。它等同于一个保险金额每年递增 70 元的定期寿险,即第一年保险金额为 70 元,第二年为 140 元,第三年为 210 元,余类推。该保险金额每年递增 70 元的定期寿险的一次缴清净保险费是:

45 岁 $\frac{2\ 325}{963\ 399}\times70\times0.943\ 4=0.159\ 3$

46 岁 $\frac{2\ 494}{963\ 399}\times140\times0.890\ 0=0.322\ 6$

⋮ ⋮

54 岁 $\frac{4\ 466}{963\ 399}\times700\times0.558\ 4=\underline{1.812\ 1}$

9.416 9(元)

这个保险金额递增的定期寿险的一次缴清净保险费除以 10 年期 1 元定期期首给付年金的现值便得出净年均衡保险费:

$$\frac{9.416\ 9}{7.36}=1.28(\text{元})$$

因此,这个 10 年期具有偿还特征的生存保险单的净年均衡保险费是:

$$73.26+1.28=74.54(\text{元})$$

**表 9—1** **利息表(年利率 6%)**

| 年 | 1 元的复利终值 | 1 元的年金终值 | 1 元的复利现值 | 1 元的年金现值 |
|---|---|---|---|---|
| 1 | 1.060 000 000 0 | 1.000 000 000 0 | 0.943 396 226 0 | 0.943 396 233 3 |
| 2 | 1.123 600 000 0 | 2.060 000 000 0 | 0.889 996 440 0 | 1.833 392 666 7 |
| 3 | 1.191 016 000 0 | 3.183 600 000 0 | 0.839 619 283 0 | 2.673 011 950 0 |
| 4 | 1.262 476 960 0 | 4.374 616 000 0 | 0.792 093 663 0 | 3.465 105 616 7 |
| 5 | 1.338 225 577 6 | 5.637 092 960 0 | 0.747 258 173 0 | 4.212 363 783 3 |
| 6 | 1.418 519 112 3 | 6.975 318 537 6 | 0.704 960 540 0 | 4.917 324 333 3 |
| 7 | 1.503 630 259 0 | 8.393 837 649 9 | 0.665 057 114 0 | 5.582 381 433 3 |

续表

| 年 | 1元的复利终值 | 1元的年金终值 | 1元的复利现值 | 1元的年金现值 |
|---|---|---|---|---|
| 8 | 1.593 848 074 5 | 9.897 467 908 8 | 0.627 412 371 0 | 6.209 793 816 7 |
| 9 | 1.689 478 959 0 | 11.491 315 983 4 | 0.591 898 464 0 | 6.801 692 266 7 |
| 10 | 1.790 847 696 5 | 13.180 794 942 4 | 0.558 394 777 0 | 7.360 087 050 0 |
| 11 | 1.898 298 558 3 | 14.971 642 638 9 | 0.526 787 525 0 | 7.886 874 583 3 |
| 12 | 2.012 196 471 8 | 16.869 941 197 3 | 0.496 969 364 0 | 8.383 843 933 3 |
| 13 | 2.132 928 260 1 | 18.882 137 669 1 | 0.468 839 022 0 | 8.852 682 966 7 |
| 14 | 2.260 903 955 8 | 21.015 065 929 2 | 0.442 300 964 0 | 9.294 983 933 3 |
| 15 | 2.396 558 193 1 | 23.275 969 885 0 | 0.417 265 061 0 | 9.712 248 983 3 |
| 16 | 2.540 351 684 7 | 25.672 528 078 1 | 0.393 646 284 0 | 10.105 895 266 7 |
| 17 | 2.692 772 785 8 | 28.212 879 762 8 | 0.371 364 419 0 | 10.477 259 683 3 |
| 18 | 2.854 339 152 9 | 30.905 652 548 5 | 0.350 343 791 0 | 10.827 603 483 3 |
| 19 | 3.025 599 502 1 | 33.759 991 701 5 | 0.330 513 010 0 | 11.158 116 500 0 |
| 20 | 3.207 135 472 2 | 36.785 591 203 5 | 0.311 804 727 0 | 11.469 921 216 7 |
| 21 | 3.399 563 600 5 | 39.992 726 675 8 | 0.294 155 403 0 | 11.764 076 616 7 |
| 22 | 3.603 537 416 6 | 43.392 290 276 3 | 0.277 505 097 0 | 12.041 581 716 7 |
| 23 | 3.819 749 661 6 | 46.995 827 692 9 | 0.261 797 261 0 | 12.303 378 983 3 |
| 24 | 4.048 934 641 3 | 50.815 577 354 5 | 0.246 978 548 0 | 12.550 357 533 3 |
| 25 | 4.291 870 719 7 | 54.864 511 995 7 | 0.232 998 631 0 | 12.783 356 150 0 |
| 26 | 4.549 382 962 9 | 59.156 382 715 5 | 0.219 810 029 0 | 13.003 166 183 3 |
| 27 | 4.822 345 940 7 | 63.705 765 678 4 | 0.207 367 952 0 | 13.210 534 133 3 |
| 28 | 5.111 686 697 1 | 68.528 111 619 1 | 0.195 630 143 0 | 13.406 164 283 3 |
| 29 | 5.418 387 899 0 | 73.639 798 316 2 | 0.184 556 739 0 | 13.590 721 016 7 |
| 30 | 5.743 491 172 9 | 79.058 186 215 2 | 0.174 110 131 0 | 13.764 831 150 0 |
| 31 | 6.088 100 643 3 | 84.801 677 388 1 | 0.164 254 840 0 | 13.929 086 000 0 |
| 32 | 6.453 386 681 9 | 90.889 778 031 4 | 0.154 957 397 0 | 14.084 043 383 3 |
| 33 | 6.840 589 882 8 | 97.343 164 713 3 | 0.146 186 223 0 | 14.230 229 616 7 |
| 34 | 7.251 025 275 8 | 104.183 754 596 1 | 0.137 911 531 0 | 14.368 141 150 0 |
| 35 | 7.686 086 792 3 | 111.434 779 871 9 | 0.130 105 218 0 | 14.498 246 366 7 |
| 36 | 8.147 251 999 9 | 119.120 866 664 2 | 0.122 740 772 0 | 14.620 987 133 3 |
| 37 | 8.636 087 119 8 | 127.268 118 664 0 | 0.115 793 181 0 | 14.736 780 316 7 |
| 38 | 9.154 252 347 0 | 135.904 205 783 9 | 0.109 238 850 0 | 14.846 019 166 7 |
| 39 | 9.703 507 487 9 | 145.058 458 130 9 | 0.103 055 519 0 | 14.949 074 683 3 |
| 40 | 10.285 717 937 1 | 154.761 965 618 8 | 0.097 222 188 0 | 15.046 296 866 7 |
| 41 | 10.902 861 013 4 | 165.047 683 555 9 | 0.091 719 045 0 | 15.138 015 916 7 |
| 42 | 11.557 032 674 2 | 175.950 544 569 2 | 0.086 527 401 0 | 15.224 543 316 7 |
| 43 | 12.250 454 634 6 | 187.507 577 243 4 | 0.081 629 624 0 | 15.306 172 933 3 |

续表

| 年 | 1元的复利终值 | 1元的年金终值 | 1元的复利现值 | 1元的年金现值 |
|---|---|---|---|---|
| 44 | 12.985 481 912 7 | 199.758 031 878 0 | 0.077 009 079 0 | 15.383 182 016 7 |
| 45 | 13.764 610 827 4 | 212.743 513 790 7 | 0.072 650 074 0 | 15.455 832 100 0 |
| 46 | 14.590 487 477 1 | 226.508 124 618 1 | 0.068 537 806 0 | 15.524 369 900 0 |
| 47 | 15.465 916 725 7 | 241.098 612 095 2 | 0.064 658 308 0 | 15.589 028 200 0 |
| 48 | 16.393 871 729 3 | 256.564 528 820 9 | 0.060 998 403 0 | 15.650 026 616 7 |
| 49 | 17.377 504 033 0 | 272.958 400 550 2 | 0.057 545 664 0 | 15.707 572 266 7 |
| 50 | 18.420 154 275 0 | 290.335 904 583 2 | 0.054 288 362 0 | 15.761 860 633 3 |
| 51 | 19.525 363 531 5 | 308.756 058 858 2 | 0.051 215 436 0 | 15.813 076 066 7 |
| 52 | 20.696 885 343 4 | 328.281 422 389 7 | 0.048 316 449 0 | 15.861 392 516 7 |
| 53 | 21.938 698 464 0 | 348.978 307 733 1 | 0.045 581 555 0 | 15.906 974 083 3 |
| 54 | 23.255 020 371 8 | 370.917 006 197 0 | 0.043 001 467 0 | 15.949 975 550 0 |
| 55 | 24.650 321 594 1 | 394.172 026 568 9 | 0.040 567 422 0 | 15.990 542 966 7 |
| 56 | 26.129 340 889 8 | 418.822 348 163 0 | 0.038 271 153 0 | 16.028 814 116 7 |
| 57 | 27.697 101 343 2 | 444.951 689 052 8 | 0.036 104 861 0 | 16.064 918 983 3 |
| 58 | 29.358 927 423 8 | 472.648 790 395 9 | 0.034 061 190 0 | 16.098 980 166 7 |
| 59 | 31.120 463 069 2 | 502.007 717 819 7 | 0.032 133 198 0 | 16.131 113 366 7 |
| 60 | 32.987 690 853 3 | 533.128 180 888 9 | 0.030 314 338 0 | 16.161 427 700 0 |
| $n$ | $s=(1+i)^n$ | $s_{\overline{n}\vert}=\frac{(1+i)^n-1}{i}$ | $v^n=\frac{1}{(1+i)^n}$ | $a_{\overline{n}\vert}=\frac{1-v^n}{i}$ |

**表 9—2　　中国人寿保险业经验生命表(2000～2003 年)**

| 年龄 | 非养老金业务表 | | 养老金业务表 | |
|---|---|---|---|---|
| | 男(CL1) | 女(CL2) | 男(CL3) | 女(CL4) |
| 0 | 0.000 722 | 0.000 661 | 0.000 627 | 0.000 575 |
| 1 | 0.000 603 | 0.000 536 | 0.000 525 | 0.000 466 |
| 2 | 0.000 499 | 0.000 424 | 0.000 434 | 0.000 369 |
| 3 | 0.000 416 | 0.000 333 | 0.000 362 | 0.000 290 |
| 4 | 0.000 358 | 0.000 267 | 0.000 311 | 0.000 232 |
| 5 | 0.000 323 | 0.000 224 | 0.000 281 | 0.000 195 |
| 6 | 0.000 309 | 0.000 201 | 0.000 269 | 0.000 175 |
| 7 | 0.000 308 | 0.000 189 | 0.000 268 | 0.000 164 |
| 8 | 0.000 311 | 0.000 181 | 0.000 270 | 0.000 158 |
| 9 | 0.000 312 | 0.000 175 | 0.000 271 | 0.000 152 |
| 10 | 0.000 312 | 0.000 169 | 0.000 272 | 0.000 147 |
| 11 | 0.000 312 | 0.000 165 | 0.000 271 | 0.000 143 |
| 12 | 0.000 313 | 0.000 165 | 0.000 272 | 0.000 143 |
| 13 | 0.000 320 | 0.000 169 | 0.000 278 | 0.000 147 |
| 14 | 0.000 336 | 0.000 179 | 0.000 292 | 0.000 156 |

续表

| 年龄 | 非养老金业务表 | | 养老金业务表 | |
|---|---|---|---|---|
| | 男(CL1) | 女(CL2) | 男(CL3) | 女(CL4) |
| 15 | 0.000 364 | 0.000 192 | 0.000 316 | 0.000 167 |
| 16 | 0.000 404 | 0.000 208 | 0.000 351 | 0.000 181 |
| 17 | 0.000 455 | 0.000 226 | 0.000 396 | 0.000 196 |
| 18 | 0.000 513 | 0.000 245 | 0.000 446 | 0.000 213 |
| 19 | 0.000 572 | 0.000 264 | 0.000 497 | 0.000 230 |
| 20 | 0.000 621 | 0.000 283 | 0.000 540 | 0.000 246 |
| 21 | 0.000 661 | 0.000 300 | 0.000 575 | 0.000 261 |
| 22 | 0.000 692 | 0.000 315 | 0.000 601 | 0.000 274 |
| 23 | 0.000 716 | 0.000 328 | 0.000 623 | 0.000 285 |
| 24 | 0.000 738 | 0.000 338 | 0.000 643 | 0.000 293 |
| 25 | 0.000 759 | 0.000 347 | 0.000 660 | 0.000 301 |
| 26 | 0.000 779 | 0.000 355 | 0.000 676 | 0.000 308 |
| 27 | 0.000 795 | 0.000 362 | 0.000 693 | 0.000 316 |
| 28 | 0.000 815 | 0.000 372 | 0.000 712 | 0.000 325 |
| 29 | 0.000 842 | 0.000 386 | 0.000 734 | 0.000 337 |
| 30 | 0.000 881 | 0.000 406 | 0.000 759 | 0.000 351 |
| 31 | 0.000 932 | 0.000 432 | 0.000 788 | 0.000 366 |
| 32 | 0.000 994 | 0.000 465 | 0.000 820 | 0.000 384 |
| 33 | 0.001 055 | 0.000 496 | 0.000 855 | 0.000 402 |
| 34 | 0.001 121 | 0.000 528 | 0.000 893 | 0.000 421 |
| 35 | 0.001 194 | 0.000 563 | 0.000 936 | 0.000 441 |
| 36 | 0.001 275 | 0.000 601 | 0.000 985 | 0.000 464 |
| 37 | 0.001 367 | 0.000 646 | 0.001 043 | 0.000 493 |
| 38 | 0.001 472 | 0.000 699 | 0.001 111 | 0.000 528 |
| 39 | 0.001 589 | 0.000 761 | 0.001 189 | 0.000 569 |
| 40 | 0.001 715 | 0.000 828 | 0.001 275 | 0.000 615 |
| 41 | 0.001 845 | 0.000 897 | 0.001 366 | 0.000 664 |
| 42 | 0.001 978 | 0.000 966 | 0.001 461 | 0.000 714 |
| 43 | 0.002 113 | 0.001 033 | 0.001 560 | 0.000 763 |
| 44 | 0.002 255 | 0.001 103 | 0.001 665 | 0.000 815 |
| 45 | 0.002 413 | 0.001 181 | 0.001 783 | 0.000 873 |
| 46 | 0.002 595 | 0.001 274 | 0.001 918 | 0.000 942 |
| 47 | 0.002 805 | 0.001 389 | 0.002 055 | 0.001 014 |
| 48 | 0.003 042 | 0.001 527 | 0.002 238 | 0.001 123 |
| 49 | 0.003 299 | 0.001 690 | 0.002 446 | 0.001 251 |
| 50 | 0.003 570 | 0.001 873 | 0.002 666 | 0.001 393 |

续表

| 年龄 | 非养老金业务表 | | 养老金业务表 | |
| --- | --- | --- | --- | --- |
| | 男(CL1) | 女(CL2) | 男(CL3) | 女(CL4) |
| 51 | 0.003 847 | 0.002 074 | 0.002 880 | 0.001 548 |
| 52 | 0.004 132 | 0.002 295 | 0.003 085 | 0.001 714 |
| 53 | 0.004 434 | 0.002 546 | 0.003 300 | 0.001 893 |
| 54 | 0.004 778 | 0.002 836 | 0.003 545 | 0.002 093 |
| 55 | 0.005 203 | 0.003 178 | 0.003 838 | 0.002 318 |
| 56 | 0.005 744 | 0.003 577 | 0.004 207 | 0.002 607 |
| 57 | 0.006 427 | 0.004 036 | 0.004 676 | 0.002 979 |
| 58 | 0.007 260 | 0.004 556 | 0.005 275 | 0.003 410 |
| 59 | 0.008 229 | 0.005 133 | 0.006 039 | 0.003 816 |
| 60 | 0.009 313 | 0.005 768 | 0.006 989 | 0.004 272 |
| 61 | 0.010 490 | 0.006 465 | 0.007 867 | 0.004 781 |
| 62 | 0.011 747 | 0.007 235 | 0.008 725 | 0.005 351 |
| 63 | 0.013 091 | 0.008 094 | 0.009 677 | 0.005 988 |
| 64 | 0.014 542 | 0.009 059 | 0.010 731 | 0.006 701 |
| 65 | 0.016 134 | 0.010 148 | 0.011 900 | 0.007 499 |
| 66 | 0.017 905 | 0.011 376 | 0.013 229 | 0.008 408 |
| 67 | 0.019 886 | 0.012 760 | 0.014 705 | 0.009 438 |
| 68 | 0.022 103 | 0.014 316 | 0.016 344 | 0.010 592 |
| 69 | 0.024 571 | 0.016 066 | 0.018 164 | 0.011 886 |
| 70 | 0.027 309 | 0.018 033 | 0.020 184 | 0.013 337 |
| 71 | 0.030 340 | 0.020 241 | 0.022 425 | 0.014 964 |
| 72 | 0.033 684 | 0.022 715 | 0.024 911 | 0.016 787 |
| 73 | 0.037 371 | 0.025 479 | 0.027 668 | 0.018 829 |
| 74 | 0.041 430 | 0.028 561 | 0.030 647 | 0.021 117 |
| 75 | 0.045 902 | 0.031 989 | 0.033 939 | 0.023 702 |
| 76 | 0.050 829 | 0.035 796 | 0.037 577 | 0.026 491 |
| 77 | 0.056 262 | 0.040 026 | 0.041 594 | 0.029 602 |
| 78 | 0.062 257 | 0.044 726 | 0.046 028 | 0.033 070 |
| 79 | 0.068 871 | 0.049 954 | 0.050 920 | 0.036 935 |
| 80 | 0.076 187 | 0.055 774 | 0.056 312 | 0.041 241 |
| 81 | 0.084 224 | 0.062 253 | 0.062 253 | 0.046 033 |
| 82 | 0.093 071 | 0.069 494 | 0.068 791 | 0.051 365 |
| 83 | 0.102 800 | 0.077 511 | 0.075 983 | 0.057 291 |
| 84 | 0.113 489 | 0.086 415 | 0.083 883 | 0.063 872 |
| 85 | 0.125 221 | 0.096 294 | 0.092 554 | 0.071 174 |
| 86 | 0.138 080 | 0.107 243 | 0.102 059 | 0.079 267 |

续表

| 年龄 | 非养老金业务表 | | 养老金业务表 | |
| --- | --- | --- | --- | --- |
| | 男(CL1) | 女(CL2) | 男(CL3) | 女(CL4) |
| 87 | 0.152 157 | 0.119 364 | 0.112 464 | 0.088 225 |
| 88 | 0.167 543 | 0.132 763 | 0.123 836 | 0.098 129 |
| 89 | 0.184 333 | 0.147 553 | 0.136 246 | 0.109 061 |
| 90 | 0.202 621 | 0.163 850 | 0.149 763 | 0.121 107 |
| 91 | 0.222 500 | 0.181 775 | 0.164 456 | 0.134 355 |
| 92 | 0.244 059 | 0.201 447 | 0.180 392 | 0.148 896 |
| 93 | 0.267 383 | 0.222 987 | 0.197 631 | 0.164 816 |
| 94 | 0.292 544 | 0.246 507 | 0.216 228 | 0.182 201 |
| 95 | 0.319 604 | 0.272 115 | 0.236 229 | 0.201 129 |
| 96 | 0.348 606 | 0.299 903 | 0.257 666 | 0.221 667 |
| 97 | 0.379 572 | 0.329 942 | 0.280 553 | 0.243 870 |
| 98 | 0.412 495 | 0.362 281 | 0.304 887 | 0.267 773 |
| 99 | 0.447 334 | 0.396 933 | 0.330 638 | 0.293 385 |
| 100 | 0.484 010 | 0.433 869 | 0.357 746 | 0.320 685 |
| 101 | 0.522 397 | 0.473 008 | 0.386 119 | 0.349 615 |
| 102 | 0.562 317 | 0.514 211 | 0.415 626 | 0.380 069 |
| 103 | 0.603 539 | 0.557 269 | 0.446 094 | 0.411 894 |
| 104 | 0.645 770 | 0.601 896 | 0.477 308 | 0.444 879 |
| 105 | 1.000 000 | 1.000 000 | 1.000 000 | 1.000 000 |

**表 9—3　　中国人寿保险业经验生命表(2000～2003 年)**

**非养老金业务男表(CL1)**

| 年龄 | 死亡率 | 生存人数 | 死亡人数 | 生存人年数 | | 平均余命 |
| --- | --- | --- | --- | --- | --- | --- |
| $x$ | $q_x$ | $l_x$ | $d_x$ | $L_x$ | $T_x$ | $\dot{e}_x$ |
| 0 | 0.000 722 | 1 000 000 | 722 | 999 639 | 76 712 704 | 76.71 |
| 1 | 0.000 603 | 999 278 | 603 | 998 977 | 75 713 065 | 75.77 |
| 2 | 0.000 499 | 998 675 | 498 | 998 426 | 74 714 088 | 74.81 |
| 3 | 0.000 416 | 998 177 | 415 | 997 969 | 73 715 662 | 73.85 |
| 4 | 0.000 358 | 997 762 | 357 | 997 583 | 72 717 692 | 72.88 |
| 5 | 0.000 323 | 997 405 | 322 | 997 244 | 71 720 109 | 71.91 |
| 6 | 0.000 309 | 997 082 | 308 | 996 928 | 70 722 865 | 70.93 |
| 7 | 0.000 308 | 996 774 | 307 | 996 621 | 69 725 937 | 69.95 |
| 8 | 0.000 311 | 996 467 | 310 | 996 312 | 68 729 316 | 68.97 |
| 9 | 0.000 312 | 996 157 | 311 | 996 002 | 67 733 004 | 67.99 |
| 10 | 0.000 312 | 995 847 | 311 | 995 691 | 66 737 001 | 67.02 |
| 11 | 0.000 312 | 995 536 | 311 | 995 381 | 65 741 310 | 66.04 |
| 12 | 0.000 313 | 995 225 | 312 | 995 070 | 64 745 929 | 65.06 |
| 13 | 0.000 32 | 994 914 | 318 | 994 755 | 63 750 860 | 64.08 |
| 14 | 0.000 336 | 994 595 | 334 | 994 428 | 62 756 105 | 63.10 |
| 15 | 0.000 364 | 994 261 | 362 | 994 080 | 61 761 677 | 62.12 |

续表

| 年龄 | 死亡率 | 生存人数 | 死亡人数 | 生存人年数 | | 平均余命 |
|---|---|---|---|---|---|---|
| $x$ | $q_x$ | $l_x$ | $d_x$ | $L_x$ | $T_x$ | $\mathring{e}_x$ |
| 16 | 0.000 404 | 993 899 | 402 | 993 699 | 60 767 596 | 61.14 |
| 17 | 0.000 455 | 993 498 | 452 | 993 272 | 59 773 898 | 60.17 |
| 18 | 0.000 513 | 993 046 | 509 | 992 791 | 58 780 626 | 59.19 |
| 19 | 0.000 572 | 992 536 | 568 | 992 253 | 57 787 835 | 58.22 |
| 20 | 0.000 621 | 991 969 | 616 | 991 661 | 56 795 582 | 57.26 |
| 21 | 0.000 661 | 991 353 | 655 | 991 025 | 55 803 922 | 56.29 |
| 22 | 0.000 692 | 990 697 | 686 | 990 355 | 54 812 897 | 55.33 |
| 23 | 0.000 716 | 990 012 | 709 | 989 657 | 53 822 542 | 54.37 |
| 24 | 0.000 738 | 989 303 | 730 | 988 938 | 52 832 885 | 53.40 |
| 25 | 0.000 759 | 988 573 | 750 | 988 198 | 51 843 947 | 52.44 |
| 26 | 0.000 779 | 987 823 | 770 | 987 438 | 50 855 749 | 51.48 |
| 27 | 0.000 795 | 987 053 | 785 | 986 661 | 49 868 311 | 50.52 |
| 28 | 0.000 815 | 986 268 | 804 | 985 866 | 48 881 651 | 49.56 |
| 29 | 0.000 842 | 985 464 | 830 | 985 050 | 47 895 784 | 48.60 |
| 30 | 0.000 881 | 984 635 | 867 | 984 201 | 46 910 735 | 47.64 |
| 31 | 0.000 932 | 983 767 | 917 | 983 309 | 45 926 534 | 46.68 |
| 32 | 0.000 994 | 982 850 | 977 | 982 362 | 44 943 225 | 45.73 |
| 33 | 0.001 055 | 981 873 | 1 036 | 981 356 | 43 960 863 | 44.77 |
| 34 | 0.001 121 | 980 838 | 1 100 | 980 288 | 42 979 507 | 43.82 |
| 35 | 0.001 194 | 979 738 | 1 170 | 979 153 | 41 999 220 | 42.87 |
| 36 | 0.001 275 | 978 568 | 1 248 | 977 944 | 41 020 066 | 41.92 |
| 37 | 0.001 367 | 977 321 | 1 336 | 976 653 | 40 042 122 | 40.97 |
| 38 | 0.001 472 | 975 985 | 1 437 | 975 266 | 39 065 469 | 40.03 |
| 39 | 0.001 589 | 974 548 | 1 549 | 973 774 | 38 090 203 | 39.08 |
| 40 | 0.001 715 | 972 999 | 1 669 | 972 165 | 37 116 430 | 38.15 |
| 41 | 0.001 845 | 971 331 | 1 792 | 970 435 | 36 144 265 | 37.21 |
| 42 | 0.001 978 | 969 539 | 1 918 | 968 580 | 35 173 830 | 36.28 |
| 43 | 0.002 113 | 967 621 | 2 045 | 966 599 | 34 205 250 | 35.35 |
| 44 | 0.002 255 | 965 576 | 2 177 | 964 488 | 33 238 652 | 34.42 |
| 45 | 0.002 413 | 963 399 | 2 325 | 962 237 | 32 274 164 | 33.50 |
| 46 | 0.002 595 | 961 074 | 2 494 | 959 827 | 31 311 928 | 32.58 |
| 47 | 0.002 805 | 958 580 | 2 689 | 957 236 | 30 352 100 | 31.66 |
| 48 | 0.003 042 | 955 891 | 2 908 | 954 437 | 29 394 865 | 30.75 |
| 49 | 0.003 299 | 952 984 | 3 144 | 951 412 | 28 440 427 | 29.84 |
| 50 | 0.003 57 | 949 840 | 3 391 | 948 144 | 27 489 016 | 28.94 |
| 51 | 0.003 847 | 946 449 | 3 641 | 944 628 | 26 540 871 | 28.04 |
| 52 | 0.004 132 | 942 808 | 3 896 | 940 860 | 25 596 243 | 27.15 |
| 53 | 0.004 434 | 938 912 | 4 163 | 936 830 | 24 655 383 | 26.26 |
| 54 | 0.004 778 | 934 749 | 4 466 | 932 516 | 23 718 553 | 25.37 |
| 55 | 0.005 203 | 930 283 | 4 840 | 927 863 | 22 786 037 | 24.49 |
| 56 | 0.005 744 | 925 442 | 5 316 | 922 785 | 21 858 174 | 23.62 |
| 57 | 0.006 427 | 920 127 | 5 914 | 917 170 | 20 935 390 | 22.75 |
| 58 | 0.007 26 | 914 213 | 6 637 | 910 894 | 20 018 220 | 21.90 |

续表

| 年龄 $x$ | 死亡率 $q_x$ | 生存人数 $l_x$ | 死亡人数 $d_x$ | 生存人年数 $L_x$ | $T_x$ | 平均余命 $\mathring{e}_x$ |
|---|---|---|---|---|---|---|
| 59 | 0.008 229 | 907 576 | 7 468 | 903 842 | 19 107 326 | 21.05 |
| 60 | 0.009 313 | 900 107 | 8 383 | 895 916 | 18 203 484 | 20.22 |
| 61 | 0.010 49 | 891 725 | 9 354 | 887 048 | 17 307 568 | 19.41 |
| 62 | 0.011 747 | 882 371 | 10 365 | 877 188 | 16 420 520 | 18.61 |
| 63 | 0.013 091 | 872 005 | 11 415 | 866 298 | 15 543 332 | 17.82 |
| 64 | 0.014 542 | 860 590 | 12 515 | 854 333 | 14 677 035 | 17.05 |
| 65 | 0.016 134 | 848 075 | 13 683 | 841 234 | 13 822 702 | 16.30 |
| 66 | 0.017 905 | 834 392 | 14 940 | 826 922 | 12 981 468 | 15.56 |
| 67 | 0.019 886 | 819 453 | 16 296 | 811 305 | 12 154 546 | 14.83 |
| 68 | 0.022 103 | 803 157 | 17 752 | 794 281 | 11 343 241 | 14.12 |
| 69 | 0.024 571 | 785 405 | 19 298 | 775 756 | 10 548 960 | 13.43 |
| 70 | 0.027 309 | 766 107 | 20 922 | 755 646 | 9 773 205 | 12.76 |
| 71 | 0.030 34 | 745 185 | 22 609 | 733 881 | 9 017 559 | 12.10 |
| 72 | 0.033 684 | 722 576 | 24 339 | 710 406 | 8 283 678 | 11.46 |
| 73 | 0.037 371 | 698 237 | 26 094 | 685 190 | 7 573 272 | 10.85 |
| 74 | 0.041 43 | 672 143 | 27 847 | 658 220 | 6 888 082 | 10.25 |
| 75 | 0.045 902 | 644 296 | 29 574 | 629 509 | 6 229 863 | 9.67 |
| 76 | 0.050 829 | 614 722 | 31 246 | 599 099 | 5 600 354 | 9.11 |
| 77 | 0.056 262 | 583 476 | 32 828 | 567 062 | 5 001 255 | 8.57 |
| 78 | 0.062 257 | 550 648 | 34 282 | 533 508 | 4 434 193 | 8.05 |
| 79 | 0.068 871 | 516 367 | 35 563 | 498 585 | 3 900 685 | 7.55 |
| 80 | 0.076 187 | 480 804 | 36 631 | 462 488 | 3 402 100 | 7.08 |
| 81 | 0.084 224 | 444 173 | 37 410 | 425 468 | 2 939 611 | 6.62 |
| 82 | 0.093 071 | 406 763 | 37 858 | 387 834 | 2 514 143 | 6.18 |
| 83 | 0.102 8 | 368 905 | 37 923 | 349 943 | 2 126 309 | 5.76 |
| 84 | 0.113 489 | 330 982 | 37 563 | 312 200 | 1 776 366 | 5.37 |
| 85 | 0.125 221 | 293 419 | 36 742 | 275 048 | 1 464 166 | 4.99 |
| 86 | 0.138 08 | 256 677 | 35 442 | 238 956 | 1 189 118 | 4.63 |
| 87 | 0.152 157 | 221 235 | 33 662 | 204 404 | 950 162 | 4.29 |
| 88 | 0.167 543 | 187 572 | 31 426 | 171 859 | 745 759 | 3.98 |
| 89 | 0.184 333 | 156 146 | 28 783 | 141 754 | 573 899 | 3.68 |
| 90 | 0.202 621 | 127 363 | 25 806 | 114 460 | 432 145 | 3.39 |
| 91 | 0.222 5 | 101 557 | 22 596 | 90 258 | 317 685 | 3.13 |
| 92 | 0.244 059 | 78 960 | 19 271 | 69 325 | 227 427 | 2.88 |
| 93 | 0.267 383 | 59 689 | 15 960 | 51 709 | 158 102 | 2.65 |
| 94 | 0.292 544 | 43 729 | 12 793 | 37 333 | 106 392 | 2.43 |
| 95 | 0.319 604 | 30 937 | 9 887 | 25 993 | 69 059 | 2.23 |
| 96 | 0.348 606 | 21 049 | 7 338 | 17 380 | 43 067 | 2.05 |
| 97 | 0.379 572 | 13 711 | 5 204 | 11 109 | 25 686 | 1.87 |
| 98 | 0.412 495 | 8 507 | 3 509 | 6 752 | 14 577 | 1.71 |
| 99 | 0.447 334 | 4 998 | 2 236 | 3 880 | 7 825 | 1.57 |
| 100 | 0.484 01 | 2 762 | 1 337 | 2 094 | 3 945 | 1.43 |
| 101 | 0.522 397 | 1 425 | 745 | 1 053 | 1 851 | 1.30 |

续表

| 年龄 | 死亡率 | 生存人数 | 死亡人数 | 生存人年数 | | 平均余命 |
|---|---|---|---|---|---|---|
| $x$ | $q_x$ | $l_x$ | $d_x$ | $L_x$ | $T_x$ | $\dot{e}_x$ |
| 102 | 0.562 317 | 681 | 383 | 489 | 798 | 1.17 |
| 103 | 0.603 539 | 298 | 180 | 208 | 309 | 1.04 |
| 104 | 0.645 77 | 118 | 76 | 80 | 101 | 0.85 |
| 105 | 1 | 42 | 42 | 21 | 21 | 0.50 |

注:表 9—3 至表 9—10 均根据表 9—2 中的死亡率及相关公式计算得出。

**表 9—4　　中国人寿保险业经验生命表(2000～2003 年)**

**非养老金业务女表(CL2)**

| 年龄 | 死亡率 | 生存人数 | 死亡人数 | 生存人年数 | | 平均余命 |
|---|---|---|---|---|---|---|
| $x$ | $q_x$ | $l_x$ | $d_x$ | $L_x$ | $T_x$ | $\dot{e}_x$ |
| 0 | 0.000 661 | 1 000 000 | 661 | 999 670 | 80 891 929 | 80.89 |
| 1 | 0.000 536 | 999 339 | 536 | 999 071 | 79 892 260 | 79.95 |
| 2 | 0.000 424 | 998 803 | 423 | 998 592 | 78 893 189 | 78.99 |
| 3 | 0.000 333 | 998 380 | 332 | 998 214 | 77 894 597 | 78.02 |
| 4 | 0.000 267 | 998 047 | 266 | 997 914 | 76 896 383 | 77.05 |
| 5 | 0.000 224 | 997 781 | 224 | 997 669 | 75 898 469 | 76.07 |
| 6 | 0.000 201 | 997 557 | 201 | 997 457 | 74 900 800 | 75.08 |
| 7 | 0.000 189 | 997 357 | 189 | 997 263 | 73 903 343 | 74.10 |
| 8 | 0.000 181 | 997 168 | 180 | 997 078 | 72 906 080 | 73.11 |
| 9 | 0.000 175 | 996 988 | 174 | 996 901 | 71 909 002 | 72.13 |
| 10 | 0.000 169 | 996 813 | 168 | 996 729 | 70 912 101 | 71.14 |
| 11 | 0.000 165 | 996 645 | 164 | 996 563 | 69 915 372 | 70.15 |
| 12 | 0.000 165 | 996 481 | 164 | 996 398 | 68 918 809 | 69.16 |
| 13 | 0.000 169 | 996 316 | 168 | 996 232 | 67 922 411 | 68.17 |
| 14 | 0.000 179 | 996 148 | 178 | 996 059 | 66 926 179 | 67.18 |
| 15 | 0.000 192 | 995 969 | 191 | 995 874 | 65 930 120 | 66.20 |
| 16 | 0.000 208 | 995 778 | 207 | 995 675 | 64 934 247 | 65.21 |
| 17 | 0.000 226 | 995 571 | 225 | 995 459 | 63 938 572 | 64.22 |
| 18 | 0.000 245 | 995 346 | 244 | 995 224 | 62 943 113 | 63.24 |
| 19 | 0.000 264 | 995 102 | 263 | 994 971 | 61 947 889 | 62.25 |
| 20 | 0.000 283 | 994 840 | 282 | 994 699 | 60 952 918 | 61.27 |
| 21 | 0.000 3 | 994 558 | 298 | 994 409 | 59 958 220 | 60.29 |
| 22 | 0.000 315 | 994 260 | 313 | 994 103 | 58 963 811 | 59.30 |
| 23 | 0.000 328 | 993 946 | 326 | 993 783 | 57 969 708 | 58.32 |
| 24 | 0.000 338 | 993 620 | 336 | 993 452 | 56 975 924 | 57.34 |
| 25 | 0.000 347 | 993 285 | 345 | 993 112 | 55 982 472 | 56.36 |
| 26 | 0.000 355 | 992 940 | 352 | 992 764 | 54 989 360 | 55.38 |
| 27 | 0.000 362 | 992 587 | 359 | 992 408 | 53 996 596 | 54.40 |
| 28 | 0.000 372 | 992 228 | 369 | 992 044 | 53 004 188 | 53.42 |
| 29 | 0.000 386 | 991 859 | 383 | 991 668 | 52 012 145 | 52.44 |
| 30 | 0.000 406 | 991 476 | 403 | 991 275 | 51 020 477 | 51.46 |
| 31 | 0.000 432 | 991 074 | 428 | 990 860 | 50 029 202 | 50.48 |
| 32 | 0.000 465 | 990 645 | 461 | 990 415 | 49 038 343 | 49.50 |

续表

| 年龄 | 死亡率 | 生存人数 | 死亡人数 | 生存人年数 | | 平均余命 |
|---|---|---|---|---|---|---|
| $x$ | $q_x$ | $l_x$ | $d_x$ | $L_x$ | $T_x$ | $\dot{e}_x$ |
| 33 | 0.000 496 | 990 185 | 491 | 989 939 | 48 047 928 | 48.52 |
| 34 | 0.000 528 | 989 694 | 523 | 989 432 | 47 057 988 | 47.55 |
| 35 | 0.000 563 | 989 171 | 557 | 988 893 | 46 068 556 | 46.57 |
| 36 | 0.000 601 | 988 614 | 594 | 988 317 | 45 079 663 | 45.60 |
| 37 | 0.000 646 | 988 020 | 638 | 987 701 | 44 091 346 | 44.63 |
| 38 | 0.000 699 | 987 382 | 690 | 987 037 | 43 103 645 | 43.65 |
| 39 | 0.000 761 | 986 692 | 751 | 986 316 | 42 116 609 | 42.68 |
| 40 | 0.000 828 | 985 941 | 816 | 985 533 | 41 130 293 | 41.72 |
| 41 | 0.000 897 | 985 124 | 884 | 984 683 | 40 144 760 | 40.75 |
| 42 | 0.000 966 | 984 241 | 951 | 983 765 | 39 160 078 | 39.79 |
| 43 | 0.001 033 | 983 290 | 1 016 | 982 782 | 38 176 312 | 38.83 |
| 44 | 0.001 103 | 982 274 | 1 083 | 981 732 | 37 193 530 | 37.86 |
| 45 | 0.001 181 | 981 191 | 1 159 | 980 611 | 36 211 798 | 36.91 |
| 46 | 0.001 274 | 980 032 | 1 249 | 979 408 | 35 231 186 | 35.95 |
| 47 | 0.001 389 | 978 783 | 1 360 | 978 104 | 34 251 779 | 34.99 |
| 48 | 0.001 527 | 977 424 | 1 493 | 976 678 | 33 273 675 | 34.04 |
| 49 | 0.001 69 | 975 931 | 1 649 | 975 107 | 32 296 997 | 33.09 |
| 50 | 0.001 873 | 974 282 | 1 825 | 973 370 | 31 321 891 | 32.15 |
| 51 | 0.002 074 | 972 457 | 2 017 | 971 449 | 30 348 521 | 31.21 |
| 52 | 0.002 295 | 970 440 | 2 227 | 969 327 | 29 377 072 | 30.27 |
| 53 | 0.002 546 | 968 213 | 2 465 | 966 981 | 28 407 746 | 29.34 |
| 54 | 0.002 836 | 965 748 | 2 739 | 964 379 | 27 440 765 | 28.41 |
| 55 | 0.003 178 | 963 009 | 3 060 | 961 479 | 26 476 386 | 27.49 |
| 56 | 0.003 577 | 959 949 | 3 434 | 958 232 | 25 514 907 | 26.58 |
| 57 | 0.004 036 | 956 515 | 3 860 | 954 585 | 24 556 676 | 25.67 |
| 58 | 0.004 556 | 952 655 | 4 340 | 950 484 | 23 602 091 | 24.78 |
| 59 | 0.005 133 | 948 314 | 4 868 | 945 880 | 22 651 606 | 23.89 |
| 60 | 0.005 768 | 943 447 | 5 442 | 940 726 | 21 705 726 | 23.01 |
| 61 | 0.006 465 | 938 005 | 6 064 | 934 973 | 20 765 000 | 22.14 |
| 62 | 0.007 235 | 931 941 | 6 743 | 928 569 | 19 830 028 | 21.28 |
| 63 | 0.008 094 | 925 198 | 7 489 | 921 454 | 18 901 458 | 20.43 |
| 64 | 0.009 059 | 917 709 | 8 314 | 913 553 | 17 980 005 | 19.59 |
| 65 | 0.010 148 | 909 396 | 9 229 | 904 782 | 17 066 452 | 18.77 |
| 66 | 0.011 376 | 900 167 | 10 240 | 895 047 | 16 161 670 | 17.95 |
| 67 | 0.012 76 | 889 927 | 11 355 | 884 249 | 15 266 623 | 17.15 |
| 68 | 0.014 316 | 878 572 | 12 578 | 872 283 | 14 382 374 | 16.37 |
| 69 | 0.016 066 | 865 994 | 13 913 | 859 037 | 13 510 091 | 15.60 |
| 70 | 0.018 033 | 852 081 | 15 366 | 844 398 | 12 651 054 | 14.85 |
| 71 | 0.020 241 | 836 715 | 16 936 | 828 247 | 11 806 656 | 14.11 |
| 72 | 0.022 715 | 819 779 | 18 621 | 810 469 | 10 978 408 | 13.39 |
| 73 | 0.025 479 | 801 158 | 20 413 | 790 952 | 10 167 940 | 12.69 |
| 74 | 0.028 561 | 780 745 | 22 299 | 769 596 | 9 376 988 | 12.01 |
| 75 | 0.031 989 | 758 446 | 24 262 | 746 316 | 8 607 392 | 11.35 |

续表

| 年龄 | 死亡率 | 生存人数 | 死亡人数 | 生存人年数 | | 平均余命 |
|---|---|---|---|---|---|---|
| $x$ | $q_x$ | $l_x$ | $d_x$ | $L_x$ | $T_x$ | $\dot{e}_x$ |
| 76 | 0.035 796 | 734 185 | 26 281 | 721 044 | 7 861 077 | 10.71 |
| 77 | 0.040 026 | 707 904 | 28 335 | 693 736 | 7 140 033 | 10.09 |
| 78 | 0.044 726 | 679 569 | 30 394 | 664 372 | 6 446 296 | 9.49 |
| 79 | 0.049 954 | 649 175 | 32 429 | 632 960 | 5 781 924 | 8.91 |
| 80 | 0.055 774 | 616 746 | 34 398 | 599 547 | 5 148 964 | 8.35 |
| 81 | 0.062 253 | 582 347 | 36 253 | 564 221 | 4 549 417 | 7.81 |
| 82 | 0.069 494 | 546 095 | 37 950 | 527 119 | 3 985 196 | 7.30 |
| 83 | 0.077 511 | 508 144 | 39 387 | 488 451 | 3 458 077 | 6.81 |
| 84 | 0.086 415 | 468 758 | 40 508 | 448 504 | 2 969 626 | 6.34 |
| 85 | 0.096 294 | 428 250 | 41 238 | 407 631 | 2 521 122 | 5.89 |
| 86 | 0.107 243 | 387 012 | 41 504 | 366 260 | 2 113 491 | 5.46 |
| 87 | 0.119 364 | 345 508 | 41 241 | 324 887 | 1 747 232 | 5.06 |
| 88 | 0.132 763 | 304 266 | 40 395 | 284 069 | 1 422 345 | 4.67 |
| 89 | 0.147 553 | 263 871 | 38 935 | 244 404 | 1 138 276 | 4.31 |
| 90 | 0.163 85 | 224 936 | 36 856 | 206 508 | 893 872 | 3.97 |
| 91 | 0.181 775 | 188 080 | 34 188 | 170 986 | 687 364 | 3.65 |
| 92 | 0.201 447 | 153 892 | 31 001 | 138 392 | 516 378 | 3.36 |
| 93 | 0.222 987 | 122 891 | 27 403 | 109 189 | 377 986 | 3.08 |
| 94 | 0.246 507 | 95 488 | 23 538 | 83 719 | 268 797 | 2.81 |
| 95 | 0.272 115 | 71 949 | 19 579 | 62 160 | 185 078 | 2.57 |
| 96 | 0.299 903 | 52 371 | 15 706 | 44 518 | 122 918 | 2.35 |
| 97 | 0.329 942 | 36 665 | 12 097 | 30 616 | 78 400 | 2.14 |
| 98 | 0.362 281 | 24 567 | 8 900 | 20 117 | 47 784 | 1.95 |
| 99 | 0.396 933 | 15 667 | 6 219 | 12 558 | 27 667 | 1.77 |
| 100 | 0.433 869 | 9 448 | 4 099 | 7 399 | 15 109 | 1.60 |
| 101 | 0.473 008 | 5 349 | 2 530 | 4 084 | 7 710 | 1.44 |
| 102 | 0.514 211 | 2 819 | 1 449 | 2 094 | 3 626 | 1.29 |
| 103 | 0.557 269 | 1 369 | 763 | 988 | 1 532 | 1.12 |
| 104 | 0.601 896 | 606 | 365 | 424 | 544 | 0.90 |
| 105 | 1 | 241 | 241 | 121 | 121 | 0.50 |

**表 9-5　　　　中国人寿保险业经验生命表(2000～2003 年)**

**养老金业务男表(CL3)**

| 年龄 | 死亡率 | 生存人数 | 死亡人数 | 生存人年数 | | 平均余命 |
|---|---|---|---|---|---|---|
| $x$ | $q_x$ | $l_x$ | $d_x$ | $L_x$ | $T_x$ | $\dot{e}_x$ |
| 0 | 0.000 627 | 1 000 000 | 627 | 999 687 | 79 741 450 | 79.74 |
| 1 | 0.000 525 | 999 373 | 525 | 999 111 | 78 741 763 | 78.79 |
| 2 | 0.000 434 | 998 848 | 434 | 998 632 | 77 742 653 | 77.83 |
| 3 | 0.000 362 | 998 415 | 361 | 998 234 | 76 744 021 | 76.87 |
| 4 | 0.000 311 | 998 053 | 310 | 997 898 | 75 745 787 | 75.89 |
| 5 | 0.000 281 | 997 743 | 280 | 997 603 | 74 747 889 | 74.92 |
| 6 | 0.000 269 | 997 463 | 268 | 997 328 | 73 750 286 | 73.94 |

续表

| 年龄 $x$ | 死亡率 $q_x$ | 生存人数 $l_x$ | 死亡人数 $d_x$ | 生存人年数 $L_x$ | 生存人年数 $T_x$ | 平均余命 $\dot{e}_x$ |
|---|---|---|---|---|---|---|
| 7 | 0.000 268 | 997 194 | 267 | 997 061 | 72 752 957 | 72.96 |
| 8 | 0.000 27 | 996 927 | 269 | 996 792 | 71 755 897 | 71.98 |
| 9 | 0.000 271 | 996 658 | 270 | 996 523 | 70 759 104 | 71.00 |
| 10 | 0.000 272 | 996 388 | 271 | 996 252 | 69 762 581 | 70.02 |
| 11 | 0.000 271 | 996 117 | 270 | 995 982 | 68 766 329 | 69.03 |
| 12 | 0.000 272 | 995 847 | 271 | 995 711 | 67 770 347 | 68.05 |
| 13 | 0.000 278 | 995 576 | 277 | 995 438 | 66 774 636 | 67.07 |
| 14 | 0.000 292 | 995 299 | 291 | 995 154 | 65 779 198 | 66.09 |
| 15 | 0.000 316 | 995 009 | 314 | 994 851 | 64 784 044 | 65.11 |
| 16 | 0.000 351 | 994 694 | 349 | 994 520 | 63 789 193 | 64.13 |
| 17 | 0.000 396 | 994 345 | 394 | 994 148 | 62 794 673 | 63.15 |
| 18 | 0.000 446 | 993 951 | 443 | 993 730 | 61 800 525 | 62.18 |
| 19 | 0.000 497 | 993 508 | 494 | 993 261 | 60 806 796 | 61.20 |
| 20 | 0.000 54 | 993 014 | 536 | 992 746 | 59 813 535 | 60.23 |
| 21 | 0.000 575 | 992 478 | 571 | 992 193 | 58 820 789 | 59.27 |
| 22 | 0.000 601 | 991 907 | 596 | 991 609 | 57 828 596 | 58.30 |
| 23 | 0.000 623 | 991 311 | 618 | 991 002 | 56 836 987 | 57.34 |
| 24 | 0.000 643 | 990 694 | 637 | 990 375 | 55 845 984 | 56.37 |
| 25 | 0.000 66 | 990 057 | 653 | 989 730 | 54 855 609 | 55.41 |
| 26 | 0.000 676 | 989 403 | 669 | 989 069 | 53 865 879 | 54.44 |
| 27 | 0.000 693 | 988 734 | 685 | 988 392 | 52 876 811 | 53.48 |
| 28 | 0.000 712 | 988 049 | 703 | 987 697 | 51 888 419 | 52.52 |
| 29 | 0.000 734 | 987 346 | 725 | 986 983 | 50 900 722 | 51.55 |
| 30 | 0.000 759 | 986 621 | 749 | 986 246 | 49 913 739 | 50.59 |
| 31 | 0.000 788 | 985 872 | 777 | 985 484 | 48 927 492 | 49.63 |
| 32 | 0.000 82 | 985 095 | 808 | 984 691 | 47 942 009 | 48.67 |
| 33 | 0.000 855 | 984 287 | 842 | 983 867 | 46 957 317 | 47.71 |
| 34 | 0.000 893 | 983 446 | 878 | 983 007 | 45 973 451 | 46.75 |
| 35 | 0.000 936 | 982 568 | 920 | 982 108 | 44 990 444 | 45.79 |
| 36 | 0.000 985 | 981 648 | 967 | 981 164 | 44 008 336 | 44.83 |
| 37 | 0.001 043 | 980 681 | 1 023 | 980 170 | 43 027 172 | 43.87 |
| 38 | 0.001 111 | 979 658 | 1 088 | 979 114 | 42 047 002 | 42.92 |
| 39 | 0.001 189 | 978 570 | 1 164 | 977 988 | 41 067 888 | 41.97 |
| 40 | 0.001 275 | 977 406 | 1 246 | 976 783 | 40 089 900 | 41.02 |
| 41 | 0.001 366 | 976 160 | 1 333 | 975 493 | 39 113 117 | 40.07 |
| 42 | 0.001 461 | 974 827 | 1 424 | 974 114 | 38 137 624 | 39.12 |
| 43 | 0.001 56 | 973 402 | 1 519 | 972 643 | 37 163 509 | 38.18 |
| 44 | 0.001 665 | 971 884 | 1 618 | 971 075 | 36 190 866 | 37.24 |
| 45 | 0.001 783 | 970 266 | 1 730 | 969 401 | 35 219 791 | 36.30 |
| 46 | 0.001 918 | 968 536 | 1 858 | 967 607 | 34 250 391 | 35.36 |
| 47 | 0.002 055 | 966 678 | 1 987 | 965 685 | 33 282 784 | 34.43 |
| 48 | 0.002 238 | 964 692 | 2 159 | 963 612 | 32 317 099 | 33.50 |
| 49 | 0.002 446 | 962 533 | 2 354 | 961 355 | 31 353 487 | 32.57 |

续表

| 年龄 | 死亡率 | 生存人数 | 死亡人数 | 生存人年数 | | 平均余命 |
|---|---|---|---|---|---|---|
| $x$ | $q_x$ | $l_x$ | $d_x$ | $L_x$ | $T_x$ | $\dot{e}_x$ |
| 50 | 0.002 666 | 960 178 | 2 560 | 958 898 | 30 392 132 | 31.65 |
| 51 | 0.002 88 | 957 618 | 2 758 | 956 239 | 29 433 233 | 30.74 |
| 52 | 0.003 085 | 954 860 | 2 946 | 953 388 | 28 476 994 | 29.82 |
| 53 | 0.003 3 | 951 915 | 3 141 | 950 344 | 27 523 607 | 28.91 |
| 54 | 0.003 545 | 948 773 | 3 363 | 947 092 | 26 573 263 | 28.01 |
| 55 | 0.003 838 | 945 410 | 3 628 | 943 596 | 25 626 171 | 27.11 |
| 56 | 0.004 207 | 941 781 | 3 962 | 939 800 | 24 682 575 | 26.21 |
| 57 | 0.004 676 | 937 819 | 4 385 | 935 627 | 23 742 775 | 25.32 |
| 58 | 0.005 275 | 933 434 | 4 924 | 930 972 | 22 807 148 | 24.43 |
| 59 | 0.006 039 | 928 510 | 5 607 | 925 707 | 21 876 176 | 23.56 |
| 60 | 0.006 989 | 922 903 | 6 450 | 919 678 | 20 950 469 | 22.70 |
| 61 | 0.007 867 | 916 453 | 7 210 | 912 848 | 20 030 791 | 21.86 |
| 62 | 0.008 725 | 909 243 | 7 933 | 905 277 | 19 117 943 | 21.03 |
| 63 | 0.009 677 | 901 310 | 8 722 | 896 949 | 18 212 667 | 20.21 |
| 64 | 0.010 731 | 892 588 | 9 578 | 887 799 | 17 315 718 | 19.40 |
| 65 | 0.011 9 | 883 010 | 10 508 | 877 756 | 16 427 919 | 18.60 |
| 66 | 0.013 229 | 872 502 | 11 542 | 866 731 | 15 550 163 | 17.82 |
| 67 | 0.014 705 | 860 959 | 12 660 | 854 629 | 14 683 433 | 17.05 |
| 68 | 0.016 344 | 848 299 | 13 865 | 841 367 | 13 828 803 | 16.30 |
| 69 | 0.018 164 | 834 434 | 15 157 | 826 856 | 12 987 437 | 15.56 |
| 70 | 0.020 184 | 819 278 | 16 536 | 811 010 | 12 160 580 | 14.84 |
| 71 | 0.022 425 | 802 741 | 18 001 | 793 741 | 11 349 571 | 14.14 |
| 72 | 0.024 911 | 784 740 | 19 549 | 774 966 | 10 555 830 | 13.45 |
| 73 | 0.027 668 | 765 191 | 21 171 | 754 606 | 9 780 864 | 12.78 |
| 74 | 0.030 647 | 744 020 | 22 802 | 732 619 | 9 026 259 | 12.13 |
| 75 | 0.033 939 | 721 218 | 24 477 | 708 979 | 8 293 640 | 11.50 |
| 76 | 0.037 577 | 696 741 | 26 181 | 683 650 | 7 584 660 | 10.89 |
| 77 | 0.041 594 | 670 559 | 27 891 | 656 614 | 6 901 010 | 10.29 |
| 78 | 0.046 028 | 642 668 | 29 581 | 627 878 | 6 244 397 | 9.72 |
| 79 | 0.050 92 | 613 087 | 31 218 | 597 478 | 5 616 519 | 9.16 |
| 80 | 0.056 312 | 581 869 | 32 766 | 565 486 | 5 019 041 | 8.63 |
| 81 | 0.062 253 | 549 103 | 34 183 | 532 011 | 4 453 555 | 8.11 |
| 82 | 0.068 791 | 514 919 | 35 422 | 497 208 | 3 921 544 | 7.62 |
| 83 | 0.075 983 | 479 498 | 36 434 | 461 281 | 3 424 336 | 7.14 |
| 84 | 0.083 883 | 443 064 | 37 166 | 424 481 | 2 963 055 | 6.69 |
| 85 | 0.092 554 | 405 898 | 37 568 | 387 115 | 2 538 574 | 6.25 |
| 86 | 0.102 059 | 368 331 | 37 591 | 349 535 | 2 151 459 | 5.84 |
| 87 | 0.112 464 | 330 739 | 37 196 | 312 141 | 1 801 924 | 5.45 |
| 88 | 0.123 836 | 293 543 | 36 351 | 275 367 | 1 489 783 | 5.08 |
| 89 | 0.136 246 | 257 192 | 35 041 | 239 671 | 1 214 415 | 4.72 |
| 90 | 0.149 763 | 222 151 | 33 270 | 205 516 | 974 744 | 4.39 |
| 91 | 0.164 456 | 188 881 | 31 063 | 173 349 | 769 229 | 4.07 |
| 92 | 0.180 392 | 157 818 | 28 469 | 143 583 | 595 879 | 3.78 |

续表

| 年龄 | 死亡率 | 生存人数 | 死亡人数 | 生存人年数 | | 平均余命 |
|---|---|---|---|---|---|---|
| $x$ | $q_x$ | $l_x$ | $d_x$ | $L_x$ | $T_x$ | $\dot{e}_x$ |
| 93 | 0.197 631 | 129 349 | 25 563 | 116 567 | 452 296 | 3.50 |
| 94 | 0.216 228 | 103 786 | 22 441 | 92 565 | 335 729 | 3.23 |
| 95 | 0.236 229 | 81 344 | 19 216 | 71 736 | 243 164 | 2.99 |
| 96 | 0.257 666 | 62 128 | 16 008 | 54 124 | 171 427 | 2.76 |
| 97 | 0.280 553 | 46 120 | 12 939 | 39 650 | 117 303 | 2.54 |
| 98 | 0.304 887 | 33 181 | 10 116 | 28 123 | 77 653 | 2.34 |
| 99 | 0.330 638 | 23 064 | 7 626 | 19 251 | 49 530 | 2.15 |
| 100 | 0.357 746 | 15 438 | 5 523 | 12 677 | 30 279 | 1.96 |
| 101 | 0.386 119 | 9 915 | 3 829 | 8 001 | 17 602 | 1.78 |
| 102 | 0.415 626 | 6 087 | 2 530 | 4 822 | 9 601 | 1.58 |
| 103 | 0.446 094 | 3 557 | 1 587 | 2 764 | 4 779 | 1.34 |
| 104 | 0.477 308 | 1 970 | 940 | 1 500 | 2 015 | 1.02 |
| 105 | 1 | 1 030 | 1 030 | 515 | 515 | 0.50 |

**表 9—6　　中国人寿保险业经验生命表(2000～2003 年)**

**养老金业务女表(CL4)**

| 年龄 | 死亡率 | 生存人数 | 死亡人数 | 生存人年数 | | 平均余命 |
|---|---|---|---|---|---|---|
| $x$ | $q_x$ | $l_x$ | $d_x$ | $L_x$ | $T_x$ | $\dot{e}_x$ |
| 0 | 0.000 575 | 1 000 000 | 575 | 999 713 | 83 672 159 | 83.67 |
| 1 | 0.000 466 | 999 425 | 466 | 999 192 | 82 672 446 | 82.72 |
| 2 | 0.000 369 | 998 959 | 369 | 998 775 | 81 673 254 | 81.76 |
| 3 | 0.000 29 | 998 591 | 290 | 998 446 | 80 674 479 | 80.79 |
| 4 | 0.000 232 | 998 301 | 232 | 998 185 | 79 676 033 | 79.81 |
| 5 | 0.000 195 | 998 069 | 195 | 997 972 | 78 677 848 | 78.83 |
| 6 | 0.000 175 | 997 875 | 175 | 997 788 | 77 679 876 | 77.85 |
| 7 | 0.000 164 | 997 700 | 164 | 997 618 | 76 682 088 | 76.86 |
| 8 | 0.000 158 | 997 537 | 158 | 997 458 | 75 684 470 | 75.87 |
| 9 | 0.000 152 | 997 379 | 152 | 997 303 | 74 687 012 | 74.88 |
| 10 | 0.000 147 | 997 227 | 147 | 997 154 | 73 689 709 | 73.89 |
| 11 | 0.000 143 | 997 081 | 143 | 997 009 | 72 692 555 | 72.91 |
| 12 | 0.000 143 | 996 938 | 143 | 996 867 | 71 695 546 | 71.92 |
| 13 | 0.000 147 | 996 796 | 147 | 996 722 | 70 698 679 | 70.93 |
| 14 | 0.000 156 | 996 649 | 155 | 996 571 | 69 701 956 | 69.94 |
| 15 | 0.000 167 | 996 494 | 166 | 996 410 | 68 705 385 | 68.95 |
| 16 | 0.000 181 | 996 327 | 180 | 996 237 | 67 708 974 | 67.96 |
| 17 | 0.000 196 | 996 147 | 195 | 996 049 | 66 712 737 | 66.97 |
| 18 | 0.000 213 | 995 952 | 212 | 995 846 | 65 716 688 | 65.98 |
| 19 | 0.000 23 | 995 739 | 229 | 995 625 | 64 720 843 | 65.00 |
| 20 | 0.000 246 | 995 510 | 245 | 995 388 | 63 725 218 | 64.01 |
| 21 | 0.000 261 | 995 266 | 260 | 995 136 | 62 729 830 | 63.03 |
| 22 | 0.000 274 | 995 006 | 273 | 994 869 | 61 734 694 | 62.04 |
| 23 | 0.000 285 | 994 733 | 283 | 994 591 | 60 739 824 | 61.06 |

续表

| 年龄 | 死亡率 | 生存人数 | 死亡人数 | 生存人年数 | | 平均余命 |
|---|---|---|---|---|---|---|
| $x$ | $q_x$ | $l_x$ | $d_x$ | $L_x$ | $T_x$ | $\dot{e}_x$ |
| 24 | 0.000 293 | 994 450 | 291 | 994 304 | 59 745 233 | 60.08 |
| 25 | 0.000 301 | 994 158 | 299 | 994 009 | 58 750 929 | 59.10 |
| 26 | 0.000 308 | 993 859 | 306 | 993 706 | 57 756 920 | 58.11 |
| 27 | 0.000 316 | 993 553 | 314 | 993 396 | 56 763 214 | 57.13 |
| 28 | 0.000 325 | 993 239 | 323 | 993 078 | 55 769 818 | 56.15 |
| 29 | 0.000 337 | 992 916 | 335 | 992 749 | 54 776 741 | 55.17 |
| 30 | 0.000 351 | 992 582 | 348 | 992 407 | 53 783 992 | 54.19 |
| 31 | 0.000 366 | 992 233 | 363 | 992 052 | 52 791 584 | 53.20 |
| 32 | 0.000 384 | 991 870 | 381 | 991 680 | 51 799 533 | 52.22 |
| 33 | 0.000 402 | 991 489 | 399 | 991 290 | 50 807 853 | 51.24 |
| 34 | 0.000 421 | 991 091 | 417 | 990 882 | 49 816 563 | 50.26 |
| 35 | 0.000 441 | 990 673 | 437 | 990 455 | 48 825 681 | 49.29 |
| 36 | 0.000 464 | 990 236 | 459 | 990007 | 47 835 227 | 48.31 |
| 37 | 0.000 493 | 989 777 | 488 | 989 533 | 46 845 220 | 47.33 |
| 38 | 0.000 528 | 989 289 | 522 | 989 028 | 45 855 687 | 46.35 |
| 39 | 0.000 569 | 988 767 | 563 | 988 485 | 44 866 659 | 45.38 |
| 40 | 0.000 615 | 988 204 | 608 | 987 900 | 43 878 174 | 44.40 |
| 41 | 0.000 664 | 987 596 | 656 | 987 268 | 42 890 274 | 43.43 |
| 42 | 0.000 714 | 986 941 | 705 | 986 588 | 41 903 005 | 42.46 |
| 43 | 0.000 763 | 986 236 | 752 | 985 860 | 40 916 417 | 41.49 |
| 44 | 0.000 815 | 985 483 | 803 | 985 082 | 39 930 557 | 40.52 |
| 45 | 0.000 873 | 984 680 | 860 | 984 250 | 38 945 476 | 39.55 |
| 46 | 0.000 942 | 983 821 | 927 | 983 357 | 37 961 225 | 38.59 |
| 47 | 0.001 014 | 982 894 | 997 | 982 395 | 36 977 868 | 37.62 |
| 48 | 0.001 123 | 981 897 | 1 103 | 981 346 | 35 995 472 | 36.66 |
| 49 | 0.001 251 | 980 794 | 1 227 | 980 181 | 35 014 127 | 35.70 |
| 50 | 0.001 393 | 979 568 | 1 365 | 978 885 | 34 033 946 | 34.74 |
| 51 | 0.001 548 | 978 203 | 1 514 | 977 446 | 33 055 060 | 33.79 |
| 52 | 0.001 714 | 976 689 | 1 674 | 975 852 | 32 077 615 | 32.84 |
| 53 | 0.001 893 | 975 015 | 1 846 | 974 092 | 31 101 763 | 31.90 |
| 54 | 0.002 093 | 973 169 | 2 037 | 972 151 | 30 127 671 | 30.96 |
| 55 | 0.002 318 | 971 132 | 2 251 | 970 007 | 29 155 520 | 30.02 |
| 56 | 0.002 607 | 968 881 | 2 526 | 967 618 | 28 185 514 | 29.09 |
| 57 | 0.002 979 | 966 355 | 2 879 | 964 916 | 27 217 896 | 28.17 |
| 58 | 0.003 41 | 963 476 | 3 285 | 961 834 | 26 252 980 | 27.25 |
| 59 | 0.003 816 | 960 191 | 3 664 | 958 359 | 25 291 146 | 26.34 |
| 60 | 0.004 272 | 956 527 | 4 086 | 954 484 | 24 332 787 | 25.44 |
| 61 | 0.004 781 | 952 441 | 4 554 | 950 164 | 23 378 304 | 24.55 |
| 62 | 0.005 351 | 947 887 | 5 072 | 945 351 | 22 428 140 | 23.66 |
| 63 | 0.005 988 | 942 815 | 5 646 | 939 992 | 21 482 789 | 22.79 |
| 64 | 0.006 701 | 937 169 | 6 280 | 934 029 | 20 542 797 | 21.92 |
| 65 | 0.007 499 | 930 889 | 6 981 | 927 399 | 19 608 768 | 21.06 |
| 66 | 0.008 408 | 923 909 | 7 768 | 920 024 | 18 681 369 | 20.22 |

续表

| 年龄 | 死亡率 | 生存人数 | 死亡人数 | 生存人年数 | | 平均余命 |
|---|---|---|---|---|---|---|
| $x$ | $q_x$ | $l_x$ | $d_x$ | $L_x$ | $T_x$ | $e_x$ |
| 67 | 0.009 438 | 916 140 | 8 647 | 911 817 | 17 761 344 | 19.39 |
| 68 | 0.010 592 | 907 494 | 9 612 | 902 688 | 16 849 527 | 18.57 |
| 69 | 0.011 886 | 897 882 | 10 672 | 892 545 | 15 946 840 | 17.76 |
| 70 | 0.013 337 | 887 209 | 11 833 | 881 293 | 15 054 294 | 16.97 |
| 71 | 0.014 964 | 875 377 | 13 099 | 868 827 | 14 173 001 | 16.19 |
| 72 | 0.016 787 | 862 278 | 14 475 | 855 040 | 13 304 174 | 15.43 |
| 73 | 0.018 829 | 847 802 | 15 963 | 839 821 | 12 449 134 | 14.68 |
| 74 | 0.021 117 | 831 839 | 17 566 | 823 056 | 11 609 313 | 13.96 |
| 75 | 0.023 702 | 814 273 | 19 300 | 804 623 | 10 786 257 | 13.25 |
| 76 | 0.026 491 | 794 973 | 21 060 | 784 444 | 9 981 634 | 12.56 |
| 77 | 0.029 602 | 773 914 | 22 909 | 762 459 | 9 197 190 | 11.88 |
| 78 | 0.033 07 | 751 004 | 24 836 | 738 586 | 8 434 731 | 11.23 |
| 79 | 0.036 935 | 726 169 | 26 821 | 712 758 | 7 696 145 | 10.60 |
| 80 | 0.041 241 | 699 348 | 28 842 | 684 927 | 6 983 387 | 9.99 |
| 81 | 0.046 033 | 670 506 | 30 865 | 655 073 | 6 298 460 | 9.39 |
| 82 | 0.051 365 | 639 640 | 32 855 | 623 213 | 5 643 387 | 8.82 |
| 83 | 0.057 291 | 606 785 | 34 763 | 589 404 | 5 020 174 | 8.27 |
| 84 | 0.063 872 | 572 022 | 36 536 | 553 754 | 4 430 770 | 7.75 |
| 85 | 0.071 174 | 535 486 | 38 113 | 516 429 | 3 877 017 | 7.24 |
| 86 | 0.079 267 | 497 373 | 39 425 | 477 660 | 3 360 587 | 6.76 |
| 87 | 0.088 225 | 457 948 | 40 402 | 437 747 | 2 882 927 | 6.30 |
| 88 | 0.098 129 | 417 545 | 40 973 | 397 059 | 2 445 180 | 5.86 |
| 89 | 0.109 061 | 376 572 | 41 069 | 356 037 | 2 048 121 | 5.44 |
| 90 | 0.121 107 | 335 503 | 40 632 | 315 187 | 1 692 084 | 5.04 |
| 91 | 0.134 355 | 294 871 | 39 617 | 275 062 | 1 376 897 | 4.67 |
| 92 | 0.148 896 | 255 254 | 38 006 | 236 250 | 1 101 835 | 4.32 |
| 93 | 0.164 816 | 217 247 | 35 806 | 199 344 | 865 584 | 3.98 |
| 94 | 0.182 201 | 181 442 | 33 059 | 164 912 | 666 240 | 3.67 |
| 95 | 0.201 129 | 148 383 | 29 844 | 133 461 | 501 328 | 3.38 |
| 96 | 0.221 667 | 118 539 | 26 276 | 105 401 | 367 867 | 3.10 |
| 97 | 0.243 87 | 92 263 | 22 500 | 81 012 | 262 467 | 2.84 |
| 98 | 0.267 773 | 69 762 | 18 681 | 60 422 | 181 454 | 2.60 |
| 99 | 0.293 385 | 51 082 | 14 987 | 43 589 | 121 032 | 2.37 |
| 100 | 0.320 685 | 36 095 | 11 575 | 30 308 | 77 443 | 2.15 |
| 101 | 0.349 615 | 24 520 | 8 573 | 20 234 | 47 136 | 1.92 |
| 102 | 0.380 069 | 15 947 | 6 061 | 12 917 | 26 902 | 1.69 |
| 103 | 0.411 894 | 9 886 | 4 072 | 7 850 | 13 985 | 1.41 |
| 104 | 0.444 879 | 5 814 | 2 587 | 4 521 | 6 135 | 1.06 |
| 105 | 1 | 3 228 | 3 228 | 1 614 | 1 614 | 0.50 |

表 9—7 中国人寿保险业经验生命表(2000～2003 年)基数表(男)

换算函数表(非养老金业务) 利率:6%

| 年龄 | $D_x$ | $N_x$ | $S_x$ | $C_x$ | $M_x$ | $R_x$ |
|---|---|---|---|---|---|---|
| 0 | 1 000 000.00 | 17 300 758.97 | 287 612 501.86 | 681.132 1 | 20 711.756 5 | 1 020 806.031 9 |
| 1 | 942 715.09 | 16 300 758.97 | 270 311 742.89 | 536.280 4 | 20 030.624 4 | 100 0094.275 4 |
| 2 | 888 817.58 | 15 358 043.87 | 254 010 983.92 | 418.415 1 | 19 494.344 0 | 980 063.651 0 |
| 3 | 838 088.74 | 14 469 226.29 | 238 652 940.04 | 328.910 3 | 19 075.929 0 | 960 569.307 0 |
| 4 | 790 320.84 | 13 631 137.55 | 224 183 713.75 | 266.919 7 | 18 747.018 7 | 941 493.378 0 |
| 5 | 745 318.78 | 12 840 816.71 | 210 552 576.20 | 227.111 3 | 18 480.099 0 | 922 746.359 3 |
| 6 | 702 903.81 | 12 095 497.93 | 197 711 759.48 | 204.903 1 | 18 252.987 7 | 904 266.260 4 |
| 7 | 662 911.90 | 11 392 594.12 | 185 616 261.55 | 192.619 7 | 18 048.084 6 | 886 013.272 7 |
| 8 | 625 195.97 | 10 729 682.22 | 174 223 667.43 | 183.430 1 | 17 855.464 9 | 867 965.188 1 |
| 9 | 589 624.09 | 10 104 486.25 | 163 493 985.22 | 173.549 7 | 17 672.034 8 | 850 109.723 2 |
| 10 | 556 075.59 | 9 514 862.16 | 153 389 498.97 | 163.675 1 | 17 498.485 0 | 832 437.688 4 |
| 11 | 524 435.94 | 8 958 786.57 | 143 874 636.81 | 154.362 3 | 17 334.810 0 | 814 939.203 4 |
| 12 | 494 596.52 | 8 434 350.64 | 134 915 850.24 | 146.046 0 | 17 180.447 7 | 797 604.393 4 |
| 13 | 466 454.45 | 7 939 754.11 | 126 481 499.60 | 140.816 4 | 17 034.401 7 | 780 423.945 7 |
| 14 | 439 910.55 | 7 473 299.67 | 118 541 745.49 | 139.443 3 | 16 893.585 3 | 763 389.544 0 |
| 15 | 414 870.51 | 7 033 389.12 | 111 068 445.82 | 142.465 0 | 16 754.142 0 | 746 495.958 7 |
| 16 | 391 244.81 | 6 618 518.61 | 104 035 056.70 | 149.115 9 | 16 611.677 0 | 729 741.816 7 |
| 17 | 368 949.76 | 6 227 273.81 | 97 416 538.08 | 158.369 9 | 16 462.561 0 | 713 130.139 7 |
| 18 | 347 907.44 | 5 858 324.05 | 91 189 264.28 | 168.374 1 | 16 304.191 1 | 696 667.578 7 |
| 19 | 328 046.19 | 5 510 416.61 | 85 330 940.23 | 177.021 2 | 16 135.817 0 | 680 363.387 6 |
| 20 | 309 300.52 | 5 182 370.42 | 79 820 523.62 | 181.203 4 | 15 958.795 9 | 664 227.570 6 |
| 21 | 291 611.74 | 4 873 069.90 | 74 638 153.20 | 181.844 7 | 15 777.592 5 | 648 268.774 7 |
| 22 | 274 923.57 | 4 581 458.16 | 69 765 083.30 | 179.478 4 | 15 595.747 8 | 632 491.182 3 |
| 23 | 259 182.38 | 4 306 534.60 | 65 183 625.13 | 175.070 4 | 15 416.269 4 | 616 895.434 5 |
| 24 | 244 336.61 | 4 047 352.22 | 60 877 090.54 | 170.113 6 | 15 241.199 0 | 601 479.165 1 |
| 25 | 230 336.12 | 3 803 015.61 | 56 829 738.32 | 164.929 4 | 15 071.085 4 | 586 237.966 1 |
| 26 | 217 133.30 | 3 572 679.49 | 53 026 722.71 | 159.572 5 | 14 906.156 1 | 571 166.880 7 |
| 27 | 204 683.16 | 3 355 546.19 | 49 454 043.22 | 153.512 4 | 14 746.583 6 | 556 260.724 6 |
| 28 | 192 943.81 | 3 150 863.03 | 46 098 497.03 | 148.348 3 | 14 593.071 2 | 541 514.141 1 |
| 29 | 181 874.11 | 2 957 919.22 | 42 947 634.00 | 144.469 8 | 14 444.722 9 | 526 921.069 9 |
| 30 | 171 434.88 | 2 776 045.11 | 39 989 714.77 | 142.485 0 | 14 300.253 1 | 512 476.347 0 |
| 31 | 161 588.54 | 2 604 610.23 | 37 213 669.66 | 142.076 0 | 14 157.768 0 | 498 176.093 9 |
| 32 | 152 299.94 | 2 443 021.69 | 34 609 059.44 | 142.817 1 | 14 015.692 1 | 484 018.325 8 |
| 33 | 143 536.37 | 2 290 721.75 | 32 166 037.74 | 142.859 3 | 13 872.875 0 | 470 002.633 7 |
| 34 | 135 268.81 | 2 147 185.38 | 29 875 315.99 | 143.053 1 | 13 730.015 7 | 456 129.758 8 |
| 35 | 127 469.03 | 2 011 916.57 | 27 728 130.61 | 143.583 0 | 13 586.962 5 | 442 399.743 1 |
| 36 | 120 110.22 | 1 884 447.54 | 25 716 214.04 | 144.472 2 | 13 443.379 5 | 428 812.780 6 |
| 37 | 113 167.06 | 1 764 337.32 | 23 831 766.50 | 145.942 8 | 13 298.907 3 | 415 369.401 1 |
| 38 | 106 615.43 | 1 651 170.26 | 22 067 429.18 | 148.054 6 | 13 152.964 5 | 402 070.493 8 |

续表

| 年龄 | $D_x$ | $N_x$ | $S_x$ | $C_x$ | $M_x$ | $R_x$ |
|---|---|---|---|---|---|---|
| 39 | 100 432.54 | 1 544 554.83 | 20 416 258.92 | 150.554 1 | 13 004.909 8 | 388 917.529 3 |
| 40 | 94 597.13 | 1 444 122.29 | 18 871 704.09 | 153.051 0 | 12 854.355 8 | 375 912.619 5 |
| 41 | 89 089.52 | 1 349 525.16 | 17 427 581.80 | 155.066 2 | 12 701.304 8 | 363 058.263 7 |
| 42 | 83 891.65 | 1 260 435.64 | 16 078 056.64 | 156.545 0 | 12 546.238 6 | 350 356.959 0 |
| 43 | 78 986.52 | 1 176 543.99 | 14 817 621.00 | 157.451 4 | 12 389.693 6 | 337 810.720 4 |
| 44 | 74 358.14 | 1 097 557.46 | 13 641 077.01 | 158.186 4 | 12 232.242 1 | 325 421.026 8 |
| 45 | 69 991.00 | 1 023 199.33 | 12 543 519.55 | 159.328 6 | 12 074.055 7 | 313 188.784 7 |
| 46 | 65 869.92 | 953 208.33 | 11 520 320.22 | 161.257 0 | 11 914.727 2 | 301 114.728 9 |
| 47 | 61 980.17 | 887 338.41 | 10 567 111.89 | 164.013 6 | 11 753.470 2 | 289 200.001 8 |
| 48 | 58 307.85 | 825 358.24 | 9 679 773.48 | 167.332 5 | 11 589.456 6 | 277 446.531 6 |
| 49 | 54 840.07 | 767 050.39 | 8 854 415.24 | 170.676 8 | 11 422.124 1 | 265 857.075 0 |
| 50 | 51 565.24 | 712 210.32 | 8 087 364.84 | 173.667 8 | 11 251.447 3 | 254 434.951 0 |
| 51 | 48 472.78 | 660 645.08 | 7 375 154.52 | 175.919 6 | 11 077.779 4 | 243 183.503 7 |
| 52 | 45 553.12 | 612 172.30 | 6 714 509.44 | 177.571 2 | 10 901.859 8 | 232 105.724 3 |
| 53 | 42 797.07 | 566 619.18 | 6 102 337.14 | 179.021 0 | 10 724.288 6 | 221 203.864 5 |
| 54 | 40 195.58 | 523 822.10 | 5 535 717.97 | 181.183 5 | 10 545.267 6 | 210 479.575 9 |
| 55 | 37 739.17 | 483 626.53 | 5 011 895.86 | 185.242 4 | 10 364.084 2 | 199 934.308 2 |
| 56 | 35 417.75 | 445 887.36 | 4 528 269.33 | 191.924 1 | 10 178.841 8 | 189 570.224 1 |
| 57 | 33 221.05 | 410 469.61 | 4 082 381.98 | 201.426 1 | 9 986.917 7 | 179 391.382 3 |
| 58 | 31 139.18 | 377 248.56 | 3 671 912.37 | 213.274 0 | 9 785.491 6 | 169 404.464 5 |
| 59 | 29 163.31 | 346 109.38 | 3 294 663.80 | 226.400 9 | 9 572.217 6 | 159 618.972 9 |
| 60 | 27 286.16 | 316 946.06 | 2 948 554.43 | 239.732 1 | 9 345.816 7 | 150 046.755 4 |
| 61 | 25 501.93 | 289 659.90 | 2 631 608.36 | 252.372 9 | 9 106.084 6 | 140 700.938 6 |
| 62 | 23 806.05 | 264 157.98 | 2 341 948.46 | 263.820 4 | 8 853.711 8 | 131 594.854 0 |
| 63 | 22 194.72 | 240 351.92 | 2 077 790.48 | 274.104 8 | 8 589.891 3 | 122 741.142 2 |
| 64 | 20 664.31 | 218 157.21 | 1 837 438.56 | 283.490 9 | 8 315.786 6 | 114 151.250 9 |
| 65 | 19 211.14 | 197 492.90 | 1 619 281.35 | 292.408 0 | 8 032.295 7 | 105 835.464 4 |
| 66 | 17 831.31 | 178 281.76 | 1 421 788.45 | 301.197 7 | 7 739.887 6 | 97 803.168 7 |
| 67 | 16 520.79 | 160 450.45 | 1 243 506.69 | 309.936 3 | 7 438.689 9 | 90 063.281 1 |
| 68 | 15 275.72 | 143 929.66 | 1 083 056.24 | 318.527 5 | 7 128.753 6 | 82 624.591 2 |
| 69 | 14 092.53 | 128 653.95 | 939 126.58 | 326.667 4 | 6 810.226 1 | 75 495.837 5 |
| 70 | 12 968.17 | 114 561.42 | 810 472.63 | 334.101 6 | 6 483.558 7 | 68 685.611 4 |
| 71 | 11 900.02 | 101 593.25 | 695 911.21 | 340.610 0 | 6 149.457 2 | 62 202.052 7 |
| 72 | 10 885.82 | 89 693.23 | 594 317.96 | 345.922 7 | 5 808.847 2 | 56 052.595 5 |
| 73 | 9 923.72 | 78 807.41 | 504 624.72 | 349.867 4 | 5 462.924 5 | 50 243.748 3 |
| 74 | 9 012.13 | 68 883.69 | 425 817.31 | 352.238 4 | 5 113.057 1 | 44 780.823 8 |
| 75 | 8 149.77 | 59 871.56 | 356 933.62 | 352.916 0 | 4 760.818 7 | 39 667.766 7 |
| 76 | 7 335.55 | 51 721.78 | 297 062.06 | 351.753 5 | 4 407.902 7 | 34 906.947 9 |
| 77 | 6 568.58 | 44 386.23 | 245 340.28 | 348.642 7 | 4 056.149 3 | 30 499.045 2 |
| 78 | 5 848.13 | 37 817.65 | 200 954.05 | 343.478 2 | 3 707.506 5 | 26 442.895 9 |

续表

| 年龄 | $D_x$ | $N_x$ | $S_x$ | $C_x$ | $M_x$ | $R_x$ |
|---|---|---|---|---|---|---|
| 79 | 5 173.62 | 31 969.53 | 163 136.40 | 336.144 0 | 3 364.028 3 | 22 735.389 4 |
| 80 | 4 544.63 | 26 795.90 | 131 166.87 | 326.643 4 | 3 027.884 2 | 19 371.361 2 |
| 81 | 3 960.75 | 22 251.27 | 104 370.97 | 314.707 5 | 2 701.240 9 | 16 343.476 9 |
| 82 | 3 421.85 | 18 290.52 | 82 119.70 | 300.447 8 | 2 386.533 4 | 13 642.236 0 |
| 83 | 2 927.71 | 14 868.68 | 63 829.18 | 283.932 5 | 2 086.085 6 | 11 255.702 6 |
| 84 | 2 478.06 | 11 940.97 | 48 960.51 | 265.313 4 | 1 802.153 1 | 9 169.617 0 |
| 85 | 2 072.48 | 9 462.91 | 37 019.54 | 244.827 8 | 1 536.839 7 | 7 367.463 9 |
| 86 | 1 710.34 | 7 390.43 | 27 556.63 | 222.795 8 | 1 292.011 9 | 5 830.624 2 |
| 87 | 1 390.73 | 5 680.10 | 20 166.20 | 199.631 5 | 1 069.216 1 | 4 538.612 3 |
| 88 | 1 112.38 | 4 289.36 | 14 486.10 | 175.821 9 | 869.584 6 | 3 469.396 1 |
| 89 | 873.59 | 3 176.99 | 10 196.74 | 151.916 8 | 693.762 6 | 2 599.811 6 |
| 90 | 672.23 | 2 303.39 | 7 019.75 | 128.497 4 | 541.845 8 | 1 906.048 9 |
| 91 | 505.68 | 1 631.17 | 4 716.36 | 106.144 8 | 413.348 4 | 1 364.203 1 |
| 92 | 370.91 | 1 125.49 | 3 085.19 | 85.400 1 | 307.203 6 | 950.854 7 |
| 93 | 264.52 | 754.58 | 1 959.71 | 66.723 5 | 221.803 6 | 643.651 1 |
| 94 | 182.82 | 490.06 | 1 205.13 | 50.455 4 | 155.080 0 | 421.847 5 |
| 95 | 122.02 | 307.24 | 715.07 | 36.789 4 | 104.624 6 | 266.767 5 |
| 96 | 78.32 | 185.23 | 407.82 | 25.757 3 | 67.835 3 | 162.142 8 |
| 97 | 48.13 | 106.91 | 222.60 | 17.234 5 | 42.077 9 | 94.307 6 |
| 98 | 28.17 | 58.78 | 115.69 | 10.962 5 | 24.843 5 | 52.229 6 |
| 99 | 15.61 | 30.61 | 56.91 | 6.589 1 | 13.881 0 | 27.386 1 |
| 100 | 8.14 | 14.99 | 26.30 | 3.717 1 | 7.291 9 | 13.505 1 |
| 101 | 3.96 | 6.85 | 11.31 | 1.952 9 | 3.574 8 | 6.213 2 |
| 102 | 1.79 | 2.89 | 4.46 | 0.947 2 | 1.621 9 | 2.638 4 |
| 103 | 0.74 | 1.11 | 1.57 | 0.419 8 | 0.674 7 | 1.016 5 |
| 104 | 0.28 | 0.37 | 0.46 | 0.168 0 | 0.254 9 | 0.341 8 |
| 105 | 0.09 | 0.09 | 0.09 | 0.086 9 | 0.086 9 | 0.086 9 |

换算函数表中有关符号计算说明如下：

$D_x = v^x l_x$ $\quad N_x = \sum_{y=x}^{105} D_y$ $\quad S_x = \sum_{y=x}^{105} N_y$

$C_x = v^{x+1} d_x$ $\quad M_x = \sum_{y=x}^{105} C_y$ $\quad R_x = \sum_{y=x}^{105} M_y$

**表 9—8　　中国人寿保险业经验生命表(2000～2003 年)基数表(女)**

**换算函数表(非养老金业务)**　　**利率:6%**

| 年龄 | $D_x$ | $N_x$ | $S_x$ | $C_x$ | $M_x$ | $R_x$ |
|---|---|---|---|---|---|---|
| 0 | 1 000 000.00 | 17399304.87 | 292791784.68 | 623.584 9 | 15 133.686 5 | 826 184.982 7 |
| 1 | 942 772.64 | 16399304.87 | 275392479.81 | 476.722 8 | 14 510.101 6 | 811 051.296 2 |
| 2 | 888 931.43 | 15456532.23 | 258993174.94 | 355.572 6 | 14 033.378 8 | 796 541.194 6 |
| 3 | 838 258.98 | 14567600.80 | 243536642.71 | 263.339 9 | 13 677.806 2 | 782 507.815 8 |
| 4 | 790 547.02 | 13729341.82 | 228969041.91 | 199.128 4 | 13 414.466 4 | 768 830.009 5 |
| 5 | 745 599.95 | 12938794.80 | 215239700.09 | 157.560 7 | 13 215.338 0 | 755 415.543 1 |
| 6 | 703 238.62 | 12193194.85 | 202300905.30 | 133.350 0 | 13 057.777 3 | 742 200.205 1 |
| 7 | 663 299.31 | 11489956.23 | 190107710.45 | 118.267 5 | 12 924.427 3 | 729 142.427 8 |
| 8 | 625 635.80 | 10826656.92 | 178617754.22 | 106.830 3 | 12 806.159 8 | 716 218.000 4 |
| 9 | 590 115.62 | 10 201 021.12 | 167 791 097.30 | 97.424 7 | 12 699.329 6 | 703 411.840 6 |
| 10 | 556 615.42 | 9 610 905.50 | 157 590 076.17 | 88.743 4 | 12 601.904 8 | 690 712.511 1 |
| 11 | 525 020.15 | 9 054 290.08 | 147 979 170.67 | 81.724 8 | 12 513.161 4 | 678.110.606 3 |
| 12 | 495 220.30 | 8 529 269.93 | 138 924 880.59 | 77.086 2 | 12 431.436 6 | 665 597.444 8 |
| 13 | 467 111.88 | 8 034 049.63 | 130 395 610.66 | 74.473 5 | 12 354.350 4 | 653 166.008 3 |
| 14 | 440 597.11 | 7 566 937.76 | 122 361 561.02 | 74.402 7 | 12 279.876 9 | 640 811.657 9 |
| 15 | 415 583.25 | 7 126 340.65 | 114 794 623.27 | 75.275 5 | 12 205.474 2 | 628 531.781 0 |
| 16 | 391 984.39 | 6 710 757.40 | 107 668 282.62 | 76.917 7 | 12 130.198 7 | 616 326.306 8 |
| 17 | 369 719.68 | 6 318 773.01 | 100 957 525.22 | 78.827 0 | 12 053.281 0 | 604 196.108 1 |
| 18 | 348 713.32 | 5 949 053.33 | 94 638 752.21 | 80.598 8 | 11 974.454 0 | 592 142.827 1 |
| 19 | 328 894.23 | 5 600 340.01 | 88 689 698.88 | 81.913 3 | 11 893.855 2 | 580 168.373 1 |
| 20 | 310 195.67 | 5 271 445.78 | 83 089 358.87 | 82.816 4 | 11 811.941 9 | 568 274.517 9 |
| 21 | 292 554.60 | 4 961 250.11 | 77 817 913.09 | 82.798 5 | 11 729.125 5 | 556 462.576 0 |
| 22 | 275 912.11 | 4 668 695.51 | 72 856 662.98 | 81.992 7 | 11 646.327 0 | 544 733.450 5 |
| 23 | 260 212.45 | 4 392 783.40 | 68 187 967.47 | 80.518 6 | 11 564.334 3 | 533 087.123 5 |
| 24 | 245 402.93 | 4 132 570.95 | 63 795 184.07 | 78.251 1 | 11 483.815 7 | 521 522.789 2 |
| 25 | 231 433.94 | 3 887 168.02 | 59 662 613.13 | 75.761 9 | 11 405.564 6 | 510 038.973 5 |
| 26 | 218 258.15 | 3 655 734.08 | 55 775 445.11 | 73.095 9 | 11 329.802 7 | 498 633.408 9 |
| 27 | 205 830.82 | 3 437 475.93 | 52 119 711.03 | 70.293 2 | 11 256.706 8 | 487 303.606 2 |
| 28 | 194 109.72 | 3 231 645.11 | 48 682 235.10 | 68.121 5 | 11 186.413 7 | 476 046.899 4 |
| 29 | 183 054.26 | 3 037 535.39 | 45 450 589.98 | 66.659 4 | 11 118.292 1 | 464 860.485 7 |
| 30 | 172 626.04 | 2 854 481.13 | 42 413 054.59 | 66.119 0 | 11 051.632 8 | 453 742.193 6 |
| 31 | 162 788.63 | 2 681 855.10 | 39 558 573.46 | 66.344 0 | 10 985.513 7 | 442 690.560 8 |
| 32 | 153 507.84 | 2 519 066.47 | 36 876 718.36 | 67.340 7 | 10 919.169 7 | 431 705.047 1 |
| 33 | 144 751.37 | 2 365 558.63 | 34 357 651.89 | 67.732 7 | 10 851.829 0 | 420 785.877 4 |
| 34 | 136 490.17 | 2 220 807.25 | 31 992 093.27 | 67.987 6 | 10 784.096 3 | 409 934.048 4 |
| 35 | 128 696.32 | 2 084 317.09 | 29 771 286.01 | 68.354 7 | 10 716.108 7 | 399 149.952 2 |
| 36 | 121 343.27 | 1 955 620.77 | 27 686 968.93 | 68.799 3 | 10 647.754 0 | 388 433.843 5 |
| 37 | 114 405.98 | 1 834 277.50 | 25 731 348.16 | 69.722 9 | 10 578.954 6 | 377 786.089 5 |
| 38 | 107 860.45 | 1 719 871.51 | 23 897 070.66 | 71.126 8 | 10 509.231 7 | 367 207.134 9 |

续表

| 年龄 | $D_x$ | $N_x$ | $S_x$ | $C_x$ | $M_x$ | $R_x$ |
|---|---|---|---|---|---|---|
| 39 | 101 684.01 | 1 612 011.07 | 22 177 199.15 | 73.001 4 | 10 438.104 9 | 356 697.903 2 |
| 40 | 95 855.31 | 1 510 327.05 | 20 565 188.08 | 74.875 7 | 10 365.103 4 | 346 259.798 3 |
| 41 | 90 354.67 | 1 414 471.74 | 19 054 861.03 | 76.460 5 | 10 290.227 8 | 335 894.694 8 |
| 42 | 85 163.79 | 1 324 117.07 | 17 640 389.29 | 77.611 5 | 10 213.767 3 | 325 604.467 1 |
| 43 | 80 265.59 | 1 238 953.28 | 16 316 272.22 | 78.221 1 | 10 136.155 7 | 315 390.699 8 |
| 44 | 75 644.03 | 1 158 687.69 | 15 077 318.94 | 78.712 6 | 10 057.934 7 | 305 254.544 1 |
| 45 | 71 283.58 | 1 083 043.66 | 13 918 631.25 | 79.420 7 | 9 979.222 0 | 295 196.609 4 |
| 46 | 67 169.24 | 1 011 760.08 | 12 835 587.58 | 80.729 8 | 9 899.801 4 | 285 217.387 4 |
| 47 | 63 286.48 | 944 590.84 | 11 823 827.50 | 82.929 2 | 9 819.071 6 | 275 317.586 0 |
| 48 | 59 621.29 | 881 304.36 | 10 879 236.66 | 85.888 4 | 9 736.142 4 | 265 498.514 4 |
| 49 | 56 160.62 | 821 683.07 | 9 997 932.29 | 89.539 1 | 9 650.254 0 | 255 762.372 0 |
| 50 | 52 892.17 | 765 522.45 | 9 176 249.22 | 93.459 5 | 9 560.714 9 | 246 112.118 1 |
| 51 | 49 804.82 | 712 630.28 | 8 410 726.77 | 97.448 3 | 9 467.255 4 | 236 551.403 2 |
| 52 | 46 888.23 | 662 825.46 | 7 698 096.49 | 101.517 4 | 9 369.807 1 | 227 084.147 8 |
| 53 | 44 132.66 | 615 937.23 | 7 035 271.03 | 106.001 7 | 9 268.289 7 | 217 714.340 7 |
| 54 | 41 528.58 | 571 804.57 | 6 419 333.80 | 111.108 6 | 9 162.288 0 | 208 446.051 0 |
| 55 | 39 066.80 | 530 275.99 | 5 847 529.23 | 117.126 7 | 9 051.179 5 | 199 283.763 0 |
| 56 | 36 738.35 | 491 209.18 | 5 317 253.25 | 123.974 6 | 8 934.052 8 | 190 232.583 5 |
| 57 | 34 534.84 | 454 470.84 | 4 826 044.06 | 131.493 0 | 8 810.078 2 | 181 298.530 8 |
| 58 | 32 448.55 | 419 936.00 | 4 371 573.23 | 139.467 5 | 8 678.585 1 | 172 488.452 6 |
| 59 | 30 472.37 | 387 487.45 | 3 951 637.23 | 147.561 0 | 8 539.117 6 | 163 809.867 5 |
| 60 | 28 599.96 | 357 015.08 | 3 564 149.78 | 155.626 9 | 8 391.556 6 | 155 270.749 9 |
| 61 | 26 825.47 | 328 415.12 | 3 207 134.70 | 163.610 0 | 8 235.929 7 | 146 879.193 3 |
| 62 | 25 143.43 | 301 589.66 | 2 878 719.58 | 171.615 8 | 8 072.319 6 | 138 643.263 6 |
| 63 | 23 548.60 | 276 446.22 | 2 577 129.93 | 179.813 6 | 7 900.703 8 | 130 570.944 0 |
| 64 | 22 035.85 | 252 897.62 | 2 300 683.70 | 188.323 4 | 7 720.890 3 | 122 670.240 2 |
| 65 | 20 600.21 | 230 861.77 | 2 047 786.08 | 197.217 9 | 7 532.566 9 | 114 949.349 9 |
| 66 | 19 236.95 | 210 261.56 | 1 816 924.31 | 206.452 4 | 7 335.349 0 | 107 416.783 0 |
| 67 | 17 941.61 | 191 024.61 | 1 606 662.76 | 215.976 4 | 7 128.896 6 | 100 081.434 0 |
| 68 | 16 710.07 | 173 083.00 | 1 415 638.15 | 225.680 5 | 6 912.920 3 | 92 952.537 4 |
| 69 | 15 538.54 | 156 372.93 | 1 242 555.15 | 235.511 5 | 6 687.239 7 | 86 039.617 1 |
| 70 | 14 423.49 | 140 834.39 | 1 086 182.22 | 245.376 2 | 6 451.728 3 | 79 352.377 4 |
| 71 | 13 361.69 | 126 410.90 | 945 347.83 | 255.145 2 | 6 206.352 1 | 72 900.649 1 |
| 72 | 12 350.22 | 113 049.22 | 818 936.93 | 264.655 9 | 5 951.206 9 | 66 694.297 0 |
| 73 | 11 386.49 | 100 699.00 | 705 887.71 | 273.694 8 | 5 686.551 0 | 60 743.090 1 |
| 74 | 10 468.28 | 89 312.50 | 605 188.72 | 282.060 9 | 5 412.856 2 | 55 056.539 1 |
| 75 | 9 593.68 | 78 844.22 | 515 876.21 | 289.520 8 | 5 130.795 3 | 49 643.682 8 |
| 76 | 8 761.12 | 69 250.55 | 437 031.99 | 295.861 3 | 4 841.274 5 | 44 512.887 5 |
| 77 | 7 969.34 | 60 489.43 | 367 781.44 | 300.925 4 | 4 545.413 2 | 39 671.613 0 |
| 78 | 7 217.32 | 52 520.09 | 307 292.01 | 304.530 2 | 4 244.487 8 | 35 126.199 8 |

续表

| 年龄 | $D_x$ | $N_x$ | $S_x$ | $C_x$ | $M_x$ | $R_x$ |
|---|---|---|---|---|---|---|
| 79 | 6 504.27 | 45 302.76 | 254 771.93 | 306.522 7 | 3 939.957 6 | 30 881.712 0 |
| 80 | 5 829.58 | 38 798.50 | 209 469.16 | 306.734 7 | 3 633.434 9 | 26 941.754 3 |
| 81 | 5 192.87 | 32 968.92 | 170 670.66 | 304.973 1 | 3 326.700 2 | 23 308.319 4 |
| 82 | 4 593.96 | 27 776.06 | 137 701.74 | 301.181 6 | 3 021.727 2 | 19 981.619 2 |
| 83 | 4 032.74 | 23 182.10 | 109 925.68 | 294.888 4 | 2 720.545 6 | 16 959.892 0 |
| 84 | 3 509.58 | 19 149.36 | 86 743.58 | 286.113 8 | 2 425.657 2 | 14 239.346 4 |
| 85 | 3 024.81 | 15 639.78 | 67 594.22 | 274.784 3 | 2 139.543 4 | 11 813.689 2 |
| 86 | 2 578.81 | 12 614.96 | 51 954.45 | 260.905 4 | 1 864.759 1 | 9 674.145 8 |
| 87 | 2 171.94 | 10 036.15 | 39 339.48 | 244.576 6 | 1 603.853 7 | 7 809.386 8 |
| 88 | 1 804.42 | 7 864.21 | 29 303.33 | 226.000 3 | 1 359.277 1 | 6 205.533 1 |
| 89 | 1 476.28 | 6 059.79 | 21 439.12 | 205.500 1 | 1 133.276 8 | 4 846.255 9 |
| 90 | 1 187.22 | 4 583.51 | 15 379.33 | 183.515 2 | 927.776 7 | 3 712.979 2 |
| 91 | 936.50 | 3 396.29 | 10 795.82 | 160.597 2 | 744.261 5 | 2 785.202 5 |
| 92 | 722.90 | 2 459.78 | 7 399.54 | 137.382 5 | 583.664 3 | 2 040.940 9 |
| 93 | 544.60 | 1 736.89 | 4 939.75 | 114.564 0 | 446.281 8 | 1 457.276 6 |
| 94 | 399.21 | 1 192.29 | 3 202.87 | 92.836 8 | 331.717 8 | 1 010.994 8 |
| 95 | 283.77 | 793.08 | 2 010.58 | 72.847 9 | 238.880 9 | 679.277 1 |
| 96 | 194.86 | 509.31 | 1 217.50 | 55.131 8 | 166.033 1 | 440.396 1 |
| 97 | 128.70 | 314.45 | 708.18 | 40.060 0 | 110.901 3 | 274.363 1 |
| 98 | 81.36 | 185.75 | 393.74 | 27.805 2 | 70.841 3 | 163.461 8 |
| 99 | 48.95 | 104.39 | 207.99 | 18.328 2 | 43.036 1 | 92.620 5 |
| 100 | 27.85 | 55.45 | 103.59 | 11.397 8 | 24.707 8 | 49.584 5 |
| 101 | 14.87 | 27.60 | 48.15 | 6.636 6 | 13.310 0 | 24.876 6 |
| 102 | 7.39 | 12.73 | 20.54 | 3.586 9 | 6.673 4 | 11.566 6 |
| 103 | 3.39 | 5.34 | 7.81 | 1.781 5 | 3.086 6 | 4.893 2 |
| 104 | 1.42 | 1.95 | 2.48 | 0.803 7 | 1.305 1 | 1.806 6 |
| 105 | 0.53 | 0.53 | 0.53 | 0.501 5 | 0.501 5 | 0.501 5 |

**表 9—9　　中国人寿保险业经验生命表(2000～2003 年)基数表(男)**

**换算函数表(养老金业务)**

**利率:6%**

| 年龄 | $D_x$ | $N_x$ | $S_x$ | $C_x$ | $M_x$ | $R_x$ |
|---|---|---|---|---|---|---|
| 0 | 1 000 000.00 | 17 351 938.67 | 290 610 349.70 | 591.509 4 | 17 814.792 2 | 902 296.233 7 |
| 1 | 942 804.72 | 16 351 938.67 | 273 258 411.03 | 466.955 2 | 17 223.282 8 | 884 481.441 5 |
| 2 | 888 971.46 | 15 409 133.95 | 256 906 472.36 | 363.975 1 | 16 756.327 6 | 867 258.158 7 |
| 3 | 838 288.34 | 14 520 162.50 | 241 497 338.40 | 286.283 4 | 16 392.352 5 | 850 501.831 0 |
| 4 | 790 551.78 | 13 681 874.15 | 226 977 175.91 | 231.944 9 | 16 106.069 2 | 834 109.478 5 |
| 5 | 745 571.62 | 12 891 322.38 | 213 295 301.75 | 197.646 8 | 15 874.124 2 | 818 003.409 4 |
| 6 | 703 171.80 | 12 145 750.76 | 200 403 979.37 | 178.446 4 | 15 676.477 4 | 802 129.285 1 |
| 7 | 663 191.18 | 11 442 578.96 | 188 258 228.61 | 167.674 8 | 15 498.031 0 | 786 452.807 7 |
| 8 | 625 484.38 | 10 779 387.78 | 176 815 649.65 | 159.321 5 | 15 330.356 3 | 770 954.776 7 |

续表

| 年龄 | $D_x$ | $N_x$ | $S_x$ | $C_x$ | $M_x$ | $R_x$ |
|---|---|---|---|---|---|---|
| 9 | 589 920.28 | 10 153 903.40 | 166 036 261.88 | 150.819 2 | 15 171.034 8 | 755 624.420 4 |
| 10 | 556 377.75 | 9 563 983.11 | 155 882 358.48 | 142.768 6 | 15 020.215 5 | 740 453.385 7 |
| 11 | 524 741.90 | 9 007 605.36 | 146 318 375.37 | 134.155 7 | 14 877.446 9 | 725 433.170 2 |
| 12 | 494 905.37 | 8 482 863.46 | 137 310 770.00 | 126.994 6 | 14 743.291 2 | 710 555.723 3 |
| 13 | 466 764.87 | 7 987 958.09 | 128 827 906.54 | 122.415 7 | 14 616.296 6 | 695 812.432 1 |
| 14 | 440 221.80 | 7 521 193.22 | 120 839 948.46 | 121.268 6 | 14 493.880 9 | 681 196.135 5 |
| 15 | 415 182.32 | 7 080 971.42 | 113 318 755.24 | 123.771 3 | 14 372.612 2 | 666 702.254 6 |
| 16 | 391 557.66 | 6 665 789.11 | 106 237 783.81 | 129.657 3 | 14 248.840 9 | 652 329.642 4 |
| 17 | 369 264.36 | 6 274 231.45 | 99 571 994.71 | 137.951 6 | 14 119.183 6 | 638 080.801 5 |
| 18 | 348 224.65 | 5 904 967.09 | 93 297 763.26 | 146.517 2 | 13 981.232 0 | 623 961.617 9 |
| 19 | 328 367.31 | 5 556 742.44 | 87 392 796.17 | 153.960 9 | 13 834.714 9 | 609 980.385 8 |
| 20 | 309 626.52 | 5 228 375.13 | 81 836 053.74 | 157.734 3 | 13 680.754 0 | 596 145.671 0 |
| 21 | 291 942.75 | 4 918 748.61 | 76 607 678.61 | 158.365 2 | 13 523.019 7 | 582 464.917 0 |
| 22 | 275 259.33 | 4 626 805.86 | 71 688 929.99 | 156.066 8 | 13 364.654 5 | 568 941.897 3 |
| 23 | 259 522.54 | 4 351 546.54 | 67 062 124.13 | 152.530 7 | 13 208.587 7 | 555 577.242 8 |
| 24 | 244 680.06 | 4 092 023.99 | 62 710 577.60 | 148.423 8 | 13 056.057 0 | 542 368.655 1 |
| 25 | 230 681.82 | 3 847 343.94 | 58 618 553.61 | 143.632 1 | 12 907.633 1 | 529 312.598 1 |
| 26 | 217 480.72 | 3 616 662.12 | 54 771 209.67 | 138.695 3 | 12 764.001 1 | 516 404.965 0 |
| 27 | 205 031.80 | 3 399 181.39 | 51 154 547.55 | 134.044 4 | 12 625.305 8 | 503 640.963 9 |
| 28 | 193 292.18 | 3 194 149.59 | 47 755 366.16 | 129.834 0 | 12 491.261 4 | 491 015.658 1 |
| 29 | 182 221.28 | 3 000 857.41 | 44 561 216.56 | 126.179 6 | 12 361.427 4 | 478 524.396 7 |
| 30 | 171 780.69 | 2 818 636.13 | 41 560 359.15 | 123.001 5 | 12 235.247 8 | 466 162.969 3 |
| 31 | 161 934.25 | 2 646 855.44 | 38 741 723.02 | 120.381 3 | 12 112.246 3 | 453 927.721 5 |
| 32 | 152 647.78 | 2 484 921.19 | 36 094 867.58 | 118.086 0 | 11 991.865 0 | 441 815.475 1 |
| 33 | 143 889.25 | 2 332 273.41 | 33 609 946.39 | 116.061 6 | 11 873.779 0 | 429 823.610 1 |
| 34 | 135 628.52 | 2 188 384.15 | 31 277 672.99 | 114.260 6 | 11 757.717 4 | 417 949.831 1 |
| 35 | 127 837.17 | 2 052 755.63 | 29 089 288.83 | 112.882 6 | 11 643.456 8 | 406 192.113 7 |
| 36 | 120 488.22 | 1 924 918.46 | 27 036 533.20 | 111.963 1 | 11 530.574 1 | 394 548.656 9 |
| 37 | 113 556.17 | 1 804 430.24 | 25 111 614.74 | 111.735 0 | 11 418.611 0 | 383 018.082 8 |
| 38 | 107 016.73 | 1 690 874.07 | 23 307 184.50 | 112.165 6 | 11 306.876 0 | 371 599.471 8 |
| 39 | 100 847.01 | 1 583 857.34 | 21 616 310.43 | 113.119 9 | 11 194.710 4 | 360 292.595 8 |
| 40 | 95 025.57 | 1 483 010.33 | 20 032 453.09 | 114.299 6 | 11 081.590 5 | 349 097.885 4 |
| 41 | 89 532.47 | 1 387 984.76 | 18 549 442.76 | 115.378 6 | 10 967.290 9 | 338 016.294 9 |
| 42 | 84 349.21 | 1 298 452.29 | 17 161 458.00 | 116.258 7 | 10 851.912 2 | 327 049.004 1 |
| 43 | 79 458.47 | 1 214 103.08 | 15 863 005.72 | 116.938 9 | 10 735.653 5 | 316 197.091 8 |
| 44 | 74 843.88 | 1 134 644.61 | 14 648 902.64 | 117.561 4 | 10 618.714 7 | 305 461.438 3 |
| 45 | 70 489.87 | 1 059 800.73 | 13 514 258.03 | 118.569 3 | 10 501.153 3 | 294 842.723 6 |
| 46 | 66 381.31 | 989 310.85 | 12 454 457.30 | 120.112 6 | 10 382. 584 0 | 284 341.570 4 |
| 47 | 62 503.77 | 922 929.54 | 11 465 146.45 | 121.174 8 | 10 262.471 4 | 273 958.986 4 |
| 48 | 58 844.64 | 860 425.78 | 10 542 216.91 | 124.239 9 | 10 141.296 6 | 263 696.515 0 |

续表

| 年龄 | $D_x$ | $N_x$ | $S_x$ | $C_x$ | $M_x$ | $R_x$ |
|---|---|---|---|---|---|---|
| 49 | 55 389.57 | 801 581.13 | 9 681 791.13 | 127.814 1 | 10 017.056 7 | 253 555.218 3 |
| 50 | 52 126.50 | 746 191.56 | 8 880 210.00 | 131.103 1 | 9 889.242 7 | 243 538.161 6 |
| 51 | 49 044.84 | 694 065.06 | 8 134 018.44 | 133.253 9 | 9 758.139 6 | 233 648.918 9 |
| 52 | 46 135.46 | 645 020.22 | 7 439 953.38 | 134.271 6 | 9 624.885 7 | 223 890.779 3 |
| 53 | 43 389.75 | 598 884.75 | 6 794 933.16 | 135.081 3 | 9 490.614 1 | 214 265.893 6 |
| 54 | 40 798.65 | 555 495.00 | 6 196 048.41 | 136.444 5 | 9 355.532 8 | 204 775.279 5 |
| 55 | 38 352.84 | 514 696.36 | 5 640 553.41 | 138.866 2 | 9 219.088 3 | 195 419.746 7 |
| 56 | 36 043.06 | 476 343.51 | 5 125 857.05 | 143.050 2 | 9 080.222 0 | 186 200.658 5 |
| 57 | 33 859.84 | 440 300.45 | 4 649 513.54 | 149.366 6 | 8 937.171 9 | 177 120.436 5 |
| 58 | 31 793.88 | 406 440.61 | 4 209 213.09 | 158.219 5 | 8 787.805 3 | 168 183.264 6 |
| 59 | 29 836.00 | 374 646.73 | 3 802 772.48 | 169.980 8 | 8 629.585 7 | 159 395.459 4 |
| 60 | 27 977.19 | 344 810.73 | 3 428 125.75 | 184.464 7 | 8 459.604 9 | 150 765.873 6 |
| 61 | 26 209.11 | 316 833.53 | 3 083 315.02 | 194.516 1 | 8 275.140 2 | 142 306.268 7 |
| 62 | 24 531.06 | 290 624.42 | 2 766 481.48 | 201.918 4 | 8 080.624 1 | 134 031.128 5 |
| 63 | 22 940.59 | 266 093.36 | 2 475 857.06 | 209.430 3 | 7 878.705 7 | 125 950.504 4 |
| 64 | 21 432.64 | 243 152.76 | 2 209 763.70 | 216.975 1 | 7 669.275 3 | 118 071.798 8 |
| 65 | 20 002.50 | 221 720.12 | 1 966 610.94 | 224.556 3 | 7 452.300 2 | 110 402.523 4 |
| 66 | 18 645.72 | 201 717.63 | 1 744 890.82 | 232.702 1 | 7 227.743 9 | 102 950.223 2 |
| 67 | 17 357.60 | 183 071.90 | 1 543 173.19 | 240.795 8 | 6 995.041 7 | 95 722.479 3 |
| 68 | 16 134.30 | 165 714.30 | 1 360 101.28 | 248.772 7 | 6 754.245 9 | 88 727.437 6 |
| 69 | 14 972.27 | 149 580.00 | 1 194 386.98 | 256.562 5 | 6 505.473 3 | 81 973.191 6 |
| 70 | 13 868.22 | 134 607.74 | 1 044 806.98 | 264.071 8 | 6 248.910 8 | 75 467.718 4 |
| 71 | 12 819.15 | 120 739.52 | 910 199.24 | 271.197 6 | 5 984.839 0 | 69 218.807 6 |
| 72 | 11 822.34 | 107 920.37 | 789 459.73 | 277.836 2 | 5 713.641 4 | 63 233.968 5 |
| 73 | 10 875.32 | 96 098.03 | 681 539.36 | 283.866 3 | 5 435.805 2 | 57 520.327 1 |
| 74 | 9 975.87 | 85 222.71 | 585 441.33 | 288.424 9 | 5 151.939 0 | 52 084.521 9 |
| 75 | 9 122.77 | 75 246.84 | 500 218.62 | 292.092 1 | 4 863.514 1 | 46 932.582 9 |
| 76 | 8 314.29 | 66 124.07 | 424 971.78 | 294.741 7 | 4 571.421 9 | 42 069.068 9 |
| 77 | 7 548.93 | 57 809.78 | 358 847.70 | 296.217 2 | 4 276.680 2 | 37 497.646 9 |
| 78 | 6 825.42 | 50 260.85 | 301 037.92 | 296.377 6 | 3 980.463 0 | 33 220.966 7 |
| 79 | 6 142.69 | 43 435.43 | 250 777.07 | 295.081 2 | 3 684.085 4 | 29 240.503 7 |
| 80 | 5 499.91 | 37 292.74 | 207 341.64 | 292.180 3 | 3 389.004 2 | 25 556.418 3 |
| 81 | 4 890.42 | 31 792.82 | 170 048.90 | 287.562 9 | 3 096.823 9 | 22 167.414 1 |
| 82 | 4 331.70 | 26 896.41 | 138 256.08 | 281.115 0 | 2 809.261 0 | 19 070.590 2 |
| 83 | 3 805.39 | 22 564.71 | 111 359.67 | 272.778 5 | 2 528.146 0 | 16 261.329 3 |
| 84 | 3 317.22 | 18 759.31 | 88 794.97 | 262.507 5 | 2 255.367 5 | 13 733.183 3 |
| 85 | 2 866.94 | 15 442.10 | 70 035.65 | 250.327 2 | 1 992.859 9 | 11 477.815 9 |
| 86 | 2 454.33 | 12 575.16 | 54 593.56 | 236.308 4 | 1 742.532 7 | 9 484.955 9 |
| 87 | 2 079.10 | 10 120.82 | 42 018.40 | 220.588 7 | 1 506.224 4 | 7 742.423 2 |
| 88 | 1 740.83 | 8 041.72 | 31 897.58 | 203.374 6 | 1 285.635 7 | 6 236.198 9 |

续表

| 年龄 | $D_x$ | $N_x$ | $S_x$ | $C_x$ | $M_x$ | $R_x$ |
|---|---|---|---|---|---|---|
| 89 | 1 438.92 | 6 300.89 | 23 855.86 | 184.949 5 | 1 082.261 0 | 4 950.563 2 |
| 90 | 1 172.52 | 4 861.98 | 17 554.96 | 165.660 2 | 897.311 5 | 3 868.302 2 |
| 91 | 940.49 | 3 689.46 | 12 692.98 | 145.914 2 | 731.651 4 | 2 970.990 6 |
| 92 | 741.34 | 2 748.97 | 9 003.52 | 126.162 0 | 585.737 2 | 2 239.339 3 |
| 93 | 573.21 | 2 007.63 | 6 254.55 | 106.872 7 | 459.575 2 | 1 653.602 1 |
| 94 | 433.90 | 1 434.42 | 4 246.91 | 88.509 9 | 352.702 5 | 1 194.026 9 |
| 95 | 320.83 | 1 000.52 | 2 812.50 | 71.498 5 | 264.192 7 | 841.324 3 |
| 96 | 231.17 | 679.70 | 1 811.97 | 56.192 5 | 192.694 2 | 577.131 7 |
| 97 | 161.89 | 448.53 | 1 132.28 | 42.847 9 | 136.501 7 | 384.437 5 |
| 98 | 109.88 | 286.64 | 683.75 | 31.604 3 | 93.653 8 | 247.935 8 |
| 99 | 72.05 | 176.76 | 397.11 | 22.475 5 | 62.049 5 | 154.282 0 |
| 100 | 45.50 | 104.71 | 220.35 | 15.356 3 | 39.574 0 | 92.232 5 |
| 101 | 27.57 | 59.20 | 115.65 | 10.042 3 | 24.217 7 | 52.658 5 |
| 102 | 15.97 | 31.64 | 56.44 | 6.260 3 | 14.175 3 | 28.440 9 |
| 103 | 8.80 | 15.67 | 24.81 | 3.704 3 | 7.915 1 | 14.265 5 |
| 104 | 4.60 | 6.87 | 9.14 | 2.071 1 | 4.210 8 | 6.350 5 |
| 105 | 2.27 | 2.27 | 2.27 | 2.139 7 | 2.139 7 | 2.139 7 |

**表 9—10　　中国人寿保险业经验生命表(2000～2003 年)基数表(女)**

**换算函数表(养老金业务)**

**利率:6%**

| 年龄 | $D_x$ | $N_x$ | $S_x$ | $C_x$ | $M_x$ | $R_x$ |
|---|---|---|---|---|---|---|
| 0 | 1 000 000.00 | 17 435 733.08 | 295 066 971.21 | 542.452 8 | 13 071.712 7 | 733 829.045 4 |
| 1 | 942 853.77 | 16 435 733.08 | 277 631 238.13 | 414.499 9 | 12 529.259 8 | 720 757.332 7 |
| 2 | 889 070.19 | 15 492 879.30 | 261 195 505.05 | 309.497 1 | 12 114.760 0 | 708 228.072 9 |
| 3 | 838 435.97 | 14 603 809.11 | 245 702 625.75 | 229.383 4 | 11 805.262 9 | 696 113.312 9 |
| 4 | 790 747.94 | 13 765 373.14 | 231 098 816.64 | 173.069 4 | 11 575.879 5 | 684 308.050 0 |
| 5 | 745 815.56 | 12 974 625.20 | 217 333 443.50 | 137.201 9 | 11 402.810 1 | 672 732.170 5 |
| 6 | 703 462.38 | 12 228 809.64 | 204 358 818.30 | 116.137 7 | 11 265.608 2 | 661 329.360 4 |
| 7 | 663 527.62 | 11 525 347.26 | 192 130 008.65 | 102.659 0 | 11 149.470 5 | 650 063.752 2 |
| 8 | 625 866.79 | 10 861 819.64 | 180 604 661.39 | 93.289 6 | 11 046.811 5 | 638 914.281 7 |
| 9 | 590 347.08 | 10 235 952.85 | 169 742 841.75 | 84.653 5 | 10 953.522 0 | 627 867.470 2 |
| 10 | 556 846.55 | 9 645 605.77 | 159 506 888.89 | 77.223 1 | 10 868.868 4 | 616 913.948 2 |
| 11 | 525 249.71 | 9 088 759.22 | 149 861 283.12 | 70.859 2 | 10 791.645 4 | 606 045.079 8 |
| 12 | 495 447.74 | 8 563 509.51 | 140 772 523.90 | 66.838 7 | 10 720.786 2 | 595 253.434 4 |
| 13 | 467 336.69 | 8 068 061.77 | 132 209 014.39 | 64.809 9 | 10 653.947 5 | 584 532.648 2 |
| 14 | 440 818.86 | 7 600 725.08 | 124 140 952.63 | 64.875 2 | 10 589.137 6 | 573 878.700 7 |
| 15 | 415 801.97 | 7 159 906.22 | 116 540 227.55 | 65.508 4 | 10 524.262 4 | 563 289.563 1 |
| 16 | 392 200.50 | 6 744 104.25 | 109 380 321.33 | 66.970 1 | 10 458.753 9 | 552 765.300 7 |
| 17 | 369 933.51 | 6 351 903.74 | 102 636 217.09 | 68.402 8 | 10 391.783 9 | 542 306.546 8 |
| 18 | 348 925.47 | 5 981 970.24 | 96 284 313.34 | 70.114 3 | 10 323.381 1 | 531 914.762 9 |

续表

| 年龄 | $D_x$ | $N_x$ | $S_x$ | $C_x$ | $M_x$ | $R_x$ |
|---|---|---|---|---|---|---|
| 19 | 329 104.86 | 5 633 044.77 | 90 302 343.11 | 71.409 5 | 10 253.266 8 | 521 591.381 9 |
| 20 | 310 404.87 | 5 303 939.91 | 84 669 298.34 | 72.037 4 | 10 181.857 2 | 511 338.115 1 |
| 21 | 292 762.75 | 4 993 535.04 | 79 365 358.43 | 72.085 9 | 10 109.819 9 | 501 156.257 8 |
| 22 | 276 119.18 | 4 700 772.29 | 74 371 823.39 | 71.374 2 | 10 037.734 0 | 491 046.438 0 |
| 23 | 260 418.42 | 4 424 653.11 | 69 671 051.10 | 70.018 2 | 9 966.359 8 | 481 008.704 0 |
| 24 | 245 607.74 | 4 164 234.69 | 65 246 397.99 | 67.889 7 | 9 896.341 6 | 471 042.344 2 |
| 25 | 231 637.52 | 3 918 626.95 | 61 082 163.31 | 65.776 3 | 9 828.451 9 | 461 146.002 6 |
| 26 | 218 460.19 | 3 686 989.42 | 57 163 536.36 | 63.477 1 | 9 762.675 6 | 451 317.550 7 |
| 27 | 206 031.04 | 3 468 529.23 | 53 476 546.94 | 61.420 6 | 9 699.198 5 | 441 554.875 1 |
| 28 | 194 307.49 | 3 262 498.19 | 50 008 017.71 | 59.575 4 | 9 637.777 9 | 431 855.676 6 |
| 29 | 183 249.37 | 3 068 190.70 | 46 745 519.52 | 58.259 5 | 9 578.202 5 | 422 217.898 7 |
| 30 | 172 818.51 | 2 884 941.33 | 43 677 328.82 | 57.225 8 | 9 519.943 0 | 412 639.696 2 |
| 31 | 162 979.10 | 2 712 122.82 | 40 792 387.49 | 56.273 9 | 9 462.717 3 | 403 119.753 2 |
| 32 | 153 697.60 | 2 549 143.72 | 38 080 264.67 | 55.679 1 | 9 406.443 4 | 393 657.035 9 |
| 33 | 144 942.05 | 2 395 446.12 | 35 531 120.95 | 54.968 6 | 9 350.764 2 | 384 250.592 5 |
| 34 | 136 682.82 | 2 250 504.07 | 33 135 674.83 | 54.286 3 | 9 295.795 6 | 374 899.828 3 |
| 35 | 128 891.77 | 2 113 821.25 | 30 885 170.77 | 53.623 8 | 9 241.509 4 | 365 604.032 6 |
| 36 | 121 542.38 | 1 984 929.48 | 28 771 349.52 | 53.203 5 | 9 187.885 5 | 356 362.523 3 |
| 37 | 114 609.42 | 1 863 387.09 | 26 786 420.04 | 53.304 2 | 9 134.682 1 | 347 174.637 7 |
| 38 | 108 068.79 | 1 748 777.67 | 24 923 032.95 | 53.830 5 | 9 081.377 9 | 338 039.955 7 |
| 39 | 101 897.86 | 1 640 708.88 | 23 174 255.28 | 54.698 0 | 9 027.547 4 | 328 958.577 8 |
| 40 | 96 075.36 | 1 538 811.02 | 21 533 546.40 | 55.741 8 | 8 972.849 4 | 319 931.030 4 |
| 41 | 90 581.39 | 1 442 735.66 | 19 994 735.38 | 56.741 5 | 8 917.107 5 | 310 958.181 1 |
| 42 | 85 397.40 | 1 352 154.27 | 18 551 999.72 | 57.522 4 | 8 860.366 0 | 302 041.073 5 |
| 43 | 80 506.06 | 1 266 756.87 | 17 199 845.45 | 57.949 2 | 8 802.843 6 | 293 180.707 6 |
| 44 | 75 891.17 | 1 186 250.80 | 15 933 088.59 | 58.350 3 | 8 744.894 4 | 284 377.864 0 |
| 45 | 71 537.09 | 1 110 359.64 | 14 746 837.78 | 58.916 9 | 8 686.544 1 | 275 632.969 6 |
| 46 | 67 428.90 | 1 038 822.55 | 13 636 478.14 | 59.922 7 | 8 627.627 3 | 266 946.425 4 |
| 47 | 63 552.25 | 971 393.65 | 12 597 655.60 | 60.794 3 | 8 567.704 6 | 258 318.798 2 |
| 48 | 59 894.16 | 907 841.39 | 11 626 261.95 | 63.453 9 | 8 506.910 3 | 249 751.093 6 |
| 49 | 56 440.47 | 847 947.24 | 10 718 420.56 | 66.610 4 | 8 443.456 4 | 241 244.183 3 |
| 50 | 53 179.12 | 791 506.77 | 9 870 473.32 | 69.885 4 | 8 376.846 0 | 232 800.727 0 |
| 51 | 50 099.09 | 738 327.65 | 9 078 966.56 | 73.163 6 | 8 306.960 6 | 224 423.881 0 |
| 52 | 47 190.13 | 688 228.56 | 8 340 638.91 | 76.305 5 | 8 233.797 0 | 216 116.920 4 |
| 53 | 44 442.69 | 641 038.43 | 7 652 410.35 | 79.367 9 | 8 157.491 4 | 207 883.123 4 |
| 54 | 41 847.69 | 596 595.74 | 7 011 371.92 | 82.629 5 | 8 078.123 5 | 199 725.632 0 |
| 55 | 39 396.33 | 554 748.05 | 6 414 776.18 | 86.151 6 | 7 995.494 1 | 191 647.508 5 |
| 56 | 37 080.19 | 515 351.72 | 5 860 028.13 | 91.196 3 | 7 909.342 5 | 183 652.014 4 |
| 57 | 34 890.12 | 478 271.53 | 5 344 676.41 | 98.054 4 | 7 818.146 2 | 175 742.672 0 |
| 58 | 32 817.15 | 443 381.41 | 4 866 404.89 | 105.572 2 | 7 720.091 8 | 167 924.525 85 |

续表

| 年龄 | $D_x$ | $N_x$ | $S_x$ | $C_x$ | $M_x$ | $R_x$ |
|---|---|---|---|---|---|---|
| 9 | 30 854.01 | 410 564.25 | 4 423 023.48 | 111.074 4 | 7 614.519 6 | 160 204.434 0 |
| 60 | 28 996.48 | 379 710.25 | 4 012 459.22 | 116.861 3 | 7 503.445 2 | 152 589.914 4 |
| 61 | 27 238.31 | 350 713.77 | 3 632 748.98 | 122.855 0 | 7 386.583 9 | 145 086.469 2 |
| 62 | 25 573.66 | 323 475.46 | 3 282 035.21 | 129.098 7 | 7 263.728 9 | 137 699.885 3 |
| 63 | 23 997.00 | 297 901.80 | 2 958 559.74 | 135.560 4 | 7 134.630 1 | 130 436.156 4 |
| 64 | 22 503.12 | 273 904.81 | 2 660 657.94 | 142.257 9 | 6 999.069 7 | 123 301.526 3 |
| 65 | 21 087.10 | 251 401.69 | 2 386 753.13 | 149.181 3 | 6 856.811 8 | 116 302.456 5 |
| 66 | 19 744.31 | 230 314.59 | 2 135 351.44 | 156.613 3 | 6 707.630 6 | 109 445.644 7 |
| 67 | 18 470.09 | 210 570.29 | 1 905 036.85 | 164.453 5 | 6 551.017 3 | 102 738.014 1 |
| 68 | 17 260.16 | 192 100.20 | 1 694 466.56 | 172.471 3 | 6 386.563 8 | 96 186.996 8 |
| 69 | 16 110.70 | 174 840.04 | 1 502 366.36 | 180.652 6 | 6 214.092 4 | 89 800.433 1 |
| 70 | 15 018.12 | 158 729.34 | 1 327 526.33 | 188.959 1 | 6 033.439 8 | 83 586.340 7 |
| 71 | 13 979.08 | 143 711.22 | 1 168 796.99 | 197.342 4 | 5 844.480 7 | 77 552.900 8 |
| 72 | 12 990.47 | 129 732.14 | 1 025 085.77 | 205.727 3 | 5 647.138 3 | 71 708.420 1 |
| 73 | 12 049.43 | 116 741.67 | 895 353.62 | 214.036 5 | 5 441.411 0 | 66 061.281 8 |
| 74 | 11 153.35 | 104 692.24 | 778 611.95 | 222.193 7 | 5 227.374 5 | 60 619.870 8 |
| 75 | 10 299.84 | 93 538.89 | 673 919.70 | 230.308 2 | 5 005.180 8 | 55 392.496 3 |
| 76 | 9 486.52 | 83 239.06 | 580 380.81 | 237.082 4 | 4 774.872 6 | 50 387.315 6 |
| 77 | 8 712.46 | 73 752.54 | 497 141.75 | 243.307 8 | 4 537.790 2 | 45 612.443 0 |
| 78 | 7 976.00 | 65 040.08 | 423 389.21 | 248.836 0 | 4 294.482 4 | 41 074.652 8 |
| 79 | 7 275.69 | 57 064.08 | 358 349.13 | 253.516 6 | 4 045.646 3 | 36 780.170 4 |
| 80 | 6 610.34 | 49 788.39 | 301 285.05 | 257.185 9 | 3 792.129 7 | 32 734.524 1 |
| 81 | 5 978.98 | 43 178.05 | 251 496.65 | 259.651 5 | 3 534.943 8 | 28 942.394 4 |
| 82 | 5 380.90 | 37 199.07 | 208 318.60 | 260.745 2 | 3 275.292 3 | 25 407.450 5 |
| 83 | 4 815.58 | 31 818.17 | 171 119.53 | 260.272 8 | 3 014.547 1 | 22 132.158 2 |
| 84 | 4 282.72 | 27 002.59 | 139 301.36 | 258.062 3 | 2 754.274 3 | 19 117.611 1 |
| 85 | 3 782.24 | 22 719.87 | 112 298.77 | 253.959 7 | 2 496.212 0 | 16 363.336 7 |
| 86 | 3 314.19 | 18 937.63 | 89 578.90 | 247.836 0 | 2 242.252 3 | 13 867.124 7 |
| 87 | 2 878.76 | 15 623.43 | 70 641.27 | 239.602 6 | 1 994.416 3 | 11 624.872 5 |
| 88 | 2 476.21 | 12 744.67 | 55 017.84 | 229.234 0 | 1 754.813 7 | 9 630.456 2 |
| 89 | 2 106.81 | 10 268.46 | 42 273.16 | 216.765 2 | 1 525.579 7 | 7 875.642 5 |
| 90 | 1 770.79 | 8 161.65 | 32 004.70 | 202.316 6 | 1 308.814 5 | 6 350.062 8 |
| 91 | 1 468.24 | 6 390.86 | 23 843.05 | 186.100 0 | 1 106.497 8 | 5 041.248 3 |
| 92 | 1 199.04 | 4 922.61 | 17 452.20 | 168.426 1 | 920.397 9 | 3 934.750 5 |
| 93 | 962.74 | 3 723.57 | 12 529.59 | 149.693 4 | 751.971 7 | 3 014.352 6 |
| 94 | 758.55 | 2 760.83 | 8 806.01 | 130.385 8 | 602.278 3 | 2 262.380 9 |
| 95 | 585.23 | 2 002.28 | 6 045.18 | 111.043 9 | 471.892 6 | 1 660.102 6 |
| 96 | 441.06 | 1 417.05 | 4 042.89 | 92.234 2 | 360.848 6 | 1 188.210 0 |
| 97 | 323.86 | 975.99 | 2 625.84 | 74.509 0 | 268.614 4 | 827.361 4 |
| 98 | 231.02 | 652.13 | 1 649.85 | 58.359 0 | 194.105 4 | 558.747 0 |

续表

| 年龄 | $D_x$ | $N_x$ | $S_x$ | $C_x$ | $M_x$ | $R_x$ |
|---|---|---|---|---|---|---|
| 99 | 159.58 | 421.12 | 997.71 | 44.169 1 | 135.746 3 | 364.641 6 |
| 100 | 106.38 | 261.53 | 576.60 | 32.183 8 | 91.577 2 | 228.895 3 |
| 101 | 68.18 | 155.15 | 315.06 | 22.486 1 | 59.393 5 | 137.318 1 |
| 102 | 41.83 | 86.98 | 159.91 | 14.998 6 | 36.907 4 | 77.924 6 |
| 103 | 24.46 | 45.15 | 72.94 | 9.506 3 | 21.908 8 | 41.017 2 |
| 104 | 13.57 | 20.68 | 27.79 | 5.696 6 | 12.402 5 | 19.108 4 |
| 105 | 7.11 | 7.11 | 7.11 | 6.705 9 | 6.705 9 | 6.705 9 |

## 复习思考题

1. 试解释下列名词：

取得新业务的费用　营业费用和附加费用　死亡率成本和死亡率费用
保单失效率　定价安全系数　捆绑式和分类式定价结构
保单准备金和现金价值　生命表　修匀法　安全系数
选择的生命表　最终的生命表　总计的生命表
《中国人寿保险业经验生命表》　净保险费和总保险费　期首给付年金

2. 概述寿险产品设计的三要素和定价步骤。

3. 假定甲、乙两人生存的概率分别为0.8和0.9,试求：

(1)两人同时生存的概率。

(2)至少有一人死亡的概率。

4. 按照《中国人寿保险业经验生命表(2000～2003)》(下同),计算现年30岁的男性生存至50岁的概率。

5. 计算现年25岁的男性在60～70岁之间死亡的概率。

6. 根据下列数据编制18～23岁的生命表：

| 年龄 | 年初生存人数 | 死亡人数 |
|---|---|---|
| 18 | 5 000 | 10 |
| 19 | 10 000 | 22 |
| 20 | 15 000 | 36 |
| 21 | 10 000 | 27 |
| 22 | 20 000 | 60 |

7. 根据下列数据计算95岁的人的平均余命：

| 年龄 | 年初生存人数 |
|---|---|
| 95 | 1 000 |
| 96 | 900 |
| 97 | 800 |
| 98 | 700 |

| | |
|---|---|
| 99 | 500 |
| 100 | 300 |
| 101 | 200 |
| 102 | 150 |
| 103 | 100 |
| 104 | 80 |
| 105 | 20 |

8. 假定年利率为 6%(下同),投资 200 元,在 30 年后将积累到多少金额?

9. 为了在 30 年后积累到 1 000 000 元,现在必须投资多少本金?

10. 在 30 年内每年年初存入 1 000 元,到第 30 年末将积累到多少金额?

11. 为了在 30 年内每年末支付 2 000 元,现在必须投资多少本金?

12. 在寿险费率计算中做了哪些基本假设?

13. 假定年利率是 6%,保险金额为 10 000 元,向一个 50 岁男性签发一年期定期寿险单,使用《中国人寿保险业经验生命表(2000~2003)》(下同),计算需收取的净保险费。

14. 再按上题假设,计算向一个 50 岁男性签发五年期定期寿险单的一次缴清净保险费。

15. 使用换算函数表(年利率为 6%),计算向一个 50 岁男性签发保险金额为 20 000 元的终身寿险单的一次缴清净保险费。

16. 一个在 60 岁退休的男性,其 30 000 元保险金额的终身寿险单已积累了现金价值 17 100元,如果把这笔现金价值用来转换为保险费缴清保险单,试计算保险费缴清保险单的保险金额。

17. 使用换算函数表计算向一个 25 岁的男性签发保险金额为 20 000 元五年期的定期寿险单的一次缴清净保险费。

18. 向一个 50 岁的男性签发一年期生存保险单,保险金额为 10 000 元,计算应收取的净保险费。

19. 再按上题假设,计算向一个 50 岁男性签发五年期生存保险单的一次缴清净保险费。

20. 使用换算函数表,计算向一个 30 岁的男性签发保险金额为 20 000 元的 20 年生存保险单的一次缴清净保险费。

21. 向一个 50 岁男性签发五年期的两全保险单,保险金额为 10 000 元,计算需收取的一次缴清净保险费。

22. 使用换算函数表,计算向一个 30 岁的男性签发保险金额为 20 000 元的 20 年期的两全保险单的一次缴清净保险费。

23. 使用《中国人寿保险业经验生命表(2000~2003)》养老金业务女表,计算向一个 55 岁的女性签发 10 年期每年给付金额为 5 000 元的即期生存年金保险单的一次缴清净保险费。

24. 沿用上例,假如该份 10 年期即期给付生存年金保险单保证给付五年的年金,那么一次缴清净保险费是多少?

25. 使用换算函数表,计算向一个 55 岁女性签发每年给付金额为 5 000 元的期首给付的终身年金保险单的一次缴清净保险费。

26. 沿用上例,计算其即期(期末给付)终身年金的一次缴清净保险费。

27. 一位女子作为受益人获得其丈夫死亡保险金 100 000 元,假如她年龄为 65 岁,选择以期首给付的终身年金的保险金给付方式,使用换算函数表计算其每年年金的给付金额。

28. 一个年龄 30 岁的男性购买在 60 岁做第一次给付的年金金额为 10 000 元的延期终身

年金,使用换算函数表计算其一次缴清的净保险费。

29. 一位20岁的女子获得一笔150 000元的遗产,如果她想用这笔钱购买从55岁开始给付的延期终身年金,使用换算函数表计算其每年给付的年金金额。

30. 试比较均衡保险费缴付与年金给付的异同。

31. 沿用第14题的例子,再计算其净年均衡保险费。

32. 沿用第15题的例子,再计算其净年均衡保险费。

33. 使用换算函数表,分别计算向一个25岁男性签发保险金额为100 000元的普通终身寿险单的净年均衡保险费、五年期定期寿险单的净年均衡保险费、20年缴清保险费的终身寿险单的净年均衡保险费,以及在60岁缴清保险费的终身寿险单的净年均衡保险费。

34. 沿用第28题的例子,再计算其净年均衡保险费。

35. 为什么要对短于一年间隔期缴付保险费加以调整?如何加以调整?

# 第十章　分类定价式产品的保费

## 第一节　万能寿险产品的保费

我们在上一章讨论的寿险产品是传统的捆绑式定价产品。然而，许多流行的保险产品却是分类式定价产品。万能寿险产品就是一个分类式定价终身寿险产品的重要例子。万能寿险是一种以灵活保费、灵活保险金额和分类式定价为特点的终身保险。万能寿险产品可以是定额的，也可以是变额的。变额万能寿险是一种终身保险，它将保费和死亡给付的灵活性与死亡给付和保单现金价值随合同投资业绩波动结合起来。在本节中，我们的重点并不在于讨论定额和变额万能寿险之间的差异，因为这些差异不会影响保险公司每月收取的死亡率费用。

每一固定费率的万能寿险保单规定了：保险公司采用的死亡率费用；保险公司采用的费用收取；保险公司为保单现金价值贷记的最低保证利率。

客户可以在某一限度内选择缴付的保费金额。所缴付的保费金额越多，保单的死亡给付和现金价值将越高。

### 一、A 计划选择权和 B 计划选择权

万能寿险保单的死亡给付有两种形式，被称为 A 计划选择权和 B 计划选择权。在 A 计划选择权(Option A)下，死亡给付的金额是均衡的，应付的死亡给付总是等于保单的保险金额。请注意，A 计划选择权下的风险净额会随着现金价值的增加而降低。在 B 计划选择权(Option B)下，任何给定时候的死亡给付都等于保单的保险金额加上保单的现金价值。B 计划选择权下的风险净额总是等于保单的保险金额。不同保单用不同的方式定义风险净额。然而，万能寿险保单的风险净额(Net Amount at Risk)通常代表了保险公司在任何给定时候用于支付保单死亡给付所需的资金。

在两种选择权下，客户都可以选择死亡给付金额，并且在任何时候都可以调整这项金额。然而，在 A 计划选择权和 B 计划选择权下，死亡给付金额和风险净额的处理在一定程度上是有区别的。表 10－1 对比了 A 计划选择权和 B 计划选择权下有关死亡给付、现金价值和风险

净额的安排。

表 10－1　　万能寿险的 A 计划选择权和 B 计划选择权

| | |
|---|---|
| A 计划选择权 | 死亡给付＝保险金额 |
| | 风险净额＝保险金额－现金价值 |
| B 计划选择权 | 死亡给付＝保险金额＋现金价值 |
| | 风险净额＝保险金额 |

在本节中，我们主要讨论死亡率费用。万能寿险保单将死亡率费用表述为每 1 000 元风险净额的费用。对于万能寿险产品，保险公司对死亡给付的收费通常是采用每月收取死亡率费用的形式。这一每月收取的死亡率费用经常与每月收取的单列费用合并，合并结果被称为月度死亡率和费用收取。这样，万能寿险产品的月度死亡率和费用收取（M&E）在某种程度上与传统的捆绑式寿险保单的月度总保费具有可比性。然而，设定万能寿险产品月度死亡率和费用收取过程的重点在于设定每月应收取的费用而不是均衡的年度收费。表 10－2 概括了设定万能寿险产品该项费用收取的过程。

表 10－2　　设定万能寿险费用收取的程序

| |
|---|
| 1. 估计死亡给付成本<br>　a.使用每月的死亡率估计每月的死亡给付次数<br>　b.估计每月的平均死亡给付额<br>2. 计算每月的死亡率成本<br>3. 设定月度的死亡率和费用收取 |

## 二、估计死亡给付的成本

如同其他寿险和年金产品，万能寿险产品死亡给付的估计成本等于估计的死亡人数乘以估计的平均死亡给付金额，如下式所示：

死亡给付成本＝死亡人数×平均死亡给付金额

### （一）估计死亡给付的次数

保险公司要使用死亡率来估计被保险人群的生存人数和死亡人数。万能寿险的死亡率费用只反映了保险公司一期（通常为一个月）内的死亡给付。相应地，保险公司使用的是根据每个被保险人当年年龄在该月的月度死亡率，所使用的月度死亡率随着被保险人年龄的增加而提高。另外，还有两种月度死亡率适用于万能寿险产品：保证最高死亡率和当期死亡率。

1. 万能寿险保单中规定的保证最高死亡率（Guaranteed Maximum Mortality Rate）设定了允许保险公司对保单使用的月度死亡率费用的上限。在计算月度死亡率费用时，保险公司使用的月度死亡率一定不会高于保证最高死亡率。保险公司很少使用保证最高死亡率来计算月度死亡率费用。

2. 万能寿险保单中规定的当期死亡率（Current Mortality Rate）是实际用于计算月度死亡率费用的月度死亡率，该死亡率通常低于保证最高死亡率。当期死亡率代表了预期死亡率加上一定死差益。

### (二)估计平均死亡给付额

通常,万能寿险保单的给付金额被认为是保险公司的风险净额。例如,保险公司可以设定每1 000元风险净额的死亡率费用。然后,对于风险净额为1万元的万能寿险保单,保险公司可以收取十倍于1 000元单位费用的死亡率费用。为了得到对给付成本的估计,我们必须将平均给付成本乘以平均给付金额。对于每一份万能寿险合同,保险公司把选定的死亡率应用于风险净额,从而计算月度死亡率费用。而且,由于万能寿险的死亡率费用是月度费用,所以保险公司必须估计每月的给付。

表10－3举例说明了如何将每1 000元月度死亡率费用应用于万能寿险保单。

**表10－3　　A计划选择权和B计划选择权下的死亡率费用**

万能寿险和变额万能寿险收取的死亡率费用不同,这取决于保单是A计划选择权还是B计划选择权。

A计划选择权

陆先生年龄为45岁,由A计划选择权种类的万能寿险保单承保。其保单的保险金额为20万元,保单的现金价值是5万元。其保单的风险净额计算如下:

保险金额 － 现金价值 ＝ 风险净额

200 000 － 50 000 ＝ 150 000(元)

保险公司对陆先生收取的表定月度死亡率费用是每1 000元保险为0.57元。这一费用适用于保单的风险净额,该风险净额代表了150单位的1 000元保险。因此,陆先生1月份总的死亡率费用就等于150乘以0.57元,结果是85.50元,如下所示:

1 000元风险净额的月度死亡率费用×1 000元风险净额的单位数＝月度死亡率费用

0.57 × 150 ＝ 85.50(元)

B计划选择权

钱先生年龄为45岁,由B计划选择权种类的万能寿险保单承保,保险金额为20万元。对保险公司而言,风险净额就等于保险金额20万元。

保险金额＝ 风险净额

200 000 ＝200 000(元)

每1 000元保险的月度死亡率费用为0.57元,将其应用于保险金额20万元,总的月度死亡率费用等于每1 000元的死亡率费用(0.57)乘以200,为114元。

1 000元风险净额的月度死亡率费用×1 000元风险净额的单位数＝月度死亡率费用

0.57 × 200 ＝ 114(元)

## 三、计算月度的死亡率和费用收取

对于万能寿险产品,保险公司设定每月每单位给付1 000元的月度费用收取。保险公司也会设定一个月度费用来弥补其附加费用。为了得到月度的死亡率和费用收取,保险公司将每单位给付(如每1 000元)的月度费用收取与月度死亡率费用相加,如下所示:

月度死亡率费用＋月度费用收取＝月度死亡率和费用收取

# 第二节 投资连结保险和万能保险精算规定

中国保监会在2003年5月16日印发了《关于人身保险新型产品精算规定的通知》,包括个人分红保险、个人投资连结保险和个人万能保险三个精算规定。经过三年多实施后,在

2007年3月28日又颁发了《投资连结保险精算规定》和《万能保险精算规定》，并于2007年10月1日起执行。2013年保监会对普通型人身险费率做了市场化改革，又于2015年2月13日发布《中国保监会关于万能险人身保险费率改革有关事项的通知》。该通知所附《万能保险精算规定》自2015年2月16日起实施。自实施之日起，2007年的原规定废止。

## 一、投资连结保险精算规定

### (一)适用范围

该规定适用于个人投资连结保险和团体投资连结保险。

### (二)风险保额

1. 除本条第二款规定情形外，个人投资连结保险在保单签发时的死亡风险保额不得低于保单账户价值的5%。

2. 年金保险的死亡风险保额可以为零。此处年金保险是指提供有年金选择权的投资连结保险。团体投资连结保险的死亡风险保额可以为零。

死亡风险保额是指有效保额减去保单账户价值。其中，有效保额是指被保险人因疾病和意外等身故时保险公司支付的死亡保险金额。

3. 投资连结保险可以提供死亡保险责任以外的其他保险责任。

### (三)投资账户评估与投资单位定价

1. 投资连结保险及投资账户均不得保证最低投资回报率。

2. 评估投资账户时，应评估投资账户内的所有资产及负债。投资账户有未实现资本利得时，应扣除未实现资本利得的营业税。处于扩张阶段的投资账户，扣除预期税金的折现值；处于收缩阶段的投资账户，扣除不折现的预期税金。

3. 投资账户评估及投资单位的买入价和卖出价。保险公司评估投资账户价值，应当先判断投资账户处于扩张阶段还是收缩阶段。从长期趋势来看，投资单位的申购数量大于投资单位的赎回数量时，投资账户处于扩张阶段；反之，当投资单位的申购数量小于投资单位的赎回数量时，投资账户处于收缩阶段。

**表10－4　　投资账户价值和投资单位的价格计算**

| | 处于扩张阶段的账户 | 处于收缩阶段的账户 |
|---|---|---|
| 总资产 | 以账户资产买入价(即市场主体卖出价)计算的所有投资资产的价值，加上假设在账户评估日买入所有投资资产时发生的交易费用和税金<br>现金资产<br>应收已卖出资产收入<br>应收已公布的红利收入<br>预提利息收入<br>其他资产 | 以账户资产卖出价(即市场主体买入价)计算的所有投资资产的价值，减去假设在账户评估日卖出所有投资资产时发生的交易费用和税金<br>现金资产<br>应收已卖出资产收入<br>应收已公布的红利收入<br>预提利息收入<br>其他资产 |
| 总负债 | 应付已买入资产款项<br>应付税金<br>应付资产管理费<br>其他负债 | |
| 账户价值(*NAV*) | 账户价值＝总资产－总负债 | |

续表

| | 处于扩张阶段的账户 | 处于收缩阶段的账户 |
|---|---|---|
| 投资单位数 | $N$ | |
| 投资单位价值($P$) | $P = NAV / N$ | |
| 投资单位卖出价($Pb$) | $Pb = P$ | |
| 投资单位买入价($Po$) | $Po = P \times$(1+买入卖出差价) | |

投资单位的买入价和卖出价是对投保人而言的。其中，买入价是资金进入投资账户，折算为投资单位时所用的价格；卖出价是资金退出投资账户，将投资账户中的投资单位兑现为现金时所使用的价格。

4. 保险公司应当至少每周对投资账户中的资产价值评估一次。对投保人买入卖出投资单位的要求，保险公司应使用下一个资产评估日的单位价格；否则，须报保监会批准。

5. 每个投资账户的资产价值不得低于该投资账户对应的单位准备金金额。投资账户资产价值高于对应的单位准备金金额的，其超出部分不得高于投资账户资产价值的2%和人民币500万元中的多者。

**(四)费用的收取**

1. 投资连结保险可以并且仅可以收取以下几种费用：

(1)初始费用，即保险费进入投资账户之前扣除的费用。

(2)买入卖出差价，即投保人买入和卖出投资单位的价格之间的差价。

(3)死亡风险保险费，即保单死亡风险保额的保障成本。风险保险费应通过扣除投资单位数的方式收取，其计算方法为死亡风险保额乘以死亡风险保险费费率。

(4)保单管理费，即为维护保险合同向投保人或被保险人收取的管理费用。保单管理费应当是一个与保单账户价值无关的固定金额，在保单首年度与续年度可以不同。保险公司不得以保单账户价值一定比例的形式收取保单管理费。对于团体投资连结保险，保险公司可以在对投保人收取保单管理费的基础上，对每一被保险人收取固定金额形式的保单管理费。

(5)资产管理费，按账户资产净值的一定比例收取。账户资产净值扣除保险公司本期应收取的资产管理费后，应当等于期末账户价值($NAV$)。

(6)手续费，保险公司可在提供账户转换、部分领取等服务时收取，用以支付相关的管理费用。

(7)退保费用，即保单退保或部分领取时保险公司收取的费用，用以弥补尚未摊销的保单获取成本。

2. 期缴保险费形式的投资连结保险的保险费由基本保险费和额外保险费构成。基本保险费不得高于保险金额除以20，并不得高于人民币6 000元。此处保险金额是指保单签发时的死亡保险金额。保险公司对同一投保人、同一被保险人销售有多张同一产品的投资连结保单的，所有有效保单的基本保险费之和不得高于人民币6 000元。期缴保险费高于基本保险费的部分为额外保险费。

3. 基本保险费初始费用的比例不得超过表10－5所示的上限。额外保险费初始费用比例的上限为5%。期缴保险费保单追加保险费的初始费用比例的上限为5%。趸缴保险费形式的投资连结保险初始费用的比例不得超过表10－6所示的上限。

表 10—5 期缴保险费投资连结保险初始费用的上限

| 保单年度 | 初始费用上限 |
|---|---|
| 第一年 | 50% |
| 第二年 | 25% |
| 第三年 | 15% |
| 第四、第五年 | 10% |
| 以后各年 | 5% |

表 10—6 趸缴保险费投资连结保险初始费用的上限

| 保险费 | 初始费用上限 |
|---|---|
| 人民币 50 000 元及以下部分 | 10% |
| 人民币 50 000 元以上部分 | 5% |

趸缴保险费保单追加保险费的初始费用比例的上限为 5%。团体投资连结保险保险费的初始费用比例的上限为 5%。投资连结保险的初始费用不得以减少保单账户价值的形式扣除。

4. 投资连结保险的买入、卖出差价不得超过 2%。

5. 投资连结保险资产管理费年度百分比最高为 2%。

6. 对于缴交保险费形式的投资连结保险，保险公司收取的退保费用不得高于保单账户价值或者部分领取部分对应的保单账户价值的以下比例：

表 10—7 趸缴保费投资连结保险的退保费用

| 保单年度 | 若初始费用小于或等于零 | 若初始费用大于零 |
|---|---|---|
| 第一年 | 10% | 10% |
| 第二年 | 9% | 8% |
| 第三年 | 8% | 6% |
| 第四年 | 7% | 4% |
| 第五年 | 6% | 2% |
| 第六年 | 5% | 0 |
| 第七年 | 4% | 0 |
| 第八年 | 3% | 0 |
| 第九年 | 2% | 0 |
| 第十年 | 1% | 0 |
| 第十一年及以后 | 0 | 0 |

对于期缴保险费形式的投资连结保险，保险公司收取的退保费用不得高于保单账户价值或者部分领取部分对应的保单账户价值的以下比例：

表 10—8 期缴保险投资连结保险的退保费用

| 保单年度 | 退保费用 |
|---|---|
| 第一年 | 10% |
| 第二年 | 8% |
| 第三年 | 6% |
| 第四年 | 4% |
| 第五年 | 2% |
| 第六年及以后 | 0 |

保单账户价值和现金价值(即保单账户价值与退保费用之间的差额)应当同时列示在利益演示表上。

7. 投资连结保险应当保证各项费用收取的最高水平。若不保证,应在合同条款中约定变更收费水平的方法。

8. 保险公司应当在保险合同中约定死亡风险保险费费率的最高水平,该最高水平应当表示为中国人寿保险业经验生命表的一定百分比。

**(五)持续奖金**

投资连结保险可以提供持续奖金。持续奖金是保险公司对持续有效的保单或持续缴费的保单,满足合同约定条件时给予的奖金。保险公司应当在保险合同和产品说明书上明确说明持续奖金发放的条件及金额。保险公司应在产品精算报告中对有关持续奖金的设计、发放、准备金的计提方法以及对公司财务的影响等进行阐述。

**(六)现金价值与责任准备金**

1. 现金价值是指保单账户价值与退保费用之间的差额。保单账户价值用投资单位卖出价计算。

2. 责任准备金由单位准备金及非单位准备金两部分构成。

(1)单位准备金等于准备金评估日的保单账户价值。

(2)为确保未来对保单账户之外的理赔、营业费用、持续奖金等支出有足够的支付能力,保险公司应遵循普遍认可的精算原则决定是否提取非单位准备金及提取方法。

(3)保险公司可以参照下述现金流折现方法计算非单位准备金,具体步骤如下:

①预期在未来的每个时间段内保单账户以外的现金流(包括所有保证和非保证保险利益的现金流);

②若预期的净现金流在未来的某些时间点为负值,则从最远的负值点($n$)往回,按如下递推公式计算:

$$V_{n-1}=-PV_{n-1}(CF_n)$$
$$V_{n-t}=\max[0,PV_{n-t}(V_{n-t+1})-PV_{n-t}(CF_{n-t+1})]$$

其中:时间段最长为一年;

$V_t$ 为 $t$ 时刻的责任准备金,$t=0,1,\cdots,n-1$;

$CF_t$ 为$[t-1,t]$时间段内的净现金流,$t=1,2,\cdots,n$;

$PV_t()$为相应项目在 $t$ 时刻的精算现值。

使用上述现金流折现方法时,应遵循普遍认可的精算原则选取精算假设,其中折现使用的利率应以保险公司预计回报率为基础,但不得高于 5%。

3. 责任准备金的其他要求。规定如下:

(1)保险公司应当按照普遍认可的精算原则,对投资连结保险的保证利益提取适度的责任准备金。

(2)责任准备金应逐单计算。但是,若保险公司认为将具有相似特征的保单分组计算的结果与逐单计算的结果无实质性差异,经保监会批准,也可采用分组方法计算。

## 二、万能保险精算规定

### (一)适用范围

该规定适用于个人万能保险和团体万能保险。

### (二)风险保额

除本条第二款规定情形外,对于投保时被保险人年龄满 18 周岁的,个人万能保险在保单签发时的死亡风险保额不低于保单账户价值的 20%。其余与《投资连结保险精算规定》的内容相同。

### (三)万能账户及结算利率

1. 万能保险应当提供最低保证利率,最低保证利率不得为负。

2. 保险公司应当为万能保险设立一个或多个单独账户。万能单独账户应当能够提供资产价值、对应保单账户价值、结算利率和资产负债表等信息,满足保险公司对该万能单独账户进行管理和保单利益结算的要求。

3. 保险公司应当根据万能单独账户资产的实际投资状况确定结算利率。结算利率不得低于最低保证利率。

4. 保险公司可以为万能单独账户设立特别储备,用于未来结算的特别储备不得为负,并且只能来自于实际投资收益与结算利息之差的积累。

5. 保险公司应当定期检视万能单独账户的资产价值,以确保其不低于对应保单账户价值。

6. 下列情形可以采用不同的结算利率或不同的最低保证利率:

(1)不同的万能保险产品;

(2)不同的团体万能保险客户;

(3)不同时段售出的万能保险业务。

### (四)费用的收取

除了无买入卖出差价和资产管理费这两种费用收取外,其余费用的收取规定与《投资连结保险精算规定》相同。但 2015 年的新规定把基本保险费的上限从6 000元调高到10 000元,并且趸缴保险费形式的初始费用比例的上限分别调低到 5%、3%,退保费用比例上限也分别降低一半。

### (五)持续奖金

与《投资连结保险精算规定》的内容相同。

### (六)现金价值与责任准备金

现金价值是指保单账户价值与退保费用之间的差额。责任准备金由账户准备金、最低保证利率准备金和其他保单利益准备金三部分构成。账户准备金等于评估日的保单账户价值。为体现最低保证利率带来的额外成本,应计提最低保证利率准备金。因为市场波动,万能单独账户投资收益可能不足以满足最低保证利率的结算利息要求而带来额外成本。为确保未来对保单利息支出及保单账户之外的各项支出有足够的支付能力，应按现金流折现方法计提其他保单利益准备金。对其他保单利益准备金计算方法与《投资连结保险精算规定》中对非单位准备金的规定基本相同。责任准备金的其他要求的内容也相同。

## 复习思考题

1. 试解释下列名词：

月度死亡率和费用收取　　当期死亡率　　投资单位价值　　初始费用
基本保险费和额外保险费　　持续奖金　　保单账户价值　　非单位准备金
特别储备　　其他保单利益准备金

2. 为什么万能寿险的 A 计划选择权和 B 计划选择权下对风险净额有不同处理？并举例说明这两种选择权下如何计算月度死亡率费用。

3.《投资连结保险精算规定》规定可以收取哪几种费用？

4. 新颁发的《万能保险精算规定》与原规定相比做了哪几方面改进？

# 第十一章　人寿保险准备金

## 第一节　准备金的性质

人寿保险公司的准备金是公司对保险单所有人的负债，又称为责任准备金，它占了人寿保险公司负债的绝大部分比例。假如人寿保险公司不提存适当的准备金，它就有可能变为无偿付能力，最终不能给付保险金。

人寿保险单可以使用一次缴清保险费方式购买，也可以使用分期缴付均衡保险费方式购买。当使用一次缴清保险费方式购买时，在保险的早期，一次缴清保险费中的很大份额是由公司提存作为准备金，以应付将来的负债。当使用分期缴付均衡保险费方式购买时，在保险的早期，净年均衡保险费大于年保险成本（自然保险费），对于早期缴付的均衡保险费中多于保险成本的部分，只能视作公司对保险单所有人的负债，必须逐年提取，并加以运用，取得投资收入，以保证履行将来必然要给付保险金的义务，如以下公式所示：

准备金＋未来保费收入＋利息收入＝有效业务未来预期给付

分析人寿保险准备金可以使用两种方法：一种是过去法（Retrospective Method），准备金被定义为过去收到净保险费的复利终值与过去已给付保险金的复利终值的差额；另一种是未来法（Prospective Method），准备金被定义为将来给付保险金的现值与将来净保险费收入的现值的差额。在计算一次缴清净保险费时要使用一个等式，在保险开始生效时，将来给付保险金的现值等于将来净保险费收入的现值。然而，一旦缴付了保险费，不论是一次缴清保险费还是净均衡保险费，情况就发生了变化，这两者并不相等，将来给付保险金的现值逐渐增加，因为合同越来越接近期满，而将来净保险费收入的现值逐渐减少，因为要缴付的保险费越来越少，这两者的差额就是所积累的准备金。

在进行准备金计算之前必须选择一个生命表，本章仍使用《中国人寿保险业经验生命表（2000～2003）》，并使用 6％年利率的假设。如果使用相同的精算假设，使用过去法和未来法计算准备金的结果是完全相等的。虽然过去法在直观上容易理解准备金的产生和提存目的，但计算步骤不够简便，很少被采用，未来法因其简便而被普遍采用。

# 第二节 准备金的计算方法

## 一、过去法

使用过去法计算的准备金可以视作一种未到期责任准备金。它涉及计算寿险合同的过去现金流量(即过去的保费收入和保险金给付)的累计值。对于给定产品,任何时候的净保费累计值等于已收取净保费按利率累计的总额,任何时候的保险累计成本是已给付金额按利率累计的总额。使用过去法计算的准备金等于净保费累计值与保险累计成本的差额。过去法又分为团体法和个别法两种。

### (一)团体法

假如向 45 岁的男性签发一批保险金额为 1 000 元的普通终身寿险单,按照《中国人寿保险业经验生命表(2000~2003)》,在 0 岁时生存的 1 000 000 人在 45 岁时有 963 399 人生存。为了举例方便,再假设在 45 岁取得该普通终身寿险单的这一批人的人数是 963 399 人。根据第十章计算的结果,这样一份普通终身寿险单的净年均衡保险费为 11.80 元。使用过去法中的团体法可以说明该寿险单准备金积累的过程(如表 11-1 所示)。

表 11-1 使用过去法计算准备金的过程

| 时期 | (1) | (2) | (3) | (4) | (5) | (6) | (7) |
|---|---|---|---|---|---|---|---|
| | 年初生存人数 | 年内死亡人数 | 年初缴付保险费 | 该年利息 | 死亡保险金给付 | 年末准备金 | 年末每生存者的准备金 |
| | | | (1)×11.80 | 0.06×[上年(6)+(3)] | (2)×1 000 | 上年(6)+(3)+(4)-(5) | (6)÷下年(1) |
| 1 | 963 399 | 2 325 | 11 368 108 | 682 086 | 2 325 000 | 9 725 194 | 10.12 |
| 2 | 961 074 | 2 494 | 11 340 673 | 1 263 952 | 2 494 000 | 19 835 819 | 20.69 |
| 3 | 958 580 | 2 689 | 11 311 244 | 1 868 824 | 2 689 000 | 30 326 887 | 31.73 |
| ⋮ | | | | | | | |
| 59 | 118 | 76 | 1 392 | 6 542 | 76 000 | 39 137 | 931.83 |
| 60 | 42 | 42 | 496 | 2 378 | 42 000 | 11 | — |

注:因小数点四舍五入缘故,最后一栏中的(6)不为 0。

### (二)个别法

使用过去法计算准备金也可以使用个别法即单份保险单说明。在第一章中曾提及“风险净额”这个概念,它是保险金额与准备金的差额。为了得到这个保障金额(风险净额)所必须支付的金额称为保险成本,它是这样确定的:

保险成本=风险净额×死亡概率

**[例 1]** 假如向一个 45 岁的男性签发一份保险金额为 1 000 元的普通终身寿险单,在 54

岁即第 10 年末的准备金是 123.40 元，风险净额＝1 000－123.40＝876.60(元)。按照《中国人寿保险业经验生命表(2000～2003)》，54 岁男性的死亡概率是 0.478%，则风险净额的保险成本是：

$$876.60\times0.478\%=4.19(\text{元})$$

兹用上例说明使用过去法计算准备金的过程：

| | |
|---|---|
| 第 9 年期末准备金 | 108.57 |
| 加上净年均衡保险费 | 11.80 |
| 第 10 年初期准备金 | 120.37 |
| 按 6%年利率计算的利息 | 7.22 |
| | 127.59 |
| 扣除风险净额的保险成本 | 4.19 |
| 第 10 年期末准备金 | 123.40 |

需要说明的是，一家人寿保险公司的准备金并不分配到每个保险单所有人。人寿保险是一个团体概念，准备金亦然，一份保险单的准备金只是总计的准备金中一定比例的份额。

## 二、未来法

使用未来法分析准备金，准备金被定义为将来给付保险金的现值与将来保险费收入的现值的差额。因此，在年龄 $x$ 签发的一份保险单到任何年度末的准备金等于在准备金估计年龄 $(x+t)$ 的一次缴清净保险费减去签发保险单时年龄 $(x)$ 的净年均衡保险费与准备金估计年龄 $(x+t)$ 计算的其余保险费缴付期 1 元期首给付年金的现值的乘积。对一份保险金额为 1 000 元的普通终身寿险来说，其准备金计算公式是：

$${}_tV_x=1\,000A_{x+t}-P_x\ddot{a}_{x+t}$$

［例 2］ 假如向一个 45 岁的男性签发这份保险单，其第 10 年末的准备金计算过程如下：

$$\begin{aligned}{}_{10}V_{45}&=1\,000A_{45+10}-P_{45}\ddot{a}_{45+10}\\&=1\,000\times0.274\,6-11.80\times12.815\\&=274.62-151.22=123.40\end{aligned}$$

如不用公式的符号，对使用未来法计算准备金可做如下表述：

估计时年龄的期末准备金＝估计时年龄的一次缴清净保险费(*NSP*)－保险单签发时年龄的净年均衡保险费(*NLP*)×其余保险费缴付期 1 元期首给付年金的现值(1*PVLAD*)

在上式中，估计时年龄的一次缴清净保险费等于将来给付保险金的现值，将来净保险费收入的现值也等于该保险单 *NLP* 与 1*PVLAD* 的乘积，因此：

估计时年龄的期末准备金＝估计时年龄的将来保险金给付的现值(*PVFB*)－估计时年龄的将来净保险费收入的现值(*PVFP*)

这与使用未来法对准备金所下的定义一致。

根据上面用文字表述的公式，计算向一个年龄 45 岁的男性签发一份在 15 年缴清保险费的终身寿险单的第 20 年末的准备金：

$$\text{期末准备金}=NSP_{65}-(NLP_{45}\times0)=NSP_{65}$$

该结果表明，对一份保险费缴清保险单来说，估计时年龄的期末准备金就是该年龄时的一次缴清净保险费，因为它无将来净保险费收入，准备金必定等于将来给付保险金的现值。因此，向一个年龄 45 岁的男性签发一份一次缴清净保险费的终身寿险单，在第 20 年末的准备金也等于在 65 岁签发的终身寿险单的一次缴清净保险费。同理，对所有保险费缴清的终身寿险单来说，在一定年龄时的准备金都等于在该年龄时签发这种保险单的一次缴清净保险费。

计算两全保险单准备金的原理相同。例如，向一个 25 岁的男性签发为期 20 年的两全保险单，其第 10 年末的准备金是：

$$期末准备金=NSP_{35}-(NLP_{25}\times 10\ 年的\ 1\ 元\ PVLAD)$$

## 第三节 修正的准备金

提存准备金有两种方式：一种是理论准备金，它是以净年均衡保险费为计算依据的，过去法和未来法都是计算理论准备金的方法；另一种是修正的准备金，它是对净年均衡保险费进行修正后再计算应提存的准备金。之所以要对净年均衡保险费加以修正，是因为在实际业务中保险公司在第一个保险年度垫支了大量费用，如代理人佣金、体检费用、签发保险单费用等，第一年缴付保险费中的附加保险费远远不能弥补这些费用开支，有时这些费用甚至超过第一年收取的全部保险费。理论准备金是将净年均衡保险费用于当年给付保险金后的剩余部分全部提存准备金。例如，向一个 45 岁的男性签发的一份保险金额为1 000元的普通终身寿险单的净年均衡保险费是 11.80 元，以 6%年利率计算的在年末积累金额增加到 12.51 元，其中 2.39 元必须用来支付提供第一年保险保障（风险净额）的保险成本，其余 10.12 元提存准备金。因此，对第一年的大量费用开支必须靠其他资金来源弥补，如从公司盈余中开支，或者必须对准备金的计算做一些修正，减少前几年的准备金，以此分摊保险初期的大量费用。由此可见，理论准备金与实际提存的准备金（修正的准备金）在一段时期里金额不等，实际准备金小于理论准备金，但随着时间的推延逐步缩小，过了一定时期后两者差额为零，即完全一致。

美国的法定会计规定对准备金进行这种特殊调整，并称为修正准备金，而美国的通用会计准则（GAAP）通过一种递延取得新业务的费用的资产账户来分散第一年的费用对盈余的影响。修正的准备金计算方法有多种，下面介绍美国使用的两种基本方法。

### 一、一年定期修正法

一年定期修正法（Full Preliminary-Term Method）是将第一年的净保险费（除了第一年提供保险保障的保险成本）用来支付第一年的费用开支超过附加保险费的部分。按照这种修正法，在第一年没有准备金，准备金的减少金额可以分摊到整个保险费缴付期。这种方法是把第一年的保险作为定期寿险处理，从第二年开始才是长期寿险。第一年的全部保险费是用来支付当年的费用和给付当年的保险金。第一年保险金给付所需要的金额是一年定期寿险的净保险费。沿用前面的例子，向一个 45 岁的男性提供一年定期寿险的净保险费是 2.28 元，可用于费用开支的部分是附加保险费加上某种长期寿险单的净保险费超过定期寿险净保险费的部分。沿用前面的例子，向一个 45 岁的男性签发一份普通终身寿险的净年均衡保险费是 11.80 元，其超过一年定期寿险的净保险费 2.28 元部分 9.52 元是用来弥补费用开支的。这种修正法可以把一份保险单视作两份保险单的组合。例如，一份向年龄 45 岁的人签发的普通终身寿险单实际上是一份在 45 岁签发的一年定期寿险单和一份在 46 岁签发的普通终身寿险单。

［例 3］ 这里再对上面的例子用具体数字说明：

①附加保险费 4.91 元；

②第一年准备金 9.52 元；

③第一年保险成本 2.28 元；

④净年均衡保险费 11.80 元；

⑤第一年修正的附加保险费 14.43 元；

⑥第一年修正的净保险费（即第一年定期寿险净保险费）2.28 元；

⑦以后各年修正的附加保险费 4.21 元；

⑧以后各年修正的净保险费（即在年龄 46 岁签发的普通终身寿险单净年均衡保险费）12.50 元。

上述数字中，

②＋③＝④

④＋①＝总保险费 16.71 元

⑤＋⑥＝总保险费 16.71 元

⑦＋⑧＝总保险费 16.71 元

由此可见，总保险费是不变的，第一年“借用”的金额是通过以后各年减少附加保险费和增加净保险费来补偿的。

对于保险费低的保险单来说，第一年的费用开支相对高，把第一年的保险作为定期寿险处理不足以取得额外的第一年附加保险费，还需要从公司盈余中提取其余金额。对于保险费高的保险单来说，可以“借用”的第一年准备金相对多，有时并不需要这么多的金额。为了弥补一年定期修正法的这种缺点，又产生多种修正法。在美国最著名的是保险监督官修正法，它是美国保险监督官协会于 1942 年 12 月通过的，被许多州定为法定的修正方法。

## 二、保险监督官修正法

保险监督官修正法实际上是把 20 年缴清保险费的终身寿险单作为最高基准，据此把保险单分为两类：

1. 如果保险单第一年以后各年的净保险费不超过 20 年缴清保险费的终身寿险单第一年以后各年修正的净保险费，则使用前述的一年定期修正法。

2. 对于保险费高的保险单来说，第一年额外的附加保险费大致是以 20 年缴清保险费的终身寿险单使用一年定期修正法得出的金额为限。如果缴费期长于或短于 20 年，其结果会与 20 年缴清保险费的终身寿险单的金额不完全相同，因为“借用”的金额是由保险费缴付期每年的净保险费来偿还的。

沿用前面的向一个 45 岁的男性签发普通终身寿险单的例子，按照保险监督官修正法，是使用一年定期修正法，因为从 46 岁开始的各年净保险费少于 20 年缴清保险费的终身寿险单第一年以后各年修正的净保险费 15.77 元（在 46 岁签发的 19 年缴清保险费的终身寿险单的净年均衡保险费）。又如，向一个 45 岁的男性签发的为期 20 年的两全保险单，按照保险监督官修正方法，是使用上述的第二类保险单的修正方法，因为从 46 岁开始的为期 19 年的两全保险净年均衡保险费 30.56 元超过了在 46 岁签发的 19 年缴清保险费的终身寿险单的净年均衡保险费 15.77 元。根据上述的修正方法，第一年额外的附加保险费是 20 年缴清保险费的终身寿险单使用一年定期修正法所得出的金额 12.35 元。然而，当保险费缴付期与 20 年不一致时，其结果应略有不同。例如，向一个 45 岁的男性签发为期 10 年的两全保险单，按照一年定期修正法中的例子，第一年额外的附加保险费是 11.74 元。

表 11-2　使用各种准备金计算方法所得出的期末准备金

（保险金额 1 000 元，中国人寿保险业经验生命表（2000～2003），6%年利率，男性 45 岁）

| 保险单种类 | 保险年度 | 一年定期修正法 | 保险监督官修正法 | 净均衡保险费法 |
|---|---|---|---|---|
| 普通终身寿险 | 5 | 45.56 | 45.56 | 55.21 |
| | 10 | 114.48 | 114.48 | 123.40 |
| | 15 | 197.32 | 197.32 | 205.44 |
| | 20 | 298.61 | 298.61 | 296.80 |
| 20 年缴清保险费终身寿险 | 5 | 60.82 | 60.82 | 72.24 |
| | 10 | 155.09 | 155.09 | 163.76 |
| | 15 | 273.49 | 273.49 | 278.50 |
| | 20 | 418.11 | 418.11 | 418.11 |
| 20 年两全保险 | 5 | 129.96 | 118.54 | 153.89 |
| | 10 | 339.15 | 330.48 | 357.32 |
| | 15 | 618.42 | 613.42 | 628.92 |
| | 20 | 1 000.00 | 1 000.00 | 1 000.00 |

# 第四节　准备金的法律管理及其他准备金

## 一、美国对准备金的法律管理

美国各州保险监管部门一般对人寿保险的费率制定不直接加以管理，而是间接地通过管理准备金负债来加以管理。由于对人寿保险的准备金进行法律管理，所以人寿保险准备金被称为法定准备金。

各州保险监管部门对准备金的管理主要是规定计算准备金的原则，但允许保险公司使用其他原则，只要计算出来的准备金等于或大于按照法律规定的原则得出的。这些法律规定的原则包括使用的生命表、设定的最高利率、使用的准备金计算方法。对人寿保险、年金保险、普通保险、团体保险和简易人寿保险的准备金的计算有不同的规定。

1948 年以前，美国大多数州计算普通保险（个人寿险）准备金的法定最低标准是使用美国经验生命表和 3.5%的利率，并允许对使用净均衡保险费方法计算的准备金做一些修正。对 1966 年 1 月 1 日以后签发的普通寿险单规定使用 1958 年 CSO 表和 3.5%的利率，对 1974 年 6 月 30 日以后签发的普通寿险单规定使用 4%的利率，1976 年又变为 4.5%。后来又规定使用男女死亡率分开的 1980 年 CSO 表。在实际操作上，人寿保险公司经常使用比法律规定更保守的准备金计算原则。

## 二、保险费不足准备金

美国的州保险法规定，如果一家寿险公司对某种保险单收取的总保险费少于估计的净保险费，该公司就要对该种保险单提存一种补充准备金，这种准备金称为保险费不足的准备金

(Deficiency Reserves)。这估计的净保险费是计算保险单准备金的净保险费，它历来明显小于总保险费。但是，近年来由于死亡率的持续降低，费率竞争日趋激烈，使有些保险单的总保险费接近甚至低于净保险费水平。

## 三、期末、期初和期中准备金

按照估计准备金的时间，准备金可以分为期末、期初和期中准备金。前面计算准备金的方法的举例主要是期末准备金，又称年末准备金。期初准备金是保险年度初的准备金，它等于上年末准备金加上本年净均衡保险费，期中准备金是期初准备金和期末准备金的算术平均数。

期初准备金主要用于确定分红保险单的红利，即确定利息收入超过准备金计算所设定利率的部分。期末准备金也可以用于红利分配，因为实际死亡率与预定死亡率的差异是根据"风险净额"确定的，期末准备金是用来确定"风险净额"的。期末准备金还可以用于确定不可没收的现金价值、再保险方式。期中准备金主要为人寿保险公司的年报使用。人寿保险单是在一年内不同时间签发的，公司的年报于 12 月 31 日编制，此时要计算每份保险单的期末准备金是非常困难的。为了编制公司年报起见，假定一个年度内签发的保险单是平均分布的，期中准备金在公司年报上用来表示公司的准备金负债。

## 四、其他准备金

按照保险单的种类不同规定提存不同的准备金，如个人延期年金准备金、保险费缴清保险单准备金、低于承保标准的保险单的额外准备金、意外死亡保险金给付准备金、免缴保险费准备金等。此外，人寿保险公司还可以自愿提存多种有特定用途的盈余准备金，它可以是负债，也可以不是负债。

## 复习思考题

1. 试解释下列名词：

过去法与未来法　　理论准备金　　修正的准备金　　一年定期修正法

保险监督官修正法

2. 简析人寿保险准备金的性质。

3. 根据表 11—1，计算第 4 年、5 年、6 年的年末准备金。

4. 假如向一个 45 岁的男性签发一份保险金额为 1 000 元的普通终身寿险单，在 53 岁即第 9 年末的准备金是 108.57 元，按照《中国人寿保险业经验生命表(2000～2003)》，计算该年风险净额的保险成本。

5. 沿用上例，使用未来法，按照换算函数表年利率 6%(见表 9—7)，计算其第 9 年末的准备金。

6. 解释使用未来法计算准备金的公式。

7. 为什么要对理论准备金进行修正?

8. 保险监管部门对人寿保险公司提存准备金应该怎样加以监管?

9. 简述期末、期初和期中准备金的区别与用途。

# 第十二章　总保险费

总保险费(Gross Premium)或营业保险费是费率手册中的报价和保险单所有人实际缴付的保险费，它是由净保险费和附加保险费两部分组成。若是相互保险公司，总保险费构成的因素包括死亡率、利息、费用、意外准备金；若是股份保险公司，还要考虑一个利润准备金因素。

## 第一节　总保险费概述

### 一、总保险费制定的基本准则

在制定总保险费时，应考虑以下准则：

1. 费率充足。这是最重要的准则，因为不充足的总保险费会损害公司的偿付能力。

2. 公平。费率公平准则是为了维护保险单所有人的利益，但公平程度受到业务上的限制。

3. 遵守法律。法律对总保险费的制定会加以一些限制，例如第十章中提及的保险费不足准备金，总保险费的制定不能违反法律。

4. 竞争。竞争因素会影响总保险费的水平。

5. 公司特定的目标。市场选择、重点品种、雇员的报酬方针等公司特定的目标也会影响到总保险费的水平。

### 二、保险公司的费用

保险公司的费用可以分为保险费用和投资费用。投资费用是从投资总收入中扣除的。保险费用可以用多种方式分类。

**(一)按职能分类**

一家人寿保险公司的保险费用基本上可以分为以下几类：

1. 取得新业务的费用，承保和签发保险单的费用。它包括取得新业务所支付的佣金。

2. 保险单维持和服务费用。它包括保险单展期所支付的佣金。

3. 处理给付申请的费用。它包括薪金、租金、诉讼、照明等费用。

(二)按变动因素分类

保险费用往往随一些因素变动:

1. 随保险费金额变动的费用,如代理人的佣金和营业税;
2. 随保险金额变动的费用,如体检费用、承保费用;
3. 随保险单数量变动的费用,如签发保险单、会计记录、寄送保险费通知费用。

(三)按费用发生时间分类

有些费用仅在保险第一年中发生,有些费用在保险期内每年发生,还有一些费用仅在保险合同终止时发生。

### 三、附加保险费公式的性质

公平的附加保险费制度应该使每个保险单所有人支付自己的费用,因此要尽可能按照这个目标确定附加保险费。前面对保险费用分析表明,附加保险费部分同保险金额有关,部分同每份保险单有关。因此在确定附加保险费公式时,要同时考虑这两个因素。如果只考虑每份保险单的因素,当保险金额增加时,固定的每份保险单的附加保险费只占其全部保险费的一个较小比例。

## 第二节 试验性的总保险费制定

虽然总保险费可以视为净保险费加上附加保险费,但它更经常被视为脱离估计净保险费而得出的一个金额。构成总保险费的六个基本因素是:死亡率,利率,保险单失效率,费用,经验数据意外和波动因素,意外或利润准备金。根据构成总保险费的所有因素,得出一个公式,就能计算出试验性的总保险费(Tentative Gross Premium),通过资产份额(Asset - Share)研究测试,确定其是否符合公司目标,经过调整最后得出总保险费。

### 一、费用因素

费用的一般分类方法是:

1. 以保险费的比例表示的费用。这些费用又可分为:
(1)在保险单签发时发生;
(2)仅在一段时期内发生;
(3)每年发生。
2. 以每 1 000 元保险金额的一个金额表示的费用。这些费用又可分为:
(1)在保险单签发时发生;
(2)每年发生;
(3)仅在合同终止时发生;
(4)在每次交易或合同变更时发生,如保险单质押贷款、受益人变更。

当所有单位费用得出后,把它们合并,分别以每份保险单、每 1 000 元保险金额和保险费的比例表示,并确定所有费用的现值,再除以保险费缴付期 1 元期首给付年金的现值,得出分布在保险费缴付期内相等的费用。

### 二、备抵

附加保险费必须包括意外准备金和在股份保险公司情况下的利润准备金。就分红保险而言，即使对利率、死亡率和费用的基本假设是保守的，附加保险费中也应包括意外准备金，一般为1%～3%的保险费。此外，为了红利分配起见，在附加保险费中还应包括一个最低红利备抵，一般为5%的保险费。把附加保险费加上净保险费便得出试验性的总保险费，然后使用资产份额计算进行测试。

## 第三节 试验性的总保险费测试

把附加保险费加上净保险费所得出的总保险费只不过是试验性的，必须用多个关键性的保险单签发年龄加以测试，如0岁、15岁、25岁、35岁、45岁和55岁，看一下关于死亡率、利息收入、费用和保险单失效率的假设是否符合现实，它们能否产生足够多的资产份额来给付退保金和死亡保险金，以及费用是否合理。此外，也会与作为竞争对手的公司关键年龄的保险单的总保险费进行比较，看一下是否具有竞争力。该测试是根据资产份额计算，对一批同样保险单签发年龄的相同保险单，确定其在每个保险年度末扣除死亡保险金给付、费用、红利、退保金及利息后每1 000元保险金额公司持有的资金，把在每个保险年度末积累的资金除以由生存的被保险人所表示的风险单位数便得出“资产份额”。该过程类似于使用过去法的准备金计算，所不同的是它根据更为可信的经验数据进行测试。

### 一、资产份额计算

资产份额研究可以根据历史数据或预期的经验数据进行。资产份额计算实际上是使用对每个保险年度的各项因素的最佳估计来模拟一批保险单的预期经验数据。这种资产份额计算的目的是看一下保险单中的各项因素是否平衡，是否会产生对保险单所有人和保险公司均可以接受的结果。通过把每个时期的资产份额同可比的退保金和准备金比较，公司能够估计试验性的总保险费水平是否适当和公平。当资产份额小于准备金时，以公司盈余来抵补第一年的费用开支，即从盈余中借入资金。对一家经营稳定的公司来说，花20年或25年来分摊第一年取得新业务的费用并不罕见，而对相对取得大量新业务的公司来说，一般在较短时期内分摊第一年取得新业务的费用，如5年或10年。当资产份额超过准备金时，公司不仅归还从盈余中借入的资金，而且开始增加公司盈余。同样，当资产份额超过退保金时，公司取得了一笔收益或利润。保险单生效后不久退保要比生效后若干年退保造成公司更多的亏损。因此，确定一批保险单的资产份额等于或超过退保金的时间至关重要。

### 二、试验性的总保险费的调整

当资产份额按照公司目标要求显得不足时，应通过红利、现金价值等一些支出项目的金额减少来增加总保险费。当资产份额超过退保金价值的差额过大或在一个很短时期内等于准备金时，必须减少总保险费。

## 三、资产份额计算的举例说明

### (一)选择最可信的假设

资产份额计算是为了测试总保险费是否适当和公平,因此必须谨慎地选择所要计算的各项主要因素。

1. 死亡率

死亡率呈现长期降低的趋势,不分红保险单的保险费应该反映这种趋势。大的人寿保险公司根据自己的经验数据编制生命表,在确定总保险费水平和红利时应该使用它。其他人寿保险公司应该使用可以取得的最新的经验数据。在美国,精算师学会每年公布一份普通保险和年金保险中死亡率报告,它是根据一些最大的人寿保险公司提供的统计资料编写的。

2. 利率

资产份额计算所使用的利率涉及估计今后 20～40 年进行投资的利率。许多相互保险公司一般使用与准备金计算相同的利率,但股份保险公司则选择较之准备金计算更高的利率假设。

3. 费用

每份保险单的固定费用是以保险费的一个百分比加上每 1 000 元保险金额的一个金额来表示的。资产份额计算应根据公司目前的费用来估计将来的费用。

4. 保险单失效率

资产份额计算的困难之一是预计将来的保险单失效率。这一困难很大程度上是由于经济状况变动造成保险单失效率出现很大波动。虽然保险单失效率相对上述三个因素对测试并不那么重要,但对小的人寿保险公司来说,保险初期高的失效率对其财务影响很大。习惯上公司是根据自己的经验数据做出失效率假设。影响保险单失效率的因素很多,诸如代理人的素质、保险单签发年龄、保险品种、保险费金额、保险费缴付间隔期和方法。在实际操作上,保险单失效率只按保险单种类、保险单签发年龄、保险费缴付间隔期和方法来区分。在各种保险单中,在保险生效的头二年失效率最高,以后下降,再在较长时期内持平。

### (二)资产份额的计算过程

这里举例说明资产份额的计算过程。向 35 岁的男性签发保险金额为 1 000 元的普通终身寿险单的试验性的总保险费是 23.59 元。试验性的总保险费可以是根据一套精算假设得出,如公司自己制定的净保险费,再加上根据自己经验数据得出的附加保险费;试验性的总保险费也可以是不根据一套精算假设得出,如它是公司现在收取的保险费,或者是作为竞争对手的其他公司收取的保险费。最为重要的是,在资产份额计算中要选择最可信的假设。为了举例方便起见,这里关于死亡率、保险单失效率、费用率和利率的假设都是有些任意的。退保金和预定的红利也在这个资产份额计算中进行测试。

在下面资产份额计算表中 1～8 栏的数据都可以取得,根据这些数据在 9～17 栏得出每个时期 1 000 元保险金额的资产份额。

**表 12—1　资产份额计算：向 35 岁的男性签发保险金额为 1 000 元的普通终身寿险单(每 1 000 元保险金额的总保险费)**

| (1)<br>保险<br>年度 | (2)<br>年初缴<br>付保险<br>费人数 | (3)<br>死亡<br>人数[a] | (4)<br>退保<br>人数[b] | (5)<br>退保后年末<br>生存人数<br>(2)−(3)−(4) | (6)<br>每 1 000 元<br>的费用率 | (7)<br>每 1 000 元<br>退保的<br>现金价值 | (8)<br>每 1 000<br>元的红利 |
|---|---|---|---|---|---|---|---|
| 1 | 100 000 | 99 | 9.990 | 89.911 | 27.01 | — | — |
| 2 | 89.911 | 98 | 5.389 | 84.424 | 2.83 | 15.18 | 2.59 |
| 3 | 84.424 | 106 | 4.216 | 80.102 | 2.83 | 33.28 | 2.88 |
| 4 | 80.102 | 113 | 3.520 | 76.469 | 2.83 | 51.68 | 3.15 |
| 5 | 76.469 | 122 | 3.054 | 73.293 | 2.83 | 70.38 | 3.46 |
| 6 | 73.293 | 131 | 2.634 | 70.528 | 2.83 | 89.36 | 3.75 |
| 7 | 70.528 | 142 | 2.252 | 68.134 | 2.83 | 108.59 | 4.05 |
| 8 | 68.134 | 155 | 1.971 | 66.008 | 2.83 | 128.10 | 4.34 |
| 9 | 66.008 | 170 | 1.778 | 64.060 | 2.83 | 147.86 | 4.62 |
| 10 | 64.060 | 186 | 1.597 | 62.277 | 2.83 | 167.90 | 4.87 |
| 11 | 62.277 | 205 | 1.490 | 60.582 | 2.83 | 185.85 | 5.24 |
| 12 | 60.582 | 224 | 1.388 | 58.970 | 2.83 | 203.97 | 5.58 |
| 13 | 58.970 | 246 | 1.292 | 57.432 | 2.83 | 222.24 | 5.95 |
| 14 | 57.432 | 270 | 1.200 | 55.962 | 2.83 | 240.63 | 6.29 |
| 15 | 55.962 | 296 | 1.113 | 54.553 | 2.83 | 259.12 | 6.67 |
| 16 | 54.553 | 325 | 1.085 | 53.143 | 2.83 | 277.71 | 7.03 |
| 17 | 53.143 | 353 | 1.056 | 51.734 | 2.83 | 296.35 | 7.40 |
| 18 | 51.734 | 383 | 1.027 | 50.324 | 2.83 | 315.05 | 7.79 |
| 19 | 50.324 | 414 | 998 | 48.912 | 2.83 | 333.79 | 8.18 |
| 20 | 48.912 | 447 | 969 | 47.496 | 2.83 | 352.54 | 8.58 |
| 21 | 47.496 | — | — | — | — | — | — |

| (1)<br>保险<br>年度 | (9)<br>年初资金<br>上一年(16) | (10)<br>保险费收入<br>(23.59)×(2) | (11)<br>费用支出<br>(2)×(6) | (12)<br>死亡保险<br>金给付<br>1 000×(3) | (13)<br>退保给付金额<br>(4)×(7) | (14)<br>红利支付总额<br>(5)×(8) |
|---|---|---|---|---|---|---|
| 1 | — | 2 359 000 | 2 701 000 | 99 000 | — | — |
| 2 | −456 660 | 2 121 000 | 254 448 | 98 000 | 81 805 | 218 658 |
| 3 | 1 065 865 | 1 991 562 | 238 920 | 106 000 | 140 308 | 230 694 |
| 4 | 2 452 125 | 1 889 606 | 226 689 | 113 000 | 181 914 | 240 877 |
| 5 | 3 741 593 | 1 803 904 | 216 407 | 122 000 | 214 941 | 253 594 |
| 6 | 4 949 279 | 1 728 982 | 207 419 | 131 000 | 235 374 | 264 480 |
| 7 | 6 096 202 | 1 663 756 | 199 594 | 142 000 | 244 545 | 275 943 |
| 8 | 7 197 451 | 1 607 281 | 192 819 | 155 000 | 252 485 | 286 475 |
| 9 | 8 259 330 | 1 557 129 | 186 803 | 170 000 | 262 895 | 295 957 |
| 10 | 9 282 590 | 1 511 175 | 181 290 | 186 000 | 268 136 | 303 289 |
| 11 | 10 275 829 | 1 469 114 | 176 244 | 205 000 | 276 917 | 317 450 |
| 12 | 11 272 980 | 1 429 129 | 171 447 | 224 000 | 283 110 | 329 053 |
| 13 | 12 144 445 | 1 391 102 | 166 885 | 246 000 | 287 134 | 341 720 |
| 14 | 13 023 634 | 1 354 821 | 162 533 | 270 000 | 288 756 | 352 001 |
| 15 | 13 868 402 | 1 320 144 | 158 372 | 296 000 | 288 401 | 363 869 |
| 16 | 14 677 191 | 1 286 905 | 154 385 | 325 000 | 301 315 | 373 595 |
| 17 | 15 435 689 | 1 253 643 | 150 395 | 353 000 | 312 946 | 382 832 |
| 18 | 16 144 656 | 1 220 405 | 146 407 | 383 000 | 323 556 | 392 024 |
| 19 | 16 801 160 | 1 187 143 | 142 417 | 414 000 | 333 122 | 400 100 |
| 20 | 17 404 219 | 1 153 834 | 138 421 | 447 000 | 341 611 | 407 516 |
| 21 | — | — | — | — | — | — |

续表

| (1)<br>保险年度 | (15)<br>年内取得利息<br>0.04×[(9)+(10)−(11)−1/2×(12)] | (16)<br>年末资金<br>(9)+(10)−(11)−(12)−(13)−(14)+(15) | (17)<br>年末资产份额<br>(16)÷(5) | (18)<br>年末准备金[c] | (19)<br>年末每1 000元的盈余<br>(17)−(18) | (20)<br>年末每1 000元退保对收益的影响<br>(17)−(7) |
|---|---|---|---|---|---|---|
| 1 | −15 660 | −456 660 | −5.08 | 15.64 | −20.72 | −5.08 |
| 2 | 54 436 | 1 065 865 | 12.63 | 31.59 | −18.96 | −2.55 |
| 3 | 110 620 | 2 452 125 | 30.61 | 47.83 | −17.22 | −2.67 |
| 4 | 162 342 | 3 741 593 | 48.93 | 64.32 | −15.39 | −2.75 |
| 5 | 210 724 | 4 949 279 | 67.53 | 81.05 | −13.52 | −2.85 |
| 6 | 256 214 | 6 096 202 | 86.44 | 98.01 | −11.57 | −2.92 |
| 7 | 299 575 | 7 197 451 | 105.64 | 115.17 | −9.53 | −2.95 |
| 8 | 341 377 | 8 259 330 | 125.13 | 132.55 | −7.42 | −2.97 |
| 9 | 381 786 | 9 282 590 | 144.90 | 150.12 | −5.22 | −2.96 |
| 10 | 420 779 | 10 275 829 | 165.00 | 167.90 | −2.90 | −2.90 |
| 11 | 458 648 | 11 227 980 | 185.34 | 185.85 | −0.51 | −0.51 |
| 12 | 494 946 | 12 144 445 | 205.94 | 203.97 | 1.97 | 1.97 |
| 13 | 529 826 | 13 023 634 | 226.77 | 222.24 | 4.53 | 4.53 |
| 14 | 563 237 | 13 868 402 | 247.82 | 240.63 | 7.19 | 7.19 |
| 15 | 595 287 | 14 677 191 | 269.04 | 259.12 | 9.92 | 9.92 |
| 16 | 625 888 | 15 435 689 | 290.46 | 277.71 | 12.75 | 12.75 |
| 17 | 654 497 | 16 144 656 | 312.07 | 296.35 | 15.72 | 15.72 |
| 18 | 681 086 | 16 801 160 | 333.86 | 315.05 | 18.81 | 18.81 |
| 19 | 705 555 | 17 404 219 | 355.83 | 333.79 | 22.04 | 22.04 |
| 20 | 727 845 | 17 951 350 | 377.95 | 352.54 | 25.41 | 25.41 |
| 21 | — | — | — | — | — | — |

注：a.根据选择和最终的经验生命表的死亡率。假定死亡平均发生在保险年度的中期。
b.退保是根据 Linton A 失效率。假定退保发生在保险年度末。
c.1958CSO 表，2.5%利率，净均衡保险费准备金。

资产份额的计算类似于一个收支账户。每年的保险费和利息作为收入贷记账户，死亡保险金、退保金、红利和费用作为支出借记账户。在年末的账户余额(栏 16“年末资金”)除以年末生存人数(栏 5)得出每个保险单所有人按比例的账户份额——资产份额(栏 17)。该表显示在第 10 年末 62 277 个生存的保险单所有人每人的资产份额是 165 元。

通过资产份额研究，可以发现若干重要事实。首先，在第一年末资产份额是负数，这表明与取得新业务有关的相对高的第一年费用；其次，比较栏 7 和栏 17，发现在第 12 年末的资产份额开始大于准备金，从这时起退保会使公司增加收益，而在这之前退保会使公司遭受亏损；最后，栏 18 显示为该保险单提存的准备金，栏 19 显示逐年积累的准备金对盈余的影响，从第 12 年末开始，已全部归还在保险初期从盈余中借入的金额，并且有盈余。在资产份额的模型中，资产份额首次增长至等于退保金的时点是保本点，实现盈亏平衡。保本期是指从保单签发时开始，到产品的资产份额达到保本点时为止的一段时期。

我们可以分别改变对利率、死亡率、费用、总保险费、红利、现金价值、准备金计算方法、保险单失效率等的假设，或者同时改变对几个因素的假设，来测试其影响，资产份额是这些因素变化所造成影响的灵敏指示器。计算机的应用使得资产份额的研究变得十分简便。

## 复习思考题

1. 试解释下列名词：

资产份额　　试验性的总保险费　　保本点　　保本期

2. 简述总保险费制定的基本准则。

3. 寿险公司的保险费用可以使用哪些方式分类?

4. 构成总保险费有哪些基本因素?

5. 附加保险费中应包括哪些准备金或备抵?

6. 简述试验性总保险费测试的意义。

7. 资产份额计算的目的以及如何对试验性总保险费加以调整?

8. 影响保险单失效率有哪些因素?

9. 按照表12—1概述资产份额计算的过程，以及通过资产份额研究可以发现哪些重要情况?

# 第十三章　退保金、盈余及其分配

## 第一节　退保金

### 一、退保金的性质

在保险单所有人退保的情况下，允许其取得退保金（Surrender Value），这已成为统一的做法。在保险初期，退保金一般应小于准备金，这在很大程度上是为了使继续参加保险的保险单所有人不受损失。

在确定给付退保金的数额时，人寿保险公司有不同的处理方法。但一般的做法是，退保金应该等于所缴保险费减去保险成本，再减去处理保险单所发生的所有费用。这样处理既不会使退保者受益也不会使继续参加保险者受到损害。按照这种方法处理，退保金应该等于资产份额。但实际给付的退保金可能少于资产份额，主要有以下几个原因：

1. 在经济情况恶化时，许多保险单所有人会行使退保权利，从而使人寿保险公司的资金运用受到很大冲击，并且损害其他保险单所有人的利益。保险单所有人在任何时候可以行使退保权利的规定，要求人寿保险公司采用较富有变现性（流动性）的投资原则。因此，对退保者应收取投资收益损失费。

2. 健康的被保险人感到缴费有困难时，往往毫不犹豫地退保，而健康状况不好的被保险人会充分认识到保险的价值，尽力缴付保险费，不肯轻易地退保。因此，失效的保险单很大部分是死亡率低的被保险人，为了对付这种逆选择，退保金应少于资产份额。

3. 附加保险费中包括意外准备金，它是用来对付诸如战争、传染病之类的“巨灾”引起的大量保险金给付，这类事件可能数十年发生一次，意外准备金需要长期积累，这也要求减少退保金。

4. 所缴保险费中包括了对公司盈余和利润的贡献，因此这部分贡献也应从退保金中扣除。

5. 公司在处理退保时会发生一些费用，这也需要减少退保金。

然而，竞争的因素也影响着人寿保险公司对退保金的处理方法。少数公司允许在第一年末退保可取得等于准备金的退保金，有些公司则允许在第二或第三年末退保就可取得等于准备金的退保金。在资产份额小于准备金之前，这样处理退保金会使未分摊完的取得新业务的费用由继续参加保险的保险单所有人承担。

## 二、美国标准的不可没收现金价值法

在历史上，曾把退保时要求退还的价值称为不可没收的现金价值，除了法律用语以外，退保金这个术语已取代了它，因为其含义更为确切。

### (一)主要修正

美国标准的不可没收现金价值法与以前颁布的关于不可没收现金价值的法律相比，主要做了以下几项修正：

1. 该项法律要求使用较新的生命表。

2. 要求准备金和不可没收现金价值分别计算。准备金表示公司负债，而不可没收现金价值是资产份额的大致度量。

3. 规定了计算不可没收现金价值的新方法。按照过去的方法，计算不可没收现金价值是直接根据准备金。由于保险第一年的费用开支远大于以后年份，所以规定在保险前三年不给付退保金，并在以后相当长时期内收取退保费，从准备金中扣除。为了支付大量的期初费用，同时又提存准备金，公司不得不从盈余中借用资金。标准的不可没收现金价值法规定了正确反映保险单中累积的资产份额的方法。关于这一修正，后面再做具体说明。

### (二)不可没收现金价值的定义

在保险期内任何时候，最低的不可没收现金价值是该时将来给付保险金的现值减去将来“调整的保险费”(Adjusted Premium)的现值的差额。这调整的保险费是指根据保险第一年的特别费用对净均衡保险费加以调整。根据这项法律规定，对第一年特别费用的补贴，即净均衡保险费的增加，不可超过每1 000美元保险金额 46 美元。

### (三)调整保险费方法的举例说明

根据标准的不可没收现金价值法，计算退保金的第一步是确定第一年特别费用补贴，这可以根据公司的费用支出的情况和竞争等因素确定。

第二步是计算调整的保险费，它可以使用两种方法：

1. 把调整的保险费视为需要分摊将来给付保险金的现值和第一年特别费用补贴的净年均衡保险费。例如，向一个 45 岁的男性签发保险金额为 1 000 元的普通终身寿险单，其将来给付保险金的现值即该保险单的一次缴清净保险费是 172.51 元，假定第一年特别费用补贴为 13.29 元，两者合计金额为 185.80 元。分摊这一总额的净年均衡保险费(调整的保险费)是：

$$\frac{185.80}{14.6190}=12.71(元)$$

上式中 14.619 0 元是 1 元期首给付年金的现值。

2. 把常规的净年均衡保险费加上在保险费缴付期分摊第一年特别费用补贴每年所需要的金额。因此：

$$\frac{13.29}{14.6190}=0.91(元)$$

向一个 45 岁的男性签发这份普通终身寿险单的净年均衡保险费是 11.80 元，加上分摊第一年特别费用补贴每年所需要的金额 0.91 元，便得出与上面方法相同的调整的保险费 12.71 元。

**(四)不可没收现金价值计算的举例说明**

试计算向一个 45 岁的男性签发保险金额为 1 000 元的普通终身寿险单在第 10 年的最低不可没收现金价值。

| | |
|---|---|
| ① 一次缴清净保险费 | 172.51 |
| ② 第一年特别费用补贴 | 13.29 |
| ③ ①+② | 185.80 |
| ④ 从 45 岁起 1 元期首给付年金的现值 | 14.619 0 |
| ⑤ 调整的保险费=③/④ | 12.71 |
| ⑥向一个 55 岁的男性签发保险金额为 1 000 元的普通终身寿险单的一次缴清保险费 | 274.62 |
| ⑦ 从 55 岁起 1 元期首给付年金的现值 | 12.815 0 |
| ⑧ 在 55 岁时将来调整的保险费收入的现值=⑤×⑦ | 162.88 |
| ⑨ 在第 10 年的最低不可没收现金价值=⑥-⑧ | 111.74 |

上例可以使用文字表述为：

$$\text{不可没收现金价值}(NFV)=\begin{matrix}\text{将来给付保险}\\\text{金的现值}\end{matrix}-\begin{matrix}\text{将来调整的保险费}\\\text{收入的现值}\end{matrix}$$

$$=\begin{matrix}\text{估计时年龄的一次}\\\text{缴清净保险费}(NSP)\end{matrix}-\frac{\text{原年龄的 }NSP+\text{第一年特别费用补贴}}{\text{原年龄 1 元期首给付年金的现值}}\times\text{其余保险费缴付期 1 元期首给付年金的现值}$$

应该说明的是，上述公式与使用未来法计算准备金的公式的唯一区别是增加了分摊第一年特别费用的因素。

## 三、退保金、准备金和资产份额之间的关系

退保金表示按照合同规定退保者可以取得的一个金额，它体现公平地分配一份保险单所积累的金额。准备金表示公司对保险单所有人的负债，如同退保金，它取决于保险单的种类、签发保险单的年龄和保险期限。除了修正的准备金以外，准备金不反映费用因素，而退保金反映了费用因素。资产份额是保险单所积累的资产的按比例份额，它是根据公司的实际经验数据得出的。

在保险初期，资产份额小于准备金，资产份额等于准备金所需要的时间是取决于公司关于收回其取得新业务的费用时间的管理决策。在资产份额等于准备金以后，两者均继续增长，但资产份额以略为迅速的比例增长。退保金是一个较任意的价值，它反映了费用因素、竞争因素和公平原则。在保险初期，退保金一般处于资产份额与净均衡保险费准备金之间。当取得新业务的费用基本上分摊完之后，退保金一般等于净均衡保险费准备金。但是，标准的不可没收现金价值法允许退保金少于准备金。

## 第二节 盈 余

### 一、盈余的性质

由于人寿保险公司的责任一般具有长期性质，并且使用缴付固定保险费方法，所以应保守地计算其保险费。股份保险公司一般出售不分红保险单，盈余（Surplus）来自在总保险费中对利润的规定，以及实际经验数据与假设经验数据之间的有利偏差。取得的盈余除了向股东支付股息以外，其余留存，或者用来扩大公司的经营规模，或者作为对付意外事件的准备金。相互保险公司一般出售分红保险单，在分红之前，其盈余一般会大于股份保险公司的盈余，因为其更为保守地计算保险费。相互保险公司之所以较为保守地计算保险费，是因为它能通过红利（Dividend）这一手段来调整收取的保险费。在实际操作上，红利的相当部分不是由实际经验数据与假设经验数据之间的有利偏差产生的，而是由附加保险费中的红利备抵提供的。以下主要讨论相互保险公司的情况。

### 二、盈余的来源

一般来说，只有当公司所积累的资金超过提存准备金和其他负债所需要的金额时才会产生盈余。构成盈余的主要来源是实际的死亡率、利息率和费用率与计算总保险费所假设的死亡率、利息率和费用率之间的有利偏差。

**（一）来自死亡率的盈余**

由于计算准备金所使用的生命表都是比较保守的，所以人寿保险公司的实际死亡率数据要比生命表显示的死亡率低，在正常情况下可以取得这部分盈余。

**（二）来自投资收益的盈余**

由于人寿保险单一般都是长期的，所以公司在计算净保险费和准备金时都设定一个保守的投资利息率，以便保证在整个保险合同期内都能实现它。假如公司设定一个5%的利息率，但扣除投资费用的实际投资利息率是6%，这1%的利息率差表示实际投资收益超过公司给付保险金所需要的投资收益，这部分收益可列入盈余。

**（三）来自附加保险费的盈余**

如果公司的费用开支小于附加保险费，其差额可列入盈余。

除了以上三种主要的盈余来源外，还有数种次要的盈余来源：

1. 从资本收益中产生的盈余。资本收益是指资产销售超过其在公司的账面价值。当然也有可能发生资本亏损，因此一般把资本收益放入专用的盈余账户，用来抵消将来的资本亏损。

2. 在保险初期退保，当退保金小于准备金时，便产生盈余，但它未必是可分配的盈余或真正的盈余，这要取决于资产份额和退保金的关系。

3. 附加保险金，如丧失工作能力或意外死亡附加保险金，它既可以是盈余来源也可以是亏损来源。

# 第三节 盈余分配

## 一、可分配的盈余

在每年经营结束时，公司必须确定全部盈余（包括以前积累的和本年度增加的）中有多少留存作为意外基金或其他特别盈余基金，有多少应分配给保险单所有人。在每一年度，盈余规模与下年度可分配的红利之间没有固定的比例关系，它是由公司董事会做出决定。一旦董事会做出红利分配的决定，则可分配的盈余便成为公司的负债项目。我国保监会颁发的《个人分红保险精算规定》规定："保险公司每一会计年度向保单持有人实际分配盈余的比例不低于当年可分配盈余的70%。"①

在确定全部盈余的分配比例时，公司应统筹考虑提存意外基金等的需要和提供红利的业务竞争的需要。当盈余不足以维持以往红利的规模时，可以动用一部分意外基金作为补充；反之，当盈余增加多于维持以往红利的规模时，可以把超额部分用作增加意外基金。如果该超额部分金额大，而且持续一个较长时期，则可以增加红利分配。法律会对人寿保险公司积累的盈余占保险单准备金和其他负债的比例做出规定，以维护保险单所有人的利益。例如，美国的法律规定，从事分红保险业务的寿险公司可以积累和保持的盈余不得超过850 000美元或10%的保险单准备金和其他负债，以金额大的为准。

## 二、红利分配的间隔期

各国法律对红利分配的间隔期有不同规定。美国许多州的法律都规定每年分配红利制度。但在1906年纽约州保险法修改之前，美国曾广泛实行延期分红制度，即在一个规定的年数后，如5年、10年、15年或20年之后，才会分配红利。根据延期分红制度规定，因死亡、退保或保险单失效而未缴付保险费至规定期末的保险单所有人会丧失分红的权利，而将这部分红利分配给其余保险单所有人。由于当时人寿保险公司滥用了延期分红制度，所以它后来被每年分配红利制度取代。

在加拿大仍实行某种修正形式的延期分红制度。根据加拿大法律规定，必须每五年进行一次红利分配，但在这五年期内为这延期红利提留的盈余必须作为负债处理。大多数加拿大人寿保险公司对被保险人在这五年规定期未满之前死亡支付临时红利，但在保险单失效或退保时不支付临时红利。

## 三、分配原则

可分配的盈余在各保险单所有人中间进行分配是一件复杂的事情。首先，分配要坚持公平原则，其次，也必须考虑必要的灵活性和简单明了。一种分配方法是，对每一类保险单的所有人分配一个份额，该份额与该类保险单对可分配的盈余的贡献大致相称。

---

① 中国保险监督管理委员会：《保险规章制度汇编（2003）》，中国民主法制出版社2004年版，第156页。

## 四、对红利贡献的分析

这主要是根据盈余的三个来源来分析对红利的贡献。

**(一)利息因素**

利息因素对红利的贡献表现为期初准备金的超额利息部分。假定使用1958CSO表和2.5%利率计算准备金,而实际投资利息率是3.5%,这1%的利率差对红利的贡献取决于期初准备金的规模,即

红利的利息因素的贡献=1%×期初准备金

既然期初准备金每年增加,那么这不变的利率差对红利的贡献也会每年增加。如果实际投资利息率超过设定的利息率的差额倍增,而且在保险中后期期初准备金大量增加的情况下,利息因素对红利的贡献就会明显增加。

**(二)死亡率因素**

死亡率因素对红利的贡献一般是把公司的实际死亡率经验数据同计算净保险费和准备金所设定的死亡率进行比较,并以所设定的"保险成本"的一个百分比表示,该百分比一般随年龄增加而递减。

**(三)附加保险费因素**

附加保险费一般以总保险费的一个百分比和每1 000元保险金额的一个金额表示。附加保险费因素对红利的贡献表现为附加保险费超过公司费用开支的差额。在实际做法上,附加保险费因素对红利贡献是从资产份额研究中得出的一个平衡项目。

对于大多数分红保险单而言,红利随着时间的推移而增加,这主要归因于利息因素。附加保险费因素对红利的贡献不是增加就是保持大致不变。利息和附加保险费这两个因素足以抵消死亡率因素对红利贡献递减的影响。

## 复习思考题

1. 试解释下列名词:

退保金和不可没收的现金价值　　调整的保险费　　可分配盈余　　延期分红制度

2. 为什么实际给付的退保金会少于资产份额?

3. 美国标准的不可没收现金价值法与以前颁布的有关法律相比较,主要做了哪几项修正?

4. 为什么规定在保险的前二年、三年不给付退保金?

5. 向一个35周岁的男性签发保险金额为1 000元的普通终身寿险单的一次缴清净保险费是106.60元,假定第一年的特别费用补贴为12.37元,1元期首给付年金的现值是15.78元,试计算调整的保险费。

6. 根据上例计算向一个35周岁男性签发保险金额为1 000元的普通终身寿险单在第10年的最低不可没收现金价值。(提示:参照第九章内容)

7. 概述退保金、准备金和资产份额之间的关系。

8. 分别阐述股份人寿保险公司和相互人寿保险公司的盈余来源和用途。

9. 根据盈余的三个主要来源分析它们对红利的贡献。

# 第十四章　健康保险数学原理

## 第一节　健康保险费率厘定的原理

个人健康保险的费率厘定要考虑许多因素的影响，如发病率（Morbidity）、利息、费用、保险单失效率。此外，公司的营销方法、承保和理赔方针、公司的总体目标、医院管理和医务水平、经济状况变化等因素也影响着费率厘定。但是，发病率是影响健康保险费率的最重要因素。

### 一、发病率统计资料的来源

由于外界的发病率统计资料不完整，如不考虑年龄差别，所以为健康保险费率厘定所使用的发病率统计资料主要来自保险公司对被保险人的记录，尽管这些统计资料也有其局限性。

**（一）个人健康保险单**

对于一家刚开始经营个人健康保险的公司来说，最初是根据对可能的年净赔付成本的假设来确定费率的。由于该假设是在统计资料不足的情况下做出的，所以在总保险费中意外准备金所占的比例较大。随着公司的个人健康保险业务量扩大，赔付的经验数据也迅速增加，公司自己的这方面经验数据应该成为最重要的统计资料来源。

健康保险业的一些出版物也是最可信的统计资料来源。例如，美国健康保险委员会的精算师学会编写和出版《丧失工作能力收入、住院、外科费用和大额医疗费用保险的个人保险单经验数据的年度报告》。该报告按性别、年龄组、职业提供了各种个人健康保险的经验数据。又如，美国健康保险协会编制和出版了"保险监督官丧失工作能力表"。该表提供了由于意外伤害和疾病造成的丧失工作能力的经验数据，经营健康保险的美国公司只要对这些数据作适当修正，就可以用于计算净保险费和准备金。

2013 年 11 月 14 日，《中国人身保险业重大疾病经验发生率表（2006～2010）》在北京正式发布。从 2013 年 12 月 31 日起，该表将作为准备金评估用表，用于重大疾病保险产品的法定准备金评估工作。重疾表共有 5 张，包括 6 病种经验发生率的男性表和女性表、25 病种经验发生率的男性表和女性表，以及恶性肿瘤、急性心梗、脑中风等主要重大疾病的单病种发生率参考表。重疾表按年龄(0～105岁)列示重大疾病的经验发生率(ix),包含重大疾病保险责任的人身保险产品中因患重大疾病死亡的人数占全部死亡人数的比率(kx)。中国精算师协会经验分析办公室于2011年10月正式启动重疾表编制项目,直接参与这一项目的公司有7家:中国人寿、平安人寿、太平洋寿险、新华保险、泰康人寿、友邦保险和中再寿险,采用了高达7 500万条样本保单量及85万件理赔记录。

**(二)人寿保险的丧失工作能力收入附加特约**

许多大的人寿保险公司已积累了这一附加特约的大量经验数据,可以作为自己厘定费率的依据。精算师学会也编写和出版这方面经验数据的报告,可以作为免缴保险费和丧失工作能力收入附加特约的发病率的统计资料来源。

**(三)团体健康保险单**

大多数经营团体健康保险的美国公司保存了团体健康保险的经验数据,主要根据自己的数据厘定费率。此外,美国精算师学会也定期出版提供一些大公司经验数据的报告。

## 二、发病率统计资料的不足

从上述来源取得的发病率统计资料存在一些不足之处。首先,数据不均匀。有意义的数据应该是同质的。例如,就丧失工作能力收入保险来说,需要签单年份、性别、年龄或年龄组、职业危险因素和取消期都相同的经验数据,甚至需要补偿期限和月度补偿金额也相同的经验数据。由于各家公司经营的健康保险的品种和实务不一致,所以可取得的经验数据不均匀。其次,编制统计资料的选择期与把这些资料应用于测定将来发病率的时期之间有一个时延。由于各种医疗费用在这个时延中已上涨许多,所以在使用这些可取得的统计资料时必须加以判断,做较大的修正。

## 三、净均衡保险费计算

在健康保险费率厘定时,首先要测定每份保险单的预期的年净赔付成本。假定以1元每天住院保险金为一个风险单位,如果年赔付频数是0.1人,平均赔付期是7天,则该单位的保险金成本是0.70元。如果每天住院保险金为100元,那么年净赔付成本$=100\times0.70=70$(元)。由此可见,估计赔付频数和平均赔付金额是精算师所面临的两个主要问题。

健康保险合同中的取消期、免赔额、赔付限额等规定对年净赔付成本也有很大影响,这是通过编制继续表来加以处理的。继续表上可以显示一组人继续住院的概率,如10 000人中在$t$天以后仍在住院的人数,或者一组人丧失工作能力继续的概率,还可以显示一组人赔付金额等于或超过$t$元的概率。

在确定了保险期各年度净赔付成本之后,如同人寿保险一样,可以计算出净均衡保险费:

$$\text{净均衡保险费}=\frac{\text{将来年净赔付成本的现值}}{\text{保险费缴付期1元期首给付年金的现值}}$$

将来年净赔付成本是从保险单签发日期到合同终止日期的预期给付的所有保险金的价值,再用一定的利率把它们折算成现值。表14－1举例说明净均衡保险费的计算过程。

对于一年定期健康保险业务,其费率厘定的基本方法是赔付率法(Loss Ratio Method),赔付率是已发生的赔付成本与已赚得保险费的比率,它是财产和责任保险费率厘定的方法之一。

## 四、在费率厘定中经验数据的使用

健康保险费率厘定取决于保险金成本、保险单失效率、利率和营业费用，这在很大程度上与人寿保险相同。但是，在不同地区保险金成本的差别和经济状况的影响，以及取消期和免赔额对保险金成本的影响，产生了人寿保险费率计算中并不存在的问题。

表 14－1 五年定期保证可以更新的住院费用保险单的净均衡保险费计算
（向 60 岁的男性签发，1958CSO 表，2.5%利率）

| (1)<br>所达到的年龄 | (2)<br>年净赔付成本 | (3)<br>从保险单签发到赔付开始的平均期(年数) | (4)<br>被保险人在平均期的生存概率 | (5)<br>平均期末1元的现值 | (6)<br>净赔付成本的现值<br>(2)×(4)×(5) |
|---|---|---|---|---|---|
| 60 | 18.10 | 0.5 | 0.989 8 | 0.987 7 | 17.695 |
| 61 | 18.70 | 1.5 | 0.968 8 | 0.963 6 | 17.457 |
| 62 | 19.32 | 2.5 | 0.946 2 | 0.940 1 | 17.186 |
| 63 | 19.96 | 3.5 | 0.922 2 | 0.917 1 | 16.881 |
| 64 | 20.62 | 4.5 | 0.896 5 | 0.894 8 | 16.541 |
| (6)栏合计数是将来年净赔付成本的现值 | | | | | 85.760(元) |
| 从 60 岁开始每年 1 元，5 年期首给付年金的现值 | | | | | 4.559 5(元) |

$$净均衡保险费=\frac{85.760}{4.559\ 5}=18.81(元)$$

1. 在制定总保险费时，应考虑选择的和最终的经验数据的关系，选择的经验数据对人寿保险费率厘定相对适用，而对健康保险的费率厘定并无多大实用之处。由于通货膨胀使每年的医疗费用递增，即使使用最终的经验数据，也需要使用趋势系数加以调整。

2. 相对人寿保险而言，在健康保险费率厘定中利息率的作用并不重要。健康保险在保险前期的赔付明显大于均衡保险费法的人寿保险，因而可应用的资金不多，准备金的规模也不大。

3. 相对人寿保险而言，健康保险单的失效率较高，对费率的水平有较大影响。

## 五、总保险费

健康保险的总保险费如同人寿保险也是由净保险费、费用、意外准备金等组成。总保险费一般按年计算，但可以按月、季度或半年缴付。各种费用项目可以分别用保险费的一定比例、每份保险单的一个金额和每笔赔付的一个金额表示。意外准备金是作为赔付和费用开支高于预计情况下的备抵，它可以用保险费的一定比例表示。

对一定金额的某种保险金，要按照签发保险单的年龄、性别、职业、地区对发病率、费用、保险单续效率和利率做出假设，然后估计总保险费。对这一试验性的总保险费要使用现实的经验数据加以测试，尔后做适当的调整，确定总保险费水平。对总保险费可以不必计算每一年龄的总保险费，而是计算每隔一定年数的年龄的总保险费，如 20 岁、30 岁、40 岁、50 岁和 60 岁。对中间年龄的总保险费可以使用对这些年龄的保险费画一条平滑曲线的方法得出。

## 第二节 健康保险费率厘定的方法

健康保险的费率厘定与人寿保险一样，也应该遵循费率充足、公平和遵守法律等准则。但与人寿保险相比，影响健康保险费率的因素更多，而且难以准确地和连贯地测定这些因素。适用于个人健康保险费率厘定的方法主要有以下四种：

### 一、统一费率法

在被保险人的年龄对赔付没有多大影响的情况下，可以使用统一费率法(The Flat-Rate Basis)。根据这种费率厘定方法，对某一种类保险单在一个广大的年龄组的基础上确定其平均保险金成本，如20～59岁为一个年龄组，根据这平均保险金成本确定适当的统一费率。按照这种方法，当被保险人的年龄达到60周岁时，应增加费率。

### 二、阶梯费率法

与统一费率法相比较，阶梯费率法(The Step-Rate Basis)对年龄组的划分要细一些，如以5年或10年为一个年龄组。对同一年龄组的被保险人使用统一费率，当进入一个更高的年龄组时，应增加费率。

### 三、一年定期法

在赔付随着被保险人的年龄增加而增加的情况下，可以使用一年定期法(One-Year Term Basis)，如医疗费用保险。根据这种费率厘定方法，按被保险人的年龄区分费率，每隔一年要提高费率。

### 四、均衡保险费法

这种方法类似于人寿保险费率厘定所使用的均衡保险费法，需要提存准备金，把保险前期多缴付的保险费积累用来抵消保险后期增加的平均年净赔付成本。

平均年净赔付成本＝年赔付频数×平均赔付金额

在使用上述这些费率厘定方法时，都需要考虑风险的测定和附加保险费的制定。

## 第三节 健康保险的准备金

如同人寿保险，经营健康保险的公司必须提存为履行合同义务的准备金。健康保险的准备金分为以下几类。

### 一、责任准备金

如同财产保险，健康保险可按保险费收入的比例提存未到期责任准备金，这是责任准备金中的最大项目。对不可解除或保证更新的健康保险单需提存附加的准备金。这种健康保险单一般要求缴付均衡保险费，由于发病率随着年龄递增，保险前期多余的资金要积累以对付后期的赔付成本的增加。如同人寿保险，保险监管当局应对提存这种最低标准的准备金规定了所使用的发病率表和生命表，以及最高的利率。

## 二、未决赔款准备金

如同财产和责任保险，对已发生但尚未赔付的损失，要提存未决赔款准备金。丧失工作能力收入保险金可能有一个很长的给付期，在估计这种未决赔款准备金时，要列出年龄、已丧失工作能力的年数或月数、还要给付的年数或月数等，以确定这给付年金的现值。医疗费用保险金一般是一次付清，只要在年末估计这种未决赔款准备金。

健康保险中的未决赔款准备金的估计也分为两种：一种是已报告但仍在理算的赔款，例如，已经提出给付申请，但有关的证明文件尚未递交，以致公司还没有批准保险金给付；另一种是已发生但尚未报告的赔款。①

## 三、费用准备金

在年报日期对未决赔款的理赔费用应做出合理估计，提存费用准备金，它可以用每件赔案的费用或所有未决赔款准备金的一个比例表示。例如，大额医疗费用保险就是使用每件赔案的费用表示。其他费用准备金可以用未到期责任准备金的一个比例表示。

## 复习思考题

1. 试解释下列名词：

统一费率法　　阶梯费率法　　一年定期法　　《中国人身保险业重大疾病经验发生率表》　　继续表

2. 分析健康保险费率厘定所要考虑的主要因素。

3. 如果年赔付频数是 0.05 人，平均赔付期是 15 天，每天住院保险金为 300 元，那么年净赔付成本是多少？

4. 试比较健康保险和人寿保险的净均衡保险费计算方法。

5. 试比较健康保险和财产保险的准备金。

---

① 关于这两种未决赔款准备金的估计方法，参见许谨良主编：《保险学原理》（第四版），上海财经大学出版社 2010 年版，第 555～558 页。

# 第十五章　我国人身保险主要产品介绍

近二十多年来，随着我国保险市场扩大对外开放和保险业的逐步成熟，人身保险产品开发水平不断提高，市场上涌现出数以千计与国际接轨的新产品。在我国人身保险三大险种（寿险、健康险、意外险）中，寿险占有绝大多数的市场份额，健康险次之。据《2014 年保险统计数据报告》，寿险业务原保险保费收入10 901.69亿元，健康险业务原保险保费收入1 587.18亿元，意外险业务原保险保费收入 542.57 亿元。现择要将我国人身保险具有代表性的产品进行介绍。

## 第一节　定期寿险

由于定期寿险在性质上接近财产保险，所以市场上纯粹的定期寿险产品较罕见，大多数是保费保本和与其他险种相结合的定期寿险产品。

### 一、友邦康鸿五年定期趸缴保险费还本保险

**(一)保险性质**

友邦康鸿五年定期趸缴保险费还本保险是定期寿险结合住院医疗保险的险种。

**(二)保险责任**

1. 返还趸缴保险费。以合同有效的第五个保单周年日为保单的期满日。若被保险人在保单期满日前仍然生存或在保险有效期内死亡，保险公司将返还投保人本保单的趸缴保险费。

2. 死亡及残疾保险金给付。分别规定保险金给付如下：

(1)在保单有效期内，若被保险人死亡，保险公司将按保险金额给付受益人保险金。保险儿童于出生 60 天至 4 周岁期间死亡，其死亡保险金给付按以下比例计算（见表 15—1）。

**表 15—1**

| 死亡时被保险人年龄 | 给付金额占保险金的比例 |
|---|---|
| 不足 1 周岁 | 20% |
| 满 1 周岁但不足 2 周岁 | 40% |
| 满 2 周岁但不足 3 周岁 | 60% |

续表

| 死亡时被保险人年龄 | 给付金额占保险金的比例 |
| --- | --- |
| 满3周岁但不足4周岁 | 80% |
| 满4周岁或以上 | 100% |

(2)意外事故死亡保险金给付。在保单有效期内,若被保险人遭遇保单约定的意外事故且自发生之日起180天内死亡,则保险公司将给付受益人等值于保单基本保额的意外事故死亡保险金。若被保险人于死亡发生前领有意外事故残疾保险金给付,则其意外事故死亡保险金为扣除意外事故残疾保险金后的余额。

(3)意外事故残疾保险金给付。在保险单有效期内,若被保险人遭遇约定的意外事故且自发生之日起180天内致成残疾程度为保险金给付表内所列之一者,保险公司将按给付表所列的给付比例乘以基本保额给付意外事故残疾保险金。

若同一意外事故发生在同一肢,且残疾项目所属残疾等级不等时,仅给付一项较严重项目的残疾保险金。

若不同意外事故发生在同一肢,而残疾项目所属残疾等级不等时,以较严重的残疾保险金给付为准;若后次残疾项目所属残疾等级较严重,则需扣除已给付的残疾保险金;若前次残疾项目所属等级较严重,则保险公司不再给付后次的残疾保险金。

被保险人因意外事故致残,且属给付表内两项或两项以上残疾程度时,保险公司将给付各项残疾保险金之和,但给付金额之总数以基本保额为限。

对上述两项或两项以上给付的保险金,一次或累计给付金额已达基本保额,则保险公司的给付责任立即终止。

(4)特定意外事故死亡保险金给付。在保险有效期内,若被保险人遭遇约定的特定意外事故死亡,保险公司给付特定意外事故死亡保险金。

(5)特定意外事故残疾保险金给付。在保险有效期内,若被保险人遭遇约定的特定意外事故残疾,保险公司将给付特定意外事故残疾保险金。

3. 意外事故住院给付。在保单有效期内,若被保险人符合约定的保险范围而需住院医疗,保险公司按本项目的每日住院医疗给付金额,即基本保额的1‰乘以住院日数给付。同一住院原因的给付,最高以180天为限。被保险人因同一原因间歇性住院,若前次住院与后次住院日期间隔未达90天,则视为同一住院原因。

**(三)责任免除**

保险公司对因下列原因导致的死亡、伤害、残疾不负责任。这些免除的责任也是人身保险单中通常列明的免除责任,我们在后面的险种介绍中将适当从略。

(1)投保人、受益人对被保险人故意杀害、伤害;

(2)被保险人或投保人故意犯罪或拒捕、故意自伤;

(3)被保险人或投保人服用、吸食或注射毒品;

(4)被保险人或投保人在保单生效或复效之日起两年内自杀;

(5)被保险人或投保人酒后驾驶、无照驾驶及驾驶无有效行驶证的机动交通工具;

(6)被保险人或投保人患艾滋病或感染艾滋病毒(HIV呈阳性)期间;

(7)战争、军事行动、暴乱或武装叛乱;

(8)核爆炸、核辐射或核污染。

归纳起来,这个险种的责任免除有三类:第一类是投保人或被保险人的故意行为,如自杀、自伤、吸毒等;第二类是不可抗力,如战争、暴乱等;第三类是不保风险,如艾滋病、与核物质有关的风险和被保险人、投保人的违章驾驶。

根据我国《保险法》,发生上述事件时,对第四条,保险公司退还投保人保单的现金价值,保险责任终止;对其他情形,如果被保险人死亡,投保人已缴足两年以上保险费的,保险公司退还保单的现金价值,未缴足两年保险费的,保险公司扣除手续费后退还保险费,保险责任同时终止。

**(四)保险特点**

友邦康鸿五年定期趸缴保险费还本保险是一种定期寿险,被保险人既可以是青少年儿童也可以是成年人,保险责任涉及疾病、意外事故造成的死亡、残疾和住院医疗费用支出,因而保险责任广泛。它的返还趸缴保险费条款使投保人无论在被保险人生存还是死亡时都可以获得保费返还,因而极具吸引力,使得这个保险产品受到市场欢迎。

### 二、国寿安居定期保险

我国住房制度改革的深入在很大程度上带动了抵押贷款的发展。为避免借款人过早身故或伤残导致无法偿还剩余贷款,抵押贷款保险应运而生。目前,市场上的抵押贷款保险通常为定期寿险,例如,中国人寿保险公司1999年推出的安居定期保险和中宏保险公司推出的安居乐业保障系列——居家贷款保障计划都属于这一类型的险种。就国寿安居定期保险而言,有以下主要内容:

**(一)投保条件**

凡16～65周岁身体健康,符合中国人民银行《个人住房贷款管理办法》规定的贷款条件,向贷款人贷款购房,贷款期限届满后年龄不超过70周岁者,均可作为被保险人,由本人或对其有保险利益的人作为投保人投保。其中,贷款人也可为借款人投保。

**(二)保险责任**

1. 在保险期限内,被保险人因意外伤害导致身体高度残疾或死亡的,保险公司按保险事故发生时的保险金额给付安居保险金。

2. 被保险人在本合同生效一年后因疾病导致高度残疾或死亡的,保险公司按保险事故发生时的保险金额给付安居保险金。

**(三)保险金额和保险期限**

国寿安居定期保险的保险金额逐年减少。首年的保险金额为贷款人向被保险人提供的个人住房贷款本金,以后各年递减的保险金额由合同规定。保险期限与被保险人和贷款人签订的个人住房贷款合同期间相同。

## 第二节 终身寿险

### 一、老来福养老返利终身寿险

**(一)保险性质**

老来福养老返利终身寿险是由太平洋保险公司推出的产品,具有年金保险、死亡保险和意外伤害保险相结合的性质。

**(二)保险条件**

老来福返利终身寿险的投保人可以是年满 18 周岁,具有完全民事行为能力的人,也可以是机关、企业、事业单位和社会团体。相应地,被保险人可以是投保人的配偶、直系亲属及其他有抚养、扶养关系的人,也可以是投保人的成员。

**(三)保险责任**

在保险单有效期内,保险公司承担的保险责任包括:

1. 养老金给付。在男性 60 周岁、女性 55 周岁的保险合同生效对应日,保险公司开始给付养老保险金。领取养老金的方式有三种,可供选择:

A 款:保险公司每年于保险合同生效日的对应日,按保险金额的 12%给付养老金,直至被保险人身故,保险合同终止;

B 款:保险公司一次性给付养老金,每份金额为人民币18 990元(男)、人民币20 600元(女),保险合同终止;

C 款:保险公司每年于保险合同生效日的对应日,按保险金额的 15.4%(男)、14.1%(女)给付养老金,直至被保险人身故,保险合同终止。

养老金的领取方式在投保时选定,男性 55 周岁,女性 50 周岁以前可变更一次,此后不可以变更。趸缴保险费即期年金的首次养老金于保单生效 3 个月后给付,以后每年于保险合同生效日的对应日给付。

2. 意外伤害保障。分别规定给付保险金如下:

(1)意外伤害身故给付。被保险人在约定的养老金领取起始日前,因意外伤害身故,保险人给付保险金额的两倍予受益人,保险合同终止;选定 A 款投保者,被保险人在约定的养老金领取起始日后,因意外伤害身故,保险公司给付保险金额的全数予受益人,保险合同终止。

(2)意外伤害残疾给付。被保险人在约定的养老金领取起始日前,遭受意外伤害所致残疾,保险公司在保险金额内按《人身保险残疾程度与保险金给付比例表》的规定给付保险金,被保险人不论一次或多次遭受意外伤害所致残疾,保险公司均分别给付保险金,但每一保单年度内累计给付金额以保险金额为限。

(3)以上身故给付和残疾给付互不冲减,但如果被保险人遭受意外伤害致残疾后,180 天内又因同一原因身故,则意外伤害身故给付中必须扣减已支付的本次意外伤害残疾给付。

3. 疾病身故给付。分别规定给付保险金如下:

(1)被保险人于保险合同生效或复效后 2 年内,因疾病身故,保险公司给付保险金额的10%及所缴保险费(不包括核保后的加费部分),保险合同终止。

(2)自保险合同生效或复效 2 年后,保险公司根据被保险人选择的养老金领取方式给付疾病身故保险金:①选定 A 款、B 款者,被保险人因疾病身故,保险公司给付保险金额的全数予受益人,保险合同终止;②选定 C 款者,被保险人在约定的养老金领取起始日前因疾病身故,保险人给付保险金额的全数予受益人,保险合同终止。

4. 重大疾病提前给付。分别规定给付保险金如下:

(1)保险合同生效或复效 2 年后,经保险公司认可的医院确诊被保险人初次身患保单中列明的 7 种重大疾病,并经保险公司聘请的医师根据医学及临床经验认定被保险人平均存活期间在 6 个月内,被保险人可申请重大疾病提前给付,金额为 6 个月后疾病身故保险金的50%。

(2)本保单中重大疾病提前给付的申请以一次为限。在被保险人全部有效保险合同中,此项给付以人民币10万元为限。重大疾病给付后不办理退保。

(3)重大疾病提前给付后,本保险合同的缴费标准不变,保险金额按重大疾病提前给付金与疾病身故保险金的比例减少。

(4)重大疾病提前给付后,如申请领取养老金,须一次退还已领取的重大疾病提前给付金,若被保险人无法退还,可以养老金冲抵。重大疾病提前给付金退还后,保险合同的保险金额恢复至重大疾病提前给付前的标准。

(5)保险费豁免。分期缴付保险费的,在缴付保险费期间,被保险人因意外伤害事故致全残,可申请免缴以后各期保险费,保险合同继续有效。

**(四)保险金额和保险费**

老来福养老返利终身寿险的保险金额按份计算,每份为人民币10 000元,每一被保险人可投保一份或多份。保险费缴费标准视被保险人的性别、投保时的年龄及所选定的缴费方式而定。老来福养老返利终身寿险设趸缴、限期缴费(10年、20年缴清)和年缴至男60周岁、女55周岁等缴费方式。采用年缴至男60周岁、女55周岁的,最后一次缴费日为养老金领取起始日前一个合同生效日的对应日。

老来福养老返利终身寿险把养老金保险、死亡保险和意外伤害保险的责任集于一身,对于被保险人的终身保障可谓全面。市场证明,这一险种的条款设计迎合了当前我国居民的心理,因而业务拓展迅速。

## 二、全家福联合寿险

**(一)保险性质**

全家福联合寿险是由新华人寿借鉴国际保险业先进经验开发出的联生保险。

**(二)保险条件**

凡双方年龄均在法定结婚年龄以上、60周岁以下,身体健康,能正常工作或劳动的合法夫妻,共同作为被保险人参加本保险。

符合上述条件的被保险人之一可作为投保人投保本保险;经被保险人同意,其直系亲属或其他有抚养、赡养、扶养关系的人均可作为投保人为其投保本保险。

**(三)保险责任**

1. 被保险人之一因意外伤害导致身故或身体高残或因疾病导致身故或身体高残,保险公司按保险单所载保险金额一次性向受益人给付保险金,保险责任终止。

2. 被保险夫妻因同一意外伤害事故导致自保险事故发生之日起180日内先后身故或身体高残,保险公司按保险单所载保险金额的双倍一次性向受益人给付保险金,保险责任终止。

3. 在受益人申领保险金时,可获如下选择权:

(1)如被保险人的子女为受益人且未满19周岁,则可以在其所得给付金额的限度内,转化为子女抚育年金:即期逐年领取生存年金直至其年满22周岁(或22周岁之前身故)时止,保险责任终止。

(2)如被保险人的配偶为受益人而且年满50周岁、未满70周岁,则可以在其所得给付金额的限度内,转化为配偶养老年金:即期逐年领取生存养老年金直至其身故,保险责任终止。

根据联生保险的性质,如被保险人离异,投保人须到保险公司办理退保,公司退还投保人保单现金价值，保险责任终止。

**（四）保险金额和保险费**

全家福联合寿险的保险金额最低为1万元。缴费方式分为趸缴、年缴、季缴等方式。缴费期限可选择10年缴、20年缴、30年缴。

## 第三节 两全保险

### 一、平安育英才两全保险

**（一）保险性质**

平安育英才两全保险是定期两全保险、定期年金保险并附加平安生命尊严提前给付条款和意外伤害险的险种。

**（二）保险责任**

平安育英才两全保险的保险责任归纳起来主要有以下三个方面：

1. 生存保险金给付。被保险人生存至下列约定领取年龄的保单生效日对应日，保险公司按下列比例给付相应的生存保险金（见表15－2）。

**表15－2**

| 领取年龄 | 15～17周岁（每年给付） | 18～21周岁（每年给付） | 23周岁（一次给付） | 25周岁（一次给付） |
|---|---|---|---|---|
| 投保年龄 | 高中教育金 | 大学教育金 | 创业基金 | 婚嫁金 |
| 0～10周岁 | 保额的5％ | 保额的10％ | 保额的20％ | 保额的25％ |
| 11～15周岁 | — | 保额的10％ | 保额的20％ | 保额的25％ |

婚嫁金给付后，保险责任终止。

2. 身故保险金给付。分别规定给付保险金如下：

（1）被保险人于保单生效日起1年内因疾病身故，保险公司按保险金额的10％给付“身故保险金”，并无息返还所缴保险费，保险责任终止。

（2）被保险人于18周岁的保单生效日前因意外伤害事故或于保单生效日起一年后至18周岁的保单生效对应日前因疾病身故，保险公司按保险金额给付“身故保险金”，保险责任终止。

（3）被保险人于18周岁的保单生效对应日后至25周岁的保单生效对应日前因意外伤害事故或疾病身故，保险公司按3倍保险金额给付“身故保险金”，保险责任终止。

3. 免缴保险费规定。投保时年龄不超过50周岁的投保人因意外伤害事故或保单生效1年后因病于缴费期间内身故，保险公司豁免其尚未缴付的保险费，保险责任继续有效。也就是说，如果作为投保人的父母因意外伤害事故或保险责任开始1年后因病死亡，作为被保险人的青少年儿童可以免费享受本保险。

**（三）保险条件**

平安育英才两全保险的保险条件包括：

(1)投保人必须是被保险人的父母并且身体健康、能正常工作。

(2)被保险人的年龄限制在0～15周岁并且身体健康。由于本保险在投保时不检查投保人和被保险人的身体，因此特别要求投保人在投保时必须如实告知投保人和被保险人的身体健康状况。假如投保人在投保时故意隐瞒重要事实或故意不真实告知，保险人可以投保人违背了最大诚信原则而宣布合同无效。

**（四）保险期限**

平安育英才两全保险的保险期间从保险公司同意承保、收取首期保险费并签发保单的次日零时起至被保险人25周岁的保单生效对应日为止。因此，根据被保险人投保时的年龄，保险期限最长为25年，最短为10年。

**（五）保险特点**

1. 投保人与被保险人的不一致。平安育英才两全保险的被保险人是0～15周岁的青少年儿童，对投保人虽然没有规定年龄限制，但投保人必须是被保险人的父母，且受益人只能是被保险人本人，不可以指定或变更。

2. 保险责任范围广泛。在这一险种中既有教育金保障，又有满期婚嫁金保障；既有生存保险保障，又有死亡保险保障。如果附加平安生命尊严提前给付条款或平安意外残疾条款，则保障的范围更加全面。对于生命尊严提前给付附加条款，保单规定：在主险有效并且保单生效1年后，被保险的青少年儿童经认可医院诊断并确定为患严重疾病末期，同时认定所患疾病依现有的医疗技术无法治愈，而且根据医学和临床经验平均存活期在6个月以下，保险公司允许领取一定限额的“提前给付保险金”。这实质上是给予被保险人提前领取身故保险金的权利，因而对于身患绝症的人而言，这是对生命尊严的尊重。意外残疾附加条款则是对被保险人因遭受意外伤害造成残疾给付“意外残疾保险金”。可见，投保人和被保险人可以根据需要和缴付保险费的能力自主选择保障范围。

3. 投保人可自主选择保险金额。本保险产品中教育金、婚嫁金、创业基金的保障是由保险金额决定的，投保人可根据自身情况与保险公司约定保险金额，分期支付保险费。一份保单的保额为1万元。另外，保单中还有关于“减额缴清”的规定，即在保单持续有效达1年以上并且具有现金价值的情况下，投保人如果在首期后的分期缴付保险费时逾期仍未缴纳，保险公司将以保单现金价值净额作为一次缴清全部保险费，以相同的保险责任减少保险金额。这样有利于充分保护投保人和被保险人的利益。

平安人寿保险公司后来又推出了升级版的平安守护星少儿两全保险（分红型），自第3个保单周年日起至22周岁的保单周年日，每年给付生存保险金，助力孩子学有所成。22周岁保单周年日后，生存保险金减半给付。孩子生存至60周岁的保单周年日，可获得主险累计保费的一次性返还，并继续享有生存保险金及保单分红。该少儿两全保险还可附加少儿重大疾病保险和豁免保险费险。

## 二、华夏红双喜两全保险（分红型）

**（一）保险性质**

华夏人寿保险公司的红双喜两全保险（分红型）是一种适合成年人投保的两全保险，保险期间为20年或30年，可一次缴费，亦可分3年、5年、10年缴费。

**(二)保险责任**

除了被保险人在保险期间内死亡和期满生存给付保险金外,对被保险人在保险期间内意外身故给付双倍保险金。

**(三)分红方式**

保险的分红方式有两种:保额分红和现金分红。红双喜两全保险采用保额分红,红利保额逐年增加,实现资产保值增值。此外,合同期满或生效满一年后合同终止时根据业务盈余情况额外派发终了红利。

**(四)附加险**

作为主险的红双喜两全保险可选择附加重大疾病保险,提供40种大病保障。同时,还可附加住院费用补偿医疗保险。附加险都是独立保额,赔付后主险仍然有效。更具特色的是,可附加金管家万能账户,让客户的闲散资金实现日计息月复利滚存,取得高收益。金管家万能账户实行零初始费用、零保单管理费用、零风险管理费用,而且领取灵活。

华夏红双喜两全保险(分红型)荣获由中国保险报、中保网和新浪财经共同主办的"2013年度创新保险产品"奖项。

### 三、建信人寿金富人生两全保险(分红型)

2011年,太平洋安泰人寿保险公司因股权变更更名建信人寿保险有限公司,由建设银行控股。该公司迅速推出适合银行客户购买的金富人生两全保险(分红型)产品。

**(一)保险性质**

金富人生两全保险(分红型)是"储蓄+分红+保障"三合一的两全保险产品,保险责任多样化,而且有多种缴费方式可供选择。

**(二)保险责任**

设有多种身故保障:普通身故,意外身故,公共交通意外伤害身故,高速列车意外伤害身故,航空意外伤害身故,分别给付基本保额1倍、2倍、3倍、4倍、5倍的身故保险金。若被保险人同时符合上述多种情况,将按给付金额最高一项给付保险金,合同即行终止。如被保险人在合同期满时仍生存,则给付基本保额的满期生存保险金。

**(三)分红方式**

保单红利共有现金领取、累积生息、抵缴保险费三种方式可供选择。如选择累积生息,公司为客户建立独立的红利账户,依托专业投资团队及机构投资者的优势使资产保值增值。

**(四)保单借款**

在保单有效期内,若客户需资金周转,可申请最高额度为保单现金价值90%的保单质押贷款,以盘活资金。

建信人寿金富人生两全保险(分红型)荣获"2011年度两全保险产品"奖项。

## 第四节 年金保险

2014年8月10日,《国务院关于加快发展现代保险服务业的若干意见》正式发布,提出把商业保险建成社会保障体系的重要支柱,商业保险要逐步成为个人、家庭和企业养老健康保障计划的重要提供者，并提出开展住房反向抵押养老保险和个人税收递延型养老保险试点。2014 年，与民生保障养老关系密切的年金保险保费收入同比增长 77.2%。

## 一、鸿寿养老金保险

### (一)保险性质

鸿寿养老金保险是由中国人寿保险公司推出的典型的偿还式年金。在年金领取方式上，被保险人拥有选择权。

### (二)保险条件

鸿寿养老金保险的被保险人必须是年满 16～64 周岁的身体健康者。

### (三)保险责任

在保险合同有效期内，保险公司承担下列责任：

1. 被保险人于约定领取养老金年龄的生效对应日前身故，保险公司只按基本保额给付身故保险金，并无息退还所缴付的保险费，保险合同终止。

2. 被保险人于约定领取养老金年龄的生效对应日前身体高度残疾，保险公司按基本保额给付高度残疾保险金(该项保险金给付以一次为限)。若高度残疾保险金的给付发生于缴费期内，从给付之日起，免缴以后各期保险费，保险合同继续有效。

3. 被保险人生存至约定领取养老金年龄的生效对应日，可按基本保额的两倍一次性领取养老金，也可选择以下两种方式之一领取养老金：

(1)逐年定额领取。被保险人每年于生效对应日领取养老金，直至身故为止。养老金领取额按公司规定计算，若被保险人领取养老金不足 10 年身故，其身故保险金的受益人可一次性领取 10 年内其余各年的养老金。

(2)逐年增额领取。被保险人每年于生效对应日领取养老金，直至身故为止。首年养老金领取额按保险公司的规定计算，以后每年在上年领取额的基础上按首年领取额的 5%增加。若被保险人领取养老金不足 10 年身故，其身故保险金的受益人可一次性领取 10 年内其余各年的养老金。

鸿寿养老金保险作为偿还式年金的一种，其突出特点在于它保证给付一定次数的养老金，在被保险人，也就是年金受领人死亡后，保险公司要继续向其受益人给付剩余年金。因此，这种年金保险有利于充分保障被保险人及其受益人的利益。

## 二、太平稳赢一生年金保险

### (一)保险性质

太平稳赢一生年金保险是由中国太平人寿保险公司推出的一种趸缴保费即期给付终身年金。

### (二)保险条件

被保险人的投保年龄必须是 18～65 周岁。保费趸缴，最低保费50 000元，所缴保费为保险金额。

### (三)保险责任

投保后被保险人享有以下权益：

1. 生存保险金。自合同第一个保单周年日起，每年保证返还 4%保额的生存保险金，直至终身。若选择将生存保险金留存在保险公司，可享受日计息、月复利的累计生息。

2. 身故保险金。被保险人享有终身身故保障。若不幸身故，保证返还全部已缴保费。

3. 保单贷款。贷款金额最高可达合同现金价值净额的90%，贷款期间仍然享受保障利益及生存保险金累积生息。

太平稳赢一生年金保险荣获"2013年度创新保险产品"奖项。

### 三、国寿鑫如意年金保险(白金版)组合计划

#### (一)保险性质

这是中国人寿保险公司于2014年11月21日在南京推出的延期年金和金账户两全保险(万能型)的组合计划。在生存保险金受益人为投保人的情况下，客户同时投保这两种保险，并同意将年金保险的生存保险金、年金及满期保险金转入金账户。只要金账户的金额符合公司规定，在第三个保单年度后就可领取，直至终身。

#### (二)保险责任

鑫如意年金保险有如下保险责任：

1. 生存保险金。自合同生效之日起至合同约定的年金开始领取日前，首次给付的生存保险金为首次缴纳的保险费的10%，以后每年给付的生存保险金为合同基本保险金额。

2. 年金。自合同约定的年金开始领取日起至被保险人年满八十周岁的年生效对应日前，若被保险人生存，首次给付的年金为合同基本保险金额的110%，以后每次给付的年金在上一次给付金额的基础上按合同基本保险金额的10%增加。

3. 满期保险金。被保险人生存至年满八十周岁的年生效对应日，合同终止，按合同所缴保险费(不计利息)给付满期保险金。

4. 身故保险金。被保险人在保险期间内身故，合同终止，按身故时下列两者中的较大者给付身故保险金：

(1)合同所缴保险费(不计利息)；

(2)合同的现金价值。

金账户两全保险(万能型)在保险期内也承担给付生存保险金和身故保险金两项保险责任，均以合同个人账户价值为限。

中国人寿在推出这一组合计划后，正逢中国人民银行下调存款基准利率，而这一新产品的预定利率已达到保监会规定的上限(4.025%)，无疑是一款财富保值增值的理财产品。

## 第五节 人身意外伤害保险

人身意外伤害保险可以单独承保，也可以并入其他保险单中。从我国现有险种来看，既有较纯粹的人身意外伤害保险，也有其他险种中包含了人身意外伤害保险的给付责任。

### 一、平安意外伤害保险

该险种是单独投保的人身意外伤害保险短期险种，保障较全面。从该保单分析中可发现人身意外伤害保险条款逐渐规范化。

**(一)保险责任**

1. 意外身故保险金。按保险金额全数给付意外身故保险金。

2. 意外残疾保险金。按残疾程度比例给付意外伤害保险金。残疾分为 7 个等级 34 个项目,各等级给付比例分别为 100%、75%、50%、30%、20%和 10%。同一意外事故造成两项以上残疾的,给付各项残疾保险金之和,但不同残疾项目属于同一手或同一足的,仅给付较严重项目的残疾保险金,并扣除前次已给付的残疾保险金,累计给付以意外伤害保险金额为限。

3. 意外伤害医疗保险金。免赔 100 元,给付实际支出的合理医疗费用,以意外医疗保险金额为限。

**(二)责任免除**

除与寿险责任免除条款相同之外,另有与意外事故风险有关的四项免责,分别是:

1. 被保险人流产、分娩;

2. 被保险人因整容手术或其他内、外科手术导致医疗事故;

3. 被保险人未遵医嘱,私自服用、涂用、注射药物;

4. 被保险人从事潜水、跳伞、攀岩、探险活动、武术比赛、摔跤比赛、特技表演、赛马、赛车等高风险活动。

此外,规定对医保制度规定的自费项目和药品免责。

**(三)保险期限和保险费率**

该险种是短期险种,保险期限为一年,期满可申请续保。投保人本人费率按职业分为 6 类,配偶与子女未分类,分别列示意外伤害与意外医疗费率,便于选择不同的意外伤害与意外医疗保险金额计算保费。

**(四)职业或工种变更**

这是影响意外事故风险的重要风险因素,一般的意外伤害保险有此条款。

**(五)被保险人资格的变动**

这是该险种规定的特别条款,由于投保人可为配偶与子女投保,故规定当被保险人中的配偶因离异或子女因结婚超龄(23 周岁)不再符合本险种对配偶与子女的定义的,中止对其的保险责任,并退还保费,以减少道德危险因素。

## 二、友邦"安行天下"增值意外保险

随着公共和私人交通工具的不断增多,意外伤害保险的需求也逐渐增加。这个险种是为年龄在 18~55 周岁的人群设计的,尤其适用于经常使用公共和私人交通工具的出行者。

**(一)保险责任**

1. 意外身故保险金。任何被保险人于合同有效期内,遭遇合同约定的意外事故且自该事故发生之日起 180 天内身故的,保险公司给付等值于该事故发生时该被保险人相应的保险金额的意外身故保险金予以健在的保险金受益人。除另有特别安排外,若所有保险金受益人均先于该被保险人身故,则本合同应付的意外身故保险金将归于该被保险人的遗产。若该被保险人于身故前曾领取过意外残疾或烧伤保险金,则其意外身故保险金为扣除已给付保险金后的余额。

2. 意外残疾保险金。任何被保险人于本合同有效期内,遭遇本合同约定的意外事故且自该事故发生之日起 180 天内导致《人身保险残疾程度与保险金给付比例表》所列残疾,保险公司给付意外残疾保险金予该被保险人，给付金额为比例表中所列的相应给付比例乘以该事故发生时该被保险人相应的保险金额。

若同一意外事故发生在同一肢而残疾项目所属等级不同时，仅给付一项较严重项目的意外残疾保险金。若不同意外事故发生在同一肢而残疾项目所属等级不同时，以较严重项目的意外残疾保险金给付为准；若后次残疾项目所属等级较严重，则需扣除已给付的意外残疾保险金；若前次残疾项目所属等级较严重，则保险公司不再给付后次的意外残疾保险金。

若被保险人因意外事故导致《人身保险残疾程度与保险金给付比例表》内所列两项或两项以上残疾时，保险公司将给付各项意外残疾保险金之和，给付总额以最近一次事故发生时该被保险人相应的保险金额为最高限额。

3. 意外烧伤保险金。在合同有效期内，若任何被保险人遭遇合同约定的意外事故烧伤且自该事故发生之日起 90 天内导致Ⅲ度烧伤，保险公司将按所附《意外事故烧伤保险金给付表》给付意外烧伤保险金予该被保险人，该给付金额为表中所列的相应给付比例乘以该事故发生时该被保险人相应的保险金额。

若被保险人因同一意外事故导致烧伤，无论是否发生在身体同一部位，保险公司将按给付金额较高的一项给付意外烧伤保险金。若不同的意外事故导致的烧伤发生在身体的同一部位，以较高的意外烧伤保险金的给付金额为准；若后次意外烧伤保险金的给付金额较高，则需扣除前次已给付的意外烧伤保险金；若前次意外烧伤保险金的给付金额较高，则保险公司不再给付后次的意外烧伤保险金。

不同意外事故导致的烧伤，发生在身体不同的部位，保险公司给付各项意外烧伤保险金之和，给付总额以最近一次事故发生时该被保险人相应的保险金额为最高限额。

**（二）产品特色**

1. 覆盖面广，保障性高。该险种共有四个计划可供选择，对于在搭乘公共交通工具时发生意外导致的身故、永久残疾或烧伤，最高可获 2 000 000 元的一次性赔偿金；若被保险人在合同有效期内遭遇意外事故而导致残疾，被保险人将额外获得长达 60 个月的意外残疾保险金，每月4 000元，可用于作为生活费、护理费、药品费等；若被保险人在合同有效期内遭遇意外事故而受伤，而经医院进行必要的治疗，被保险人将得到每次最高为 6 000 元的医疗费给付保障。

2. 服务周到，费用优惠。保险公司承诺 30 天内无条件退保（从合同发出日起），100％保费返还；若投保人每年续保，则首五年续保保险赔偿金额每年递增基本保险金额的 5％；如果夫妻双方选择购买夫妻计划，夫妻保费将享受费率的优惠，若购买最高计划，每年保费可节省 492 元（月缴方式）。

## 三、国寿财险个人旅游意外伤害保险

新版“个人旅游意外伤害保险条款”在原条款基础上进行了升级，取消了单一保险金额，对意外身故残疾、意外急重症医疗、丧葬费用三项保险责任不仅单独设置保险金额，而且单独制定费率。除基准费率外，还增加了按保险金额、被保险人数、旅行方式、销售渠道、保险组合、免赔额等调整系数，显得更为科学、合理。

个人旅游意外伤害保险可以单独使用，也可以与其他主险、附加险进行组合，如交通事故身故残疾、住院津贴、骨折津贴、出行紧急医疗救援、班机延误等。

该产品荣获“2012 年度旅游保险产品”奖项。

# 第六节 健康保险

近年来，我国商业健康保险业务发展迅速。2014 年健康保险原保费收入1 587.18亿元，同比增长 41.57%。有 100 余家保险公司开办了各类健康保险业务（含人身意外伤害保险业务），其中包括人保健康、平安健康、昆仑健康、和谐健康、太保安联健康 5 家专业健康保险公司。目前我国健康保险产品仍然以疾病保险和医疗保险为主，但失能收入损失保险和长期护理保险也有了一定发展。2009 年 4 月，中共中央、国务院下发了《关于深化医药卫生体制改革的意见》，我国的保险公司通过与社会医疗保险机构合作，参与基本医疗保险的经办管理，主要以委托管理模式参与新农合、城镇居民基本医疗保险等基本医疗保险的经办管理，同时探索以保险合同模式参与基本医疗保险的经办管理。2013 年 10 月 14 日，国务院公布《关于促进健康服务业发展的若干意见》，提出丰富商业健康保险产品，发展多样化的健康保险服务。2014 年 11 月 17 日，国务院办公厅正式发布《关于加快发展商业健康保险业的若干意见》，提出："实现商业健康保险运行机制较为完善、服务能力明显提升、服务领域更加广泛、投保人数大幅增加，商业健康保险赔付支出占卫生总费用的比重显著提高。"这些要求为我国健康保险的发展开辟了更加广阔的市场。

## 一、康健华瑞终身重大疾病保险

新华人寿保险公司于 2013 年 4 月推出的这款重大疾病保险产品共涵盖 60 种疾病保障。

### （一）保险条件

被保险人的投保年龄为满 30 天至 60 周岁。保险费分一次缴清、5 年、10 年、20 年缴。保险期间为被保险人终身。

### （二）保险责任

1. 如果被保险人发生合同约定的 45 种重大疾病，一经确诊，公司立即给付 100%重大疾病保险金，合同终止。这 45 种重大疾病涵盖中国保险行业协会制定的《重大疾病保险疾病定义使用规范》中列明的 25 种重大疾病，以及特别增加的其他 20 种重大疾病。如果被保险人在合同生效后一年内确诊患有这 45 种重大疾病，给付金额仅为所缴保费 1.1 倍，合同终止。

2. 如果被保险人在合同生效一年后初次患有 15 种轻度重疾，经确诊后，根据疾病类别分别给付基本保险金额的 10%或 20%、30%，本项保险责任终止，但不会减少其他责任的保险金额。

3. 如果被保险人处于 50 周岁保单生效对应日之后，并在合同生效一年后符合长期护理的条件，公司每月给付基本保险金额的 1/120 作为护理费用，累计给付金额以基本保险金额为限。如果被保险人在合同生效一年内符合条件，则给付所缴保费的 1.1 倍，合同终止。

4. 如果被保险人在合同生效一年后因疾病身故或因疾病身体全残的，按基本保险金额给付身故保险或全残保险金，合同终止。如果被保险人因意外伤害身故或全残，则无"合同生效一年后"的时间限制。如果被保险人在合同生效一年内因疾病身故或全残，给付金额仅为所缴保费的 1.1 倍，合同终止。

5. 在与上款同等条件下，被保险人经公司认可、医院认定达到疾病终末期阶段，则给付同等金额的疾病终末期保险金，合同终止。

以上重大疾病保险金、长期护理保险金、疾病终末期保险金、身故或全残保险金只能给付其中一项，对先给付长期护理保险金，在给付期间确诊患重大疾病、达到疾病终末期阶段、身故或全残的，只给付剩余部分长期护理保险金。

6. 投保人在18周岁至60周岁期间，因意外伤害身故或全残，可免缴续期保险费。被保险人处于50周岁保单生效对应日之后，因意外伤害或合同生效一年后因疾病初次达到护理条件的，可免缴续期保险费。

**（三）责任免除**

责任免除分身故或全残保险责任免除和其他保险责任免除两大类，共计17项。

康健华瑞终身重大疾病保险荣获“2013年度健康保险产品”奖项。

## 二、平安个人住院安心保险(99型)

平安个人住院安心保险是一种津贴型医疗保险。它包括以下主要内容。

**（一）保险责任**

平安个人住院安心保险的保险责任包括一般住院医疗津贴、癌症住院医疗津贴和住院手术医疗津贴三部分，保障程度分为六档，投保人可选择其中一档投保，一经确定，中途不得变更。

1. 一般住院医疗津贴。被保险人因遭受意外伤害事故或因疾病，经医院诊断必须住院治疗，保险公司按被保险人住院天数支付住院医疗津贴。每次住院的绝对免赔天数为3天，即：住院医疗津贴给付天数＝实际住院天数－3天。每保险年度住院医疗津贴给付天数最多为180天。

2. 癌症住院医疗津贴。被保险人自合同生效90天后因初次罹患恶性肿瘤，经医院诊断必须住院治疗，保险公司按被保险人住院天数给付癌症住院医疗津贴。每保险年度癌症住院医疗津贴给付天数最多为180天。

3. 住院手术医疗津贴。被保险人因遭受意外伤害事故或因疾病，经医院诊断必须施行手术者，保险公司根据被保险人所施行手术项目，按住院手术津贴等级标准表中所列标准给付手术医疗津贴，每保险年度手术医疗津贴给付金额以5 000元为限。

**（二）津贴标准**

平安个人住院安心保险每日的住院津贴标准如表15－3所示。

**表15－3** 单位：元

| 项　目 | 一档 | 二档 | 三档 | 四档 | 五档 | 六档 |
|---|---|---|---|---|---|---|
| 一般住院医疗津贴 | 30 | 50 | 80 | 100 | 150 | 200 |
| 癌症住院医疗津贴 | 100 | 120 | 140 | 160 | 180 | 200 |
| 住院手术津贴 | 参照住院手术津贴等级标准表 | | | | | |

在住院手术津贴等级标准表中，保险公司将手术项目分为10类手术医疗津贴等级，保险人对住院施行手术者，按表中手术项目和相应等级给予手术医疗津贴，各等级的手术医疗津贴如表15－4所示。

表 15—4

| 津贴等级(级) | 1 | 2 | 3 | 4 | 5 | 6 | 7 | 8 | 9 | 10 |
|---|---|---|---|---|---|---|---|---|---|---|
| 津贴金额(元) | 5 000 | 4 500 | 4 000 | 3 500 | 3 000 | 2 500 | 2 000 | 1 500 | 1 000 | 500 |

被保险人一次住院施行多次手术,各次手术可累积给付,每年最高累积给付金额为 5 000 元。

被保险人因疾病原因一次手术涉及多个手术项目时,按各手术项目中等级最高之标准给付,不可累积计算。被保险人施行之手术不在附表所列项目中时,保险公司将根据手术所属科别和手术部位参照附表中相近项目确定给付手术医疗津贴等级,但给付金额不超过该科手术最高津贴的 50%。

被保险人因意外伤害住院手术,若一次手术涉及多个项目,可累积给付,但每年累积给付津贴不超过 5 000 元。

以上是平安个人住院安心保险的基本部分。可选部分包括器官移植和手术医疗保险两项,它们属于在六个档次限额下的费用补偿型的给付。器官移植保险金限额分别是 5 万至 10 万元,手术医疗保险金限额分别是 5 千至 1 万元,但后者被保险人自付 20%。

**(三)保险期间和保证续保**

合同保险期间为一年。投保人连续投保本保险满三年、经公司审核同意并确定续保条件后,则从第四年开始至本保险约定的最高续保年龄对被保险人保证续保。

## 三、平安个人住院费用保险(2004)

这是 99 型个人住院费用保险的升级版。作为费用型的个人住院费用保险,特别适合于没有任何医疗保障的人群。个人住院费用保险是一年期分项给付费用型产品,保障程度分为四档,对被保险人每次住院所发生的规定范围内的合理必要费用,在各项费用限额内给付 80%。给付的住院项目包括床位费、药费、治疗费、护理费、检查费、特殊检查治疗费、手术费、相关门诊费等,以及器官移植费和相关门诊费(见表 15—5)。

表 15—5 单位:元

| 原因 | | 项 目 | 一档 | 二档 | 三档 | 四档 |
|---|---|---|---|---|---|---|
| 非器官移植 | 1 | 每天平均床位费(最多给付 90 天) | 30 | 50 | 80 | 100 |
| | 2 | 每天平均药费(最多给付 90 天) | 60 | 100 | 200 | 300 |
| | 3 | 治疗费 | 500 | 1 000 | 2 000 | 3 000 |
| | 4 | 护理费 | 100 | 250 | 350 | 500 |
| | 5 | 检查费 | 500 | 800 | 1 500 | 2 500 |
| | 6 | 特殊检查治疗费 | 1 500 | 2 000 | 2 500 | 3 000 |
| | 7 | 救护车费 | 30 | 30 | 50 | 50 |
| | 8 | 手术费 | 1 500 | 2 500 | 3 500 | 5 000 |
| | 9 | 相关门诊费 | 0 | 0 | 500 | 800 |
| 器官移植 | 1 | 器官移植费 | 3 万 | 5 万 | 8 万 | 10 万 |
| | 2 | 相关门诊费 | 0 | 0 | 500 | 800 |

保险费按被保险人的年龄段和保障程度档次计收。作为一年期保险,条款中有保证续保

条款。

## 四、国寿康馨长期护理保险

该款产品中所述的长期护理状态应符合下列两种情形之一：

1. 被保险人自主生活能力完全丧失，在无他人扶助情况下，即使使用特殊辅助工具也无法独立完成基本日常生活活动中的三项或三项以上的，其中基本日常生活活动是指：穿衣、移动、行动、如厕、进食、洗澡。

2. 被保险人因患阿尔茨海默病性痴呆、血管性痴呆、帕金森病性痴呆或非由酒精和其他精神活性物质所致的器质性遗忘综合症导致器质性认知功能障碍且在意识清醒的情形下有分辨上的障碍，达到中度或中度以上痴呆状态，其日常生活必须持续受到他人监护的。以上所述意识清醒的情形下有分辨上的障碍，是指符合下列三项分辨障碍中的两项或两项以上：时间的分辨障碍、场所的分辨障碍、人物的分辨障碍。

### （一）投保条件和保险费缴付

凡是年龄在18～60周岁期间身体健康的人，都可以投保本保险，保险期间是自合同生效日至年满80周岁止。保险费的缴付方式有以下几种：趸缴、十年缴、二十年缴和缴至被保险人年满60周岁。

### （二）保险责任

1. 长期护理保险金。被保险人达到合同约定的长期护理保险金给付条件的，保险公司于首次给付日起的每个月给付对应日按合同载明的金额给付长期护理保险金，直至被保险人长期护理状态中止或保险期间届满。

2. 疾病身故保险金。被保险人于合同生效（或最后复效）之日起因疾病身故，保险公司按所缴保险费（不计利息）扣除已领取的长期护理保险金给付疾病身故保险金，合同终止。若被保险人已领取的长期护理保险金达到或超过所缴保险费（不计利息），保险公司不再给付疾病身故保险金。

3. 老年关爱保险金。被保险人生存至保险期间届满，保险公司按所缴保险费（不计利息）扣除已领取的长期护理保险金给付老年关爱保险金，合同责任终止。若已领取的长期护理保险金达到或超过所缴保险费（不计利息），则不再给付老年关爱保险金。

4. 豁免保险费。在缴费期内，被保险人达到合同约定的长期护理保险金给付条件的，保险公司于首次给付日起豁免以后相应各期应缴的保险费，直至长期护理状态中止。在缴费期内，被保险人长期护理状态中止的，投保人自中止之日起应恢复缴纳以后各期保险费。

### （三）责任免除

因下列任何情形之一导致被保险人达到长期护理状态或身故，保险公司不承担给付保险金的责任：

1. 投保人对被保险人的故意杀害、故意伤害；

2. 被保险人故意自伤、故意犯罪或抗拒依法采取的刑事强制措施；

3. 被保险人在合同成立（或最后复效）之日起两年内自杀，但被保险人自杀时为无民事行为能力人的除外；

4. 被保险人服用、吸食或注射毒品；

5. 被保险人酒后驾驶、无合法有效驾驶证驾驶或驾驶无有效行驶证的机动车；

6. 被保险人因合同生效（或最后复效）时未告知的现患疾病或既往症；

7. 战争、军事冲突、暴乱或武装叛乱；

8. 核爆炸、核辐射或核污染；

9. 遗传性疾病，先天性畸形、变形或染色体异常。

因上述任何情形发生或于合同生效(或最后复效)之日起 90 日内因疾病导致被保险人进入长期护理状态的，保险公司有权解除合同。被保险人未领取过长期护理保险金的，保险公司向投保人退还合同的现金价值；被保险人已开始或者曾经领取长期护理保险金的，保险公司在扣除已领取的长期护理保险金后，向投保人退还首次给付日前 1 日合同的现金价值。

因上述任何情形发生或因意外伤害导致被保险人身故的，合同终止。被保险人未领取过长期护理保险金的，保险公司向投保人退还合同的现金价值；被保险人已开始或者曾经领取长期护理保险金的，保险公司在扣除已领取的长期护理保险金后，向投保人退还首次给付日前 1 日合同的现金价值。

但投保人对被保险人故意杀害或伤害造成被保险人达到长期护理状态的，被保险人未领取过长期护理保险金的，保险公司向被保险人退还合同的现金价值；被保险人已开始或者曾经领取长期护理保险金的，保险公司在扣除已领取的长期护理保险金后，向被保险人退还首次给付日前 1 日合同的现金价值。投保人对被保险人故意杀害或伤害造成被保险人身故的，被保险人未领取过长期护理保险金的，保险公司退还合同的现金价值，作为被保险人遗产处理；被保险人已开始或者曾经领取长期护理保险金的，保险公司在扣除已领取的长期护理保险金后，退还首次给付日前 1 日合同的现金价值，作为被保险人遗产处理。

## 五、招商信诺智享睿健(计划二)——个人及家庭产品

### (一)保险性质

保险人对中国籍被保险人在中国大陆地区发生的符合通常惯例水平的医疗费用提供门诊、住院及门诊药费高端医疗保险保障。

### (二)保险条件

投保年龄为出生满 30 天至 65 周岁，并可续保至 75 周岁。续保费率以续保时有效费率为准。

### (三)保险责任

保险责任分为基本保险责任和可选保险责任。

1. 基本保险责任。在每一保险期间内每个被保险人的住院基本保险责任的赔付限额为 100 万元。对综合住院治疗费用(含床位费)全额赔付。对耐用医疗设备、手术植入体规定每年限额是5 000元、150 000元。另提供住院预约服务和健康管理服务。

2. 可选保险责任。共有四项：

(1)父母陪护住院。每晚赔付 1 500 元。

(2)门诊。每年赔付限额为50 000元。对诊疗费/挂号费、处方药药费、检查化验费、CT/MRI/PET、门诊手术费、紧急牙科都是全额赔付。对康复治疗就诊次数限定 8 次，每次以 200 元为限。对物理治疗、针灸或中医治疗等就诊次数限定 15 次，每次以1 000元为限。另提供门诊预约、就诊协调、全程导医、病情康复跟踪服务，每年使用次数限定 8 次。

(3)全球紧急救援和境外紧急医疗。每年限额300 000元。

(4)戒烟疗程。无限额规定。

**（四）医院网络**

除特定医院清单外的中国大陆全部医院。另有主要城市的直付医院网络。

**（五）等待期和费率**

住院和门诊等待期为 15 天。意外伤害和续保无等待期。

保险费按被保险人年龄和基本保险责任、可选保险责任分别计收。例如，年龄 45 岁投保基本保险责任的年保费为11 901元。可见这款产品是适合高收入群体的高端医疗保险。

## 第七节 投资理财类险种

随着市场竞争的加剧和中国人民银行 7 次降低存款利率，我国各大寿险公司的利差损逐步扩大，有必要开发新型险种以化解经营风险，增强偿付能力；另外，为体现保险产品保障和投资的双重功能，市场也迫切需要投资理财类险种。在这一背景下，1999 年 10 月，中国平安保险公司率先在国内推出了“平安世纪理财投资连结保险”，随后友邦保险公司推出了分红险种“友邦丰盛定期两全增值寿险”，新华人寿推出“创世之约——投资连结型个人终身寿险”，中国太平洋保险公司则开发出万能型“太平盛世—长发两全保险”。2011 年 5 月 10 日，中国保监会发布了《关于开展变额年金保险试点的通知》和《变额年金保险管理暂行办法》，决定在北京、上海等五大城市进行试点。同年 6 月、7 月，金盛人寿、中美联泰大都会人寿保险公司先后推出“保得盈”、“步步稳赢”变额年金产品。综合来看，我国人寿保险市场上的投资理财类险种主要包括投资连结保险、分红保险和万能保险三大类。其中，分红保险产品在前面已做过介绍。

### 一、瑞泰安裕之选投资连结保险

该险种的投保人是年龄大于或等于 18 周岁且有完全民事行为能力的人，被保险人的年龄范围为 0～60 周岁（出生满 15 天且已出院的身体健康者）。缴费方式可以是趸缴，也可以是期缴。如果投保人选择趸缴方式，则最低保险费不得低于 50 000 元；若选择期缴，则年缴保费不得低于 4 000 元，月缴不得低于 400 元，且每次缴纳的追加保险费不得低于 20 000 元。

**（一）保险责任**

投资连接保险承担的保险责任是身故保险金的给付责任。被保险人在合同生效后死亡（因责任免除范围之外的原因死亡），保险公司向受益人支付身故保险金之后，保险合同终止。

本产品的身故保险金由基本身故保险金和额外身故保险金两部分组成。

1. 基本身故保险金。在收到受益人的书面理赔申请和相关资料后，保险公司用下一个工作日的投资单位卖出价计算出的投保人投资账户价值的 105％，即基本身故保险金。若被保险人在犹豫期内身故，身故保险金额为所缴纳保险费的 105％。

2. 额外身故保险金。额外身故保险金，仅适用于本合同中期交保险费方式，而不适用于趸缴保险费方式。在期缴保险费方式下，投保人必须在投保时选择额外身故保险金保障，并按如下规定确定一个额度：额外身故保险金金额至少为投保人投保时确定的年缴保险费中基本保险费的 20 倍或月缴保险费中基本保险费的 240 倍。在保险合同生效后，经保险人同意，投保人可以根据需要调整额外身故保险金。

**(二)投资账户的设立与管理**

投资账户是指保险公司提供用于保险费投资的专用账户。投资账户价值以等额投资单位计量,投资损益将直接影响投资账户价值的变化,投资风险完全由投保人承担,保险公司不保证最低投资收益。

瑞泰安裕之选投资连接保险设立了四个投资账户供投保人选择:

1. 成长型投资账户。本账户资金将积极投资于开放式证券投资基金,以股票主导型基金和混合型基金为主要投资品种,辅以其他投资品种。股票市场风险和基金市场风险是本账户投资的主要风险。本账户主要投资于股票主导型和混合型基金,投资比例为90%～100%,银行存款及现金比例为0～10%。通过投资证券投资基金,本账户的资产配置目标为股票50%～80%,债券及其他票据投资20%～50%,银行存款及现金0～10%。

2. 平衡型投资账户。本账户资金将积极投资于开放式证券投资基金,以混合型基金和债券主导型基金为主要投资品种,辅以其他投资品种。基金市场风险和利率风险是本账户投资的主要风险。本账户主要投资于混合型和债券型主导型基金,投资比例为90%～100%,银行存款及现金比例为0～10%。通过投资证券投资基金,本账户的资产配置目标为股票30%～60%,债券及其他票据投资40%～70%,银行存款及现金0～10%。

3. 稳定型投资账户。本账户为低风险、中收益、高流动性的投资账户,以债券主导型基金为主要投资品种,辅以货币市场基金及其他投资品种。利率风险和通货膨胀风险是本账户投资的主要风险。本账户主要投资于混合型和债券型证券投资基金以及货币市场基金,投资比例为90%～100%,银行存款及现金比例为0～10%。通过投资证券投资基金,本账户的资产配置目标为股票0～30%,债券及其他票据投资70%～100%,银行存款及现金0～10%。

4. 安益型投资账户。本账户资金将积极投资于开放式证券投资基金,以债券主导型基金和货币市场基金为主要投资品种,辅之以银行存款及现金。基金市场风险(如基金公司信用风险和基金市场系统性风险)、债券市场风险(如利率风险和流动性风险)和货币市场风险(如利率风险和通货膨胀风险)是本账户投资的主要风险。本账户主要投资于债券型基金、货币市场基金,其中债券型基金投资比例为40%～100%;货币市场基金(主要投资于央行票据、短期债券及债券回购等)投资比例为0～60%;银行存款及现金比例为0～10%。

**(三)投资账户价值及评估**

投资账户价值为投资账户总资产减去投资账户总负债。投资账户总资产是指某一投资账户下所拥有的按监管部门规定的核算方法计算出的资产总额。投资账户总负债是指该投资账户运作中所需缴付的交易费用、管理费用、托管费用及法定税费等。

投资账户价值以投资单位计量,按中国保险监管部门的规定进行评估。在正常情况下,保险公司每个工作日对投资账户的价值评估一次,计算出前一工作日的投资单位买入价及投资单位卖出价,并予以公布。投资单位的买入卖出差价一般为2%。

投资单位卖出价(简称“卖出价”),是投保人向保险公司卖出投资单位时的价格,它等于投资账户价值除以投资账户的投资单位数。转出投保人投资账户的价值等于转出的投资单位数乘以卖出价。

投资单位买入价(简称“买入价”),是投保人向保险公司买入投资单位时的价格,它等于卖出价乘以(1+买入卖出差价)。转入的投资单位数等于转入投保人投资账户的金额除以买入价。

投保人投资账户价值归投保人所有,是投保人所拥有的投资单位数按当时的投资单位卖出价计算的资产总值。

**（四）费用收取**

由于投资连接保险的特殊性，保险公司需要对投资账户进行管理，投保人需要承担如下费用：

1. 初始费用。初始费用即保险费进入投保人投资账户之前，需要支付给保险公司的费用。根据保险费缴付方式的不同，初始费用的收取也有所不同。

（1）期交保险费。保险公司在收到投保人的每一笔期缴保险费后，根据表15—6所示的相应比例计算初始费用。

**表15—6**

| 保单年度 | 期缴保险费基本保险费 | 期缴保险费额外保险费 |
|---|---|---|
| 第一个 | 50% | 5% |
| 第二个 | 25% | 5% |
| 第三个 | 15% | 5% |
| 第四个 | 10% | 5% |
| 第五个 | 5% | 5% |
| 第六个及以后 | 0 | 0 |

年缴保险费中，不超过6 000元人民币的部分为基本保险费，6 000元人民币以上的部分为额外保险费；月缴保险费中，不超过500元人民币的部分为基本保险费，500元人民币以上的部分为额外保险费。

（2）趸缴保险费或追加保险费。保险公司根据每一笔趸缴保险费或追加保险费的数额，按照表15—7收取初始费用：

**表15—7**

| 保险费 | 2万（含）至10万元 | 10万（含）至50万元 | 50万元（含）以上 |
|---|---|---|---|
| 初始费用比例 | 3% | 2% | 1.5% |

2. 资产管理费。成长型投资账户、平衡型投资账户、稳定型投资账户的比例为每年不超过1.5%，安益型投资账户的比例为每年不超过0.75%。资产管理费于投资账户价值评估时扣除，将体现在投资单位价格内，计算方法如下：

资产管理费＝投资账户价值×距上次评估日天数×相应比例÷365

3. 风险保险费。风险保险费即被保险人风险保额相对应的保障成本。风险保额即本合同约定的身故保险金与投保人投资账户价值的差额。风险保险费按照风险保额以及与被保险人的年龄、性别对应的风险保险费费率确定。在前五个保单年度内，保险公司仅将额外身故保险金作为风险保额，计算每月风险保险费。

4. 退保手续费。在前五个保单年度内，保险公司将根据投保人投资账户价值的一定比例，收取相应的退保手续费，具体手续费比例见表15—8。

表 15－8

| 保单年度 | 第一个 | 第二个 | 第三个 | 第四个 | 第五个 | 第六个及以后 |
| --- | --- | --- | --- | --- | --- | --- |
| 手续费比例 | 5% | 4% | 3% | 2% | 1% | 0 |

**(五)险种特色**

1. 既有安心保障,又能投资理财。瑞泰安裕之选投资连结保险集保险保障和投资理财于一体。所交保费一部分用于保险保障,其余部分转入专门的投资账户,以达到资产保值、增值的目的。

2. 费用流向清晰,资产变动透明。所缴保险费按照保险条款中载明的比例进行分配,保险人定期评估投资账户的资产价值,公布投资业绩。

3. 专业保险顾问,服务诚信可靠。瑞泰安裕之选投资连接保险由经过严格选取和培训的保险代理人销售,并为客户提供专业的咨询和服务。

## 二、太平盛世—长发两全保险

2000 年 8 月 8 日,中国太平洋保险公司推出的太平盛世—长发两全保险是国内首创的万能型保险产品。"万能"一方面体现在产品功能上,既有灵活可调的风险保障,又有独具优势的专家理财,保障、理财两相宜;另一方面,由于灵活可变的特点,万能寿险能够适应社会各阶层人士的投保需要。同是一个险种,可以变化出千差万别的保单。

**(一)投保条件和投保方式**

1. 投保条件。投保人需年满 18 周岁,具有完全民事行为能力,且对被保险人具有保险利益;被保险人年龄在 16～64 周岁(含)之间,身体健康,能正常劳动或工作的人。

2. 投保方式。投保主体方面:投保人与被保险人可以不是同一个人,且对投保人的健康状况没有具体要求,只需年满 18 周岁,具有完全民事行为能力,且对被保险人具有保险利益即可;被保险人方面,因为万能寿险涉及风险保障,所以有健康要求,但投保年龄很宽,从 16～64 周岁皆可。

**(二)保险责任**

在合同约定有效期内,保险人对被保险人负下列保险责任。

1. 满期给付。被保险人生存至保险期满,保险人给付满期保险金,金额为满期日被保险人个人账户余额的全数,本合同终止。

2. 身故或全残保障。分别规定给付保险金如下:

(1)被保险人在合同生效 180 天内因疾病身故或全残,保险人给付身故或全残保险金,给付金额为即时保险金额的 10%与保险事故发生日个人账户余额之和。同时保险合同终止。

(2)被保险人因意外伤害身故或全残,或者于合同生效 180 天后因疾病身故或全残,保险人给付身故或全残保险金,给付金额为即时保险金额与保险事故发生日个人账户余额之和。同时保险合同终止。

**(三)保险期间**

万能型保险属定期保险,保险期间分 10 年、15 年、20 年、25 年、至被保险人 55 周岁、60 周岁和 65 周岁 7 种。保户可以根据设立账户的目的、自身年龄以及个人或家庭经济状况来设定保险期间。比如,用于养老金储备目的,可以选择至 55 周岁、60 周岁或 65 周岁;用于专项基金储备目的,可以选择固定年期的方式等。

**(四)保险金额和保险费**

1. 保险人与投保人在投保时约定保险金额,最低为人民币10 000元。

2. 在保险期满日之前,投保人可约定定期或不定期、定额或不定额地缴纳保险费,每次缴费最少为人民币 1 000 元。

3. 经保险人审核同意,投保人可申请增加保险金额,但必须经被保险人书面同意;投保人可申请减少保险金额,但减少后的保险金额最低以人民币10 000元为限;保险金额的调整必须以人民币1 000元为最小调整单位,每年仅限一次。

**(五)个人账户**

保险人为被保险人建立个人账户,第一次缴费在扣除手续费、当季管理费用和当季保障费用(包括附加保险的保障费用)后计入个人账户,本合同生效后的续缴保险费在扣除手续费后计入个人账户。本合同承诺最低保证利率为结算日当日中国人民银行颁布的二年期居民定期储蓄存款利率(年利率均转换为日利率,下同)。每年 3 月 31 日、6 月 30 日、9 月 30 日和 12 月 31 日为被保险人个人账户的结算日,保险人对被保险人上季个人账户余额与本季计入个人账户的保险费,按此结算日的结算利率和经过天数累积,并在扣除下季管理费用和下季保障费用后计算该日个人账户余额,直至该个人账户撤销,本合同终止。被保险人在结算日前任一日期账户余额为其上一结算日的账户余额按上一结算日的结算利率累积到该日的本利和及本季所缴保险费扣除手续费后按上一结算日的结算利率累积到该日的本利和之和。

本合同生效满 2 年,投保人可向保险人申请提取部分个人账户余额(每年仅限 1 次),每次最低以人民币 100 元为限,最高以不超过上个结算日个人账户余额的 50%为限,被保险人一次领取账户余额在10 000元以上的,需有 2~7 天的预约期。若个人账户余额不足以支付其 1 年的保障费用,保险人不允许提取部分个人账户余额。投保人要求提取部分个人账户余额时须填写提取部分个人账户余额申请书,并凭本合同、最后一次缴费凭证、个人账户余额对账单和申请人的户籍证明或身份证明办理。

若被保险人的账户余额不足以支付下季的管理费用及保障费用时,应续缴保险费。从该日起 30 日内保险人仍承担保险责任,但在给付保险金时扣除当季保障费用的不足部分。30 日后若被保险人未及时续缴,其个人账户自动撤销,本合同终止。

保险人在每年 1 月份向投保人或被保险人寄送上一年度个人账户余额对账单,以通报其账户余额和过去一年的保险金额、手续费、管理费用、保障费用、续缴保险费和提取金额等情况。

**(六)险种特色**

万能型保险的突出特点包括:专家理财、投资保底、双重保障、存取灵活、运作透明。

## 三、平安“智富人生终身寿险”(万能型,A/B 款)

这是平安保险公司推出的首个万能保险,自 2004 年 5 月上市后,一年内销售了近 50 亿元保险费,有 50 万人购买了智富人生终身寿险,由此促进同业的保险公司也纷纷推出了万能险。平安“智富人生终身寿险”A 款“安心保”的主要特色是:

(1)可自主增减基本保额。万能寿险的最大特点是具有灵活性。该万能型产品规定,终身缴费,不设最低保费年限,投保人可以根据人生各阶段不同的保障需求,在规定的范围内弹性增减基本保额,适时调整保障与投资的比重。保险金额等于保单价值的 105%和基本保险金额两者的较大者。承诺给付身故保险金。

(2)投资保底。保单价值年利率不低于保证的1.75%水平,还拥有更高的获益空间。该产品自2004年5月上市一年多来,投资收益率从2.85%上升至3.35%。

(3)有持续缴费特别奖励。从保单生效起三年内,持续缴费,则自第四个保单年度起,将分配2%的当期应缴保费作为特别奖励。

(4)缓期缴费,保障不变。从第二个保单年度起,只要当时的保单价值足以支付保障成本,投保人可以缓缴保险费,继续享受保险保障。

(5)保单价值透明公开。平安公司将通过主要媒体每月公布结算利率,也可以通过平安电话中心(95511)、平安电子商务网站(www.Pa18.com)等处查询,每年还将寄送保单年度报告,报告中记载保费缴付情况、追加和领取情况、现有保障额度、保单价值、结算利息,扣除保障成本等。

平安智富人生终身寿险B款"随心保"还具有投资理财灵活的特点,允许投保人随时追加保费和部分领取保单账户价值,而且领取时不影响即有保障。

在平安智富人生万能险上市一周年时,平安再次领先市场,推出三项万能险产品升级。

升级一:保费追加权。原规定只有期缴保费5 000元以上的客户才有权追加保险费,这次推出的"特别利益"条款提供一次调整期交保险费的权利,客户可以选择将期交保险费增加到5 000元。

升级二:附加豁免保障成本定期寿险。投保该附加险,当被保险人因疾病或意外造成全残或失能的话,可以豁免主险,即万能险以及该附加险本身的保障成本,豁免期最长至被保险人60周岁。该附加险的保费是直接随主险的保障成本扣除的,不需要另外缴费。

升级三:放宽保额限制。这是为投保智富人生终身寿险B款的客户提供的一项特权。原B款规定基本保额最低不能低于期交保费的2倍,现允许年满60周岁且持有保单5年以上的客户,将基本保险金额调整至最低1万元,放宽了智富人生终身寿险B款的基本保额限制,降低退休后保障成本的支出,加快了养老金的积累。

此外,智富人生万能险允许附加的附加险多达12种,涵盖重疾、医疗和意外多种险种。2005年5月30日,平安保险公司还在广州正式推出"财富人生团体年金保险(万能型)"产品。其灵活性充分体现在保费缴付和养老金领取上,企业客户可以自由选择一次性、定期或不定期、定额或不定额等缴费方式,企业退休员工可以选择趸领、年领、月领等多样化的年金领取方式,同时具有保底收益等万能险特点。

2007年10月1日,平安人寿保险公司在全国推出了根据新的《万能保险精算规定》升级的"智盈人生万能寿险"新产品。它在"智富人生终身寿险"的基础上降低了保障成本,成为万能险的热销产品。2011年6月,平安人寿保险公司又推出了"智盈人生"的替代产品"智胜人生终身寿险(万能型)",是平安公司的第三代万能险产品,它不仅秉承上两代产品诸多优势,而且使产品保障功能更加突出,理财功能更加便利。

## 四、中美联泰大都会人寿"步步稳赢"年金保险(变额型)

### (一)保险性质

变额年金保险是指保单利益与连接的投资账户投资单位价格相关联,同时按照合同约定具有最低保单利益保证的年金保险。保监会《变额年金保险管理暂行规定》指出:"变额年金保险应当约定年金给付保险责任,或提供满期保险金转换为年金的选择权。""步步稳赢"年金保险属于"提供满期保险金转换为年金的选择权"这种类型。

**(二)投保条件**

投保人可为具有保险利益的且出生满30天至80周岁的人投保本保险。为未成年子女投保的,未成年被保险人身故给付的保险金总和不得超过保险监管机构规定的限额。

**(三)保险责任**

1. 身故保险金。若被保险人在保险期间内身故,按合同的个人账户价值给付身故保险金。

2. 意外身故保险金。若被保险人在保险期内遭受意外伤害事故,且被保险人年满18周岁且不超过70周岁,在自事故发生之日起180日内身故,再加倍给付一份身故保险金,但此份意外身故保险金最高不超过500万元。

**(四)年金选择权**

在合同生效满五年且继续有效前提下,可选择将本合同转换为公司届时提供的年金保险产品。

**(五)投资账户**

1. 可供选择的投资账户。虽设有六个投资账户,但通常情况下只能选择"稳赢利益投资账户"。该账户投资管理方法采用固定乘数平衡模式。固定乘数平衡是指根据投资乘数、价值底数等参数动态地调整投资账户中风险资产与无风险资产间的投资比例,以管理最低保险利益保证的模式。只有在个人账户价值转入货币型投资账户,公司不承担投资利益保证的责任情形,如"稳赢利益投资账户"的满期终止,才可选择其他一个或多个投资账户。

2. 投资利益保证。"稳赢利益投资账户"保证单位价格为历史最高投资单位价格的80%。若当前资产评估日的投资单位价格低于该保证单位价格,个人账户价值为保证单位价格和个人账户中投资单位数的乘积。

投资账户价值评估、投资单位价格计算的规定与投资连接保险相同。对个人账户的收费还增加了一项保证利益费。

由上可见,这种变额年金保险产品是一种赋予转换为年金保险选择权的"保底的投资连接保险"。

## 五、联众灵活理财终身寿险(万能型)

安联大众(现为中德安联)人寿保险公司在2004年11月末推出了升息后首个万能险产品"联众灵活理财终身寿险"。该产品的最低保证利息率高达2.5%,达到了当时保监会规定的上限。

"联众灵活理财终身寿险"规定了两种保险金额类型供投保人选择:A型为基本保险金额和保单账户价值两者中金额较大者;B型为基本保险金额和保单账户价值之和,这更符合国际做法。A型的保险金额由保险金额递减的定期寿险和递增的现金价值组成。B型的保险金额由保险金额不变的定期寿险和递增的现金价值组成,当保单现金价值增加,保险金额也随着增加,更凸显其投资功能。投保人拥有在A型和B型之间相互转换的权利,如果从A型转换为B型,原来的风险净额会变成新的保险金额,再加上保单的现金价值,产生了新的死亡给付金额。如果从B型转换为A型,原来的死亡给付金额变成新的保险金额,风险净额已递减。授予投保人转换保险金给付方式的权利,这样更能增加万能寿险的灵活性。在我国当时众多的万能寿险产品中,唯独安联大众人寿保险公司的"联众灵活理财终身寿险(万能型)"允许投保人以书面形式转换保险金额类型。

“联众灵活理财终身寿险(万能型)”条款规定,“本公司提供一种或数种理财账户供投保人购买或选择”,并允许“选择不同理财账户及保险费在期间的分配比例,并可在其后予以变更”。应该说,安联大众人寿保险公司的万能寿险产品已属于变额万能寿险。

## 复习思考题

1. 试解释下列名词:

国寿安居定期保险　　友邦“安行天下”增值意外保险　　平安个人住院费用保险

瑞泰安裕之选投资连接保险　　太平盛世—长发两全保险　　平安“智富人生终身寿险”

2. 从友邦康鸿五年定期趸缴保险费还本保险的保险责任来分析其主要特点。

3. 根据友邦康鸿五年定期趸缴保险费还本保险的责任免除来分析人身保险的三类责任免除。

4. 从老来福养老返利终身寿险的保险责任来分析其保险性质。

5. 全家福联合寿险的受益人在申领保险金时可获得哪些选择权?

6. 阐述平安育英才两全保险的特点。

7. 华夏红双喜两全保险(分红型)的主要特色是什么?

8. 为什么说建信人寿金富人生两全保险(分红型)是“三合一”的两全保险产品?

9. 鸿寿养老金保险有哪些领取养老金的方式?

10. 阐述太平稳赢一生年金保险的保险性质和保险条件。

11. 国寿鑫如意年金保险给付哪几种保险金?

12. 平安意外伤害保险对意外残疾保险金给付做了哪些规定?

13. 国寿财险新版“个人旅游意外伤害保险条款”做了哪些升级?

14. 康健华瑞终身重大疾病保险的主要特色是什么? 对多种保险金的给付作了什么特别规定?

15. 平安个人住院安心保险是一种津贴型的医疗保险,其保险责任分为哪几部分津贴,以及如何确定每部分津贴的标准?

16. 简述国寿康馨长期护理保险的主要特点。

17. 以招商信诺智享睿健(计划二)为例说明高端医疗保险的特色。

18. 概述瑞泰安裕之选投资连接保险的保险责任。

19. 瑞泰安裕之选投资连接保险的保险费是如何进行分配的,以及如何确定投资单位价格和投资单位数量?

20. 太平盛世—长发两全保险对保险金额和保险费是怎样加以规定的,以及对个人账户的管理作了哪些规定?

21. 平安第二、第三代万能险产品对第一代“智富人生终身寿险”做了哪些改进?

22. 比较“步步稳赢”年金保险(变额型)与投资连接保险的异同。

23. 联众灵活理财终身寿险(万能型)与我国其他万能险产品比较有哪些特点?

# 第十六章　寿险公司的组织结构

## 第一节　寿险公司的职能部门

寿险公司一般包括以下职能部门：营销部、精算部、承保部、客户服务部、理赔部、投资部、会计部、法律部、合规部、人力资源部和信息系统部。

### 一、营销部

寿险公司的营销部负有以下职责：

1. 进行调查以识别公司的目标客户；
2. 与公司其他部门合作开发新产品，以及修改现有产品以满足客户需求；
3. 建立和管理公司产品的销售系统；
4. 编制宣传广告和促销资料。

寿险公司使用的销售系统的种类决定营销部所从事的活动。例如，只使用经纪人销售系统的寿险公司的营销活动有别于使用代理人、直销和互联网销售的公司。

### 二、精算部

精算师负责确保公司在财务稳健的基础上经营。精算师在设计公司保险产品上发挥重要作用。精算部制定费率和保单分红率，确定公司准备金水平，计算不可没收的现金价值。精算师进行调查来预测死亡率和发病率，协助制定公司的承保方针，测定公司产品的盈利率，协助洽谈再保险协议。精算师通常还参与公司与保险监管部门的公关活动。委任精算师每年要对公司保单准备金的充足性提出意见。

### 三、承保部

承保部负责确保所承保的被保险人群的实际死亡率不超过每种产品费率计算中所预定的死亡率。为此，承保部与精算部和医务人员合作制定按照死亡率风险程度对投保的被保险人进行分类和评估的标准。然后，承保部按照每种产品的承保方针选择被保险人。承保部也参加再保险协议的洽谈。大多数寿险公司另设立一个单独部门专门处理需要再保险的保单。

## 四、客户服务部

公司的客户包括保单所有人、受益人、代理人、经纪人等。客户服务代表负责向客户解释保单用语、保险责任范围，提供信息，以及处理保单所有人申请的变更，诸如地址变化、受益人指定变更、保费缴付方式改变。客户服务部也处理保单质押贷款、不可没收现金价值的选择权和保单红利支付等事项。

## 五、理赔部

理赔部负责审核保单所有人或受益人提出的索赔，计算赔付的保险金，并授权给付保险金。

## 六、投资部

投资部负责对经济状况和金融市场进行调研，按照公司的方针管理投资活动，以获得在时间和金额上与公司负债相匹配的收益。投资部人员买卖股票、债券、抵押贷款、不动产和其他金融资产。他们在公司高层考虑进行并购时担任顾问。

## 七、会计部

会计部负责记录公司业务交易的财务结果，管理公司普通会计记录，编制供管理决策参考的财务报表，遵守财务报告规定，控制现金收支，监督公司预算执行。与法律部和合规部一起，确保公司遵守政府法规和税法。

## 八、法律部

法律部处理公司所有的法律事务。当理赔发生争议时，公司律师为理赔人员提供法律咨询，与会计师一起确定公司的税负。在公司卷入诉讼时，代表公司或监管外聘律师处理诉讼事务，处理投资协议、保单转让、产权调查，并编制保单格式和起草代理合同和其他法律文件。有些公司把法律和合规这两个职能并入一个部门，而其他公司则单独设置法律部。即使分设为两个单独部门，法律和合规这两个部门存在紧密的合作关系。

## 九、合规部

合规是指确保公司的经营遵守联邦和州的法律以及保险监管部门的规定。合规部的职能包括研究现行和提议立法以确定其对公司经营的影响，教育公司雇员遵守相关的法律和法规，监管公司销售人员的销售行为和公司的内控程序，当保险监管部门检查公司时予以配合。

## 十、人力资源部

人力资源部负责有关公司雇员的事务。该部门制定有关雇员聘用、培训、解雇的公司方针，确定雇员报酬水平，制定雇员培训计划。人力资源部也管理公司雇员福利计划，诸如团体保险、学费报销、雇员养老金计划和带薪离职。

## 十一、信息系统部

信息系统部负责管理整个公司的信息，主要是开发和维护寿险公司的计算机系统。由于在寿险公司的各个领域都使用计算机系统，信息系统部的工作影响公司的各个部门。信息系统部帮助其他部门开发、添置和使用所需的计算机系统和软件，保持记录和管理产品。信息系统部人员也管理公司计算机网络，把公司记录存储在电子档案中。

## 第二节 寿险公司的组织结构

公司要实现其目标就需要协调好组织的各个部门的活动，通过企业结构的组织便能协调各项活动。

### 一、组织图

组织图展示在一家公司内的各种工作岗位与公司雇员的职权和职责的界限。组织图可以单纯地只表示主要的职能领域，也可复杂地描述公司内的所有工作岗位。组织图也显示公司的指挥链，即组织内自上而下的权力结构。指挥链表明公司里谁向谁报告。

组织图使用实线表示经理与雇员之间的直接报告关系，使用虚线表示职员之间的某种程度的报告关系，尽管它不是一种传统的经理与雇员的关系。当一个雇员在一个职能领域向经理报告，但他在另一个职能领域也被赋予职责时，通常会出现虚线关系。例如，营销部雇员与营销部经理有实线关系，而与他所负责营销产品的产品经理也有虚线关系。

按照指挥统一的原则，每一个雇员应该只从一个人处取得职权，也只向该人报告。保险公司历来遵循指挥统一原则，以避免同一雇员向两个人报告时出现三方关系混淆不清。然而，在当今组织环境下，保险公司一般不再严格坚持指挥统一原则。

### 二、金字塔形的结构和职权水平

大多数保险公司的组织图是金字塔形。这说明公司的职权是从顶部一个人或一个小团体开始，然后通过指挥链逐级分配到公司的一大批人中。

**(一)保单所有人或股东**

在相互保险公司所有人是保单所有人，在股份保险公司则是股东。保单所有人或股东是寿险公司职权的最终来源。在理论上，所有人占据寿险公司组织图的顶部。然而，所有人一般不负责公司经营，所以他们不在组织图上显示。取而代之，由所有人选举董事会，把权利授予董事会。

**(二)董事会**

董事会出现在组织图的顶部，是公司的主要治理机构。董事会代表公司所有人负责检查公司的活动和财务，制定公司方针，委任首席执行官和其他高级职员，他们要向董事会报告公司经营状况。

一般来说，公司几个高级执行官也是董事会成员。那些在公司担任职务的董事会成员被称为内部董事，在公司不担任职务的董事会成员被称为外部董事。寿险公司的外部董事一般是商界人士、学术界和健康服务业的专业人员和社区领袖。董事会一般每月或每季度召开会议，必要时可临时举行特别会议。

董事会的主要职责如下：

1. 制定公司重大方针。

2. 评价公司经营成果。

3. 授权重大交易，如并购事项。

4. 根据管理部门的建议宣布分派股东或保单所有人红利。

5. 任命负责公司经营的职员。

6. 确定公司高层管理人员的报酬。

**(三)公司管理部门**

在组织图中位于董事会以下的公司最高级别经理是首席执行官(CEO)。在大多数公司中，首席执行官就是总裁，董事会授予总裁广泛的行政管理权力。

有些公司还设有首席营运官(COO)，负责管理公司的日常经营，并向总裁报告。向总裁报告的高级职员还有副总裁，每个副总裁监管公司一个主要部门。除了协调其相关部门的活动外，副总裁还观察行业的趋向，向总裁提出有关公司经营的建议。公司总裁和副总裁是公司的高级职员。在董事会的指导下，高级职员从事战略规划，即决定组织的主要长期目标以及实现这些目标公司所要遵循的路径。

在指挥链中，副总裁之下的是公司中层经理。经理负责一个具体部门，把公司的方针和战略规划贯彻到日常经营中去。经理们主要从事策略规划(又称为经营规划)，确定执行组织战略规划所需完成的特定任务。

指挥链中经理之下的是管理部门的监督管理人员(Supervisory)。监督管理人员一般负责从部门中划分出来的分部，执行中层管理部门制定的策略规划。他们花费更多时间在直接监督管理非管理层的雇员工作(见图16－1)。

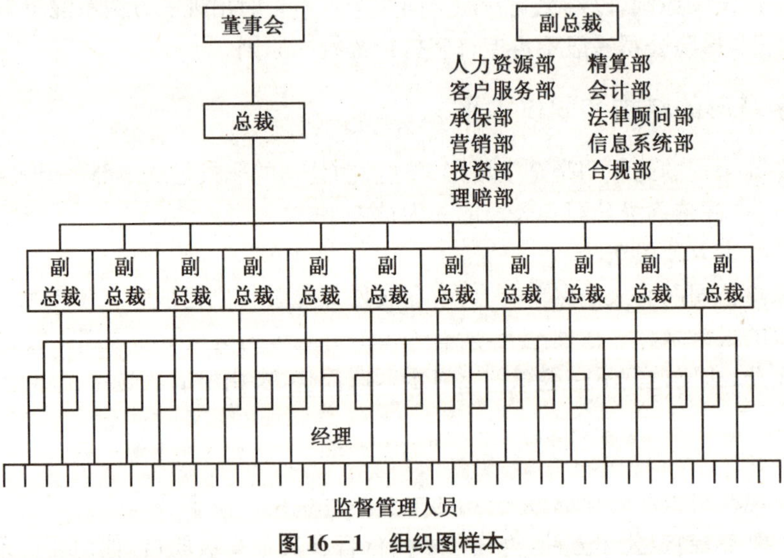


**图16－1 组织图样本**

## 三、集权和分权组织

在集权组织中，高层管理部门掌握整个公司的大多数决策权。在分权组织中，高层管理部门与较低层次管理部门分享决策权。在分权组织中，高层管理部门一般掌握事关公司总的方针的决策权，而把其他决策权分派到中层和低层的经理。

集权和分权组织都有各自的优点。例如，在集权组织中，因决策权高度集中而使公司的方针和行动保持一致，减少了行政管理费用。分权组织的一个优点是，由于经理拥有较多决策权，所以对情况变化能做出迅速反应。然而，分权有可能导致公司各个领域的政策不一致。

事实上，没有一个组织是完全集权或分权的，每家保险公司都可以定期调整其集权或分权的模式。当组织的外部环境变得越复杂和不确定，该组织就越会分权。

### 四、直线单位和参谋单位

直线单位和参谋单位都是用来描述一个组织的职能领域。直线单位又称为生产部或经营部门，是组织生产和管理企业产品或服务的领域。在寿险公司中，主要的直线单位是营销部、精算部、承保部、客户服务部、理赔部和投资部。参谋单位又称为服务部，是向直线单位和其他参谋单位提供辅助服务的单位。寿险公司的参谋单位包括会计部、法律部、合规部、人力资源部和信息系统部。保险公司的经营需要直线单位和参谋单位的紧密合作。例如，承保部（直线单位）的一个职责是评估投保的风险，承保部依靠信息系统部（参谋单位）提供的计算机和其他技术支持，帮助自己评估风险和选择与风险相对应的费率。

组织内有以下三种重要的职权：

1. 直线职权。直线职权是与指挥链直接对应的，始于董事会，经组织的各个层次向下延伸。直线单位和参谋单位的经理对直接监管的雇员行使直线职权。

2. 参谋职权。参谋职权是参谋单位人员拥有的向直线单位人员提供咨询或做出建议的职权。参谋职权较之直线职权缺乏力度，而且经常是向上提供建议的。例如，人力资源副总裁具有向公司总裁提供关于与另一家保险公司进行合并的咨询参谋职权，而总裁不必按照他的意见行事。

3. 职能职权。职能职权是一个参谋单位人员对直线单位事务行使职能专长的职权。参谋人员行使职能职权的一个例子是，一个合规部人员要求一个个人寿险产品经理修改一种新保单格式中的一个术语以符合保险法规要求。

## 第三节 保险人组织活动的方法

寿险公司传统上是按照职能、产品和地域来组织活动。近期出现了按照利润中心或战略业务单位和矩阵组织结构来组织活动。

### 一、按职能组织

每个职能领域通常是一个单独单位，对公司的所有产品履行其职能。例如，公司的所有精算活动发生在单个精算领域，所有团体承保活动也发生在一个领域（见图 16－2）。

### 二、按产品组织

按照产品组织的寿险公司是按照公司的险种组织活动。公司的一个主要部门管理每一险种，仅处理大多数与险种有关的业务。然而，诸如投资、法律、合规、人力资源等少数职能由一个集中的管理部门处理。尽管存在这些少数集中部门，按产品组织的公司势必要分权经营，允许产品经理拥有较多的决策权（见图 16－3）。

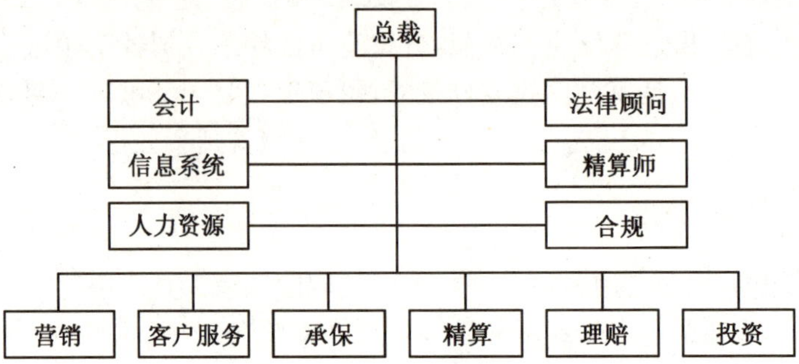


图 16—2 按职能组织

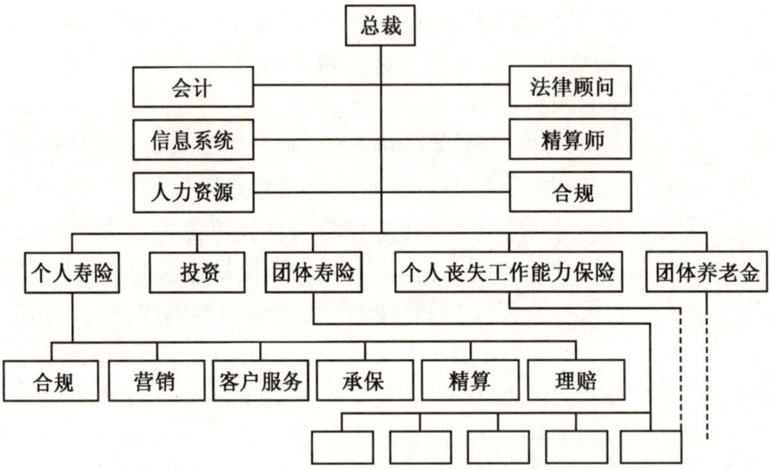


图 16—3 按产品组织

## 三、按地域组织

按地域组织决定了按照经营的地域来设置部门。在数个国家经营的保险公司在每个国家要设有各个部门。仅在一国营业的公司也可以按照州或地区划分其经营。一个地区的最高主管人员通常是高级副总裁，要向总部的公司总裁报告。在地区经营的分支机构通常也设有营销、承保、签单、保费开单和收账、客户服务、理赔等部门，甚至设人力资源部门，以及配备少量法律和精算人员（见图 16—4）。

## 四、按利润中心或战略业务单位组织

利润中心是这样的业务部门：(1)按照其营利能力来加以评估；(2)负责自己的收支；(3)对其经营做出自己的决策。使用利润中心方法的寿险公司类似按产品组织活动的公司，因为公司的产品部门是公司产生收入的主要领域。例如，按利润中心组织的寿险公司有个人寿险利润中心和团体寿险利润中心。负责每个利润中心的人对利润中心的大多数事务拥有控制权。在一个按利润中心组织活动的公司，那些本身不是利润中心但提供利润中心辅助服务的单位或部门被称为成本中心。保险公司典型的成本中心有人力资源、会计、法律、合规和信息系统等部门。

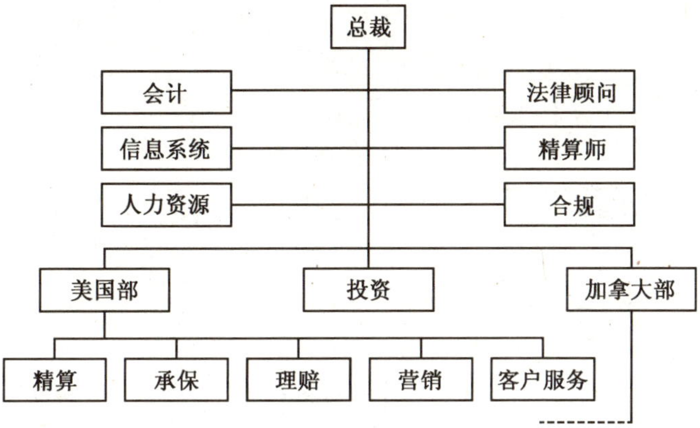


图 16—4 按地域组织

在有些公司特别是在许多地区营业的大型公司里，利润中心被看作是战略业务单位(Strategic Business Unit)。一个战略业务单位是在所有主要方面都类似于一个独立企业活动的单位。战略业务单位具有以下特征：(1)在母公司之外的一个特定市场经营；(2)面临外部竞争；(3)控制自己的战略规划和新产品开发；(4)有自己的管理部门和辅助职能部门；(5)负责自己的成本和收入。每一个战略业务单位类似于一个完整的雏形公司。

利润中心或战略业务单位的负责人对中心的营利能力负有报告义务。利润中心和战略业务单位的结构使公司高层管理部门容易识别每一业务部门的营利能力，从而发现业绩高于和低于预期的业务部门。利润中心和战略业务单位方法的一个缺点是人员和设备配置会有重复。例如，在个人寿险和团体寿险这两个战略业务单位都有自己的信息系统。

## 五、矩阵组织

在传统金字塔形组织中职权线是垂直的，而在矩阵组织中职权线有垂直和水平的两条线。矩阵组织图具有棋盘的形状。在矩阵组织中，项目经理向各个部门借用技术专家进行项目工作，他对这些专家只有有限的职权。矩阵组织的一个优点是增强协作，项目经理处于协调一个特定项目的相关方面的地位，如开发一个新产品项目。矩阵组织的另一个优点是在各个职能领域更多地交换信息，增加组织灵活性，提升项目相关人员的认同感。缺点是因职权和职责的重叠有可能引起权利冲突，也违背了指挥统一的原则。换言之，在矩阵组织结构中，雇员可能要向多个经理报告(见图 16—5)。

## 六、新的组织形式

近年来，许多寿险公司改变了传统的金字塔组织形式。组织结构新的变化趋势是减少管理部门层次，增设许多小的附属单位。以下介绍三种新的组织形式：

1. 漏斗式组织

这一组织结构由三个基本层次组成，中层较之高层和低层要狭小得多。高层负责制定组织的战略规划。中层是由经理组成的一个小组，负责协调低层的职能活动。漏斗式组织的一个特点是中层经理是通才，而不是职能领域的专家。传统的中层经理如营销部经理或承保部经理都是职能领域的专家。

2. 团队组织

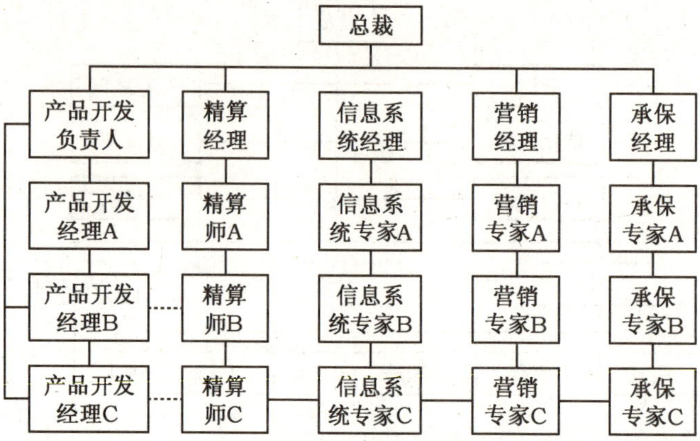


**图 16－5 矩阵组织图**

这一组织结构是由若干团队组成。雇员们并没有永久性的工作职责。取而代之，雇员们随着项目从一个团队转到另一个团队。该种组织取得成功的关键是要聘用具有广泛技能的雇员。

3. 网络组织

这一组织结构旨在协调分包出去的生产和营销。公司本身只有少数雇员，其主要职责是监督管理。网络组织因其雇员并不实际从事生产产品和提供服务而被称为“空壳公司”。外包是聘用一个卖方来提供服务，而不是由自己的公司雇员提供服务。网络组织外包其大多数甚至全部的生产、营销和辅助活动。

## 复习思考题

1. 试解释下列名词：

合规　组织图　指挥链　外部董事　直线单位和参谋单位

利润中心和成本中心　战略业务单位　矩阵组织　外包

2. 分述寿险公司中精算部、法律部、人力资源部、信息系统部几个职能部门的主要职责。
3. 简述公司董事会的主要职责。
4. 概述公司管理部门的指挥链。
5. 集权和分权组织各有哪些优缺点？
6. 分别举例说明直线职权、参谋职权和职能职权。
7. 寿险公司在传统上是按照哪些标准来组织经营活动的？
8. 阐述寿险公司组织结构的新变化趋势。

# 第十七章　人身保险的市场营销

## 第一节　市场营销制度

企业为了使自己能有效地经营，必须了解其客户，并确定其客户所需要的商品的品种，以及使用便利、及时和经济的方式来推销其商品，保险企业也不例外。

人寿保险公司的市场营销职能部门需要拟订营销计划，开发保险新产品，进行市场调研，并采取促销手段，如使用代理人制度来推销业务，对代理人加以培训，以及使用广告等手段来做业务宣传。人寿保险公司主要使用代理人制度来推销其业务。

### 一、营销制度的种类

人寿保险公司采用数种营销制度：一是代理人制度，使用代理人推销业务，代理人的职责是招揽业务，收取第一次保险费，以及向保险单所有人提供某些服务，由保险公司付给其佣金作为报酬；二是经纪人制度，经纪人为多家保险公司推销业务，也从保险公司取得佣金；三是直接营销制度，由公司员工推销业务，或者使用广告、电话、邮件、互联网络等手段推销业务，无代理人介入，客户直接向公司投保。这里主要介绍通过中介人的营销制度和直接营销制度中的互联网保险。

**(一)专职代理人制度**

在专职代理人制度中，地方办事处(Field Office)是一个重要枢纽，如同代理人是保险公司和公众的中介一样，地方办事处是代理人和保险公司的中介。地方办事处是代理人的基地，也是对代理人进行培训的地方，以及是向代理人提供辅助性服务的场所。代理人可在地方办事处设有自己或租用的办公场所。地方办事处有两种类型：

1. 保险公司的分支机构。分支机构的经理是保险公司的员工，以工资和奖金为报酬，具体负责招聘和培训代理人。

2. 总代理人。总代理人是与保险公司订立合同的独立的中介人，在合同规定的区域内代表保险公司开展业务，并负责招聘和培训代理人。总代理人的收入主要来自保险公司付给他的佣金和他付给分代理人的佣金这两者之间的差额，还能取得其他一些服务性收入，如收取展期保费的托收费。但地方办事处的职员薪金和办公费都由总代理人支付。这一传统的总代理制度占了专职代理制度中的多数,因为它对保险公司很有利,可以以较低的费用来推销业务,并且由总代理人来承担财务风险。由于当今总代理人在一开始时要在辅助人员和设施上投下大笔资金,所以保险公司一般要对总代理机构进行期初投资,从而使其独立性有所削弱。但当期初投资完毕,总代理人仍会坚持其独立性。在美国,这种总代理机构正向大型化方向发展,有的年份代理的保险费收入超过1亿美元。

**(二)保险经纪人制度**

在美国人寿保险业中的大多数经纪人本身就是保险代理人,他们之所以被称为经纪人是因为他们把业务安排给多家保险公司。只销售人寿保险的经纪人主要有两种:一种是剩余业务经纪人(Surplus Broker),他们虽然领有至少为一家人寿保险公司代理的执照,但也起着保险经纪人的作用。在正常情况下,他们把业务安排给自己代理的公司,但在被保险人低于自己代理的公司的承保标准、费率缺乏竞争力、无满足投保人特别需要的品种等特殊情况下,则把业务安排给其他公司。另一种是独立的经纪人,他们专门从事于特定寿险品种的经纪业务,如养老金保险或健康保险,或者专门为某些客户安排人寿保险,如医生、律师或公司主管人员。此外,有一种独立的一切险种经纪人,他们是同时销售财产保险、意外保险和人寿保险的经纪人。一些规模大的全国性或地区性的保险经纪公司除了安排大型工商企业的财产保险和意外保险外,也安排团体人寿保险和健康保险。做小额业务的经纪人只销售了寿险业务中的一小部分,但团体保险业务中的很大部分是由专业化的团体保险经纪人、保险顾问和经纪公司销售的,他们帮助企业设计雇员福利计划、选择保险公司和办理投保手续。

美国人寿保险业有着扩大经纪业务的趋势,因为取得经纪业务的费用比取得代理业务的费用低。大量的经纪业务来自专业的人寿保险代理人,他们都受过专门教育和培训,保险公司可不必为他们花费培训费用。人寿保险公司一般设有经纪部门,该部门负责通过使用经纪人来销售保险业务。

在英国人寿保险业中,保险公司广泛使用保险经纪人招揽业务。据统计,英国有保险经纪公司3 000多家,现有保险经纪人有8万人,保险经纪人和投资顾问所销售的寿险业务约占全部寿险业务的一半。德国人寿保险业务的70%是由专用代理人和兼职投资顾问销售的。专用代理人或称特约代理人只销售一家人寿保险公司的业务,他们往往会对其推销的寿险单的缺点或其他公司的寿险单的优点只字不提。

我国保险市场上出现了中外资保险公司的多元化经营与全国性、区域性、专业性保险公司并存的新格局。与此同时,作为保险市场中介人的保险经纪人也应运而生。1995年4月27日,在上海召开了"中国建立保险经纪人制度的前景展望"研讨会,来自中国人民银行、保险学会、上海财经大学、英之杰保险顾问公司以及在沪的各家保险公司的专家和学者对此进行了深入的探讨和广泛的交流,一致认为保险经纪人制度是保险商业化、市场化之必然,但对其非规范化的运作方式要加以监管。[①]《中华人民共和国保险法》对保险经纪人制度也作了原则性规定。

**(三)互联网保险**

从1997年中国诞生第一张通过互联网销售的保险单开始,互联网保险在中国发展已有18年历史。2000年8月,中国太平洋保险(集团)公司和中国平安保险(集团)公司几乎同时开

① 《中国保险报》1995年5月9日,第3版。

通了全国性的网站进行保险销售，但一度发展缓慢。到了 2008 年，随着国内电子商务平台的兴起，互联网保险开始进入快速发展通道。据中国保险行业协会发布的《互联网保险行业发展报告》，2013 年全年国内互联网保险行业共实现保费收入 291 亿元，约占全年保险行业保费收入的 1.37%。2011～2013 年，国内经营互联网保险业务的公司从 28 家上升到 60 家，保费规模从 32 亿元增长到 291 亿元，投保客户数量从 816 万人增长到5 437万人。互联网保险虽然保持着高速增长势头，但其在整个保险市场中所占的比重还不足 3%，这与欧美发达国家相比还有很大差距。例如，2011 年美国寿险保费收入中网上直销业务占 8%左右。

我国互联网保险业务发展潜力巨大，2014 年底中国网民数量达 6.48 亿人，手机网民人数为 5.27 亿人。2013 年中国网络零售交易额首次超过美国，位居全球首位。2014 年前三个季度，中国保险业实现互联网保险业务收入 622 亿元，超过上年全年业务收入的 195%。由于中国有非常庞大的互联网用户群体，加上不太强大的传统销售渠道，使中国互联网保险发展面临更大的历史机遇。

2014 年 12 月，中国保监会《互联网保险业务监管暂行办法(征求意见稿)》发布，对互联网保险销售可以突破保险分支机构的经营区域限制作出规定，人身险业务包括人身意外保险、定期寿险、普通型终身寿险，不含生存返还保险。对两类产品规定不得将经营区域扩展至未设立分公司的省、自治区、直辖市：一个是高现金价值的人身保险产品，另一个是机动车保险产品。此外，对互联网保险信息披露要求更加规范，对第三方网络平台也加大了监管力度。

## 二、我国寿险中介人的营销制度现状

### (一)保险代理人

保险代理人作为一种重要的保险中介人，在我国寿险市场上最先发展起来，在人员数量上已大大超过保险公司正式员工，在拓展寿险业务方面发挥着举足轻重的作用。目前，寿险市场上保险代理人的存在形式主要有寿险营销员、兼业代理人、专业代理人、农村代办站等几种。

我国的寿险代理人的现状是：

1. 寿险业个人代理制度发展迅速。1992 年美国友邦保险公司进入中国保险市场之前，代理业务占寿险保费收入不足 5%，个人营销机制建立之后，寿险营销成为近几年来寿险业超高速发展的主要因素。截至 2013 年底，全国共有寿险营销员 250.9 万人，寿险业务 51.17%来自个人营销员。作为个人代理人的寿险营销员只能为一家人寿保险公司代理业务。

2. 兼业代理是目前保险业务的重要来源。截至 2013 年底，兼业代理保费收入大约占寿险公司总保费收入的 38.15%左右，主要有行业代理、银行和邮政代理、单位代理三种形式。行业代理主要代理与其行业相关的某些险种。例如，航空人身意外伤害保险可由民航售票处代为销售；银行和邮政代理业务量开始增大，代理的险种主要是寿险分红型产品，成为保险营销的又一个新突破；单位代理则代理一些与本单位有关的保险。我国现有保险兼业代理机构 20 多万家。

3. 专业代理机构应运而生。1999 年底，中国保监会批准成立了我国首批保险代理公司，2013 年底共有1 767家保险专业代理机构。2013 年，保险专业代理机构实现代理保费收入 718.05 亿元，其中实现人身保险保费收入仅 76.68 亿元。专业代理机构是符合市场经济发展规律的现代中介企业，是保险业发展的必然趋势，它既能有效防范分散的代理人引发的经营风险，又能降低保险代理人的监管成本，所以，专业代理制度符合未来保险市场发展的方向。

由于兼业代理人和个人代理人都难以规范发展的道路，而且保险专业代理人尚未得到充分发展，因此发展保险专业代理机构成为规范市场的一个方向。与兼业代理人相比，专业代理人无论从规模还是从展业方式上都有不可替代的优势。保险专业代理机构可将分散的个人代理人吸引进来，由代理机构统一负责代理人员的业务培训、人事关系和管理，从而既可发挥现有个人保险代理人的工作热情和工作经验，又可理顺其与保险公司之间的保险代理关系。由于《保险法》及《保险代理机构管理规定》都较为详尽地规定了专业代理人的执业规则及业务范围，这就使得保险专业代理机构从成立之初就站在了较高的起点上。保险专业代理机构作为和保险公司签约的独立法人，增加了保险市场的生产要素，节约了保险公司的运行成本，促进保险公司的职能转化，将大部分展业职能从保险公司分离出来，使保险公司集中精力做好险种开发、核保核赔、售后服务、分保安排及保险投资等专项工作。这样可以大大提高保险公司的效率，进而改善保险市场结构，合理进行市场分工，促进保险业的迅速发展。

**(二)保险经纪人**

依照我国《保险法》，保险经纪人是基于投保人的利益，为投保人与保险人订立保险合同提供中介服务，并依法收取佣金的单位。保险经纪人的组织形式一般有三种：个人保险经纪人、合伙制企业、保险经纪公司。我国《保险经纪机构监管规定》只认可保险经纪有限责任公司和股份有限公司，要求保险经纪公司购买职业责任保险或缴存保证金。

根据《保险经纪机构监管规定》，保险经纪公司的经营范围为以下几项：

(1)为投保人拟订投保方案，办理投保手续；

(2)协助被保险人或受益人进行索赔；

(3)再保险经纪业务；

(4)向委托人提供防灾、防损或风险评估、风险管理咨询服务。

为了建立与完善保险市场体系，规范保险市场交易行为，降低保险商品交易成本，也为了建立一支高素质职业保险经纪人队伍，中国保监会于 1999 年 5 月 15 日在全国举行了首次保险经纪人资格考试。1999 年 12 月 16 日，保监会首批批准北京江泰、上海东大、广州长城 3 家全国性保险经纪公司筹建。在 2013 年底，共有 438 家保险经纪机构已开业。就《保险经纪机构监管规定》中对保险经纪机构的业务范围的规定来看，我国保险经纪机构可以从事寿险及再保险的经纪业务。但从我国保险经纪公司的实际做法来看，主要从事团体寿险的经纪业务。2013 年，保险经纪机构实现经纪保费收入 430.28 亿元，其中实现人身保险经纪保费收入 43.78 亿元。

## 第二节 保险代理人的合同、资格规定和报酬

### 一、保险代理合同

保险代理人要与保险公司或总代理人签订合同。保险公司与招揽业务的代理人之间的合同一般包含以下条款：

1. 代理人的权限，如招揽业务，收取第一次保险费，签发收据；
2. 代理人的职责，如遵守公司的规章，及时向保险公司汇去保险费；

3. 招揽业务的最低要求；

4. 合同终止条款，规定合同终止的原因，双方提前通知合同终止的时间规定；

5. 代理人的报酬，规定佣金率、服务费和奖金；

6. 公司修订报酬标准的权力；

7. 代理合同终止后，代理人有取得展期佣金的权力；

8. 代理人把投保申请转给其他保险公司的条件。

## 二、保险代理人的资格规定

国内外对保险代理人和经纪人都有资格规定，保险代理人必须符合品质和最低年龄的规定，并必须是本地居民，而且要通过规定的资格考试，但资格考试的难度并不一致。根据我国《保险销售从业人员监管办法》，从事保险销售的人员应当通过保险销售从业人员资格考试，并获得《资格证书》，具有大专以上学历和完全民事行为能力的人员可参加资格考试。获得资格证书者，再由保险公司、保险代理机构向销售人员核发《执业证书》。

## 三、保险代理人的报酬

保险代理人的报酬是由现金报酬和非现金报酬这两部分组成的。作为现金报酬的佣金是直接同销售业务的保险费收入挂钩的，一般对第一年支付高的佣金，以后若干年支付续年佣金，当续年佣金支付完后，每年再向代理人支付服务费。为了降低保险单失效率，保险公司还会向代理人支付保持业务的奖金。因此，佣金分为首年佣金和续年佣金。传统的佣金计划采用高的首年佣金率，低的续年佣金率。对续年佣金可随着保单年度保持均衡或递减。近年来，保险公司又有采用均衡佣金计划和均衡化佣金计划，前者首年和续年佣金率相同，后者首年和续年佣金率的差别较小。各种佣金计划给付的佣金数额基本相同。传统佣金计划的目的在于促进销售，而均衡佣金计划和均衡化佣金计划则鼓励保险代理人提高业务的续保率，在销售团体寿险和年金保险中采用较多。

对于续年佣金按照给付条件可分为：

(1)既得佣金，即使代理人与保险公司解除了代理合同，代理人仍然可取得所售保单的续年佣金。

(2)非既得佣金，只有当代理人与保险公司仍存在合同关系才给付续年佣金。

(3)有条件既得佣金，当代理人达到一定年龄或服务年限后，才保证给付续年佣金。

非现金报酬主要是公司向代理人提供团体人寿、健康、养老金保险之类的福利和辅助性服务。辅助性服务包括向代理人提供计算机设备、邮政通信服务，以及选派业绩优秀的代理人参加地区、全国甚至国际性的会议。非现金报酬逐渐成为代理人报酬中的重要组成部分，但各保险公司所提供的非现金报酬差异很大。

我国现行保险代理人一般没有底薪，其收入来自佣金。佣金由“展业成本”和“劳务报酬”构成。根据 2006 年 5 月《国家税务总局关于保险营销员取得佣金收入免征个人所得税问题的通知》，展业成本比例暂定为 40%，佣金收入的 60%部分扣除营业税和账户管理费后按“劳务报酬”项目的规定缴纳个人所得税，剩下的才是报酬。根据《国家税务总局关于小微企业免征增值税和营业税有关问题的公告》，自 2014 年 10 月 1 日起，保险营销员营业税起征点为 3 万元(月)或者 9 万元(季)。中国保监会于 2010 年下半年启动保险营销员管理体制改革试点工作，对保险营销员队伍进行多元转化。

## 第三节 保险市场营销策略

作为金融服务性企业的保险公司，它进行市场营销管理要以客户对保险产品的需求为出发点，运用产品、定价、分销、促销等多种手段，努力实现客户需求目标。

### 一、保险市场营销管理的主要含义

保险公司进行市场营销管理要做到以下几点：

1. 确立以顾客为中心的经营观念。在市场经济中，保险公司要在最大限度地获取利润的同时保证偿付能力，首先要确立以顾客为中心的经营观念，即以客户的保险需求为出发点设计保险产品组合，进行市场定位。保险公司向市场提供的往往是若干险种的组合，即便是对同一保户，也要根据他的需要推荐和提供最适合的险种搭配。市场定位是根据竞争对手现有险种在市场的位置来确定自己产品的有利地位，进行组合销售。

2. 明确市场目标。由于保险市场竞争日趋激烈，保险公司不可能以有限的能力向无限的市场提供全部保险产品，必须研究市场，寻找市场机会，发现市场上存在的或潜在的未被满足的保险服务需求。分析市场环境，进行市场细分是寻找市场机会的基本方法。为了选择正确的目标市场，保险公司首先要根据客户的购买心理和购买能力差异，划出若干客户群体，采用不同的销售策略。

3. 树立市场营销战略观念。制定市场营销战略计划是商业保险公司进行市场营销管理的核心内容之一。市场营销战略计划是公司营销部门的长期经营目标以及实现这些目标所需要遵循的主要方针。有了市场营销战略计划，就可以相应地制定营销计划并贯彻实施。营销计划是由营销部门中的中、低层管理人员制定，是为了实现市场目标而采取的产品、定价、分销、促销等策略计划。

4. 建立灵活的市场营销管理体制。市场营销不仅仅是一般理解的广告与推销，而是牵涉到企业所有部门的一系列活动。例如，保险公司要提供一种新保单，要分析该险种当前和今后市场形势，以确信开发的新险种有足够的潜在消费者；要决定保单的期限是长期的还是短期的，是否可以满足客户需要；要厘定费率，保证赔付与费用的抵补和能被保户接受；要确定有效的分销系统，确保保单能有效地推销到客户手中。此外，还要保证承保、理赔、客户服务、信息、会计等系统的运营充分满足产品开发和销售的需要。所有这些工作不单单依靠市场营销部完成，还有赖于保险公司其他各部门的支持与参与。因此，保险公司在从事市场经营活动时，必须建立相应的市场营销管理体制。

### 二、保险市场营销的特点

保险商品是一种无形的服务而不是有形的财物，与其他商品相比较，它不是一种顾客明显需要的商品，而是只有在挖掘潜在的需求后才作为一种商品产生，并在约定的保险事故发生后功能才得以显示的特殊商品。所以，与其他行业相比，保险市场营销具有以下特点：

1. 保险商品直接销售困难。一纸保单代表了保险公司信用，但无法直接向顾客展示直观效能，客户也无法从保单上立即获益。因此，容易造成客户对保险商品缺乏具体了解而影响营销。此外，保险合同是附和性合同，条款由保险人制定，其中涉及许多专业名词，有时文字晦涩，投保人难以准确理解，也增加了直销保单的难度。

2. 大众缺乏购买欲。尽管随着我国社会保险体制改革的深入，居民保险意识日益增强，但人们依赖政府、单位、家庭救济和帮助的观念仍然根深蒂固，从而不易建立以购买保险来提供保障的现代观念。而保险承保的风险大多是不幸事件，容易受到大众的排斥和忌讳，导致销售困难。考虑到这一点，保险公司应注重运用富有想像力和创造力的推销方法与行之有效的广告宣传来吸引保险消费者。

3. 价格竞争在寿险市场营销中不占特别重要的位置。寿险费率严格按照精算公式计算，保险公司不宜采用削价竞争手段，同时保险商品的价格需求弹性较小。另外，为了保证保险公司的偿付能力，国家保险监管部门对费率进行一定的监管，这使保险市场营销本身区别于其他行业的营销，适用非常价格竞争原则，主要依靠提高服务质量来战胜竞争对手。

4. 销售渠道多样。由于各种保险商品既有个人又有团体产品，因此不适用“店头交易”方式和单一分销渠道，而要加强各种代理人的推销工作，这样可以扩大客户群体范围。

## 三、保险市场营销策略

市场营销的四个基本要素是产品、价格、分销及促销，这四个要素结合成营销组合策略。保险公司根据各自市场分析的结果，采取针对性的营销组合策略，进入市场，满足需求。保险公司要在适当的时间和空间，以适当的价格通过适当的促销手段向适当的客户提供适当的保险产品，首要环节是进行保险市场的分析。分析的内容主要涉及客户即消费者的行为，包括个人和团体的行为，以及细分市场，同时确定目标市场策略。

### （一）目标市场策略

首先，对消费者的行为进行分析。尽管保险商品不同于其他有形商品，但消费者的购买决策程序一般仍有这样五个步骤：

1. 问题认知。对于保险营销而言，这个过程实质上是客户自身或客户在保险公司展业人员的引导下，逐渐认识风险存在并可能造成损失的过程，也就是唤起保险需求的过程。因此，这个阶段保险公司可采用公共关系、广告推销、与潜在客户接触等手段来激发其认知。

2. 信息收集。由于大众对保险产品的购买机会少且保险的技术性强，条款复杂，因此对保险产品所涉及的相关信息一般要花较多的时间收集。这个阶段保险营销部门应尽可能地把产品特征及利益等信息通过各种渠道让客户知道。

3. 产品评估。对保险产品的评估一般主要看保险责任、除外责任、保费水平、公司的声誉与财务能力、服务、员工及代理人的工作态度等。其中代理人的态度是否热情，服务是否周到，是否考虑了投保人的处境并向其推荐适合的产品组合尤为重要。

4. 购买选择。这是客户进行决策后的实质购买行动，当然也有可能使购买行为受阻，此时，保险公司要分析受阻原因，“对症下药”。

5. 买后评估。保险商品存在续保或继续购买的问题，因此客户服务特别是售后服务是保持购买具有延续性的关键要素，应引起营销部门的重视。

其次，市场细分，确定目标市场并制定相应策略。保险公司的营销部门通过市场调研，依据客户之间需求的差异性，以及依据地理、心理、人口等多种因素，把一个整体的保险市场划分为若干不同的客户群，每个客户群是一个细分市场，从而有利于保险公司发掘市场机会，调整营销策略，提高经济效益。这之后保险公司可以对每个细分市场进行评价，根据主客观条件决定目标市场，并制定不同的营销策略。所谓目标市场是指保险公司经过市场细分后所要服务的客户群，目标市场策略也就是选择适当的客户群作为保险公司的目标市场，保险公司应根据自身情况来确定最有吸引力的细分市场作为自己服务的目标市场，以自己有限的能力来满足市场上特定客户群的需要。市场细分可以根据以下四个标准进行：

1. 地域。根据不同地区的人们的需求和偏好将市场划分为若干部分。

2. 人口统计因素。根据人口的年龄、性别、婚姻状况、家庭成员、收入、教育程度、职业等将市场划分为若干部分。

3. 个性或生活方式。根据与人们的个性或生活方式有关的特征(活动、兴趣、观点)将市场划分为若干部分。

4. 行为模式。根据人们的利益追求、购买意愿和购买行为的偏好将市场划分为若干部分。

最后，保险公司在选择了目标市场之后，要对目标市场进行开发，确定开发的产品、销售方式、促销手段等。可供选择的目标市场策略有三种：

1. 无差别营销。保险公司只生产一种产品，将整个市场确定为该产品的目标市场。

2. 集中营销。保险公司将其所有营销资源集中在满足某一细分市场对某种产品的需求上。

3. 差别营销。保险公司为不同细分市场设计多种产品和营销组合，以此来满足整个市场的大部分需求。如今，保险公司大多数采用差别营销。

**(二)营销组合策略**

营销组合策略是指保险公司用来满足目标市场内客户群需求的综合营销手段，营销组合策略包括以下几种：

1. 产品策略。保险公司的产品与其他产品一样有一个导入、成长到成熟、衰退的生命周期。采取适当的营销策略，把产品导入市场并尽可能延长产品成长期是保险公司产品营销对策的核心。同时，保险公司为了在竞争中取胜，要随着人们保险需求的不断变化，调整产品组合，开发新产品，修正已有产品和淘汰劣势产品。也要注重保险产品的包装，从内在、外在两方面满足客户需求。有关产品组合策略将在产品开发部分详述。

2. 价格策略。保险商品的价格是费率，费率是否合理会影响保险产品在市场中的地位。由于费率的厘定受技术和市场等多方面的影响，因而主要由精算部门完成，营销部门在其中起辅助作用。作为市场营销的价格策略受以下因素影响：(1)市场竞争。在市场竞争条件下，供求关系决定费率的平均水平，随行就市，形成保险市场的均衡价格。然而保险市场竞争的结果有可能使这个均衡价格短期内低于寿险产品的内在价值，需要通过投资收益弥补。由于保险商品的价格需求弹性较小，因此，成熟的保险市场费率应相对稳定。保险市场主体之间采用回扣等非规范价格竞争，一方面说明市场还不够成熟，另一方面也不利于规范营销体制的建立。(2)利率因素。由于受这个因素影响，保单预定利率的选择对价格制定大为重要。预定利率偏低，保单的储蓄功能便无吸引力；若一味提高预定利率，又要冒利率下调风险，这对保险市场营销也造成困难。(3)资金运用。资金运用收益的高低在很大程度上决定了保单价格，保险公司应在法律允许范围内尽量增加投资收益，降低费率。价格策略可分为低价策略、高价策略、优惠价策略、差异价策略等。

3. 分销渠道策略。保险公司分销渠道是把保险公司与保户联结成网，把保单从保险人转到保户，从而完成营销过程的营销手段。保险公司用于营销产品的分销渠道主要有直销和人员分销两种。其中人员分销包括代理人制度和经纪人制度。规范保险公司的市场营销运作体制就要规范各种分销渠道的运作。关于分销渠道策略在本章前二节中已作论述。

4. 促销策略。促销策略包括广告、个人推销、营业推广、公共关系和企业识别系统(CIS)策略五种形式。保险公司运用这些促销方式把保险商品信息传递给广大消费者,同时激励和引导他们的购买行为。

(1)保险广告。对保险的需求,主要由人们潜在忧虑和现实风险大小以及人们求得安全的意识所决定,这种意识需要保险广告的诱导,使其变成现实购买力。保险商品广告,在商品导入期可向客户灌输某种消费观念,介绍保险商品知识,提高客户对保险商品的认识和信任度;在商品的成长期和成熟期,可引导潜在消费者购买,突出本企业保险商品特色,强化竞争力;在保险商品生命周期达到饱和后,则可维持商品市场。以长期、定期、间隔的广告方式呼唤注意,巩固习惯性购买。

(2)个人推销。由于保险产品复杂且具有无形性,客户购买次数少,需要服务,因此个人推销是保险促销的最有效的工具。在个人推销过程中,要注重心理学的应用,分析投保人的投保动机是属于安全保障型、储蓄型,还是模仿性或欺骗性动机。个人推销的准客户以安全保障动机最为理想、可靠;对储蓄型和模仿性动机的人则要进行保险知识教育,加以引导;若以欺骗为目标,应坚决摈弃。在推销保险产品的过程中,还要对客户的心理障碍进行分析,找出不能使消费者付诸行动的症结所在,采用各种劝购手段进行启发、引导,以促成其购买。

(3)营业推广。营业推广是用来鼓励保险消费者购买保单或中介人销售保单的一种短期诱导的促销方式。不同于有形商品可以采用折扣、免费样品、减价等方法,保险商品一般采用特殊广告,例如将公司的名称、地址、电话、产品信息印在一些日历、气球、购物袋等上面,由代理人送给保户,以加强保户记忆,巩固消费。对代理人和经纪人也可提供一些包括产品或公司概况的说明性小册子、磁带、软件等,或出版代理人刊物,鼓励中介人销售。

(4)公共关系。公共关系的目标主要在于树立保险公司形象,采用的手段主要是新闻媒体。保险公司可进行这样一些公共关系活动:对社会关心的保险活动进行报道;为教育机构、慈善机构捐助;参加或举办各种影响面大的文化、体育活动等。

(5)CIS 策略。企业识别系统(CIS)由理念识别、行为识别和视觉识别三个系统组成,是企业树立强有力形象的策略。CIS 的建立和完善使整个保险公司从精神观念、经营定位、外在形象等方面规范全体员工、代理人员的行为,使客户对保险公司的行为一目了然,便于巩固消费,促进保险市场营销。

## 第四节 产品开发

保险公司的经营环境要求其不断改进其产品,并开发出新产品。保险公司只有设计出满足人们需要、迎合人们心理的险种才能赢得客户和市场。

### 一、保险产品开发的步骤

随着人们保险需求的变化,任何保险公司的当前产品组合都不可能保持长久有效。为了在竞争中取胜,保险公司必须不断调整产品组合,使其继续提供的产品能满足现在或潜在目标市场上变化的要求。调整公司产品组合有三种形式:淘汰劣势产品、修正已有产品和开发新产品。

保险公司开发新产品是以国家的法律、法规、政策为指导,根据市场的需要和自身的资源条件,有选择地开发新的保险业务。一般来说,保险产品的开发包括以下几个步骤:

1. 构思,即为满足一种新的需求而提出的设想。这些设想的来源包括:代理人、经纪人和其他分销人员;公司顾问、精算师、营销主管及其他员工;营销环境分析活动;市场调查;竞争对手的产品及活动;消费者等。构思的方法可采用营销部门直接与客户接触,应注重在不同的环境寻找好的构思,鼓励代理人为公司出谋划策并及时反馈给有关部门。

2. 筛选,即剔除那些明显不适当的产品构思,决定哪些值得深入调查考虑。但是,在筛选时要注意防止潜在的好构思被低估或错误抛弃,相反被不好的构思诱导,从而造成时间和财力浪费。为此,保险公司要依据自己和其他公司的经验建立一套筛选准则:(1)要与公司目标相容;(2)要满足市场的特定需要;(3)在目前分销渠道和技术能力上可行。

3. 商业分析。检查筛选过的构思,分析其开发的可行性与潜力,并上报高层管理部门。商业分析一般包括五个步骤:(1)进行市场分析,即对所有影响产品销售的环境因素进行研究,包括产品是否满足消费者的需要、目标市场大小及属性、潜在销量与利润、消费者对产品的认同、代理人和其他分销人员的认同、产品与竞争者产品的异同、产品与公司其他产品的联系等。其中,保险公司要重点考虑新保单对当前正在提供的保单的影响,因为新保单的介入可能使保单持有人退保以取得新保单。(2)建立产品时间目标。(3)进行经验和技术上的可行性论证。(4)制定营销计划。(5)进行销售与财务预测,包括收入、成本、利润等项。

4. 技术设计,即保险条款的拟订。拟订条款时应考虑到利率变化、风险概率、费用率、通货膨胀等因素,并确定产品的费率结构、利润水平、承保标准和责任范围,然后将保险合同送交公司主管等检查。若保险合同被认为能满足市场需要,便呈送营销委员会(由公司关键主管组成),由其提供总的指导。

5. 实施。包括:(1)获得保险监管部门对新保单销售的批准。(2)促销设计。为营销人员、保户服务人员、消费者等编制销售资料;为产品命名;制作合适的广告;为代理人、经纪人或消费者发布有关信息;将有关产品的广告和宣传材料送交出版社或其他新闻机关;举办新保单销售发布会;制定奖励措施,鼓励销售新产品。(3)信息系统必须更新软件或改装原有系统用来支持新产品。

6. 试销,即保险公司在产品广泛投入市场前选择代理人在小范围内销售,使公司能发现和纠正潜在问题。在试销过程中要听取来自代理人、消费者的意见。

7. 正式上市。新保单正式上市时,保险公司应该在合适的媒体中做广告或举行新闻发布会,将新产品公告于众。同时召开有关会议,把新产品介绍给代理人、经纪人、公司外勤人员以及保户服务人员,印发销售培训材料。此外,还要举办各种培训班,为代理人、外勤人员讲授关于新产品的特征与利益、如何填写投保单、所需服务的内容等项,对核保人、保单签发人就如何管理新产品、如何服务进行培训。

8. 销售管理与总结。新保单上市后,营销部门应检查产品销售情况和财务状况是否与原定目标相符。如不符,则查明原因,进行改正。要分析新产品年保费收入、已售保单总保险金额、已实现的利润、购买者的人口统计因素、赔付数据、内部替代数量以及对年保费的影响、成功的广告和促销、分销方式等,以利于未来更好地销售和开发新产品。

## 二、保单设计过程中的几个突出问题

保单是保险公司的产品，保单是否满足消费者的需求直接关系到保险公司的生存和发展，因此对保单的设计，无论是险种条款，还是名称、包装都要格外注意。

**(一)险种条款设计**

心理学研究表明，求新、求变、追逐时代潮流是消费者普遍的心理特征。一个新产品投放市场后，能否引起消费者的兴趣与购买欲望，其重要的一点是相对于已有老产品、竞争对手产品的优点、特点。优点越多，越容易为消费者所接受。同样，新险种条款也要求新、变、优，才符合人们的心理。

市场营销理论认为，产品的多功能、易组合是消费者需求的趋势。要适应这种趋势，必须改变以往责任固定、缴费固定的险种模式。应进一步增加基本险和附加险，各投保人可根据自己的保险需求和缴费能力，自由组合保单，以满足不同类型、不同层次的投保要求。

**(二)险种名称设计**

险种命名是险种设计的重要组成部分，从心理学的角度来讲，险种名称不仅是客户借以识别险种的主要标志之一，而且是引起他们心理活动的特殊刺激物。一个好的名称，不仅有助于了解险种的性能、特点，还会引起他们的兴趣。一般说来，险种命名要符合以下原则：(1)险种名称要与其主要功能、特点一致。(2)便于记忆，力求文字简洁，便于认知。(3)雅俗共赏，力求生动形象，避免生僻、绕口。险种名称对人们心理产生影响是由于联想的作用。

**(三)保单的包装装潢**

包装装潢在产品的整体概念中占有重要地位。同样，精美的保单包装能使险种更富有魅力。包装泛指用于盛装，保护保单不致损坏的容器。装潢是保单及包装物上的装饰，通过绘画、文字等设计，附于外表，起美化作用。一般来讲，保单包装装潢主要从以下几个方面考虑：

1. 有时代特色，符合人们的求新心理。在人们的购买行为中，求新求变的心理具有代表性。在这种心理支配下的购买不仅要求产品的性能具有时代感、新鲜感，而且对包装的现代化要求也十分强烈。保单作为保险公司的产品，不仅要求险种内容有独特之处，而且包装装潢也要能符合时代要求。不论在材料选用、工艺制作、款式造型，还是在装潢图案、色彩调配等方面，都要充分利用现代科学技术，并反映时代风貌、特色，体现现代艺术，给人新颖独特、简洁明快、技术先进的美好印象。

2. 使用安全的包装，符合人们的安全心理。保险商品对保户来说意义重大，保险价格往往又较为昂贵，所以，采用坚固的包装保护保单不致损坏是包装的主要目的。保险公司可以使用塑料、金属作为包装材料，既牢固可靠，又符合时代潮流。

3. 装潢具有艺术魅力，符合人们的求美心理。装潢美观、大方是吸引人们注意的重要因素。中华民族有着悠久的历史，人们受传统文化影响很深，喜欢吉利、祥和的图案，加之保险又是保障人们生活稳定的工具，采用传统文化色彩较浓的图案，如福禄寿禧、四世同堂、龙凤呈祥、门神守家等，既能让人感到亲切，又暗喻保险能给人带来幸福、稳定的生活。

## 复习思考题

1. 试解释下列名词：

地方办事处　　总代理人　　均衡佣金计划和均衡化佣金计划　　市场定位
营销计划　　市场细分　　营销组合策略　　CIS 策略

2. 人寿保险公司采用哪些营销制度？为什么主要使用代理人制度来推销其业务？
3. 试述我国寿险营销制度的现状和互联网保险的发展趋势。
4. 为什么说发展保险专业代理机构成为规范市场的一个方向？
5. 保险代理合同包括哪些主要条款？
6. 试述保险代理人的佣金制度及其发展趋势。
7. 为什么保险经纪机构适宜于从事团体和一些专门客户的寿险业务？
8. 简述保险市场营销的主要特点。
9. 简述目标市场及可供选择的目标市场策略。
10. 简述保险产品开发应包括的步骤。
11. 在保单设计过程中应注意哪些问题？

# 第十八章　人身保险的承保管理

## 第一节　承保的职能部门和初步审核

当人寿保险公司收到投保单时，公司的承保人员必须加以审核，以确定投保的被保险人的风险程度。一旦风险程度确定，就可做出承保或拒保的决定。这项工作是由公司的承保部门负责。

承保工作被称为风险的选择，它是对投保的被保险人的风险程度进行评估和分类。由于健康状况是评估人身保险的风险的最重要因素，所以起初许多人寿保险公司聘用医师来承担大部分承保工作。在19世纪末，英国开始试办无体检承保，现在欧美国家普遍采用这种承保做法。由于公司按照风险程度制定了承保标准和编写了承保手册，所以可以通过培训由没有医师经历的人来承担大部分承保工作，这主要是为了节省承保费用。

大多数人寿保险公司按照保险种类来设置承保的职能部门，因为各种人身保险在承保工作中存在着某些区别（见图18—1）。

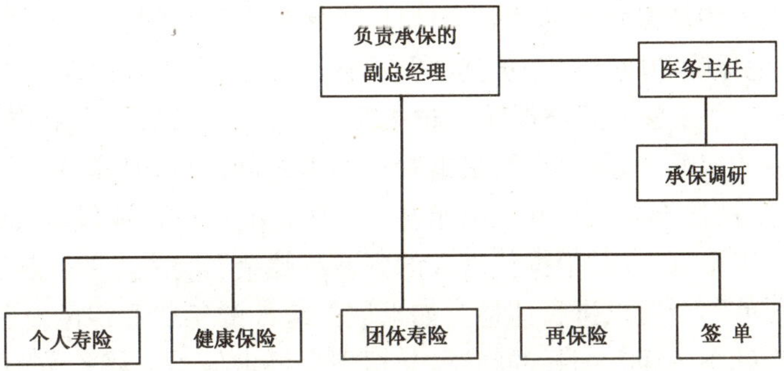


图18—1　承保职能部门的组织图

尽管一般的承保工作无须由医师担任，但大的人寿保险公司还是配备若干医师和护士，其中有一人任医务主任，负责制定和修订医学方面的承保标准，另外负责特殊风险的承保。调研人员是在医务主任和精算师的指导下修订承保标准，医务主任向他们提供医学方面最新进展的信息，精算师则负责收集和评价各种健康状况的人死亡率统计资料。

各种人身保险的承保人员中有初级、中级和高级之分，他们由一个首席承保人统一管理。承保人员的级别是按照他们所接受的训练和具有工作经验来评定的，并对他们规定了不同的承保权限，如能批准投保的保险金额、拒保或提高费率是否要经上级批准。

除了公司的承保职能部门之外，代理人也承担了一部分承保工作。代理人与保险顾客直接打交道，他们的工作是风险选择的开始。公司一般按照承保标准和承保手册对代理人员加以培训，使他们掌握投保单上所有要填写的内容和询问的问题，并要求他们了解其他有关情况，在投保单上代理人的说明栏中向公司回答有关问题，以便于公司承保人员做出决定。

当公司总部或地方办事处收到投保单时，先把投保单编号，如以后签单就把它作为保险单编号，接着公司承保人员初步审核投保单和附加单证的内容是否正确和齐全，例如，投保年龄是否符合该种保险的规定，向理赔部门了解该人以往的赔付记录。现在这一初审手续可以通过把投保的信息输入计算机来加以处理。

在初审之后，承保人员把投保单和附加单证（如财务报告、体检证明）以及资料卡放入案卷送交某一个承保人。该资料卡通常是用电脑打印出来的，登录有关投保的信息，承保人主要根据资料卡来进行风险的评估和分类。

## 第二节　风险的选择和分类

### 一、个人人寿保险

风险的选择和分类的目的是确定公司所承担的风险程度和收取公平的保险费。对正常的风险使用标准费率承保，对高于正常死亡率的风险，如果承保的话还须收取额外保险费，这称为弱体保险或次标准保险（Sub-Standard Insurance）。除了在费率中区分不同类别的风险外，还须注意不同类别风险的平衡，正常的风险应该占被保险人中的绝大多数，使高于正常死亡率的风险被抵消，这样实际的死亡率将会接近于预期的平均死亡率。

**（一）风险选择的信息来源**

1. 投保单。个人人寿保险的投保单一般是由两部分组成：第一部分是询问不属于健康状况的情况，包括投保人和被保险人的姓名和地址、被保险人的性别、出生日期、职业、婚姻状况、习惯、业余爱好、其他保险和以前是否被其他公司解约，以及受益人的姓名和关系、投保的险种和保险金额等。第二部分是询问被保险人过去和目前的健康状况，包括被保险人的身高、体重、过去和现在所患的疾病和残疾情况、最近看病的情况和原因，甚至还会询问被保险人是否饮酒、吸烟、吸毒以及被保险人父母和兄弟姐妹的健康情况。只要被保险人的年龄小于一定岁数、投保金额小于一定金额，以及根据代理人的判断和健康询问表上的回答表明被保险人无健康方面的问题，公司就不会要求进行体检。如果被保险人的年龄和保险金额超过公司的限制性的规定，或者发现健康方面有明显的问题，公司则会要求体检。体检分为两种：一种是由医师进行的全面体检，这种体检的费用颇高；另一种是按承保要求由医务辅助人员如护士进行的体检。究竟使用哪一种体检要视具体情况和需要而定。但今日对绝大多数投保申请不要求提供体检报告，或者只要求由医务辅助人员进行体检。如果承保人员想了解投保的被保险人患有某种疾病的更多情况，可以要求被保险人的治疗医师出具病情报告，投保人在投保时就要向医师授权，见表 18－1。

**表 18－1　　人寿保险投保单（样本）**

<table>
<tr><td>投保单编号</td></tr>
</table>

<table>
<tr><td>代理人编号</td></tr>
<tr><td>代理人姓名</td></tr>
</table>

请用正楷书写

填√或填写所需资料

<table>
<tr><td rowspan="3">被保险人资料</td><td colspan="2">姓　名</td><td colspan="4">□男　□女<br>□未婚　□已婚<br>□鳏居　□离婚</td><td rowspan="2">在过去 12 个月内，你的体重是否下降超过 7 千克？<br>□否<br>□下降____千克<br>□原因____</td></tr>
<tr><td>年份</td><td>出生日期</td><td>出生地点</td><td>身份证号码</td><td>身高</td><td>体重</td></tr>
<tr><td colspan="2">职业</td><td colspan="5">工作性质</td></tr>
<tr><td colspan="8">居住地址 ________________________________ 电话____________<br>通信地址 ____________________________________________</td></tr>
</table>

<table>
<tr><td rowspan="2">投保人资料</td><td>姓名</td><td>身份证号码</td></tr>
<tr><td>与被保险人之关系</td><td>出生日期</td></tr>
<tr><td colspan="3">地址</td></tr>
</table>

<table>
<tr><td rowspan="8">寿险资料<br>基本计划<br>附加保障</td><td>保险名称</td><td>缴费年期</td><td>保障年期</td><td>保额</td></tr>
<tr><td></td><td></td><td></td><td></td></tr>
<tr><td></td><td></td><td></td><td></td></tr>
<tr><td></td><td></td><td></td><td></td></tr>
<tr><td></td><td></td><td></td><td></td></tr>
<tr><td></td><td></td><td></td><td></td></tr>
<tr><td></td><td></td><td></td><td></td></tr>
<tr><td colspan="4"></td></tr>
</table>

<table>
<tr><td>保费</td><td>缴费方法<br>□每年　□半年　□自动转账<br>□每季　□每月　□银行汇兑<br>　　　　□一次　□现金或支票</td></tr>
</table>

被保险人回答

<table>
<tr><td>1. 除此投保单外，你现有或正在投保的保额有多少？<br>公司　寿险/附加保障　意外伤害险　签单日期/保单编号</td></tr>
<tr><td>2. a)你曾否吸烟？　□否　□是<br>若是，请详述吸烟的年数　______年<br>及每日吸烟的数量　过去______/天　现在______/天<br>b)何时及为何停止吸烟？　自从______　原因______</td></tr>
</table>

续表

| 被保险人作答 | | 否 | 是 |
|---|---|---|---|
| 3. 你有没有经常看你病的医生？ | 若有，请详述医生姓名及地址。 | □ | □ |
| 4. 你是否有缺陷或健康有问题？ | 若有，请详述。 | □ | □ |
| 5. 你曾否有下列病症： | 若有，请在下列项目详述。 | | |
| a)风湿性热，关节炎，风湿病，痛风，下背痛，坐骨神经痛或其他脊骨问题？ | | □ | □ |
| b)晕厥，瘫痪，昏倒，精神紧张，精神不正常或神经问题？ | | □ | □ |
| c)心跳不正常，杂音，晕眩，气促，胸部不适，心脏病或任何循环系统问题？ | | □ | □ |
| d)静脉涨大，血压不正常，中风，糖尿病，甲状腺肿胀或内分泌失调？ | | □ | □ |
| e)哮喘，结核病，支气管炎，胸膜炎，肺气肿，吐血或长期咳嗽？ | | □ | □ |
| f)溃疡，消化不良，痔疮，黄疸病，肝炎或其他肠胃或肝有问题？ | | □ | □ |
| g)肾，膀胱或其他泌尿系统不正常或任何透过性关系传染的病(性病)？ | | □ | □ |
| h)血液疾病，例如：贫血，血小板减少症，血友病？ | | □ | □ |
| i)腺胀大，肿瘤，癌，瘤或其他恶性肿瘤？ | | □ | □ |
| j)眼，耳或皮肤有问题？ | | □ | □ |
| k)多发性硬化，硬化，麻木，双重影像，眩晕或脑有问题？ | | □ | □ |
| l)在过去五年内你曾否遭受意外或疾病而没有在上述提及？ | | □ | □ |

| 次数 | 症状 | 日期 | | 痊愈程度 | 医生姓名，地址 |
|---|---|---|---|---|---|
| | | 开始 | 恢复 | | |
| | | | | | |

6. 你曾否　　　　　若有，请在下列项目详述。

a)遭受意外或疾病以至要接受医疗或药物治疗超过 14 天以上？ □□

b)接受过任何检验(包括 X 光，心电图，验血，活组织检查等)；请说明时间，原因及结果。 □□

c)在医院或诊所接受过任何外科手术？ □□

d)因艾滋病，与艾滋病有关的病症或任何其他与艾滋病有关的情况而接受过或将会接受诊断，劝告或治疗？你又曾否获知你有上述任何病情？ □□

e)是乙型肝炎带菌者或曾否被拒绝接受捐血？ □□

| 次数 | 状况 | 日期 | 持续时间 | 结果 | 医生，医院 |
|---|---|---|---|---|---|
| | | | | | |

7. 家庭状况　　否□　是□

你的直系亲属有否患过结核病，哮喘，血液疾病，例如：贫血，白血病，肝病，心脏病或肾病，眼病例如失明，白内障或青光眼，多发性硬化，瘫痪，中风，精神病，糖尿病，高血压，癌症，艾滋病或遗传病/家族性疾病。若有，请在下列项目详述。

续表

| | 健康状况(若已身故,请列明死亡原因) | 出生年龄 | 死亡年龄 |
|---|---|---|---|
| 父亲 | | | |
| 母亲 | | | |
| 兄弟 | | | |
| 姐妹 | | | |

8. 你有否饮含酒精饮料的习惯? 若有,请详述饮酒的频密及每次耗酒量。 □□

9. 你有否服用某种药物的习惯? 若有,请详述。 □□

10. 你曾否向本公司或其他公司投购保险而遭拒绝或增加保费? 若有,请说明保险公司及投保日期。 □□

11. 你曾否打算 若有,请详述。
   a)飞行(以交通乘客身份则例外)? □□
   b)参加有危险性之活动(如赛车、摩托车比赛或潜水等)? □□
   c)出国(旅游除外)? 若有,请在下列项目详述。 □□
   地点　每年次数　逗留时间

12. 仅对女性
   a)你现在是否怀孕? 若是,________个月。 □□
   b)你在怀孕期间是否正常? 若否,请详述。 □□

如申请伤残金保险计划,请回答下列问题

1. a)请提供过去12个月(全职工作)之收入总额　元__________
   如担任兼职工作,请详述工作性质及薪金　工作性质________　元________
   b)如职业分类属类别"A"请提供　已获取之学历________
   已获取之专业资格________

2. 丧失工作能力后,你会否从有关方面得到任何收入? □□
   若有,说明此等收入可维持多久。

3. 请列出最近五年的就业状况,包括兼职在内。

| 在职时间 | 公司名称及地址 | 职　业 | 工作性质 |
|---|---|---|---|
| | | | |

我明白保险公司未正式接纳此投保单及未发出保单前,保险并未生效。

我/我们在此声明没有保留任何应提供的资料,并已提供之资料是完全属实,并明白将会是合约之要点。

我/我们知道假如所隐瞒之资料内容,足以影响公司衡量及应否接受本投保单,可令合约失效。在我/我们未收到保单前,被保险人健康如有改变,须要向公司申报。

我/我们也知道一旦对任何填写之资料内容产生疑问时,必须在本投保单上向公司坦白陈述。

我承认在投保单上的被保险人姓名及出生日期是与身份证完全相同。

我,被保险人,特准任何医生,医院和诊所或人寿保险公司提供一切有关本人的健康资料给贵公司。

被保险人签署

签署于地点__________日期__________

投保人签署

2. 调查报告。在投保大额人寿保险的情况下，如果承保人员想了解被保险人更多健康状况以外的情况，如职业、品质、习惯、经济情况，则需要进行调查。这项调查可以由代理人、调查机构或公司自己的人员负责，与被保险人面谈、电话交谈，或者向被保险人的朋友、邻居、工作单位调查。如果公司根据该调查报告拒保或提高费率，投保人或投保单上的被保险人有权查阅该调查报告的副本。

3. 寿险同业健康信息中心。在美国寿险业中的另一个信息来源是健康信息中心（Medical Information Bureau），它是由700余家寿险公司组成的一个非营利机构。该信息中心的成员公司把承保过程中收集到的健康方面的信息和少量非健康方面的信息编号，并向该中心报告，成员公司可以利用该中心的档案来核实投保的被保险人的健康状况。如果一个人向一家成员公司投保时未申报某种疾病或伤残情况，而以前向另一家成员公司投保时申报了这种疾病或伤残情况，则后来一家成员公司在向该中心核实时就能发现这一隐瞒或疏忽，如果发现该中心提供的信息有误，成员公司必须加以纠正，自然投保人或被保险人也有权要求更正。公司承保人员不能单独根据健康信息中心提供的信息做出承保决定，有时还必须对这类信息作进一步核实。

**（二）风险因素**

许多因素增加投保的被保险人的风险程度，承保人员在审核投保单时需要评估一些重要因素，以确定风险程度。

1. 年龄。年龄是风险选择所要考虑的最重要因素之一，因为死亡概率和人身伤害概率一般随着年龄增加而增加。在投保时一般不会要求提供年龄证明，但在给付保险金之前会要求提供年龄证明，如果发现误报年龄，将按照误报年龄条款调整给付金额。不过，在投保即期年金的情况下，因为在年金受领者死亡时发现误报年龄已不可能再调整给付金额，所以在投保时就要求提供年龄证明。

2. 同健康有关的风险因素。除了年龄之外，还有许多因素影响风险程度，这些因素可以分为同健康有关的因素和无关的因素。同健康有关的因素包括：

（1）体格。体格包括身高、体重和体重分布。经验表明，超重对所有年龄的人都会增加死亡概率，对中年人和老年人尤其如此，因为超重会引起生理失调。为此，公司可以编制一张按照身高、年龄、性别计算的平均体重表。承保人员对体重偏轻并不介意，它甚至能减少死亡概率，但对近期体重突然减轻要进行调查，以确定是否是由疾病引起的。

（2）身体情况。除了体格以外，身体情况是一个最重要的因素。神经、消化、心血管、呼吸、泌尿、内分泌腺系统失常会引起较高的死亡概率。为了便于风险选择，公司应收集各种疾病引起死亡的统计资料。在各个时期引起死亡的疾病的排列是不同的，如今癌症和心血管疾病是引起死亡的最主要原因。

（3）病史。如果投保的被保险人已患有某种严重疾病或曾遭受过意外伤害，这将对其寿命有重要影响。除了要求提供病史外，有时还需要医师或医院出具病情报告。

（4）家庭病史。在风险评估时，家庭病史也是一个重要依据。有些疾病是容易遗传的，如糖尿病。如果父母都健康长寿，那么可以推断投保的被保险人也很可能健康长寿。如果父母均因心脏病在60岁以前死亡，投保的被保险人有高血压或其他引起心脏病的症状，承保人可以提高费率。但是，承保人不能单凭家庭病史提高费率。

3. 同健康无关的风险因素。它包括以下几种风险因素：

（1）职业。有些职业势必会增加死亡概率或意外伤害概率，如高空作业工人、矿工以及使用有毒物质的工厂的工人。

(2)习惯或嗜好。主要了解投保的被保险人是否吸烟、酗酒和吸毒，以及是否业余爱好赛车、跳伞、登山等危险性运动。如果养成这些习惯或有这些嗜好，承保人可以拒保或提高费率予以承保。

(3)道德危险因素。为了防止道德危险因素的出现，承保人员应了解投保人的品质和经济状况。投保人的品质可以从其商业活动和个人生活中是否讲究信誉体现出来。如果投保人缺乏经济能力而又投保了大量金额，这会导致保险单失效，或者表明可保利益有问题。在批准投保单之前，承保人必须仔细审查投保人、受益人和被保险人相互之间的关系，以确信投保人对被保险人的生命具有可保利益。

**(三)风险的类别**

在承保人员审核了投保的被保险人所有有关的资料以后，就必须对其评定一个风险类别。人寿保险公司所使用的风险类别一般有以下几种：

1. 标准。属于标准风险类别的人有正常的预期寿命，对他们使用标准费率承保。大多数被保险人应属于标准风险类别。

2. 优惠。属于这一风险类别的人有高于正常的预期寿命。假如其他条件相同，属于优惠风险类别的人的身体是非常健康的，并有良好的家庭病史，并且不吸烟，对他们使用低于标准的费率。

3. 不吸烟者。把投保之前不吸烟已有1年以上时间的人划入这一风险类别，对他们也可以使用低于标准的费率。

4. 弱体。属于弱体风险类别的人在健康和其他方面存在缺陷，致使他们的预期寿命低于正常的人，对他们使用高于标准的费率。根据额外的风险程度，对弱体风险再可以划分几个类别。

5. 不可保。属于不可保风险类别的人有极高的死亡概率，以致承保人对这一风险类别的人拒保。

**(四)数值费率厘定制度**

最初，人寿保险公司使用判断法厘定费率，这要依靠医务、精算和承保等部门人员的综合判断。但当涉及多种风险因素，要对风险作细微分类时，判断法未必行之有效，这需要使用数值费率厘定制度。

这种费率厘定制度假设：(1)许多健康和非健康因素影响风险程度；(2)这些因素中每种因素对死亡率的影响是经过统计研究取得的；(3)根据风险因素对死亡率的影响分配该因素一个数值。

在数值费率厘定制度中，对标准风险分配一个100的数值，对有利的因素减去数值，对不利的因素加上数值，对标准风险的基本数值加减的结果便是投保的被保险人的风险数值。

对风险因素的数值分配是根据其对死亡率的影响。例如，体重对死亡率的影响，比同一年龄、性别和身高的标准体重超重25%的人，经统计研究这组人的死亡率是标准体重的人的130%，因此，这超重因素要对基本数值加上30。兹举一个简单例子予以说明(见表18—2)。

表 18－2

| 基数＝100 | | |
|---|---|---|
| 风险因素 | 增 | 减 |
| 体重 | 30 | |
| 个人病史:高血压 | 50 | |
| 家庭病史 | | 10 |
| 合计 | 80 | 10 |

费率厘定数值＝100＋80－10＝170

这一数值一般为 75 至 500 或 500 以上。在 75 至 125 之间为标准风险，125 至 500 之间为弱体风险，超过 500 的数值为不可保风险。对弱体风险要细分数个风险类别。在人寿保险业发达的国家，数值费率厘定制度已成为常规，它降低了风险选择的费用。

**(五)弱体风险的保险费**

对弱体风险的人寿保险，除了收取以标准费率计算的保险费外，还必须收取额外保险费。被列为弱体风险者多半归因于患有心脏病、高血压，或者超重，或有不良嗜好。人寿保险公司一般再把弱体风险分为三类:(1)额外危险因素保持不变，如耳聋、半瞎、危险性职业;(2)额外危险因素随着年龄增加而增加，如患有糖尿病;(3)额外危险因素随着年龄增加而减少，如已成功地做了肾脏病手术。

对弱体风险的费率厘定一般使用以下两种方法:

1. 统一的额外保险费。这种方法适用于额外因素不变的情况，对每1 000元保险金额收取统一的额外保险费，不区分被保险人的年龄，但对不同的险种可收取不同金额的额外保险费，如终身寿险的额外保险费应高于两全保险。

2. 额外百分比表。这种方法适用于额外危险因素随着年龄增加而增加的情况。先按照数值把弱体风险分成几类，如 A 类为 125～144;B 类为 145～169;C 类为 170～185;其余类推。尔后，按照年龄分别列出标准费率和弱体风险每一类别的费率。在这额外百分比表中，弱体风险的费率并不按额外死亡率的相同比例递增，这是因为费率中还包括了附加保险费(见表 18－3)。

表 18－3 普通寿险的额外百分比表 单位:元

| 年龄 | 标准风险费率 | A | B | C | D |
|---|---|---|---|---|---|
| | | 130%～150% | 155%～185% | 190%～235% | 240%～305% |
| 15 | 11.13 | 12.40 | 13.30 | 14.32 | 15.74 |
| 20 | 12.68 | 14.18 | 15.24 | 16.44 | 18.09 |
| 25 | 14.64 | 16.42 | 17.67 | 19.09 | 21.04 |
| 30 | 17.15 | 19.31 | 20.81 | 22.51 | 24.87 |
| 35 | 20.38 | 23.06 | 24.91 | 27.02 | 29.96 |
| 40 | 24.58 | 27.75 | 29.83 | 32.25 | 35.76 |
| 45 | 29.89 | 33.91 | 36.43 | 39.43 | 43.92 |
| 50 | 36.87 | 41.78 | 44.92 | 48.70 | 54.49 |
| 55 | 46.15 | 52.17 | 56.10 | 60.92 | 68.50 |

续表

| 年龄 | 标准风险费率 | A | B | C | D |
|---|---|---|---|---|---|
| | | 130%～150% | 155%～185% | 190%～235% | 240%～305% |
| 60 | 58.70 | 65.97 | 70.83 | 76.92 | 86.72 |
| 65 | 75.85 | 84.04 | 89.60 | 96.65 | 108.23 |

对弱体风险收取额外保险费是为了对付其额外的死亡率，并不会增加保险单的现金价值和红利。

**(六)风险改善**

对弱体风险者收取了额外保险费后，如果以后风险有了改善，如恢复了健康，可以用标准费率承保，保险公司应采取降低费率措施；否则保险单所有人会退保，再向其他公司投保。

被保险人的居住处或职业的改变，也会使风险明显改善。针对这种情况，保险公司可以规定一个观察期，在观察期结束时退还从居住处或职业发生变化时起多收的统一额外保险费。

**(七)对幼年和老年人的承保方法**

对幼年和老年人的承保须特别慎重，主要是因为他们缺乏可保利益。

人寿保险公司对幼年人也提供人寿保险，但在承保方法上要采取以下几种手段：

1. 限制保险金额，特别是在幼儿时；
2. 使儿童的保险金额同抚养人的保险金额有一个合理的比例关系；
3. 要求对家庭中的所有儿童的投保金额相接近；
4. 大量开展儿童保险业务，以便把逆选择的影响降到最低程度。

对老年人的承保除了规定年龄限制外，还须限制其保险金额，并提高承保标准和要求进行体检。

**(八)新的承保方法**

由于利润率的下降，人寿保险公司之间相互竞争趋于激烈，为了提高承保工作的效率，国外许多寿险公司采用以下两种新的承保方法。

1. 快速签单组(Speedy Issue Units)。由于承保统计资料完整和风险的类别容易识别，人寿保险公司无须由训练有素的承保人员来审核所有投保申请。可以在承保部门内建立若干小组，专门处理比较单纯的投保申请。如果符合规定的标准，该小组立即批准投保申请，并签发保险单；如果不符合标准，则把投保申请移交承保人审核。这种小组无权拒保或提高费率。快速签单组的承保标准一般有以下几项：

(1)投保的被保险人符合年龄规定，如 15～50 岁；

(2)保险金额不超过规定的金额，如 5 000～30 000 元，具体的金额规定还要取决于被保险人的年龄；

(3)回答了投保单上的所有询问；

(4)无明显的健康问题；

(5)体重和身高正常；

(6)从事普通职业。

2. 电脑核保。这实际上是使用电脑来执行类似快速签单组的承保任务。保险公司编制了附有承保标准的审核投保申请的计算机程序。在收到投保单后，先把投保单上的信息输入电脑，然后进行核保，经电脑批准的投保申请立即打印保险单，被电脑拒保的投保申请则移交承保人处理。由于电脑和计算机程序的成本下降,由电脑审核投保申请的方法逐步得到推广。

图 18—2 显示了传统的和新的承保方法的基本步骤。

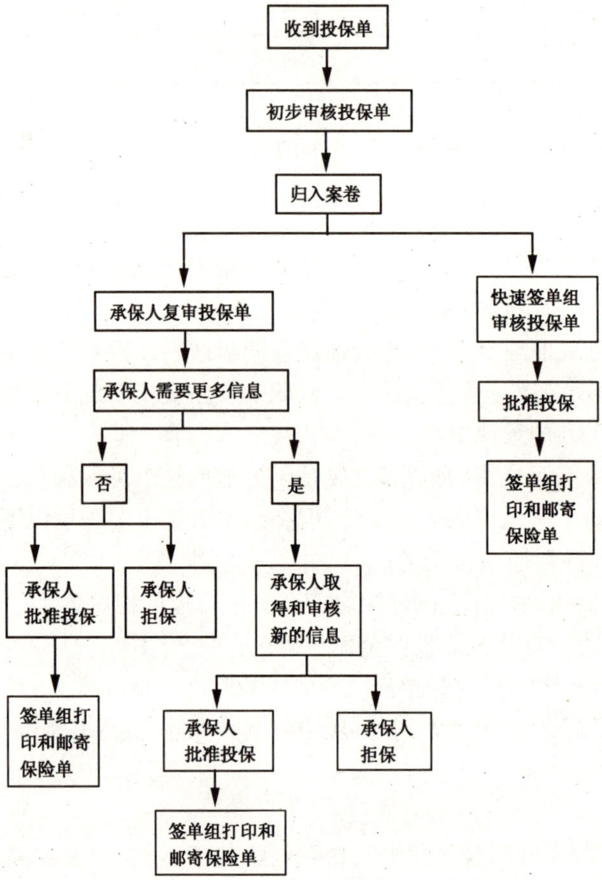


**图 18—2　承保过程的基本步骤**

## 二、个人健康保险

前面论述的个人人寿保险的风险的选择和分类的许多基本原则适用于个人健康保险的承保,这里主要说明个人健康保险承保的特点。

**(一)风险因素**

与人寿保险相比较,由于健康保险的保险金种类多样化,所以对风险因素的评估显得更为重要。由于发病率与死亡率的估计方法存在差别,所以个人健康保险承保所要考虑的风险因素与人寿保险有所不同。例如,投保的被保险人几乎都是投保人,又是受益人,因此不必像人寿保险那样多考虑可保利益问题。另外,年龄、职业、逆选择、道德危险因素在个人健康保险承保中显得格外重要。

1. 年龄。年龄对健康保险金给付的影响取决于保险金的种类,但保险金给付的频数和程度均随着年龄增加而增加,而人寿保险仅是保险金给付频数随着年龄增加而增加。

2. 职业。丧失工作能力的概率在很大程度上受所从事的职业的影响。在丧失工作能力的两个原因疾病和意外伤害中,意外伤害显得尤其重要。对职业是按其危险程度加以分类,可以分为以下四类：

(1)危险因素最小的职业，如律师、会计师、秘书等。

(2)危险因素较多的职业，如出租汽车和公共汽车司机、木工、油漆工等。

(3)危险因素多的职业，如建筑工人、巡警、锅炉制造工等。

(4)不可保的职业，如试飞的飞行员、隧道工人、高空作业人员等，一般不可在个人基础上承保。

在人寿保险中，从事上述危险因素较多职业的人可被视为标准风险，而在健康保险中则被列为弱体风险。

3. 逆选择。它是较之人寿保险承保更为重要的因素，因为人们一般都是意识到自己存在健康问题才去投保个人健康保险。为了避免和减少逆选择，保险公司在保险单中应加入投保前健康状况这一条款。

4. 道德危险因素。被保险人有可能隐瞒或错误申报重要事实。例如，为了取得更多的保险金，被保险人有可能夸大丧失工作能力的程度和时期。

至于同健康有关的风险因素，其意义与个人人寿保险的承保相似。

**(二)对弱体风险的处理**

如同个人人寿保险，承保人可以提高费率承保或拒保。除此之外，承保人对弱体风险也可以采取修改保险责任范围的方法来加以处理。主要有以下几种处理方式：

1. 缩短保险金给付期。

2. 减少保险金给付金额。

3. 延长等待期。

4. 使用弃权附加特约，该附加特约规定某种疾病为除外责任。例如，从病史中了解到被保险人患有肾结石，则把这种疾病列为除外责任，因为肾结石的病情会复发和加重。

关于团体人寿和健康保险的承保原则在第六章中已作过论述。

## 第三节 再保险

新成立的寿险公司或规模小的寿险公司因只有相对少的被保险人和公积金，以及死亡率经验可能会发生较大的波动，故需要再保险。一般而言，寿险公司需要分保是出于两个原因：一是，有的投保人需要很高的保险金额，公司想通过分保来分散风险；二是，有些风险按照承保标准是弱体风险，甚至是不可保风险，公司为了竞争的需要，通过安排分保来予以承保。在人寿保险业发达的国家，寿险分保已有多年历史，一般由承保部门负责安排和管理，甚至设置单独部门负责处理。

### 一、自留额

寿险再保险先要确定自留额，把超过自留额部分的风险分出。确定自留额要考虑以下因素：

1. 公司的公积金状况；

2. 公司的业务分布，包括保险金额、险种、年龄组、地区、承保类别等分布；

3. 公司代理人队伍的素质；

4. 承保人员的素质；

5. 分保的成本。

对弱体风险和年老的被保险人一般规定较低的自留额。分出公司也可以从分入公司处取得回头业务。

## 二、再保险合约

人寿保险的再保险合约有临时分保、合同分保和预约分保三种，但预约分保使用最少。按照再保险人的责任限额来分类，再保险合约分为比例分保和非比例分保两大类。人寿保险再保险一般是比例分保，主要有以下三种方式。

**(一)共同保险**

按照共同保险方式，分出公司向再保险人支付一定比例的保险费减去分保佣金和补贴的差额，再保险人同意给付相同比例的死亡保险金，并且提存相应的准备金和支付相应的红利和退保金。

共同保险方式对分出公司的主要优点是再保险人分担了新业务的公积金的缩减，主要缺点是可运用资金减少，较难管理。

**(二)修改的共同保险**

为了克服共同保险对分出公司资产增加的不利影响，产生了修改的共同保险方式。它与共同保险方式很相似，区别在于是由分出公司保持准备金。按照这种方式，分出公司也向再保险人支付一定比例的保险费减去分保佣金和补贴的差额，但是在每个保险年度末，再保险人要向分出公司退还一个金额，该金额等于再保险部分的准备金的增加金额减去这一年由分出公司持有再保险部分准备金所得的利息，再保险人只取得了风险保险费。

**(三)每年可更新的定期寿险**

按照这种方式，分出公司是向再保险人投保每年可更新的定期寿险。分保金额是等于分保的保险单的所有或一部分风险净额。风险净额是等于保险金额减去每个保险年度末的准备金，因此再保险金额是每年递减的。分保明细表上会显示每年分保的风险净额和每年更新的定期寿险的保险费。在被保险人死亡时，再保险人会负责支付其风险净额的那个份额的保险金。

每年可更新的定期寿险方式有两个主要优点：第一，便于管理；第二，分出公司必须提存的全部准备金，这可以增加其可运用资金。这种再保险方式也称为风险保险费方式。

同样，有些健康保险也需要使用再保险来分散风险，除了使用比例再保险中的成数分保和溢额分保方式外，还可以使用非比例再保险中的巨灾分保和超赔分保方式。

## 复习思考题

1. 试解释下列名词：

风险选择　弱体保险　健康信息中心　数值费率厘定制度　快速签单组　电脑核保

2. 为什么说保险代理人也承担了一部分承保工作？

3. 简述个人寿险风险选择的主要信息来源。
4. 概述个人寿险风险选择过程中所要考虑的三类风险因素。
5. 人寿保险公司所使用的风险类别有哪几种?
6. 对弱体风险的保险费如何处理?
7. 对幼年和老年人的承保要注意哪些方面?
8. 简述个人人寿保险承保的特点。
9. 简述人寿保险再保险的三种主要方式。

# 第十九章　保户服务和理赔给付管理

## 第一节　保户服务管理

在许多行业中，完成销售后即终止了交易，但在人寿保险业中，在销售之后要立即提供服务，并在保险期内持续提供服务。由于保险公司之间的相互竞争，服务的质量对公司的经营成功显得越来越重要。人寿保险公司都设置一个保户服务部，负责管理从保险单签发后到责任终止期间的合同管理。

### 一、保户服务部的服务对象

保户服务是客户服务的一种，保险公司的客户除了保险单所有人外还包括代理人、经纪人、医生、医院、再保险公司、股东等与保险公司有业务关系的人和组织。此外，除了保户服务部的人员向保户提供服务外，保险公司的其他部门也向保户提供服务，如理赔、会计、信息处理等部门。

保户服务部向保单所有人、被保险人、代理人和受益人提供服务。保险单所有人通知保户服务部关于自己地址的变化、受益人的变更、保险责任范围的改变等事项，也可以向保户服务部询问关于其保险单的现金价值的积累、投资的利息收入和所提供的保险金等问题。当然，保险代理人也会部分承担这些工作。有时，保险单所有人询问代理人有关保险单的情况，代理人需要向保户服务部请示，保户服务部应迅速给予代理人答复。当被保险人死亡时，受益人会与保户服务部联系，询问关于保险金给付事项，当然这些问题应当由理赔给付部门回答，但受益人有可能先询问保户服务部。

### 二、保户服务的项目

保户服务部的人员主要承担以下服务项目。

**（一）改变保险责任范围**

主要有以下三种改变：

1. 变换保险单。例如，把定期寿险单变换为终身寿险单，这需要对变换保险单的申请加以审核和批准，并计算新的费率和准备金。

2. 附加特约。例如,原保险单附加意外死亡保险、免缴保险费,对附加特约的申请也需要加以审核和批准。在审核时,要考虑附加特约的种类和金额、被保险人的风险因素等。此外,保户服务部人员也负责处理取消附加特约的申请。

3. 减少保险金额。当保险单所有人提出减少保险金额的申请,这需要重新计算准备金、现金价值,以及再签发保险单和退回部分保险费。

**(二)复效**

关于处理失效保单恢复效力的申请手续,在前面章节中有所介绍,这里从略。

**(三)保险单质押贷款、红利和退保**

保户服务部的人员负责处理保险单质押贷款、分红保险单的红利支付和退保申请。对保险单质押贷款的申请,需要审核保险单的所有权和计算保险单的现金价值。对分红保险单的红利支付,保险单所有人可以选择支付方式。关于处理退保申请的手续,前面也曾作过介绍。

**(四)非保险责任范围的改变**

这包括姓名、地址、受益人和所有权的改变。保险单所有人通知姓名、地址的改变是保户服务部日常所要处理的事务之一。对受益人变更的申请,需要加以审核,并办理变更手续,大多数公司要求保险单所有人使用书面通知,少数公司使用批改方法。对保险单转让的处理,若是绝对转让,保险单所有人必须提出书面转让通知,或者填写一份绝对转让书。

**(五)资料保存**

保户服务部人员承担了大量资料保存工作,并不断更新资料,这些资料现在都使用电脑加以储存。

为了完成以上服务项目,提供保户服务的机构可以分别按照服务项目、险种、客户种类或地区来设置。

### 三、保户服务与保全

保户服务的一项重要功能是使保险公司现有的保单持续有效,而为此进行的一系列售后服务工作称为保全(Conservation)。保全对保险公司来说如同售出新保单一样重要。保户服务是保全的重要手段之一。

保持保险公司与保户之间的紧密关系是保全的最好方法之一,诸如回答保户的问题,倾听保户的申诉,及时处理保户提出的变更。延长复效期、简化保险费缴付手续等是另一类保全方法。及时识别和处理孤儿保单,提供优质的理赔服务,保持保险公司和保户之间的沟通,对保全也是至关重要的。

保险代理人的服务不周是保单失效和退保的主要原因。为此,保险公司可以通过加强对保险代理人的培训,迅速、准确答复代理人所提出的问题,发放续保奖金及采取惩罚措施,来激励代理人提供优质服务。

## 第二节 理赔给付管理

理赔部负责履行保险公司在其保单中所做的经济承诺,理赔部门人员的行为对保险公司的形象至关重要,他们对保险单所有人或受益人来说,是在一个极为重要的时候作为保险公司的代表。

## 一、国际理赔协会的"行为规范书"

为了保证在理赔管理方面提供高水准的专业化服务，许多保险公司对其理赔人员制定了行为规范，国际理赔协会(International Claim Association)的"行为规范书"通常被作为一个准则，其要点如下：

1. 任何索赔人有权得到礼貌、公正和合理的对待，并应迅速地对其进行理赔。

2. 对每个索赔人应及时调查所有事实，做出客观的结论，一旦责任查明，应对其索赔做出公正和合理的赔付。

3. 公正地对待索赔人，完全按照保险合同的条款办理。

4. 不应迫使索赔人提起不必要的诉讼来取得应付款项，也不应使用对某一份保险单或部分不进行理赔的手段来影响对另一份保险单或部分的理赔。

5. 履行及时赔付的义务，还有义务使购买保险的公众免受因欺诈性的索赔所造成的保险费用上升的负担。

6. 应制定防止对有关事实或保险条款误述的程序和做法，以避免凭借较多的知识来谋取不公正的利益，并保持准确和可信的保险理赔记录。

7. 应按照合理的标准提供适当的人员、制度和程序来进行有效的理赔。这些标准是消除不必要的拖延和要求、过分坚持技术细节和过分的鉴定或调查等。对理赔人员应鼓励和帮助他们在理赔管理领域中不断地更新和增加知识和技能，成为专业人员。

国际上许多人寿和健康保险公司要求其理赔给付人员去完成国际理赔协会的教育计划，它包括理赔管理、医疗、牙科和同理赔管理有关的法律方面的课程。

## 二、理赔职能部门和人员配置

理赔职能部门与承保职能部门相似，分为个案分派系统、工作部门系统和两种系统的综合。赔案按类型、金额、收单地区等分类，每一个理赔师有一定的权限，处理一定范围的赔案，这种系统是个案分派系统。在工作部门系统中，理赔师独立调查并做出决策，或者他们也可以组成工作小组。对拒赔案一般由经验丰富的理赔师和理赔督导处理。若有必要的话，也可以请教保险公司的医师、律师，或者聘用外部的理赔调查机构。理赔工作由理赔督导、理赔师和理赔辅助人员完成。理赔督导负责处理难度高、金额大的赔案，还要按理赔师的经验和知识分配他们工作。督导也负责理赔师的培训以及与其他部门的沟通。理赔师是理赔工作的核心，负责对每一项索赔进行评估并做出决策。理赔师的具体职责包括：(1)分析赔案，确定赔付类型；(2)评估索赔信息；(3)获取为确定赔付金额必需的附加信息；(4)确定受益人或赔款的接受人；(5)计算赔付金额；(6)向营销人员、保户解释拒赔原因。理赔辅助人员主要负责提出对有关信息的需求、建立文档并编码、同其他相关部门交流信息；在赔付被批准后，确定支票是否准备好并送给保户。由于理赔工作涉及保险合同的履行、保险金的赔付，这项工作直接影响到保险公司的财务状况和公司形象，因此对理赔人员的要求非常高，需要理赔人员具备相关的专业知识，并不断更新提高。

## 三、人寿保险的理赔程序

当一个索赔人通知保险公司被保险人死亡，并申请给付保险金时，这是理赔给付过程的开始。索赔人可以是保险单所有人、受益人或他们的代表。死亡通知可以直接向理赔部递交，也可以先与保险代理人或公司保户服务部联系。理赔程序分为以下两个阶段。

**(一)收集必需的信息资料**

在理赔人员收到被保险人死亡的通知以后,首先要查阅卷宗,取得保险单和被保险人的信息资料。理赔人员必须查清下列问题:

1. 当被保险人死亡时,保险单是否有效?
2. 死者是否保险单中的被保险人?
3. 是否在可抗辩期间?
4. 死亡原因是否属于保险责任范围?
5. 保险金给付的准确金额。
6. 所选择的保险金给付方式。
7. 谁领取保险金?

许多公司现在把这些信息储存在电脑系统,理赔人员可以方便地从电脑终端取得这些信息。在审核这些必要的信息之后,理赔部门给受益人一份保险金给付申请书,在填具后交该部门,并附上被保险人死亡证明书。此外,保险公司还可以要求索赔人提供被保险人的护理医师的证明。如有必要的话,还可要求提供验尸报告书。

**(二)批准和拒绝给付申请**

在收集了所需要的信息资料之后,就能做出批准或拒绝给付申请的决定。如果批准了给付申请,就会向索赔人给付保险金。如果拒绝给付申请,理赔人员会给索赔人一份解释为什么拒绝给付的通知。倘若由于给付申请引起诉讼,理赔人员要把有关信息提供给公司法律部,甚至还需要出庭作证。不过,很少人寿保险公司的争议会递交法庭处理。在提起诉讼之前,公司和索赔人或其律师可以协商一个双方均可接受的解决争议方案,甚至可以达成某种形式的通融给付(Compromise Settlement)。

健康保险的理赔程序与人寿保险大致相同,这里从略。

## 第三节 欺骗性索赔

绝大多数索赔人是诚实的,其中有人偶尔在提供索赔信息时有误,但他们的意图一般是提出合法的索赔和获取合法的保险金。然而,极少数索赔人却怀着不良意图提出索赔,以获取无权得到的保险金。特别是在健康保险领域,保险欺诈案增加颇为迅速。据美国全国保险监督官协会调查,每年提出的欺骗性索赔使美国保险业损失超过1 000亿美元。在我国人身保险业,欺骗性索赔的案例也屡见不鲜,并呈现增长趋势。

### 一、欺骗性索赔的特点

要列出欺骗性索赔的一般特点是困难的,因为这类索赔的特点不同,而且这些人的动机和方法各异。当一个理赔师收到的保险金给付申请书上有疑问,应该尽可能收集供理赔决策所用的全部信息。

**(一)保险金给付申请书上的疑问**

对保险金给付申请书上出现下列疑问,理赔师应作进一步审核,并取得有关信息。

1. 索赔人和医师提供的信息是出于同一个人的笔迹。

2. 涂改等表明所提供的信息已被篡改。

3. 未填写重要的信息，或者它与保险公司档案中的信息不符，或者未回答所提的问题。

4. 在保险金给付申请书上，医师诊断意见与其他医疗资料完全相同。

5. 医疗术语写错，或者与诊断和治疗的不一致。

6. 索赔人没有授权保险公司从医院、其他保险公司等处获取其他信息。

7. 索赔人只列出邮政信箱，而没有具体列明住址或单位地址。

8. 保险金给付申请书是复印件。

**(二)治疗医师报告中的疑问**

对治疗医师报告中出现的下列疑问，理赔师应特别注意审核。

1. 仅提供诊断和治疗的一般说明，没有实际的记录资料。

2. 只提供紧张或头痛之类的主观诊断意见。

3. 在休息日或节假日未提供急诊服务。

4. 用盖章代替医师签字。

5. 治疗医师报告是一份复印件。

**(三)对索赔人的疑问**

对索赔人出现下列异常情况，理赔师应予以密切注意。

1. 索赔人要求迅速结束赔案，并加以威胁。

2. 索赔人对医疗程序、保险责任范围和理赔具有非同寻常的专门知识。

3. 在没有特殊原因的情况下，索赔人向不是自己所在地从业的医师进行咨询。

4. 即使在需要紧急救护的情况下，索赔人仍坚持找他自己的医生，而不愿去其他医院治疗。

**(四)保险责任范围中的疑问**

在保险责任范围中出现以下问题时，理赔师也应予以特别注意。

1. 保险单在最近半年内签发。

2. 保险责任范围仍处于可以抗辩的时期。

3. 相对风险程度保险金额太高。

4. 投保单是由保险代理人送交，而在该代理人送交的其他投保单的人中，曾有过提出有疑问索赔的先例。

## 二、可能犯有欺骗性索赔的人

可能犯有欺骗性索赔的人包括被保险人、受益人、代理人、医生和保险公司内部人员等，而且他们之间有可能进行串通。

**(一)被保险人和受益人**

某些被保险人或受益人可能会伪造收费单证，对不曾进行过的治疗费用提出索赔，更通常的做法是涂改发票上的收费金额。

**(二)保险代理人**

有时保险代理人会与被保险人串通。例如，保险代理人不提供被保险人的真实病史，或者高报被保险人的收入金额。当被保险人以后获得丧失工作能力收入保险金时，被保险人便把一部分保险金送给代理人。

**(三)医师**

少数医师犯有欺骗性索赔的行为包括:提供虚假的诊断意见,进行不必要的治疗或检查,不必要地延长住院时期,虚开账单,给病人回扣,与被保险人串通,拒绝向保险公司提供医疗记录,虚报病情,提高手术费用。医师所犯的欺骗行为其后果特别严重,除了提高医疗费用和保险费率外,还损害医疗质量和医师的职业形象。

**(四)保险公司内部人员**

保险公司的理赔人员和其他员工也有可能犯有欺骗性索赔的行为。例如,故意算错保险金给付金额,从中贪污其差额;又如,以接受贿赂为条件来批准保险金给付申请。

## 三、预防欺骗性索赔的方法

保险公司可以采用多种方法来预防欺骗性索赔。

**(一)产品设计**

在保险产品设计过程中,保险公司要注意只提供适当的保障。在人身意外伤害保险中,保险金要适度,以免有些被保险人依赖保险金度日,而不在康复后重返工作岗位。对被保险人的疾病或伤害补偿金额太高,会促使某些被保险人进行欺骗性索赔。

**(二)投保单**

在设计投保单时,投保单上应有询问被保险人其他保险的问题,这有助于确定被保险人是否超额保险。投保单上也应该有关于被保险人投保前健康状况的问题,如果对这一问题隐瞒或误述,则被保险人有可能提出欺骗性索赔。

**(三)承保**

在承保工作中,要特别注意从信誉、经济状况、精神状态等方面审核投保人或被保险人是否存在道德危险因素。如果发现存在道德危险因素,就拒绝投保申请,或者修改保险责任范围予以承保。

**(四)内部控制**

为了防止保险公司内部员工犯有欺骗性索赔的行为,保险公司一般会建立某种内部财务控制制度,防止由一个人经手理赔过程中的所有事务,例如,一个人既管理理赔,又签发给付保险金的支票,并作会计记录。对理赔师要根据其经验规定不同的理赔权限,所有高额的赔案都必须由资深的理赔师复核。另一种内部控制的方法是进行理赔审计,甚至聘请外部审计机构来对理赔进行审计。

## 复习思考题

1. 试解释下列名词:

保户服务　　保全　　理赔督导　　理赔师

2. 简述保户服务部的主要服务项目。
3. 举例说明保全的主要方法。
4. 理赔职能部门怎样进行人员配置?
5. 概述人寿保险的理赔程序。
6. 怎样识别有疑问的索赔,以及怎样预防欺骗性索赔?

# 第二十章　寿险资金运用

## 第一节　寿险公司投资经营概述

人寿保险公司是最为重要的非银行金融机构之一，它除了提供人身保险业务之外，还从事投资经营活动，即寿险资金的运用。

### 一、投资部门的组织结构

**（一）传统的组织结构**

人身保险公司的投资部门由一位公司副总经理负责，并配备若干投资经理，每人具体负责一个投资领域，如股票、债券、抵押放款、不动产、养老金基金。如果人寿保险公司也管理养老金基金，其投资部门可分为两个平行单位，一个从事与保险有关的投资，另一个从事养老金基金的投资。

**（二）资产管理结构**

近些年来，国外有些人寿保险公司按照资产管理结构来改组传统的投资部门，即在负责投资的副总经理和投资经理之间增加一些资产经理。这些资产经理的任务是监督和管理每一险种的资产和负债活动，确定最佳的资产和负债的匹配方式，并负责投资决策，由投资经理执行。资产管理结构使人寿保险公司能够确定每个险种所需的投资收入和盈利，不把盈利险种的保险费收入和投资收入补贴亏损险种。

**（三）独立的投资公司**

规模较大的人寿保险公司都设立了独立经营的投资公司，母公司是其主要客户，但它也向其他组织和个人提供投资服务，如管理养老金基金。截至 2014 年底，我国已经获批的保险资产管理公司（不包括香港地区）有 21 家。保险资产管理公司在债券市场上已成为仅次于商业银行的第二大机构投资者，在股票市场上已成为仅次于基金的第二大机构投资者，在长期债券市场和共同基金市场上已成为最大的机构投资者。

## 二、制定投资方针

投资总方针一般由人寿保险公司的董事会制定。为此，董事会下设一个投资委员会，由该委员会根据公司的财务报告和市场分析，具体规定公司的投资目标、计划期内的投资指标、投资安全和投资收入的最低标准、投资种类、各级投资人员批准投资金额的权限。投资委员会只负责制定投资方针和长期投资计划，并监督计划的执行，日常的投资决策权由公司负责投资的副总经理和投资部门掌管。

投资部门要负责编制保证公司投资目标和计划得以实现的经营计划。在编制投资经营计划时要考虑以下因素：预期投资收益率，投资风险，减少投资风险的策略，预期通货膨胀率，国民经济状况，投资的变现性，资产与负债的匹配，以及影响和限制投资的法规。

## 三、投资的种类

根据美国人寿保险公司的投资经营情况，人寿保险公司各种投资占资产总额的比例依次是债券、抵押放款、股票、不动产。保险单质押贷款虽是公司的资金运用方式之一，但它不属于投资部门的经营范围。

### （一）债券投资

债券应是人寿保险公司投资的最主要领域，债券分为政府债券和公司债券两大类。美国人寿保险公司持有的债券大部分是公司债。当经济和利率比较稳定时，公司投资部门一般会持有债券一直到期。如果金融市场不稳定，利率水平波动很大，投资部门则会频繁地从事债券买卖交易。

### （二）抵押放款

人寿保险公司的资金应该是抵押放款市场的重要资金来源。投资部门发放抵押贷款可以采取两种方式：

1. 直接发放抵押贷款。由公司在一些地区设立抵押放款办事处，配备专职的贷款分析和检查人员，但贷款的发放要经公司的总部批准，以保证所签订的抵押合同在法律上不出差错。

2. 通过抵押代理行发放抵押贷款。抵押代理行是借款人和放款人双方的代理人，代办所有抵押贷款事务，按照未偿贷款余额的一定比例收取手续费。

美国的抵押放款市场在20世纪70年代后期开始流行一种转付抵押贷款本息的证券(Pass-through Certificates)，每张证券代表在一个抵押贷款组合中占有一定份额，发行者保证把收取的抵押贷款的本息定期转付给证券持有者。出售这种证券实际上是把金融机构发放的抵押贷款出售给投资者，个人、人寿保险公司和养老金基金是这种证券的主要购买者。

### （三）股票投资

保险法规一般对人寿保险公司股票投资占资产的比例加以限制，原因是股票的价格取决于公司的盈利能力和总的经济状况，容易发生剧烈波动，过多投资于股票会影响人寿保险公司的偿付能力。由于近期美国寿险业创新产品（变额寿险、变额年金、万能寿险等）的销售额增长，对这类产品的股票投资的限制放宽，如纽约州的保险法规现在仅要求寿险公司遵循谨慎投资原则，因此股票投资占资产的比例有所上升。

人寿保险公司的股票投资大部分是通过证券交易所进行的。负责股票投资的经理在其权限内做出投资决策，超过权限的股票投资要经上一级乃至董事会批准。在做出投资决策后，由本部门的交易人委托股票经纪人在交易所内执行。

**(四)不动产投资**

除了自用的不动产以外,人寿保险公司的不动产投资也受到法律限制。美国的法律规定,人寿保险公司的不动产投资必须是自用的和可以取得收益的不动产,后者如仓库、购物中心、公寓、办公楼,不能为投机目的购买未开发的土地。不动产在通货膨胀时期能够增值,其折旧可以免缴所得税,因此不动产投资能为人寿保险公司提供较高的收益率,但其变现性差。

人寿保险公司的不动产投资方法有两种:一种是直接购买不动产,如果投资金额很大,可以与其他公司合买;另一种是先销售后租回方法,例如,由房地产发展商把建成的建筑物出售给人寿保险公司,再立即租回,人寿保险公司收取租金,维修和管理,甚至缴付税金和保险费都是承租人的责任。

## 第二节 我国保险资金运用的历史及现状

我国自1980年恢复国内保险业务以来,保险资金运用的历史大致经历了以下四个阶段:

### 一、初步发展阶段

1984年11月中国人民保险公司取得了自有资金独立运用权后,由总公司在北京、江苏等地尝试性地开展了资金运用业务。1986年中国人民银行开始对保险资金运用实行计划控制,在规模、投资方式上都有严格规定。寿险资金的渠道被限定为“投资地方自筹的固定资产项目”。

### 二、调整整顿阶段

从1989年开始,为治理当时较为严重的通货膨胀,国家采取了紧缩的财政和金融宏观调控政策,压缩固定资产的投资。当时大量保险资金卷入经济增长过热之中,用于信贷、投资房地产、办企业,甚至搞股票、期货、信托等,形成了大量不良资产,出现了管理失控的偏向。按照国家规定,严格信贷计划,把资金转投到流动资金贷款方面,寿险资金运用范围被限定为:流动资金贷款,企业技术改造贷款,购买金融债券,参与银行同业拆借。此外,国家还拆并了中国保险投资公司、中国人民保险公司各分公司的投资处。

### 三、进一步发展阶段

1996年11月,国家采取的适当紧缩宏观调控政策基本达到目的,经济发展呈现高增长、低通胀的良好局面,成功实现“软着陆”。在这样的背景下,1995年10月《保险法》开始实施。《保险法》第一百零六条规定:

保险公司的资金运用必须稳健,遵循安全性原则。

保险公司的资金运用,限于在银行存款、买卖债券、股票、证券投资基金份额等有价证券、投资不动产和国务院规定的其他资金运用形式。

保险公司资金运用的具体管理办法,由国务院保险监督管理机构依照前两款规定制定。

随着《保险法》的颁布实施,保险资金的运用进入规范发展阶段。由于1997年下半年以来出现了通货紧缩现象,1998年上半年国家开始实施适度扩张和积极扩大内需的宏观调控政策，银行存款利率持续7次调低，保险资金的运用渠道逐步放宽。这主要表现在：

1.1998年10月，保险公司获准加入全国同业拆借市场，但只可从事债券现货交易。

2.1999年7月，保险公司获准通过一、二级市场购买信用等级在AA+以上的中央企业债券，并可对沪、深证券交易所上市的债券进行交易，但购买企业债券的限额为保险公司总资产的10%。

3. 自1999年8月12日起，保险公司可以在全国银行间同业市场办理债券回购业务，交易券种为中国人民银行批准交易的国债、央行融资券、政策性银行金融券等，交易期限最长为1年，并允许与商业银行办理大额协议存款。

4.1999年10月26日，中国证监会和中国保监会发布消息：国务院批准保险公司通过证券投资基金间接进入证券市场。当时的入市资金比例被限定在保险公司总资产的5%以内，以后又提高了入市资金的比例。对于投资连接型产品，其入市资金比例最高可达100%。

5.2004年2月2日国务院发布的《关于推进资本市场改革开放和稳定发展的若干意见》明确表示："支持保险资金以多种方式直接投资资本市场，使基金管理公司和保险公司为主的机构投资者成为资本市场的主导力量。"2004年10月，经国务院批准，中国保监会联合证监会发布《保险机构投资者股票投资管理暂行办法》，允许保险机构投资者直接投资股票市场，投资金额最高不超过其上年末总资产规模的5%，2007年又调高该比例为10%。

6.2005年9月11日，中国保监会在上年颁布的《保险外汇资金境外运用管理暂行办法》的基础上颁发了其《实施细则》，标志着近100亿美元的保险外汇资金境外运用进入实质性操作阶段。

7.2006年3月21日，经国务院批准，中国保监会发布《保险资金间接投资基础设施试点管理办法》，限定了投资规模和比例，估计约有700亿元的保险资金可进入该投资渠道。这是保险资金运用渠道的又一重大突破。

8.2006年10月，中国保监会发布了《关于保险机构投资商业银行股权的通知》，保险公司在2006年投资中国银行、工商银行合计A股188.9亿元、H股125.1亿港元，分别占中国银行A股和H股的23.2%和5.8%，占工商银行A股和H股的30.5%和6.8%。保险公司还对深圳发展银行、深圳商业银行、兴业银行以及中信证券、南方电网等进行股权投资，其中中国平安保险集团成为深圳发展银行第一大股东。初步实现了从金融投资到实业投资的突破。

9.2009年12月26日，中国保监会公布了《保险资金运用管理暂行办法(草案)》。该草案规定，保险资金可以从事不动产投资，主要包括基础设施类不动产、非基础设施类不动产；也可以从事自用物业和以控股为目的的股权投资，但以控股为目的的股权投资企业仅限于保险类企业、非保险金融类企业和与保险业相关的公司。

## 四、实施保险投资新政阶段

2012年6月，保监会推出了13项保险投资新政征求意见稿，涉及保险资金管理范围和保险投资渠道两大方向，打开了保险业通往证券、基金、银行、信托等行业的业务通道。之后，保监会在征求意见的基础上，密集出台了一系列投资新政。

2012年7月19日，《保险资金投资债券暂行办法》成为保监会13项投资新政中第一个公布的投资细则，对债券投资种类和投资比例进行调整，其中，投资无担保公司债券的余额从原先的不超过该保险公司上季末总资产的20%上调至50%。7月23日，保监会发布《保险公司委托投资管理暂行办法》，允许保险资金委托保险资产管理公司、券商和基金公司进行投资管理，引入外部竞争。7月25日，《关于保险资金投资股权和不动产有关问题的通知》发布，拓展了投资品种。在配置比例上，未上市企业股权、股权投资基金和相关金融产品的账面余额由不高于上季末保险公司总资产的5%调整为10%，并且降低了保险公司投资股权和不动产的门槛。7月27日，保监会发布《保险资产配置管理暂行办法》，实行普通账户和独立账户分账户管理，而以前实行的是保险资金账户分投连险、万能险、分红险、普通险四种账户。

2012年10月22日、23日，保监会又推出六项有关保险投资的规范性文件，分别是：《关于保险资产管理公司有关事项的通知》、《关于保险资金投资有关金融产品的通知》、《基础设施债权投资计划管理暂行规定》、《保险资金境外投资管理暂行办法实施细则》、《保险资金参与股指期货交易规定》、《保险资金参与金融衍生产品交易暂行办法》。这一系列新政拓宽了保险投资空间，优化资产配置，如保险资金投资渠道首次对银行理财、信托计划和券商理财等金融产品开闸，保险机构境外投资余额不超过上年末总资产的15%，投资新兴市场余额不超过上年末总资产的10%。

2014年2月19日，保监会正式发布《关于加强和改进保险资金运用比例监管的通知》。该《通知》规定了三类比例：一是投资权益类资产、不动产类资产、其他金融资产、境外投资的账面余额占保险公司上季末总资产的监管比例分别不高于30%、30%、25%、15%；二是投资流动性资产、固定收益类资产无监管比例限制；投资单一上述资产的监管比例均不高于保险公司上季末总资产的5%，投资单一法人主体余额的监管比例不高于保险公司上季末总资产的20%。这大大简化了监管比例，与国际监管惯例初步接轨。

截至2014年底，保险业总资产达10.16万亿元，保险公司资金运用余额为9.33万亿元，其中股票和基金投资占11.06%，债券投资占38.15%，银行存款占27.12%，其他投资占23.67%。2014年保险行业实现投资收益5 358.8亿元，投资平均收益率为6.3%。①

## 第三节 保险资金与资本市场对接

随着宏观经济环境的改善和中国加入世贸组织，保险资金运用渠道被逐步放宽，国际上保险资金运用的成熟经验和做法已对我国保险资金的运用产生直接影响。因此，保险资金与资本市场对接已成为必然趋势。

### 一、保险资金的运用必须以资本市场为基本取向

从国际保险业发展趋势看，20世纪80年代后，保险资金运用的资产证券化不断加强，美国保险公司证券化资产已超过80%。20世纪90年代后，不动产投资、贷款也开始趋于证券化，而证券化是以发达资本市场为基础的。单就股票投资看，美国保险公司的投资占20%，日本占34%，中国香港占24%，英国高达60%。为适应国际保险市场产品调整的趋势，国内已从单一的储蓄型产品向保障型产品、投资连接型产品和万能型产品等多元产品体系转化。投资连接型产品和万能型产品的最大特点是既为保户保留了保险的利益，又可分享资本市场快速成长的收益，从而把保险业务、保险资金与资本市场有机地结合在一起。从投资回报水平

---

① 引自中国保监会主席项俊波2015年1月26日在全国保险监管工作会议上的报告。

看，美国过去20年货币市场的收益率为3.7%，债券市场为5%，股票为10.3%；德国过去30年货币市场收益率为3.5%，债券市场为7.9%，股票市场为14.4%；新兴市场国家债券市场收益率为8.7%，股票市场为15.5%。因此，保险资金以资本市场为取向是市场发展的必然趋势。

## 二、中国资本市场的发展需要保险资金的积极参与

中国资本市场经过二十多年的高速发展，股票市值已经逐渐接近GDP，目前正步入规范发展时期。一个成熟的资本市场必须具备三个条件：一是成熟的产品，二是成熟的监管体系，三是成熟的投资者。保险资金进入资本市场，不仅可以丰富资本市场的投资主体，还将为其提供长期稳定的资金来源。目前，我国证券市场的投资者结构过于分散，机构投资者过少，大量短期资金和小额资金充斥资本市场，加剧了资本市场的波动性和投机性。为了促进资本市场的规范、稳步发展，保险资金尤其是寿险资金因为具备长期性、稳定性、规模性的特点，可以为资本市场提供大量长期的资本流入，推动资本市场规模增长与结构改善，保险资金必将成为中国资本市场规范发展中的中坚力量。在许多发达国家的资本市场上，作为机构投资者发挥重要作用的不仅有投资基金，而且还有拥有长期稳定资金来源的各类保险公司及养老金基金。例如，日本的人寿保险公司介入货币市场、债券市场以及股票市场的实力已经超过银行业位居第一；美国养老金2011年的总资产已达17.9万亿美元，其中寿险业经营的年金资产为2.8万亿美元，在资本市场的机构投资者中位居第一。

## 三、保险资金的管理模式

从资金运作的主体来看，国外对保险资金的管理有三种模式：一是保险公司设立全资的子公司或控股公司，实行专业化运作，如保险公司的投资管理公司、资产管理公司或专门的资金公司。这在一般的大型保险公司较为通用。二是保险公司在内部设立专门的资产管理部，按事业部制进行运作。这在一些小型保险公司较为多见。三是保险公司以信托或委托方式将资金交由专门的投资机构或资产管理机构来管理，如各类养老基金公司、投资银行的资产管理部门。这适合于一些小型保险公司的资金运作。

## 复习思考题

1. 概述人寿保险公司投资部门的三种组织结构。
2. 怎样制定人寿保险公司投资总方针和编制投资经营计划?
3. 评述国际上寿险资金运用的主要范围。
4. 简述我国保险资金运用的历史及实施保险投资新政的现状。
5. 为什么保险资金必须与资本市场对接?

# 第二十一章　寿险公司的会计核算和财务管理

## 第一节　寿险公司会计核算概述

会计是收集、分析和汇总财务数据的一种制度，企业依靠它所提供的信息做出经营决策和编制符合要求的财务报告。通过查阅企业的财务报表和账册，人们可以了解其过去和现在的财务活动状况，并且可预测其前景。正确的财务报告可以显示一个企业的财务实力、盈利或亏损状况。企业的领导和外界人士（客户、银行、主管机关等）通过对财务报告的分析，能够识别该企业的经营活动的发展趋势和存在的问题，并可以对改善企业的经营业绩提出整改措施。

### 一、寿险公司会计部门的组织机构

人寿保险公司的会计部门可以按照其主要的职能领域来构造，这些职能领域包括保险费会计、投资会计、税收会计、一般会计、预算的计划和管理、成本分析、信息管理、内部审计等。会计人员的主要职责如下：建立和保持用来区分资产、负债、收入和费用支出的账务制度；保持公司的会计记录；记录收入和支出；编制会计报表和财务报告；预算的计划和管理；分析经营的费用；管理现金流量；编制税收申报表；进行对记录和程序的审计。

### 二、人身保险会计核算的特点

按照我国现行《保险公司会计制度》的规定，保险公司应对保险业务按险种进行分类核算。人寿保险公司的业务分为：普通人寿保险、年金保险、意外伤害保险和健康保险等。人身保险会计核算具有以下几个特点。

**（一）双制并用**

双制并用是指人身保险的会计核算既采取权责发生制（Accrual - basis Accounting），又采用收付实现制（Cash - basis Accounting）。在国际上，许多企业通常使用权责发生制来记录其财务交易，按照这种会计制度，即使收付尚未实现，只要交易发生就把收入或费用入账。而收付实现制则要求在收付实现后才做会计入账。人寿保险公司平时主要采用收付实现制来核算其业务，因为人身保险的保险单所有人对缴付保险费不作法律上有约束力的承诺，所以只有当保险公司收到保险费后才会把保险费记入收入项目。但对其他财务收支核算，仍可按照权责发生制来加以处理，并且，年终在会计收支上也实行权责发生制。也就是说，在平时采用收付实现制，在年终结算时采用权责发生制。我国《保险公司会计制度》规定："按会计年度结算损益，即实行一年期结算损益，保险业务的各项收支，不分业务年度，均按权责发生制原则确认为当期的收入和费用，并确认当期损益。"①

**（二）暂记账户**

使用收付实现制使人身保险的会计核算具有某些独特性。例如，对一笔预付保险费，只有当保险单签发后才能视作是收入，在这之前只能暂记在一个负债账户；又如，为了使提取责任准备金和当年保险费在同一会计年度基础上进行，将当年不同月份承保的业务计算交足一年保险费与本年实交保险费比较后得出的差额应暂记在一个"未收保费"账户。

**（三）准备金精算**

人身保险的责任准备金是根据精算得出的，而不是通过财务收支核算得出的，这项工作虽不是由会计部门承担，但由业务部门提供的精算结果要在会计账务中反映出来，使损益计算成为可能。

**（四）不认可的资产**

有些国家为了使寿险公司的资产在保守的基础上估价，规定某些资产不计入公司年报中的资产负债表中，这些资产被称为不认可的资产（Nonadmitted Assets）。不认可的资产一般分为两类：一类是一部分资产价值是认可的，其余部分价值是不认可的，这类资产一般都是投资。由于投资的资产在价值上有较大波动，所以要求保险公司在保守的基础上估计其投资的价值。例如，美国寿险公司的股票投资是由美国全国保险监督官协会下设的证券估价委员会根据每年年末股票市价来确定其价值的。另一类是资产的全部价值均不认可，这些资产包括设备、装置、汽车、计算机软件、办公用品、雇员借款等，这是因为这些资产的实现价值不易确定。

按照中国保监会《保险公司偿付能力额度及监管指标管理规定》中的"认可资产表编报说明"，银行存款、政府债券、股权投资、保单质押贷款、现金等为认可资产，并规定了政府债券、股权投资、固定资产等认可资产的计价方法。

## 三、保险业新会计准则

我国保险会计制度最近二十多年经历了《中国人民保险公司会计制度》（1982～1993 年）、《保险企业会计制度》（1993～1998 年）、《保险公司会计制度》（1998～2001 年）、《金融企业会计制度》（2001～2006 年）、《企业会计准则》（2006 年至今）五个时期。2006 年 2 月 15 日，财政部发布 39 项企业会计准则，其中第 25 号是原保险合同，第 26 号是再保险合同。保监会发布了《关于保险业实施新会计准则有关事项的通知》，要求从 2007 年 1 月 1 日起保险行业全面执行新会计准则。新会计准则规定，一个合同只有涉及一定的风险转移时才算正式的保险合同。没有任何实质性的保险风险转移的衍生保险产品、退休金和年金、投连保单以及只涉及少量风险的合同都不能作为保险合同。同时，新准则要求对既有保险风险又有其他风险的合同进行分拆，并分别进行会计处理。新准则还引入公允价值作为主要会计计量工具，按照公允价值进行准备金计量，准备金评估利率将以市场利率而非偿付能力监管利率为依据。

---

① 中华人民共和国财政部：《保险公司会计制度》，经济科学出版社 1999 年版，第 4 页。

2009 年 1 月 15 日，保监会又发布关于保险业实施财政部《企业会计准则解释第 2 号》的通知，要求所有保险公司在编制 2009 年度财务报告时遵循以下会计政策：(1)保费收入的确认与计量引入重大风险测试和分拆处理；(2)保单获取成本不递延，计入当期收益；(3)采用新的基于最佳估计原则下的准备金评估标准。

2009 年 12 月 22 日，财政部印发《保险合同相关会计处理规定》。该规定分为保险混合合同分拆、重大保险风险测试、保险合同准备金计量、新旧衔接四部分，也要求保险公司应当自编制 2009 年度财务报告起实施本规定。之后，保监会发布《重大保险风险测试实施指引》，并印发《保险公司偿付能力报告编报规则——问题解答第 9 号：偿付能力报告编报规则与〈企业会计准则解释第 2 号〉的衔接》的通知。

## 第二节 人身保险业务核算

### 一、保险费收入核算

保险费收入是会计部门最大的核算项目。为了反映和监督人身保险保险费收取情况，应设置“保费收入”总账科目和“预收保费”总账科目。

人身保险业务一般按月缴付保险费，会计人员对缴费时间和金额进行审核后，做以下会计分录：

个人缴费：借：现金

贷：保费收入——××险

单位缴费：借：银行存款——活期户

贷：保费收入——××险

人身保险单失效后的复效，除了需补缴应缴的保险费外，还应将失效期间应缴保费所生利息一并补缴，其会计分录如下：

借：现金

贷：保费收入——××险

利息收入

会计部门应将银行活期存款及时转定期存款，并按年期设户进行明细核算，账务处理如下：

借：银行存款——定期户

贷：银行存款——活期户

2009 年 12 月 22 日，财政部印发了《保险合同相关会计处理规定》。关于保费计量问题，仅将保险风险部分确定为保险合同，不能分拆的合同则使用重大保险风险测试，将有重大附加利益支付可能的合同划为保险合同。以后以投资连结保险、万能险为代表的投资型产品的投资部分收入将不再计入保费收入。

### 二、给付保险金核算

人身保险的给付保险金分为满期给付、年金给付和死亡、伤残、医疗给付。

**(一)满期给付**

为了反映满期给付情况，设立"满期给付"科目，作如下会计分录：

借：满期给付——××险
　　贷：现金
　　　　银行存款

**(二)年金给付和死亡、伤残、医疗给付**

分别设立"年金给付"和"死伤医疗给付"科目，核算人身保险业务中年金给付和被保险人发生死亡、伤残、医疗等事故后保险公司按保险责任给付被保险人或受益人保险金情况。这些科目也是按险种设明细账进行核算。会计分录如下：

借：年金给付——××险
　　死伤医疗给付——××险
　　贷：现金
　　　　银行存款

如果保户未偿还保险单质押贷款，在给付时应扣除本息，作如下会计分录：

借：死伤医疗给付
　　贷：保户质押贷款
　　　　利息收入

## 三、借款与还款核算

由于长期人身保险业务具有储蓄性，所以条款中规定了保险单质押贷款，其会计分录如下：

借：保户质押贷款
　　贷：现金
　　　　银行存款

借款人还款时，作如下会计分录：

借：现金
　　银行存款
　　贷：保户质押贷款
　　　　利息收入

## 四、退保核算

储蓄性的人身保险业务允许退保，保险公司按照规定给付退保金，其会计分录如下：

借：退保金——××险
　　贷：现金
　　　　银行存款

如果退保时，尚有未归还的借款，其账务处理如下：

借：退保金
　　贷：保户质押贷款
　　　　利息收入
　　　　现金
　　　　银行存款

## 五、手续费核算

佣金或代理手续费是保险公司根据代理协议给予代理人的报酬，一般按实收保费和规定的比例支付，其账务处理如下：

借：应付手续费——××险
　　应付佣金——××险
　　贷：现金
　　　　银行存款

## 六、税收核算

根据我国现行税法规定，对储蓄性人身保险业务免缴营业税，对寿险公司免征公司所得税，如需缴营业税，其账务处理如下：

借：应交税金——××险
　　贷：银行存款

## 七、保户红利支出核算

人寿保险公司如出售分红保险单，其盈利的大部分应作为红利返还给保户。当保险公司向保户分派红利时，作如下会计分录：

借：保户红利支出
　　贷：现金
　　　　银行存款

当年终结转“本年利润”时，作如下会计分录：

借：本年利润
　　贷：保户红利支出

## 八、应收利息核算

定期存款利息要等到存款到期才能收到，根据权责发生制原则，应将属于当年利息收入计入当年收益。会计部门应设“应收利息”科目，作如下会计分录：

借：应收利息
　　贷：利息收入

到期收回本金和利息时，应冲减以前年度的应收利息，其账务处理如下：

借：银行存款——活期户
　　贷：银行存款——定期户
　　　　应收利息
　　　　利息收入

## 九、投资收益核算

人寿保险公司的生存和发展有赖于寿险资金增值，人寿保险公司为了提高资金运用效益，将责任准备金和资本金进行债券、股票和其他投资。在年终计算投资收益时，对债券应计未收利息，对股票应计应收股利，对其他投资应计所得利润。会计部门应设“投资收益”总账科目，在期末将“投资收益”科目贷方余额转入“本年利润”科目的贷方。其账务处理如下：

借：投资收益

　　贷：本年利润

再将“投资收益”科目借方余额转入“本年利润”科目的借方：

借：本年利润

　　贷：投资收益

该科目应按投资收益种类设明细账进行核算。

### 十、准备金核算

责任准备金是人寿保险公司的最大负债项目，并按照预定复利率来计算利息。为了核算和监督寿险责任准备金的情况，设“提存寿险责任准备金”和“寿险责任准备金”两个科目。两科目均按险种设账户进行明细核算，作如下会计分录：

借：提存寿险责任准备金——××险

　　贷：寿险责任准备金——××险

转回责任准备金时，作如下会计分录：

借：寿险责任准备金

　　贷：转回寿险责任准备金

财政部的《保险合同相关会计处理规定》对准备金评估的规定是：准备金评估利率将以市场利率而非偿付能力监管利率为依据。由于提高了准备金的评估利率，所以在一定程度上减少了寿险公司准备金负债，而利润有一定程度增加。

人身保险业务各项费用和其他收支的核算方法与一般企业相同，现在使用2011新会计准则会计科目表。

## 第三节 寿险公司损益核算

### 一、利源分析

从理论上讲，人寿保险业务的盈亏可使用下述公式计算：

人寿保险业务盈（亏）＝寿险实际责任准备金－寿险理论责任准备金

但我国保险公司在实际操作中，财务部门按下列公式进行人寿保险的利源分析：

寿险损益＝“三差之和”＋退保损益

“三差之和”即费差、利差、死差之和。费差是用预订费用率（即附加保费）减去当年各项实际费用后的差额，即：

费差＝毛保费×附加费用率－费用支出

利差是用年初责任准备金加上按当年预定利率计算形成的理论责任准备金与年初责任准备金加上按当年实际利率计算形成的责任准备金的差额，即：

利差＝本年度利息收入＋本年度其他投资收益
－本年度预定提存利息

死差是指预定死亡给付与实际死亡给付的差额，即：

死差＝本年度纯保费收入＋本年度预定提存利息＋年末账面责任准备金－本年度提存责任准备金－本年度退保金－本年度死亡、伤残给付－本年度满期给付

## 二、人寿保险公司利润表

按照《保险公司会计制度》规定，我国人身保险业务实行按会计年度核算损益。人寿保险公司的利润并非个别业务计算汇总而成，而是根据全部业务计算而成。人寿保险公司的利润由承保利润与投资利润组成。与一般企业不同，由于各种准备金的估计和提存很难完全准确，因此其估计准确与否对寿险公司年度利润影响较大。人寿保险公司利润表是反映公司在一定时期内经营成果及其形成情况的会计报表。它反映公司从年初起至报告期末止累计实现的全部收入与支出、利润（或亏损）总额以及净利润（或净亏损）形成的情况。通过利润表可以从总体上了解人寿保险公司的收入、成本和费用及净利润（或净亏损）的实现和构成情况。通过分析和比较不同时期的利润表，可以发现人寿保险公司的获利能力、利润的变化趋势以及在经营过程中存在的问题。利润表既是人寿保险公司经营业绩的综合体现，又是进行利润分配的主要依据（见表 21－1）①。

**表 21－1　　人寿保险公司利润表**

会保 02　表 2

编制单位：　　　　年　　月　　　　单位：元

| 项　目 | 行次 | 本期数 | 本年累计数 |
|---|---|---|---|
| 一、保险业务收入 | 1 | | |
| 1. 保费收入 | 2 | | |
| 2. 分保费收入 | 3 | | |
| 二、保险业务支出 | 6 | | |
| 1. 死伤医疗给付 | 7 | | |
| 2. 满期给付 | 8 | | |
| 3. 年金给付 | 9 | | |
| 4. 退保金 | 10 | | |
| 5. 赔款支出 | 11 | | |
| 减：摊回分保赔款 | 12 | | |
| 6. 分出保费 | 13 | | |
| 7. 分保赔款支出 | 14 | | |
| 8. 分保费用支出 | 15 | | |
| 9. 手续费支出 | 16 | | |
| 10. 佣金支出 | 17 | | |
| 11. 营业税金及附加 | 18 | | |

① 中华人民共和国财政部：《保险公司会计制度》，经济科学出版社 1999 年版，第 75～76 页。根据新会计准则，财务报表主表除了过去的资产负债表、利润表、现金流量表外还增加了股东权益变动表。利润表将过去四段式利润表变成三段式利润表，增加了公允价值变动损益、资产减值损失、每股收益等项。

续表

| 项　目 | 行次 | 本期数 | 本年累计数 |
|---|---|---|---|
| 12. 营业费用 | 19 | | |
| 减:摊回分保费用 | 20 | | |
| 13. 提取保险保障基金 | 21 | | |
| 三、准备金提转差 | 25 | | |
| 1. 提存未决赔款准备金 | 26 | | |
| 减:转回未决赔款准备金 | 27 | | |
| 2. 提存未到期责任准备金 | 28 | | |
| 减:转回未到期责任准备金 | 29 | | |
| 3. 提存寿险责任准备金 | 30 | | |
| 减:转回寿险责任准备金 | 31 | | |
| 4. 提存长期健康险责任准备金 | 32 | | |
| 减:转回长期健康险责任准备金 | 33 | | |
| 四、承保利润 | 38 | | |
| 加:投资收益 | 39 | | |
| 利息收入 | 40 | | |
| 其他收入 | 41 | | |
| 汇兑收益 | 42 | | |
| 减:利息支出 | 43 | | |
| 保户利差支出 | 44 | | |
| 其他支出 | 45 | | |
| 五、营业利润 | 46 | | |
| 加:营业外收入 | 47 | | |
| 减:营业外支出 | 48 | | |
| 六、利润总额 | 49 | | |
| 减:所得税 | 50 | | |
| 七、净利润 | 51 | | |

注:在上表中,

承保利润＝保险业务收入－保险业务支出－准备金提转差

营业利润＝承保利润＋投资利润

## 第四节 寿险公司财务管理

每家寿险公司都有两个基本的经营目标:一是为了保障其保单所有人的利益,保险人必须能偿付其到期的债务。偿付其债务的能力被称为偿付能力。二是为了公司所有人的利益,保险人要设法使其公司价值最大化。对其所有人产生利润和增加公司价值的能力被称为盈利能力。保险公司管理其财务资源以实现其偿付能力和盈利能力目标的过程被称为财务管理。

## 一、财务管理部门的职责

寿险公司的财务管理部门的职责如下：

1. 制定公司的财务战略。这一过程包括制定公司的偿付能力和盈利能力目标与战略。

2. 管理资本和盈余。寿险公司的资本和盈余是其资产超过其负债的金额。财务经理管理公司的资本和盈余以获得高的收益率。

3. 管理现金流量。财务经理要注意公司的现金流入和流出，以获得充足的现金来偿付债务。

4. 管理投资。投资经理买卖债券、股票、抵押贷款、不动产和其他资产来帮助公司实现其偿付能力和盈利能力目标。

5. 公司财务报告。会计部门编制公司财务成果的报告，供公司管理部门内部使用和监管机构、资信评级机构、潜在投资者等外界使用。

6. 执行其他会计职责。这些职责包括预算、费用分析和记录公司所有财务交易。

7. 审计和内部控制。财务经理制定遵守公司方针、保存财务记录和保护资产的程序。

8. 进行财务分析。进行财务分析以掌握盈亏的原因，识别偏离预期结果的先兆。

在大多数寿险公司中有三个部门(即会计、投资、精算)分担财务管理职责。这三个部门都有自己的职责，但它们紧密合作来管理公司的财务。保险公司的总裁对公司的财务战略和目标最终负责，但他把大部分财务管理职责委派给首席财务官(CFO)，由首席财务官协调会计主任、首席投资官和总精算师分管的财务工作，并向公司董事会和总裁报告。

## 二、资产负债表

为了理解寿险公司的财务管理，需要熟悉资产负债表。

资产负债表显示一家公司在一个特定时期的财务状况。资产负债表汇总了公司拥有的资产、欠下的负债和公司所有人对公司的投资(股东权益)。表 21－2 是一张简化的资产负债表。

**表 21－2　　寿险公司资产负债表**

12 月 31 日　　单位:元

| | |
|---|---|
| 资产 | |
| 货币资金 | 100 000 |
| 投资资产 | 2 000 000 |
| 应收保费和利息 | 100 000 |
| 固定资产 | 400 000 |
| 其他资产 | 50 000 |
| 资产合计 | 2 650 000 |
| 负债及股东权益 | |
| 负债： | |
| 保单准备金 | 1 800 000 |
| 应付赔款和保单红利 | 100 000 |
| 负债合计 | 1 900 000 |
| 股东权益： | |
| 股本 | 150 000 |
| 资本和盈余公积 | 600 000 |
| 股东权益合计 | 750 000 |
| 负债与股东权益合计 | 2 650 000 |

资产包括投资、库存现金、建筑物、设备和他人欠公司的款项。人寿保险公司拥有的资产主要是债券、股票、不动产、抵押贷款和现金。寿险公司的主要负债是保单准备金。一家公司的资产必须超过其负债金额，这些超额资产通常被视为负债的"支撑"。

各国保险法规定保险人必须保持一个最低水平的保单准备金，大多数保险人保持的准备金水平超过法定的最低准备金。准备金评估是确定保险人法定保单准备金价值的过程。保险人的委任精算师(Appointed Actuary)是由公司董事会正式任命的精算师，他对保险公司的财务状况提供正式的精算意见，负责确定每年必须提存保单准备金的金额，以确保将来有充足的资金偿付公司负债。在做出这种决定时，委任精算师对预期保费缴付、预期的投资收入、预期的索赔经验和预期的费用支出要作保守的假设。

除了保单准备金之外，保险人必须提存的其他法定准备金包括：(1)应付保单红利准备金；(2)保单所有人预付保费准备金；(3)已发生但尚未赔付的赔款准备金；(4)资产波动准备金，旨在调剂保险人投资业务中的盈亏；(5)各种意外准备金，可作为保险人面临的特殊风险的缓冲器。

股东权益是指资产超过负债的部分。股本是公司所有人通过购买保险公司发行的股票所做的投资。资本和盈余公积代表自从公司开办以来公司经营中赚得的净利润中积累的部分。因相互保险公司不发行股票，对股东权益就单纯地称为盈余。股东权益是保险人偿付能力的重要决定因素。资产负债表上的资产、负债、股东权益的关系是基于下列基本的会计方程式：

资产＝负债＋股东权益

保险人的资产必须等于其负债与股东权益的合计数。

## 三、偿付能力和盈利能力

保险公司财务管理的目标是在提升盈利能力的同时增强偿付能力。两者对保险人的生存能力都至关重要。

**(一)偿付能力**

1. 影响偿付能力的风险。这些风险可以分为四大类，称为意外风险(Contingency Risks)或C风险。

(1)C-1风险是资产风险。资产风险是指除了市场利息率变化以外的原因造成投资损失的风险。例如，保险人所持有的股票会丧失市值的风险，保险人所持有债券的发行人不按时偿付本金和利息的违约风险。

(2)C-2风险是定价风险。定价风险是指保险人有关死亡率或费用的经验明显偏离预期，造成保险人的产品发生亏损。

(3)C-3风险是利息率风险。利息率风险是指市场利息率的变动造成损失的风险。例如，市场利息率上升引起债券销售亏损，保险客户向保险公司退保后把资金存入银行以取得较高的收益率。

(4)C-4风险是一般经营风险。一般经营风险是指由于管理不慎或公司不能控制的环境因素造成损失的风险，例如无效的管理、欺诈和诉讼损失、税法修改、经济衰退、自然灾害。

存在这四类C风险足以说明充足的股东权益对保险公司的偿付能力至关重要，通过股东权益提供资金来弥补由于这些风险造成的损失，使保险公司仍保持偿付能力。因此，保险公司持续的偿付能力一般依赖于充足的股东权益。

2. 偿付能力的衡量。保险公司通常使用资本比率而不是股东权益的绝对金额来衡量其偿付能力。资本比率通常是保险人的股东权益与资产的比率：

$$资本比率=\frac{股东权益}{资产}$$

一般而言，资本比率的值越大，保险人的偿付能力越强。上述资本比率被称为未加权比率，因为它没有考虑保险人经营内含的风险水平。考虑保险人的风险水平，对未加权比率进行调整，就得出风险加权比率。在给定经营风险情况下，在决定保险人是否有充足的股东权益时，风险加权比率优于未加权比率。美国和加拿大保险监管机构都使用风险加权资本比率来监管每个保险人的偿付能力。根据《风险资本比率规定》(Risk-based Capital Ratio Requirement)，美国各州保险监管机构评估相对于保险人经营风险的资本充足性。风险资本(*RBC*)比率是根据风险加权公式来计算的。*RBC* 比率是把保险人实际的股东权益金额与考虑其风险后应该具有的股东权益金额进行比较，其实际计算超出了本书范围。美国的每家保险公司必须按照规定的公式进行 *RBC* 计算，并向州保险监管机构和全国保险监督官协会(NAIC)呈送其 *RBC* 水平的年报。保险监管机构分析其年报 *RBC* 水平，按特定标准加以比较。如果其 *RBC* 比率低于标准，就对该保险人采取措施。该比率越低，采取的监管措施就越严厉。表 21－3列出了美国全国保险监督官协会 *RBC* 监管系统下法定的监管措施。

**表 21－3　　美国全国保险监督官协会(NAIC)*RBC* 监管系统下法定的监管措施**

| *RBC* 比率 | 规定的监管措施 |
|---|---|
| 250％及以上 | 不必采取监管措施。 |
| 200％～249％ | 人寿保险人必须进一步分析。如果分析结果表明存在问题，保险人必须向所在州提交一份采取措施的机密计划。 |
| 150％～199％ | 人寿保险人必须向所在州提交一份采取措施的机密计划。 |
| 100％～149％ | 人寿保险人必须接受所在州的秘密调查。 |
| 70％～99％ | 所在州有权对保险人实行破产接管。 |
| 70％以下 | 所在州对保险人实行强制破产接管。 |

资料来源：摘译自 NAIC《人寿和健康保险人风险资本示范法》。

我国对寿险公司偿付能力的监管将在下一节专门加以论述。

**(二)盈利能力**

保险人一般重视长期盈利能力。长期盈利能力使保险人能提供投资资金，支付分红保单的红利或向股东分派红利，提高保险资信评级机构的评定的资信级别，向产品开发和拓宽销售渠道提供资金，为公司成长和兼并提供资金。

损益表只能提供保险人短期盈利能力的信息，有关长期盈利能力的信息需使用资产负债表。资产负债表上的股东权益账户反映了公司经营的长期影响。

盈利能力使用资本收益比率来衡量：

$$资本收益比率=\frac{收益}{股东权益}$$

资本收益比率表明一定时期内保险人如何使用其股东权益来产生利润。资本收益率越高，表明公司越有效地使用其股东权益来获得利润。如同前面讨论的资本比率，资本收益比率可以是未加权的，也可以是考虑保险人风险水平后加权的。资本收益比率可以总体计算，也可以按险种、产品、销售渠道分别计算。

## 四、现金流量管理

现金流量是现金流入或流出一个组织的活动。现金流入也称为资金来源。保险人的现金流入来自:(1)产品销售和投资收益产生的收入;(2)现存资产的出售;(3)外部筹资。现金流出也称为资金使用。保险人的大部分现金流出是给付保单所有人和受益人保险金、退保金,其他现金流出是支付经营费用和购买新资产。现金流量管理是指以现金流量作为管理的核心,兼顾收益,围绕企业经营活动、投资活动和筹资活动而构建的管理体系,是对当前和未来一定时期的现金流量在数量和时间安排方面所做的预测和计划、执行与控制、信息传递与报告以及分析与评价。现金流量管理的基本目标是在任何时候都有足够的现金偿付到期债务,并使剩余现金合理投资以尽可能获得高的收益。现金流量管理的模式是指现金流入和流出公司的时间选择和金额。

### (一)现金流量对偿付能力和盈利能力的影响

保险人必须以现金形式保持足够的资产金额以便偿付到期债务。如果保险人没有充足的现金资产,即使其资产超过负债仍难以偿付其债务。当保险人不能偿付其当期债务时,就有可能亏损出售资产或借入资金。

为了保持偿付能力,保险人要保持资产适当的流动性,即资产以接近其真实价值迅速变换为现金的能力。资产流动性越强,就越容易以接近其真实价值变换为现金。现金自然是流动性最强的资产,它无须变换。一些短期债券(如国库券)因随时可出售而具有高度流动性,而商业不动产则因耗费时间寻找合适的买家而缺少流动性。然而,保险人也不能持有过多现金,因为现金资产不能产生收益。保险人需要获得高收益率以实现其财务目标,而长期缺少流动性的资产一般提供较高收益率。财务经理要确定一个流动性水准,使公司既能偿付到期债务,又能获得高的投资收益。

### (二)资产负债管理

资产负债管理有广义和狭义之分。广义的资产负债管理,是指金融机构按一定的策略进行资金配置来实现流动性、安全性和营利性的目标组合。狭义的资产负债管理,是指在利率波动的环境下,通过策略性改变利率敏感资金的配置状况来实现金融机构的目标,或者通过调整总体资产和负债的持期(Duration)来维持金融机构正的净值。

在理论上,保险公司能通过保持其现金流入至少等于现金流出来平衡其偿付能力和盈利能力的目标。但在现实中,财务经理不可能使现金流入与现金流出完全匹配,只能尽力使两者接近。为了使现金流入和现金流出匹配,财务经理把资产和负债一起管理。资产负债管理是协调保险人的产品负债和投资两者的财务影响的现金流量管理计划。通过资产负债管理,财务经理识别现金流出的模式,然后构建一个足以偿付公司债务的现金流入模式的资产组合。在应用资产负债管理原理时,首先要估计在一定时期一种产品会产生的索赔时间和金额,这些索赔表示未来的现金流出。然后,再确定为了给付这些未来索赔所需现金流入今日必须投资的金额。

资产负债管理已成为大多数保险公司的一项日常金融风险管理活动。许多保险公司已建立了资产负债管理的技术队伍,并采用了一个正规的内部报告系统,向需要资产负债管理信息进行财务决策的经理们汇报。

有效的资产负债管理需要公司总裁、首席财务官、首席投资官、产品精算师和投资经理介入，并广泛进行交流，如图 21－1 所示。

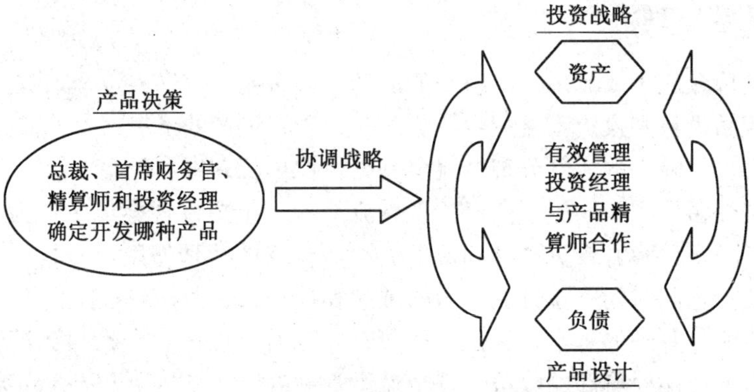


**图 21－1　寿险公司资产负债管理**

资产负债管理要使用预测和模拟技术。预测是估计可能的远景方案。精算师对其产品相关的现金流量(保费收入、保险金给付、退保金等)的金额、持期和时间进行预测，投资经理对资产相关的现金流量(投资收入、证券买卖等)进行预测。这些预测是根据下列关于未来情况的假设：(1)利息率变动；(2)通货膨胀；(3)各种投资行为；(4)监管、社会和行政因素；(5)竞争环境；(6)产品销售。

当然预测具有不确定性。为了解在什么程度上预测的结果会怎样发生变化，保险公司使用模型来预测改变各种假设将怎样影响经营成果。模型是用来表示一个复杂系统的模式，以便研究在多种环境下该系统行为如何。使用模型的目的是探索若干从"最好"到"最坏""假设与结果"的情景。

资产负债管理主要关心利息率风险。市场利息率的变化对保险人的资产和负债、现金流量有着重要的影响。利息率变化影响保单失效、退保和提款的数量，从而影响现金流出。利息率变化也影响保险人投资的业绩，从而影响现金流入。保险公司进行定期的现金流量测试，以评估改变利息率假设对预期的现金流量的影响。现金流量测试是在一定日期预测和比较未来某段时期内资产和负债现金流量时间和金额的过程。财务经理预测在许多不同利息率情况下公司的现金流入和流出。保险公司使用现金流量测试可识别会威胁公司财务状况的利息率情景，从而采取措施并作必要的调整。

美国大多数州采用全国保险监督官协会的《修正标准评估法》。该法要求保险人按照利息率逐渐升降、迅速升降等七种利息率情景进行现金流量测试。当保险人完成了现金流量测试后，委任精算师要签署一份声明，证明根据现金流量测试结果表明准备金充足。

**(三)现金流量表**

现金流量表是企业三大财务报表之一。现金流量表是反映企业在一定会计期内有关现金和现金等价物的流入和流出信息的报表。现金流量表按照经营活动、投资活动和筹资活动进行分类报告，目的是便于了解各类活动对企业财务状况的影响，以及估量未来的现金流量。现金流量表结构分析是在现金流量表有关数据的基础上，进一步明确现金流入的构成、现金支出的构成及现金余额是如何形成的。现金流动性分析主要指标包括：(1)现金流量与当前债务比＝经营活动现金净流量/流动负债×100％；(2)债务保障率＝经营活动净现金流量/(流动负债＋长期负债)×100％。获取现金能力分析指标主要有：(1)每元销售现金净流入；(2)每股经营现金流量=(经营活动现金净流量—优先股股利)/发行在外的普通股股数×100%;(3)全部资产现金回收率=经营活动净现金流量/全部资产。

现金流量是企业评价项目可行性的主要指标,也是决定企业资信的要素,还是企业资产(如股票)估价的重要依据。

## 第五节 我国对寿险公司偿付能力的监管

### 一、我国对保险公司偿付能力监管的进程

1985年3月,国务院发布的《保险企业管理暂行条例》首次提到了保险公司偿付能力问题,其中第十四条规定:"经营长期人身保险的保险企业,应当具有的最低偿付能力是长期人身保险准备金不得少于全部有效保险给付义务的总和。不足时,应增加资本,补足差额。"

1995年10月1日起实施的《保险法》对与偿付能力有重要关系的最低偿付能力、最低注册资本、保险资金运用范围、业务规模与资本金比例等问题做出了明确规定。其中第九十七条直接对偿付能力作了规定:"保险公司应当具有与其业务规模相适应的最低偿付能力。保险公司的实际资产减去实际负债的差额不得低于金融监督管理部门规定的数额,低于规定数额的,应当增加资本金,补足差额。"

2000年1月3日,中国保监会颁布《保险公司管理规定》,其中第六章"保险公司偿付能力"规定了计算最低偿付能力额度的方法,把实际偿付能力额度定义为"实际资产减去实际负债的差额",但没有进一步规定如何计算实际资产和实际负债的方法。

2001年1月23日,中国保监会颁布了《保险公司最低偿付能力及监管指标管理规定(试行)》,对产寿险公司的最低偿付能力额度计算方法以及偿付能力监管指标作了具体规定。

2003年1月1日起执行的修改后《保险法》第一百零八条规定:"保险监督管理机构应当建立健全保险公司偿付能力监管指标体系,对保险公司最低偿付能力实施监控。"

2003年3月24日,中国保监会颁布了《保险公司偿付能力额度及监管指标管理规定》。这一规定对2001年1月23日颁布的规定作了较大修改,明确了有关概念和指标的含义及正常范围,将计算认可资产价值的"比例认可制"改为"项目认可制",完善了偿付能力预警指标体系、偿付能力报告制度,提出了对偿付能力不足公司"分类指导"的监管原则及各种具体监管措施。

中国保监会于2008年7月10日公布了《保险公司偿付能力管理规定》,自2008年9月1日起施行。该规定要求保险公司具有与其风险和业务规模相适应的资本,确保偿付能力充足率不低于100%,并建立以风险为基础的动态偿付能力监管标准和监管机制。

2012年4月,为了进一步加强偿付能力监管,更加有效地提高保险行业风险防范能力,保监会启动了中国第二代偿付能力监管制度体系(以下简称"偿二代")建设工作,发布了《中国第二代偿付能力监管制度体系建设规划》。2013年5月,又发布了《中国第二代偿付能力监管制度体系整体框架》。2014年全年都在进行"偿二代"技术标准测试。到2015年初,经过近3年的论证和多轮测试,完成了定量资本要求、定性监管要求和市场约束机制三大监管支柱及17项监管规则。2015年2月13日,保监会正式发布17项监管规则,以及《关于中国风险导向的

偿付能力体系过渡期有关事项的通知》。在过渡期内，现行偿付能力监管制度（“偿一代”）和“偿二代”并行。2015 年 3 月 23 日，保监会主席项俊波宣布从当日起正式进入“偿二代”试运行期。

## 二、“偿一代”

### （一）与偿付能力相关的概念

中国保监会颁布的《保险公司偿付能力管理规定》第三条规定：“偿付能力充足率即资本充足率，是指保险公司的实际资本与最低资本的比率。”

1. 实际资本。实际资本是指保险公司的认可资产减去认可负债的差额：

$$\text{实际资本}=\text{认可资产}-\text{认可负债}$$

资产和负债的认可标准按照中国保监会的规定。

2. 最低资本。最低资本是指保险公司为应对资产风险、承保风险等风险对偿付能力的不利影响，依据中国保监会的规定而应当具有的资本数额。

3. 偿付能力充足率。偿付能力充足率等于实际资本与最低资本的比率：

$$\text{偿付能力充足率}(\%)=\frac{\text{实际成本}}{\text{最低资本}}$$

通过计算保险公司的偿付能力充足率，保险监管机构可据此对保险公司实施监管措施。

### （二）资产和负债的认可标准

1. 资产认可标准。保险公司的资产是指过去的交易或事项形成并由公司控制或拥有的未来经济利益。在所有资产中，只有那些可以被保险公司任意处置的、可用于履行对保单所有人义务的资产，才被确认为认可资产。保险公司的资产认可应符合下列三项原则：

（1）确认原则。在保险公司的资产中，那些虽然具有经济价值但不能用来履行对保单所有人的责任，或者由于抵押权限制或其他第三方权益的缘故而不能任意处置的资产，均不能被确认为认可资产。对保险公司的资产采取列举法进行认可。

（2）谨慎原则。对一项资产如果没有充分的证据表明其符合认可资产的定义，则应该确认为非认可资产；保险公司在面临不确定因素的情况下对资产的估价进行判断时，应当保持应有的谨慎，充分估计到各种可能的风险和损失，避免高估资产。

（3）合法原则。所有违反法律、行政法规和保监会规定而拥有或控制的投资资产及非投资资产，均为非认可资产。

2. 负债的认可标准。只要保险公司的各项责任准备金、赔款准备金的评估方法符合中国保监会的规定，其他负债的评估符合通用会计准则，保险公司按照《保险公司会计制度》制定资产负债表上的准备金负债、非准备金负债和独立账户负债的总额可以被确认为认可负债。如果或有负债最终发生的可能性大于 50%，则应确认为认可负债。或有负债是指保险公司过去的交易或事项形成的潜在义务，其存在须通过未来不确定事项的发生或不发生予以证实，如未决诉讼、债务担保。

### （三）对寿险公司最低资本的规定

对寿险公司最低资本的规定是：分别计算长期和短期人身保险业务的最低资本，然后加总。

1. 短期人身保险业务的最低资本。短期人身保险业务是指保险期间为 1 年或 1 年以内的人身保险业务。其最低资本的计算方法与财产保险业务一样，取下述两项中数额较大的一项：

（1）最近会计年度自留保费减营业税及附加后 1 亿元人民币以下部分的 18% 和 1 亿元人

民币以上部分的16%。

(2)公司最近3年平均综合赔款金额7 000万元人民币以下部分的26%和7 000万元以上部分的23%。

对于经营期不满三个完整会计年度的寿险公司采用第一项标准。

2. 长期人身保险业务的最低资本。长期人身保险业务的最低资本的计算方法是对各项业务取其法定最低责任准备金或风险保额的一定比例，然后加总。各种业务的分类及提取比例如表21－4所示：

**表21－4　长期人身保险业务最低资本的提取比例**

| 业务种类 | 提取比例 |
| --- | --- |
| 一般寿险业务 | 责任准备金的4% |
| 投资连接类寿险业务 | 责任准备金的1% |
| 保险期间不满3年的定期死亡保险 | 风险保额的0.1% |
| 保险期间为3～5年的定期死亡保险 | 风险保额的0.15% |
| 保险期间超过5年的定期死亡保险和其他险种 | 风险保额的0.3% |
| 在统计中未对定期死亡保险区分保险期间的，统一按风险保额的0.3%提取。 | |

### (四)对偿付能力的监管措施

通过计算保险公司偿付能力充足率，保监会可据此对保险公司实施监管措施。《保险公司偿付能力管理规定》第十六条规定：保险公司在定期报告日之外的任何时点出现偿付能力不足的，公司董事会和管理层应及时向中国保监会报告，并采取有效措施，改善公司的偿付能力。

中国保监会根据保险公司偿付能力状况将保险公司分为下列三类实施分类监管：(1)不足类公司，指偿付能力充足率低于100%的保险公司；(2)充足Ⅰ类公司，指偿付能力充足率在100%～150%之间的保险公司；(3)充足Ⅱ类公司，指偿付能力充足率高于150%的保险公司。

对于偿付能力充足率小于100%的保险公司，中国保监会可将该公司列为重点监管对象，根据具体情况采取以下一项或多项监管措施：

1. 责令增加资本金或限制向股东分红，限制业务范围，限制固定资产购置，限制增设分支机构。

2. 责令拍卖资产，责令转让保险业务或责令办理分出业务，限制董事、高级管理人员的薪酬水平和在职消费水平，限制公司的商业性广告，责令停止开展新业务，限制资金运用渠道。

3. 调整负责人及有关管理人员，还可根据《保险法》的规定对保险公司进行接管。

## 三、“偿二代”

由于“偿一代”不能全面反映风险、风险敏感性低、注重资本要求而非风险管理能力等缺陷，保监会经过近3年的努力，凝聚了全行业的智慧和心血，完成“偿二代”的建设。相比“偿一代”，“偿二代”主要有二大特点：(1)“偿二代”接轨了以风险为导向的国际保险监管理念和模式，而不是“偿一代”的以规模为导向；(2)“偿二代”充分体现中国作为新兴保险市场的现实情况，更加注重资本使用效益。“偿二代”的推行对整个保险行业，不论是进一步推进市场化改革，还是推进发展方式转型、资本管理和风险管理水平提高都有着深远意义。

**(一)"偿二代"整体框架**

2013 年 5 月,保监会发布的"偿二代"整体框架的文件对"偿二代"进行了顶层设计。

1. 总体目标。(1)科学全面地计量保险公司面临的风险,使资本要求与风险更相关。(2)守住风险底线,确定合理的资本要求,提高我国保险业的竞争力,促进保险公司提高风险管理的水平。(3)积极探索适合新兴市场经济体的偿付能力监管模式,为国际偿付能力监管体系提供中国经验。

2. 整体框架构成。(1)制度特征。实行统一监管。基于新兴保险市场特征,"偿二代"更加注重资本使用效益,充分发挥定性监管对定量监管的协同作用,更加注重各项制度的可操作性。风险导向兼顾价值,资本要求准确反映保险公司各类风险,科学计量潜在的风险损失,科学确定所需要的监管资本底线,提高资本使用效益。(2)监管基础。保险公司内部偿付能力管理是外部偿付能力监管的前提和基础,两者相互依存,又相互制约、相互促进。(3)监管要素。偿付能力监管的三支柱分别从定量资本要求、定性监管要求和市场约束机制三方面对偿付能力进行监管。第一支柱定量资本要求包括:保险风险资本要求;市场风险资本要求;信用风险资本要求;宏观审慎监管资本要求;调控性资本要求。此外,第一支柱内容还包括:保险公司资产和负债的评估标准和认可标准;对保险公司实际资本进行分级;进行动态偿付能力测试;对不满足定量资本要求的保险公司采取监管干预措施。第二支柱定性监管要求主要防范难以量化的风险,如操作风险、战略风险、声誉风险等。共包括四部分内容:一是风险综合评级,即综合第一支柱的定量评价和第二支柱的定性评价,对保险公司总体的偿付能力风险水平进行全面评价。二是对保险公司的风险管理提出具体监管要求,并对保险公司风险管理状况进行评估。三是监管检查和分析。四是监管措施,即对不满足定性监管要求的保险公司采取监管干预措施。第三支柱市场约束机制是通过对外信息披露等手段,借助市场约束力来加强对保险公司偿付能力的监管。以上三支柱的监管要素同样适用于保险集团的监管。

3. 技术原则。分别对偿付能力充足指标、实际资本、认可资产、认可负债、最低资本、风险分类作出定义,再对第一支柱资产和负债评估原则、量化资本要求的基本原则和计量方法、第二支柱流动性监管、风险综合评级、风险管理要求与评估、第三支柱公开信息披露原则等做了技术性规定。

**(二)"偿二代"监管规则**

2015 年 2 月 13 日,保监会正式印发"偿二代"的 17 项监管规则以及过渡期内试运行方案。这 17 项主干技术标准是:第一支柱 9 项,第二支柱 3 项,第三支柱 3 项,偿付能力报告和保险集团各 1 项。第一支柱定量监管要求 9 项规则的具体内容是:

1. 实际资本规则。规范保险公司认可资产、认可负债和实际资本的评估原则,明确资本分级标准。

2. 最低资本规则。规范保险公司最低资本构成和计量原则。

3. 寿险合同负债评估规则。规范人身保险公司和再保险公司偿付能力监管目的的寿险合同准备金的评估标准。

4. 保险风险最低资本(非寿险业务)规则。

5. 保险风险最低资本(寿险业务)规则。规范保险公司寿险业务的最低资本计量。

6. 保险风险最低资本(再保险公司)规则。

7. 市场风险最低资本规则。规范保险公司市场风险最低资本的计量。

8. 信用保险最低资本规则。规范保险公司信用风险最低资本的计量。

9. 压力测试规则。建立保险公司偿付能力压力测试制度，明确了压力测试的方法和要求。

第二支柱定性监管要求3项规则是：

10. 风险综合评级(分类监管)规则。通过对保险公司总体的偿付能力风险进行全面评价，建立定量监管与定性监管相结合的监管机制，提高监管的有效性。

11. 偿付能力风险管理要求与评估规则。将风险管理水平与资本要求挂钩，风险管理能力强的公司，可降低资本要求；反之，提高资本要求。

12. 流动性风险规则。建立了统一的流动性风险监管要求和监管指标与现金流压力测试制度。

第三支柱市场约束机制共有3项规则：

13. 偿付能力信息公开披露规则。要求保险公司每季度披露有关偿付能力信息，增强市场约束力。

14. 偿付能力信息交流规则。健全监管部门与保险消费者、投资者、信用评级机构、媒体等市场相关方之间的交流机制。

15. 保险公司信用评级规则。规范了保险公司信用评级制度，更好地发挥评级机构在风险防范中的作用。

16号和17号监管规则涉及三支柱的所有内容。

16. 偿付能力报告规则。将以年报为核心的报告体系改为以季报为核心的报告体系。

17. 保险集团监管规则。将保险(控股)集团以及各种类型的隐性或混合保险集团纳入监管范围。

"偿二代"以风险为导向，全面科学计量保险公司的各种经营活动风险，通过与风险匹配的资本要求和风险综合评级工具，引导保险公司提高风险管理水平。例如，偿付能力风险管理评分的高低将直接影响对保险公司的最低资本要求。又如，按照第5号规则，在寿险业务中，以死亡发生率风险为例，主险保单数超过200万件所对应的不利情景因子为10%，而低于100万件所对应的不利情景因子为20%，两者相差一倍。介于200万件与100万件之间的是15%。再如，按照第10号规则，保监会按照偿付能力风险大小将保险公司分为A、B、C、D四个监管类别，实施差异化监管政策。

**(三)实施安排**

根据保监会关于"偿二代"实施过渡期有关事项的通知，在过渡期内，保险公司应当分别按照"偿一代"和"偿二代"标准编制两套偿付能力报告，以"偿一代"作为监管依据。根据过渡期试运行情况，再行确定"偿一代"与"偿二代"的切换时间。各保险公司应当成立由董事长或总经理牵头，财务、精算、风险管理、投资、业务和信息技术等相关部门组成的"偿二代"试运行领导小组，制定过渡期内试运行的工作方案，尽早达到全面切换"偿二代"的条件。保监会在2015年对各公司相关人员进行"偿二代"的培训工作，各公司应同时做好内部培训工作。

保险公司于2015年1季度结束30日内，此后各季度结束25日内，报送上一季度"偿二代"的偿付能力季度报告；于2015年5月31日前，报送2014年度压力测试报告。该通知还对过渡期内实施"偿二代"监管规则做了特别规定，包括寿险合同负债的折现率曲线、巨灾风险因子和计算模板、利率风险不利情景、压力测试必测情景等。

保监会将按照"偿二代"的监管框架和技术标准改进监管制度和流程，完善"偿二代"相关配套制度，继续制定细则，再修订《保险公司偿付能力管理规定》(2008)。

## 四、国际保险业对偿付能力监管的发展趋势

我国在建立偿付能力监管体系时参考了国际上保险监管的基本模式。在“偿一代”法定最低偿付能力额度的计算上主要参考了欧盟及英国的模式。这种模式的主要优点是用简单的方法较为合理地处理了复杂的风险情况，符合我国当时的保险监管水平。在保险监管指标体系设计上主要借鉴了美国全国保险监督官协会的保险监管和信息系统（IRIS），建立了保险监管的预警指标体系，确定哪些保险公司成为保险监管的重点对象。

然而，欧盟及英国和美国已启动对其实施了30多年的偿付能力额度的传统保险监管模式的评估和升级计划“偿付能力Ⅱ”项目，计划设计一套以风险为导向的全面监管保险公司财务状况的模式，并在2002年对1973年和1979年标准进行了修改，提高了对保险公司的资本监管要求。美国保险监管当局鉴于资本市场日益发达、投资风险不断扩大的形势对保险公司固定最低资本限额的规定进行改革，在20世纪90年代初开始建立一个较有弹性且能反映整体经营风险的风险资本（RBC）监管制度。鉴于《巴塞尔协定》在银行业风险控制的成功实践，国际保险监督官协会（IAIS）在2002年颁布了《资本充足性和偿付能力监管原则》，并委托国际精算师协会（IAA）的保险公司偿付能力评估工作组协助国际保险监督官协会制定保险公司的资本要求标准。该工作组建议，与确定资本要求有关的风险类型包括：承保风险、信用风险、市场风险和操作风险。

事实上，国际保险业已经达成一种共识，就是将保险公司的偿付能力监管建立在风险资本（RBC）要求之上。风险资本要求是指要求保险公司必须拥有与其风险相匹配的资本金。美国全国保险监督官协会先后从1992年末、1993年末和1998年开始对人寿和健康保险公司、财产和责任保险公司和专业健康保险机构实行风险资本要求。加拿大、日本、英国劳合社、新加坡、印度尼西亚和我国台湾地区也先后实行风险资本要求。2015年1月16～17日在美国洛杉矶举行的国际保险监督官协会（IAIS）执委会会议上重点讨论了以风险为基础的全球保险资本标准（ICS）的制定目标和工作计划。

## 复习思考题

1. 试解释下列名词：

权责发生制　　收付实现制　　不认可的资产　　股东权益　　委任精算师

风险资本比率　　资产负债管理　　现金流量测试　　实际资本与最低资本

偿付能力充足率　　内含价值　　有效业务价值　　调整净资产

2. 概述人身保险会计核算的特点。

3. 保险业新会计准则做了哪些重要规定？

4. 某人寿保险公司在某日发生如下业务：

(1)某单位用银行转账方式缴来团体养老金保险保险费20 000元。

(2)某保户缴来当月终身寿险的保险费现金1 200元。

(3)某保户因缴费困难而要求退保，应付退保金为5 000元，但该保户尚有3 000元借款未偿还，应付利息为210元，会计部门扣除未偿还借款和利息，以现金支付退保金。

(4)某保户已到约定年龄领取年金，按规定每月领取年金800元，以现金支付。

(5)某投保团体人身意外伤害保险的单位的职工吴某因意外事故遭受人身伤害，应付伤残保险金 12 000 元，医疗保险金 5 400 元，均用支票支付。

根据上述资料，编制有关会计分录。

5. 某人寿保险公司在年末提存寿险责任准备金73 000 000元，转回上期提存的寿险责任准备金48 000 000元，编制会计分录。

6. 怎样进行人寿保险的利源分析？

7. 试分析人寿保险公司利润表的作用。

8. 简述人寿保险公司的承保利润与营业利润的形成。

9. 简述寿险公司财务管理部门的职责。

10. 简析影响偿付能力的四类风险。

11. 现金流量管理的基本目标和模式是什么？

12. 概述保险企业三大财务报表的要点。

13. 概述我国对保险公司偿付能力监管的进程。

14. 我国对保险公司的资产认可有哪些原则性规定？

15. 中国保监会根据“偿一代”的规定对偿付能力充足率低于 100％的保险公司分别采取哪些监管措施？

16. 相比“偿一代”，“偿二代”有什么特点？概述“偿二代”整体框架中的三支柱的内涵和 17 项监管规则的构成。

17. 简析国际保险业对偿付能力监管的发展趋势。

# 参考文献


1. 魏迎宁主编:《人身保险》,西南财经大学出版社 1993 年版。

2. 魏迎宁编著:《人身意外伤害保险》,中国金融出版社 1990 年版。

3. 约翰·T. 斯蒂尔著,孟兴国等译:《保险的原则与实务》,中国金融出版社 1992 年版。

4. 契立斯·马歇尔著,朱稜等译:《人寿保险法与实务》,中国金融出版社 1991 年版。

5. 刘冬姣主编:《人身保险》,中国金融出版社 2001 年版。

6. 万峰主编:《寿险公司经营与管理》,中国金融出版社 2002 年版。

7. 江先学、吴岚等编著:《保险公司偿付能力监管研究》,上海交通大学出版社 2013 年版。

8. 谢志刚主编:《人身保险会计与财务》(下),中国财政经济出版社 2004 年版。

9. George E. Rejda, *Principles of Insurance*, Scott, Foresman and Company, 1982.

10. S. Huebner, Kenneth Black, Jr., *Life Insurance*, Prentice-Hall, 1982.

11. Edward E. Graves, Mc Gills,*Life Insurance*, The American College, 1994.

12. Kenneth Black, Jr, Harold D. Skipper, Jr, *Life Insurance*, Prentice-Hall, 1994.

13. Kenneth Huggins, Robert D. Land, *Operations of Life and Health Insurance Companies*, LOMA, 1992.

14. Roberr Cissel, Helen Cissell, David C., Flaspohler, *Mathematics of Finance*, Houghton Mifflin Company, 1982.

15. Sharon B. Allen, Dennis W. Goodwin, Jennifer W. Herrod, *Life and Health Insurance Marketing*, LOMA, 1997.

16. Jane Lightcap Brown, *Insurance Administration*, LOMA, 1997.

17. Harriett E. Jones,L. Dani Long, *Principles of Insurance*: *Life*, *Health and Annuities*, LOMA, 1999.

18. John P. Burger, Kristen L. Falk, *Annuity Principles and Products*, LOMA, 1999.

19. Deborah Bellange, Dani L. Long, *Intro to Variable Universal Life Insurance*, LOMA, 2000.

20. Gene Stone, *Insurance Company Operation*, LOMA,2000.

21. General Cologne Re, *Dread Disease/ Illness Insurance*, Part Ⅰ、Ⅱ,2002.

22. Lisa Maria B. Alecxih, Pamela Dory, Gail P. Schaeffer et, al, *Long-Term Care*: *Knowing the Risk*, *Paying the Price*, Health Insurance Association of America, 1997.

23. Charles E. Soule, *Disability Income Insurance*: *The Unique Risk*, American College, 1998.

24. Susan Conant,*Product Design for Life Insurance and Annuities*,LOMA,2001.

25. Susan Conant,*Capital Management for Insurance Companies*,LOMA,2001.

26. George E. Rejda, Principles of Risk Management and Insurance, Prentice Hall, 2011.